인·적성검사

2025 고시넷 대기업

최신 S-OIL 생산직 기출유형

실제 시험과 동일한 구성의 모의고사

S-OIL 생산직 온라인 필기시험
최신 기출유형 모의고사

동영상강의 WWW.GOSINET.CO.KR

gosinet
(주)고시넷

스마트폰에서 검색  고시넷

www.gosinet.co.kr

최고 강사진의
동영상 강의

수강생 만족도 1위

류준상 선생님
- 서울대학교 졸업
- 응용수리, 자료해석 대표강사
- 정답이 보이는 문제풀이 스킬 최다 보유
- 수포자도 만족하는 친절하고 상세한 설명

고시넷 취업강의 수강 인원 1위

김지영 선생님
- 성균관대학교 졸업
- 의사소통능력, 언어 영역 대표강사
- 빠른 지문 분석 능력을 길러 주는 강의
- 초단기 언어 영역 완성

공부의 神

양광현 선생님
- 서울대학교 졸업
- NCS 모듈형 대표강사
- 시험에 나올 문제만 콕콕 짚어주는 강의
- 중국 칭화대학교 의사소통 대회 우승
- 前 공신닷컴 멘토

PREFACE

정오표 및 학습 질의 안내

정오표 확인 방법

고시넷은 오류 없는 책을 만들기 위해 최선을 다합니다. 그러나 편집 과정에서 미처 잡지 못한 실수가 뒤늦게 나오는 경우가 있습니다. 고시넷은 이런 잘못을 바로잡기 위해 정오표를 실시간으로 제공합니다. 감사하는 마음으로 끝까지 책임을 다하겠습니다.

고시넷 홈페이지 접속 〉 고시넷 출판-커뮤니티 〉 정오표

www.gosinet.co.kr

모바일폰에서 QR코드로 실시간 정오표를 확인할 수 있습니다.

학습 질의 안내

학습과 교재선택 관련 문의를 받습니다. 적절한 교재선택에 관한 조언이나 고시넷 교재 학습 중 의문 사항은 아래 주소로 메일을 주시면 성실히 답변드리겠습니다.

이메일주소 qna@gosinet.co.kr

contents 차례

S-OIL(에쓰오일) 생산직 온라인 필기시험 정복

- 구성과 활용
- S-OIL 알아두기
- S-OIL 생산직 필기시험 개요

권두부록 S-OIL(에쓰오일) 생산직 온라인 필기시험 최신기출유형

- **기출유형** ———————————————————————— 14

  언어력 | 수리력 | 기초과학

파트1 S-OIL(에쓰오일) 생산직 온라인 필기시험 기출유형모의고사

1회 기출유형문제 ———————————————————————— 70

2회 기출유형문제 ———————————————————————— 126

3회 기출유형문제 ———————————————————————— 182

파트 2 인성검사

01 인성검사의 이해 ——————————————— 242
02 인성검사 연습 ——————————————— 249

파트 3 면접가이드

01 면접의 이해 ——————————————— 264
02 구조화 면접 기법 ——————————————— 266
03 면접 최신 기출 주제 ——————————————— 271

책 속의 책 정답과 해설

권두부록 S-OIL(에쓰오일) 생산직 온라인 필기시험 최신기출유형

- 기출유형 ——————————————— 2
  언어력 | 수리력 | 기초과학

파트 1 S-OIL(에쓰오일) 생산직 온라인 필기시험 기출유형모의고사

1회 기출유형문제 정답과 해설 ——————————————— 23
2회 기출유형문제 정답과 해설 ——————————————— 43
3회 기출유형문제 정답과 해설 ——————————————— 65

EXAMINATION GUIDE

구성과 활용

1. S-OIL 소개

S-OIL에서 추구하는 비전, 전략 목표, 핵심가치, 사업영역, 인재상 등을 수록하였습니다.

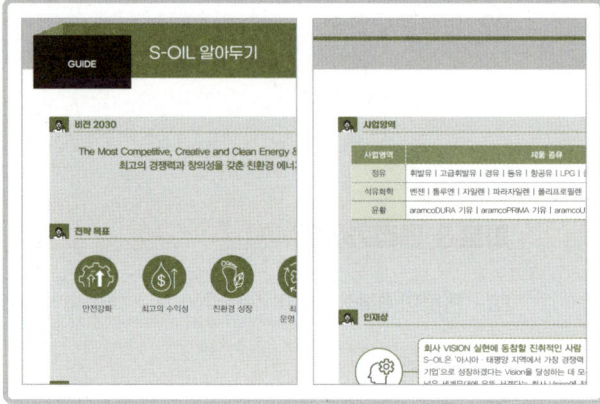

2. S-OIL 생산직 필기시험 개요

S-OIL 생산직의 채용절차와 특징, 시험영역 등을 쉽고 빠르게 확인할 수 있게 구성하였습니다.

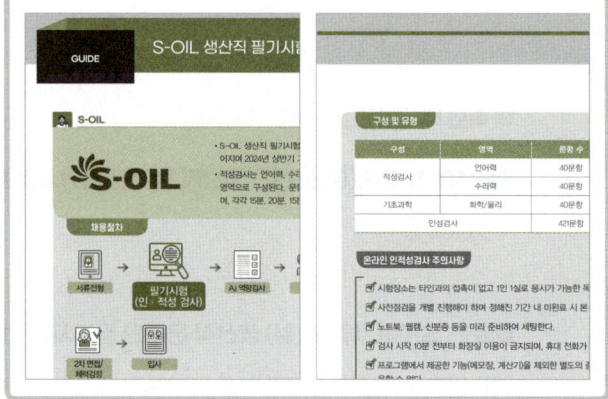

3. S-OIL 생산직 최신기출유형 수록

S-OIL 생산직 필기시험의 최신기출유형을 반영한 언어력, 수리력, 기초과학 총 120문항을 권두부록으로 수록하여 최신 출제의 경향성을 문제풀이 경험을 통해 자연스레 익힐 수 있도록 구성하였습니다.

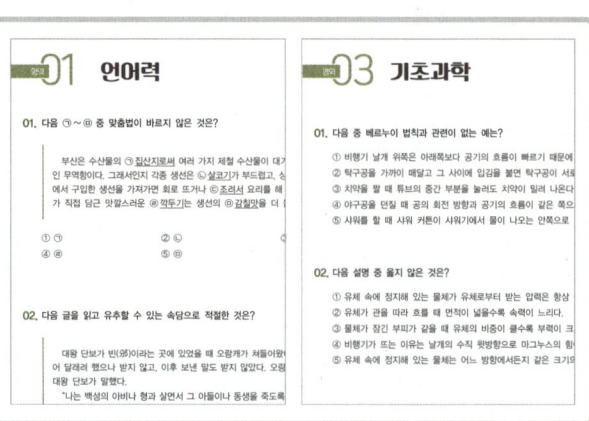

4

기출유형모의고사

최신 기출문제 유형에 맞게 구성한 총 3회분의 기출유형문제로 자신의 실력을 점검하고 완벽한 실전 준비가 가능하도록 구성하였습니다.

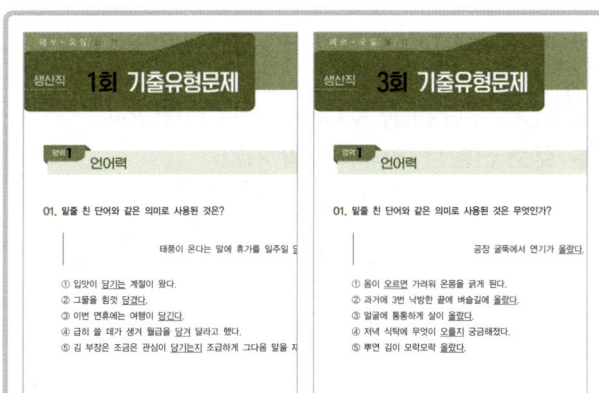

5

인성검사 & 면접가이드

채용 시험에서 최근 점점 중시되고 있는 인성검사와 면접 질문들을 수록하여 마무리까지 완벽하게 대비할 수 있도록 하였습니다.

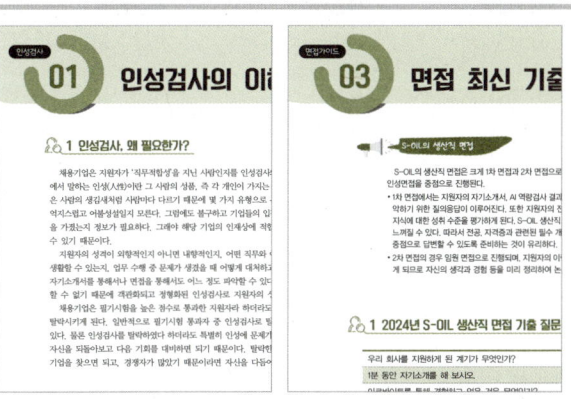

6

상세한 해설과 오답풀이가 수록된 정답과 해설

최신기출유형과 기출유형문제의 상세한 해설을 수록하였고 오답풀이 및 보충 사항들을 수록하여 문제풀이 과정에서의 학습 효과가 극대화될 수 있도록 구성하였습니다.

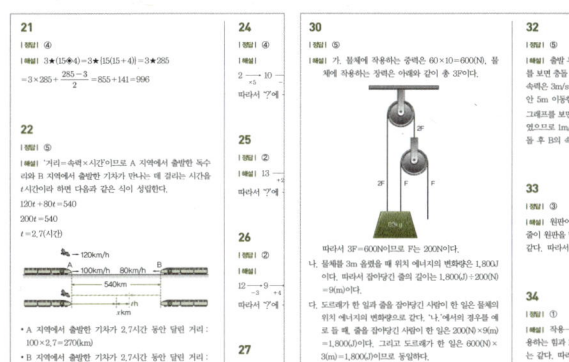

GUIDE: S-OIL 알아두기

 비전 2030

The Most Competitive, Creative and Clean Energy & Chemical Company
최고의 경쟁력과 창의성을 갖춘 친환경 에너지 화학 기업

 전략 목표

 안전강화    최고의 수익성    친환경 성장    최고의 운영 효율성   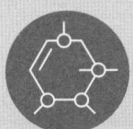 석유화학 비중 확대

 핵심가치(S-OIL EPICS)

- 최고(Excellence)
끊임없이 학습하고, 변화하고, 진보하여 기대를 뛰어넘는 최상의 품질과 서비스를 제공하고, 탁월한 수익성을 달성한다.

- 열정(Passion)
무한한 에너지, 강한 의지 그리고 할 수 있다는 자신감으로 더 높은 목표와 꿈을 이루기 위해 최선을 다한다.

- 정도(Integrity)
모든 일에 정직하고 공정하며, 최고 수준의 도덕적, 윤리적 기준을 준수하여 진정한 성공을 이루어낸다.

- 협력(Collaboration)
한 팀으로 함께 일하며 지식과 기회, 경험을 공유하여 더 큰 성공을 이루어낸다.

- 나눔(Sharing)
책임감 있는 모범 기업시민으로서 함께 살아가는 이웃 공동체들과 우리의 성공을 나눈다.

사업영역

사업영역	제품 종류
정유	휘발유 | 고급휘발유 | 경유 | 등유 | 항공유 | LPG | 중질유 | 아스팔트
석유화학	벤젠 | 톨루엔 | 자일렌 | 파라자일렌 | 폴리프로필렌 | 프로필렌 옥사이드 | MTBE
윤활	aramcoDURA 기유 | aramcoPRIMA 기유 | aramcoULTRA 기유 | S-OIL 7(윤활유)

인재상

회사 VISION 실현에 동참할 진취적인 사람
S-OIL은 '아시아·태평양 지역에서 가장 경쟁력 있고 존경 받는 에너지·화학 기업'으로 성장하겠다는 Vision을 달성하는 데 모든 역량을 강화하고 있습니다. 넓은 세계무대에 우뚝 서겠다는 회사 Vision에 적극 동참할 능동적이고 진취적인 사고를 지닌 인재와 함께하기를 기원합니다.

국제적 감각과 자질을 가진 사람
S-OIL은 아시아·태평양 지역의 석유제품 공급허브 역할을 수행하는 글로벌 기업으로서 회사의 위상에 부합하는 국제감각과 세련된 매너, 어학실력 등의 자질을 갖춘 인재와 함께하기를 원합니다.

자율과 팀워크를 중시하는 사람
S-OIL은 공부하는 자세로 자기관리와 자기 계발을 위해 힘쓰되 항상 조직과의 조화를 추구하고 목표를 달성하기 위하여 뜨거운 열정과 자세를 갖춘 인재와 함께하기를 원합니다.

건전한 가치관과 윤리의식을 가진 사람
S-OIL은 건전한 가치관과 윤리의식을 바탕으로 회사 내에서는 동료 간 화합에 힘쓰고 회사 밖에서는 책임감 있는 사회인으로서 회사의 명예와 자긍심을 높일 수 있는 인재와 함께하기를 원합니다.

GUIDE

S-OIL 생산직 필기시험 개요

 S-OIL

- S-OIL 생산직 필기시험은 인성검사, 적성검사로 이루어지며 2024년 상반기 기준 온라인으로 실시되었다.
- 적성검사는 언어력, 수리력, 기초과학(물리/화학) 3개 영역으로 구성된다. 문항수는 모든 영역 각 40문항이며, 각각 15분, 20분, 15분 동안 응시하게 된다.

채용절차

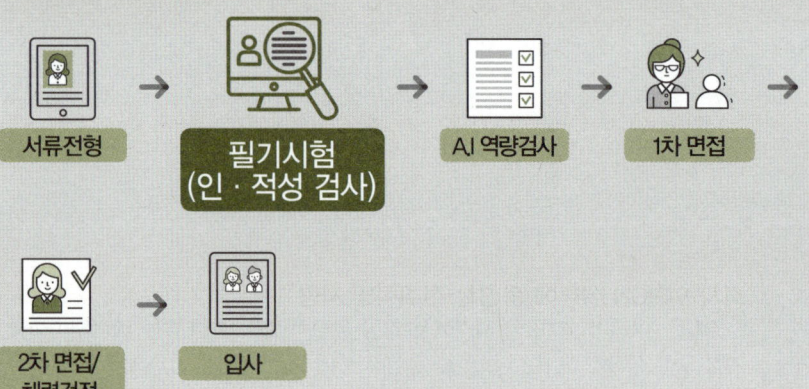

서류전형 → 필기시험(인·적성 검사) → AI 역량검사 → 1차 면접 → 2차 면접/체력검정 → 입사

지원 방법 및 자격

- 접수 방법 : 채용홈페이지(s-oil.recruiter.co.kr) 접속 후 온라인 입사지원서 작성
- 교대근무 가능자
- 병역필 또는 군 면제자로 해외여행에 결격사유가 없는 자
- 보훈 대상자는 관계 법률에 의거하여 우대
- 화공, 기계, 전기전자 관련 전공자 우대

구성 및 유형

구성	영역	문항 수	시간
적성검사	언어력	40문항	15분
	수리력	40문항	20분
기초과학	화학/물리	40문항	15분
인성검사		421문항	60분

온라인 인적성검사 주의사항

- ☑ 시험장소는 타인과의 접촉이 없고 1인 1실로 응시가 가능한 독립된 공간이어야 한다.
- ☑ 사전점검을 개별 진행해야 하며 정해진 기간 내 미완료 시 본 검사 응시가 불가하다.
- ☑ 노트북, 웹캠, 신분증 등을 미리 준비하여 세팅한다.
- ☑ 검사 시작 10분 전부터 화장실 이용이 금지되며, 휴대 전화가 꺼져 있는지 확인한다.
- ☑ 프로그램에서 제공한 기능(메모장, 계산기)을 제외한 별도의 종이, 계산기, 필기도구는 사용할 수 없다.
- ☑ 온라인 필기시험 절차
  응시자 안내사항 숙지 → 시험응시 프로그램 설치 → 정해진 기간 내 사전점검 진행 → 본시험 응시(신분증 지참 필, 약 3시간 소요)

합격 전략

- S-OIL 생산직 필기시험은 온라인 시험으로 진행됨에 따라 평이한 난이도의 문제들을 짧은 시간에 빠르게 푸는 것이 중요해졌다. 전반적 난이도는 평이하게 출제되나, 일부 문항의 경우 비교적 어렵게 느껴질 수 있다. 따라서 조금 더 쉬운 문제를 우선 풀고 어려운 문제를 추후에 푸는 방식으로 정답률을 높이는 편이 유리하다.
- 어휘·어법을 파악하는 문제나, 응용계산 문제 등과 같이 정형화된 풀이 방법이 존재하는 문제들은 학습을 바탕으로 문제 풀이 시간을 줄일 수 있다. 이에 유의하여 '시간 단축'을 목표로 기출유형 문제를 풀어 보는 것이 좋다.
- 온라인 인적성의 경우 손 계산으로 푸는 것에 비해 체감 난이도가 높으므로, 문제를 눈으로 푸는 것에 익숙해질 필요성이 있다.

고시넷 S-OIL(에쓰오일) 생산직 온라인 필기시험 최신기출유형모의고사

영역별 출제비중

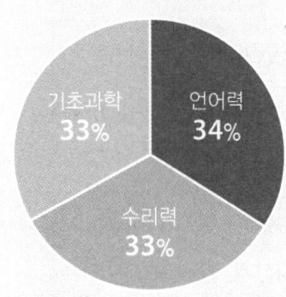

▶ 언어력 : 문장 순서, 유의어·동의어, 속담·사자성어, 세부내용, 주제 파악
▶ 수리력 : 사칙연산, 방정식, 넓이 구하기, 수열, 도표 자료의 수치 계산
▶ 기초과학 : 베르누이 법칙, 화학반응식, 역학적 에너지, 질량·부피·무게

S-OIL 생산직 필기시험은 1. 언어력, 2. 수리력, 3. 기초과학 세 가지 영역으로 출제되고 있다. 언어력에서는 주어진 단어의 유의어·동의어·반의어 등을 찾는 어휘 문제와 글을 읽고 주제, 세부내용을 파악하거나 문맥에 맞게 글의 순서를 배열하는 독해 문제가 주로 출제되었다. 수리력은 식을 세워 수치를 계산하고, 도표 자료의 수치를 분석하고 계산할 수 있는지 평가한다. 기초과학에서는 고등학교 수준의 화학, 물리 내용을 바탕으로 화학식, 역학적 에너지 등과 관련된 과학 문제가 주로 출제되었다.

S-OIL(에쓰오일) 생산직 온라인 필기시험

권두부록 최신기출유형

- **01** 언어력
- **02** 수리력
- **03** 기초과학

언어력

01. 다음 ㉠~㉤ 중 맞춤법이 바르지 않은 것은?

> 부산은 수산물의 ㉠집산지로써 여러 가지 제철 수산물이 대거 모였다가 판매되는 국제적인 무역항이다. 그래서인지 각종 생선은 ㉡살코기가 부드럽고, 싱싱하다. A 가게는 이곳 시장에서 구입한 생선을 가져가면 회로 뜨거나 ㉢조려서 요리를 해 준다. 그리고 주인 아주머니가 직접 담근 맛깔스러운 ㉣깍두기는 생선의 ㉤감칠맛을 더 돋우어 준다.

① ㉠ ② ㉡ ③ ㉢
④ ㉣ ⑤ ㉤

02. 다음 글을 읽고 유추할 수 있는 속담으로 적절한 것은?

> 대왕 단보가 빈(邠)이라는 곳에 있었을 때 오랑캐가 쳐들어왔다. 왕이 모피와 비단을 보내어 달래려 했으나 받지 않고, 이후 보낸 말도 받지 않았다. 오랑캐가 바라는 것은 땅이었다. 대왕 단보가 말했다.
> "나는 백성의 아비나 형과 살면서 그 아들이나 동생을 죽도록 내버려두는 일은 차마 견딜 수가 없다. 너희들은 모두 힘써 격려하며 이곳에 살도록 하라. 내 신하가 되든 오랑캐의 신하가 되든 무슨 차이가 있겠느냐. 나는 '사람을 먹여 살리는 땅을 뺏으려고 사람을 해쳐서는 안 된다'는 말을 들었다."
> 그래서 대왕 단보가 지팡이를 짚고 그곳을 떠나자 백성들은 서로 잇달아 그를 따랐으며, 이윽고 기산(岐山) 밑에서 나라를 다시 이룩했다.

① 민심은 천심이다.
② 가난 구제는 임금도 못 한다.
③ 벙어리 호적(胡狄)을 만나다.
④ 사또 행차엔 비장이 죽어난다.
⑤ 사람이 돈이 없어서 못 사는 게 아니라 명이 모자라서 못 산다.

03. 다음 밑줄 친 ㉠에 대한 뜻으로 적절한 것은?

㉠연고(緣故)에 대한 집착이 너무 강력하면 타인이나 타집단에 대하여 공격적인 배타성을 보인다는 점에서 연고주의라는 비판을 받기도 한다. 하지만 종친회, 향우회, 동문회 등은 가족적 친밀성을 사회적 수준으로 확대하는 데 기여함은 물론, 계급·계층 간 융화와 공동체적 신뢰를 강화하는 계기가 되기도 한다. 이처럼 연고에 근거한 다양한 결사의 구성은 공동체적 삶에 있어 불가피할 뿐만 아니라, 민주주의 사회의 안정과 지속을 정당화하는 방편이기도 한다.

① 사람들 사이에 서로 맺어지는 관계
② 혈연·정분·법률 따위에 의한 특별한 관계
③ 어떤 일이 일어나게 된 원인이나 조건
④ 나이가 많음.
⑤ 하늘이 베푼 인연

04. 다음 글에서 전달하고자 하는 내용의 사자성어는?

이번 설문에는 '직원 채용에서 가장 중요한 평가 포인트'를 항목에 추가했다. 그 결과 '성실하고 책임감을 가진 자'가 무려 62%로, 아무리 지금의 직장 문화가 개성을 존중하고 능력 위주의 평가로 변하고 있어도 여전히 회사는 '성실'이라는 미덕을 제일 존중함을 알 수 있다. 이를 통해 '직장에서 퇴출 순위에 오르지 않으려면 어떻게 해야 할까?'라는 질문에 대한 답이 자연스럽게 나온다. 성실하고 책임감이 있으면 된다. 어렵지 않다고 생각하겠지만 자기 기준이 아닌 남, 특히 상사와 조직의 눈높이를 맞춘다는 것은 결코 쉬운 일이 아니다. 성실함이 혈압이나 맥박처럼 기계적인 수치로 잴 수 있는 것도 아니고 시험 봐서 점수화할 수 있는 것도 아니기 때문이다. 이러한 '인성적인 부분'은 하루아침에 형성되거나 바뀌지 않는다. 이는 오랜 시간, 여러 번에 걸친 공동의 작업 끝에 얻어낼 수 있는 농사와 같은 것이다. 씨앗을 뿌리고, 가꾸고, 정성을 쏟으면서 관심을 두어야 그 결실이 나온다.

① 우공이산(愚公移山) ② 칠전팔기(七顚八起) ③ 괄목상대(刮目相對)
④ 교학상장(敎學相長) ⑤ 청출어람(靑出於藍)

05. 다음 글의 밑줄 친 ㉠과 같은 의미로 단어를 사용한 것은?

> 과학사(科學史)를 살피면, 과학이 가치중립적이란 ㉠신화는 무너지고 만다. 어느 시대가 낳은 과학이론은 과학자의 인생관, 자연관은 물론 당대의 시대사조나 사회 · 경제 · 문화적 제반 요소들이 상당히 긴밀하게 상호작용한 총체적 산물로 드러나기 때문이다. 말하자면 어느 시대적 분위기가 무르익어 어떤 과학이론을 출현시키는가 하면, 그 배출된 이론이 다시 문화의 여러 영역에서 되먹임되어 직접 또는 간접의 영향을 미친다는 얘기이다. 다윈의 진화론으로부터 사회적 다윈주의가 출현한 것이 가장 극적인 예이고, '엔트로피 법칙'이 현존 과학기술문명에 깔린 발전 개념을 비판하고 새로운 세계관을 모색하는 틀이 되는 것도 그와 같은 맥락이다.

① 기상천외한 그들의 행적은 하나의 신화로 남았다.
② 아시아의 몇몇 국가들은 짧은 기간 동안 고도성장의 신화를 이룩하였다.
③ 월드컵 4강 신화를 떠올려 본다면 국민 소득 2만 달러 시대도 불가능한 것은 아니다.
④ 미식축구 선수 하인스 워드의 인간 승리를 보면서 단일민족이라는 신화가 얼마나 많은 다문화 가정 한국인들을 소외시켜 왔는지 절실히 깨달았다.
⑤ 단군 이야기가 신화인지 역사적 사실인지에 대해서는 아직도 논쟁이 이어지고 있다.

06. 다음 중 밑줄 친 부분이 〈보기〉와 가장 유사한 의미로 사용된 것은?

> | 보기 |
> 가슴에 묻어 둔 서러움이 왈칵 목젖까지 올라오는 것 같았다.

① 아우는 형의 말을 비밀로 묻어 두었다.
② 나는 궁금한 것을 바로 묻고 따지는 편이다.
③ 그는 접어 든 우산에 묻은 물을 확확 뿌리면서 집으로 돌아왔다.
④ 이번 조사 과정에서는 모든 부서에 그 책임 소재를 묻겠다고 했다.
⑤ 그는 집에 돌아가 베개에 얼굴을 묻었다.

07. 다음 중 어법에 어긋난 문장의 개수는?

> ㉠ 고객님, 주문하신 음료 나오셨습니다.
> ㉡ 선생님, 넥타이가 참 멋있으시네요.
> ㉢ 요금은 총 5천 원이세요.
> ㉣ 사장님께서는 눈이 참 크시다.

① 0개 ② 1개 ③ 2개
④ 3개 ⑤ 4개

08. 다음 밑줄 친 단어의 반의어로 적절한 것은?

> 윤결은 역적을 비호한 안명세의 곡필(曲筆)을 '사건에 따라 정직하게 쓴 것이다'라며 공공연히 애석하다는 말을 발설하였으니, 그 죄가 명세와 다름이 없는데…

① 자필(自筆) ② 대서(代書) ③ 수필(隨筆)
④ 직필(直筆) ⑤ 육필(肉筆)

09. 제시된 문장의 빈칸에 사용할 수 없는 단어는?

> • 그 스님은 궁극적인 진리를 (   )하신 분이다.
> • 생활한복은 현대인이 편리하게 생활할 수 있도록 (   )하여 만들어졌다.
> • 시험에 합격하기 위해 (   )으로 기도하고 있다.
> • 집안이 (   )하여 아르바이트로 학비를 충당하고 있다.
> • 나는 (   )를 이겨내고 이 분야 최고의 인물이 될 것이다.

① 개간(開墾) ② 고안(考案) ③ 고간(苦懇)
④ 개안(開眼) ⑤ 간고(艱苦)

10. 다음 밑줄 친 단어 중 제시된 단어와 반의어 관계인 것은?

> 꺼림하다

① 사회 발전에 저해되는 이기주의적 사고가 팽배해 있다.
② 용의자의 진술에 미심쩍은 부분이 많아 추가 조사에 착수하였다.
③ 오랜만에 7시간 이상 잤더니 몸이 개운하다.
④ 그 사람은 늘 활달해서 주위 모두 사람들이 좋아한다.
⑤ 그녀는 갑작스럽게 닥친 자신의 불행에 동정하고 있었다.

11. 다음 밑줄 친 ⊙과 바꿔 쓰기에 적절한 말은?

> 이제 오브제는 단순히 사물, 인공물에 ⊙머물지 않는다. 입체파와 함께 출현한 현대적인 오브제는 회화의 일부로 취급되었던 최초의 시도에서 멀리 벗어나 그 자체로 독립되는 과정을 거치면서 그 영역과 개념을 거의 무제한적으로 확대하고 있다.

① 국한(局限)되지
② 제어(制御)되지
③ 규정(規定)되지
④ 개입(介入)되지
⑤ 무산(霧散)되지

12. 다음 중 밑줄 친 부분이 〈보기〉와 같은 의미로 사용된 것은?

> ─| 보기 |─
> 정부 관료로 남아 출세의 길을 달릴 수 있었으나, 대부분은 뚜렷한 역사의식이 없었다.

① 그는 집에 가는 길에 서점에 들렀다.
② 나는 갈 데가 없다는 생각에 길 한가운데 모든 걸 잃은 사람처럼 멈춰 서 있었다.
③ 그는 지금까지 살아온 길이 너무 뿌듯했다.
④ 같은 부모라도 아버지의 길과 어머니의 길은 엄연히 다르다고 본다.
⑤ 배움의 길도 성공 가도도, 인생도 게임처럼 한순간 결과를 볼 수 있는 것이 아니다.

13. 다음은 식품용 금속제 기구·용기에 대한 사용방법과 주의사항에 관한 글이다. ㉠~㉦의 맞춤법, 띄어쓰기에 대한 설명으로 알맞지 않은 것은?

> 식품의약품안전처는 식품용 금속제 기구·용기를 일상생활에서 안전하게 사용할 수 있도록 ㉠올바른 사용방법과 ㉡사용 시 주의사항을 다음과 같이 발표하였다.
>
> ○ 금속제 프라이팬은 사용하기 전에 매번 기름코팅을 하면 조리과정에서 중금속 성분이 용출되는 것을 방지할 수 있다.
> – 세척한 팬의 물기를 닦아내고 불에 달군 후, 식용유를 ㉢엷게 바르며 가열하는 과정을 3~4회 반복한 후 사용한다.
> ○ 금속제 프라이팬이나 냄비에 조리한 음식은 다른 그릇에 옮겨 담아 먹거나, 보관할 경우 전용용기에 담아 보관하도록 한다.
> – 식초·토마토소스와 같이 산도가 강하거나, ㉣절임·젓갈류와 같이 염분이 많은 식품은 금속 성분 용출을 ㉤증가시킴으로 금속재질의 용기에 장기간 보관하지 않는 것이 바람직하다.
> ○ 금속제 조리 기구는 ㉥전자렌지에 넣어 사용하지 않도록 주의한다.
> – 금속재질은 마이크로파가 투과되지 못하고 반사되어 식품이 가열되지 ㉦않을뿐 아니라, 끝이 날카로운 금속에서는 마이크로파가 집중되어 스파크가 일어날 수 있어 사용하지 않도록 한다.

① ㉠ '옳바른'은 '올바른'으로 표기해야 한다.
② ㉡ '사용 시'는 '사용시'로 붙여 쓰는 것이 원칙이다.
③ ㉢ '엷게'와 ㉣ '절임'은 맞춤법에 맞는 표현이다.
④ ㉤ '증가시킴으로'는 '증가시키므로'로, ㉥ '전자렌지'는 '전자레인지'로 고쳐 쓰는 것이 적절하다.
⑤ ㉦ '않을뿐 아니라'는 '않을 뿐 아니라'로 띄어 써야 한다.

14. 다음 중 어법에 맞지 않는 문장은?

① 어릴 적 겪었던 일들이 지금까지도 나를 괴롭히고 있다.
② 나뭇잎 한 개를 물에 띄워 보았다.
③ 그럼 다음 주 수요일에 봬요.
④ 할지 말지 고민하고 있다면 해야 한다.
⑤ 그들은 대학은 다르지만 같이 자취를 하고 있다.

15. 다음 중 어휘와 의미의 연결이 바르지 않은 것은?

   ① 나무집 : 나무로 지은 집 / 나뭇집 : 나무를 파는 집
   ② 시가[시가] : 시와 노래 / 시가[시까] : 일정한 시기의 물건값
   ③ 고기배 : 고기잡이 배 / 고깃배 : 고기의 배
   ④ 고가[고가] : 오래된 집 / 고가[고까] : 비싼 가격
   ⑤ 가름 : 쪼개거나 나누어 따로따로 되게 함. / 갈음 : 다른 것으로 바꾸어 대신 함.

16. A~E는 여름 휴가 계획에 대해 다음과 같이 말했다. 한 명을 제외하고 모두 진실을 말했다고 할 때, 다음 중 거짓말을 한 사람은?

   > A : 나는 올해 여름에 E 바로 다음으로 휴가를 가는군.
   > B : 이번 여름에는 내가 마지막으로 휴가를 가는구나.
   > C : 나는 올여름 휴가를 D보다 늦게 가겠네.
   > D : 나는 올여름 휴가를 B, C보다 늦게 가겠구나.
   > E : 올해 여름에는 내가 가장 먼저 휴가를 가네.

   ① A 사원　　② B 사원　　③ C 사원
   ④ D 사원　　⑤ E 사원

17. 다음 빈칸에 들어갈 명제로 적절한 것은?

   > • 민형이가 보를 내면 채원이는 가위를 낸다.
   > • 노준이가 바위를 내면 채원이는 가위를 내지 않는다.
   > • 그러므로 (　　　　　　　　　　　)

   ① 채원이가 가위를 내면 노준이는 바위를 낸다.
   ② 노준이가 바위를 내면 민형이는 보를 내지 않는다.
   ③ 민형이가 보를 내면 노준이는 바위를 낸다.
   ④ 채원이가 가위를 내면 민형이가 보를 낸다.
   ⑤ 노준이가 보를 내면 민형이는 가위를 낸다.

18. A, B 중 한 사람은 월, 수, 금요일에 거짓말을 하고, 다른 한 사람은 화, 목, 토요일에 거짓말을 한다. 두 사람이 다음과 같이 말했을 때, 오늘은 무슨 요일인가? (단, 일요일은 A, B 모두 진실을 말한다)

> • A : 나는 어제 진실을 말했다.　　• B : 어제는 월요일이었다.

① 월요일　　② 화요일　　③ 금요일
④ 토요일　　⑤ 일요일

19. 다음 명제가 모두 참일 때 반드시 참이라고 할 수 없는 것은?

> • 불을 무서워하는 사람은 고소공포증이 있다.
> • 고소공포증이 있는 어떤 사람은 겁이 있다.
> • 겁이 있는 모든 사람은 귀신을 무서워한다.

① 겁이 없는 모든 사람은 고소공포증이 없다.
② 불을 무서워하는 모든 사람은 귀신을 무서워한다.
③ 고소공포증이 없는 사람은 불을 무서워하지 않는다.
④ 고소공포증이 있는 어떤 사람은 귀신을 무서워한다.
⑤ 귀신을 무서워하지 않는 어떤 사람은 겁이 없다.

20. 다음 명제가 모두 참일 때, 반드시 참인 것은?

> • 안경을 쓰면 사물이 또렷하게 보인다.　　• 헤드폰을 쓰면 소리가 크게 들린다.
> • 안경을 쓰면 소리가 작게 들린다.　　• 헤드폰을 쓰면 사물이 흐리게 보인다.

① 안경을 쓰면 헤드폰을 쓴 것이다.
② 소리가 크게 들리면 헤드폰을 쓴 것이다.
③ 헤드폰을 쓰면 안경을 쓰지 않은 것이다.
④ 사물이 또렷하게 보이면 안경을 쓴 것이다.
⑤ 소리가 작게 들리면 사물이 또렷하게 보인다.

21. 다음 중 (가) ~ (다)를 문맥에 맞게 순서대로 배열한 것은?

(가) 하지만 농업 경영체나 예비 창업농은 투자 계획이 있어도 이를 투자 유치로 연결시킬 수 있는 경험과 역량, 네트워크 등이 부족하다. 또한 체계적인 사업 경험이 부족하기 때문에 사업계획서를 작성하는 것도 어렵고, 투자자를 설득할 수 있는 역량도 부족하다. 이들의 투자 유치가 성공하려면 좋은 사업 소재만으로는 부족하고 투자자를 설득시킬 수 있는 설명 자료를 작성할 수 있어야 한다.

(나) 농업부문 신규 투자를 유치할 수 있는 방안 중 하나는 투자 수요자와 투자자 간의 정보 교류를 활성화시키는 것이다. 농업부문의 크라우드 펀딩이 성사된 팜잇 공유 농장의 사례에서도 알 수 있듯이 농업부문 투자에 대한 관심은 광범위하게 존재한다. 투자 성과가 기대되는 사업 모델에 대한 다양한 정보가 투자자에게 전달된다면 농업부문의 신규 투자 활성화에 기여할 것으로 기대된다.

(다) 농업 경영체나 예비 창업농이 참여하는 농산업 투자 설명회를 정기적으로 진행한다면 투자 활성화를 제고하고 부족한 경험을 보완해 주는 좋은 기회가 될 것이다. 또한 농정원 등이 투자 유치를 위한 사업계획서 작성 등 농업 경영체의 참여를 지원한다면 투자 설명회의 성과를 올리는 데 큰 도움이 될 것이다. 농식품 모태펀드를 관리하는 농금원이나 투자조합이 투자자로 참여하도록 유도하는 방법도 성과를 제고시킬 수 있는 방안이다.

① (가)-(나)-(다) ② (가)-(다)-(나) ③ (나)-(가)-(다)
④ (나)-(다)-(가) ⑤ (다)-(가)-(나)

22. 다음 글의 흐름에 따라 빈칸에 들어갈 알맞은 접속어는?

약 1만 년 전 농업이 시작되기 이전에 지구는 62억 헥타르의 삼림으로 덮여 있었던 것으로 추정된다. 그러나 개간, 벌채, 방목 등에 의하여 현재는 13억 헥타르의 엉성한 소림(疏林)을 포함해 41억 헥타르로 줄어든 상태이다. (   ) 그 삼림은 몇 번이나 거듭된 노력으로 간신히 재생된 재생림, 연료재료용으로 조성된 상록수림 등 질적인 측면에서도 이전과 비교할 수 없을 정도로 저하되었다.

① 게다가 ② 그런데 ③ 그러므로
④ 따라서 ⑤ 그러나

23. 다음 글의 빈칸에 들어갈 단어로 적절하지 않은 것은?

> 한국의 65세 이상 노인 인구는 전체 인구의 몇 퍼센트나 될까. 통계청에 따르면 2019년을 기준으로 14.9%다. 생각보다 적다고 느끼는 사람이 많을 것이다. 실제로 여론조사 전문가가 조사해 보니 한국인은 대개 인구의 32%가 노인일 거라 (   )한다고 한다. 실제 수치와 2배 넘는 격차가 있는 셈이다.
> 왜 이런 일이 벌어질까. 정보가 넘쳐나는 지금, 나는 세상에 대해 얼마나 제대로 알고 있을까. 우리가 경계해야 할 것은 이제 무지(無知)가 아니다. 잘못된 인식이 문제다. 잘못된 인식이 무지와 다른 점은 사람들이 굳은 확신을 품고 자신의 신념을 고수하며 스스로 잘 알고 있다고 생각하는 것이다.

① 예상 ② 추측 ③ 짐작
④ 추정 ⑤ 어림

24. 다음 (가) ~ (마)를 문맥에 맞게 순서대로 나열한 것은?

> (가) 문화를 이루는 인간 생활의 거의 모든 측면은 서로 관련을 맺고 있기 때문이다.
> (나) 20세기 인류학자들은 이러한 사실에 주목하여 문화 현상을 바라보았다.
> (다) 그러나 이 입장은 20세기에 들어서면서 어떤 문화도 부분만으로는 총체를 파악할 수 없다는 비판을 받게 되었다.
> (라) 19세기 일부 인류학자들은 결혼이나 가족 등 문화의 일부에 주목하여 문화 현상을 이해하고자 하였다.
> (마) 그들은 모든 문화가 '야만 → 미개 → 문명'이라는 단계적 순서로 발전한다고 설명하였다.

① (라)-(가)-(다)-(나)-(마)   ② (라)-(나)-(가)-(다)-(마)
③ (라)-(다)-(나)-(마)-(가)   ④ (라)-(마)-(가)-(다)-(나)
⑤ (라)-(마)-(다)-(가)-(나)

25. 다음 (가)~(마)를 문맥에 따라 순서대로 나열한 것은?

> (가) 멜라민을 다량 섭취할 경우, 멜라민으로 이루어진 작은 결정체들이 신장에 존재하는 소변이 지나가는 작은 관을 막게 되는데, 이것이 소변의 생성을 막아 신장 기능을 악화시켜 요로 결석, 급성신부전 등의 신장 질환을 일으킨다.
> (나) 이번에 문제가 된 것은 중국 공장에서 우유에 멜라닌을 첨가한 것이다. 우유의 부피를 증가시키기 위해 우유에 물을 섞어 우유에 포함된 단백질이 묽어졌는데 이럴 경우 우유의 단백질 농도를 측정하는 질소의 함량이 기준치보다 낮아지므로 이를 방지하기 위해서 멜라민을 첨가한 것이다.
> (다) 미국 FDA에서는 유해 기준으로 멜라민 및 관련 화합물에 대한 식품 및 사료의 내용 일일 섭취량(TDI)을 일일 체중 1kg당 0.63mg으로 적용할 것을 권고하고 있다.
> (라) 이로 인해 중국에서 분유를 주식으로 하는 유아가 최고 2,563mg/kg 고농도의 멜라민 독성에 노출되어 신장 질환으로 사망한 바 있다.
> (마) 멜라민은 질소 함량이 풍부한 흰 결정체의 유기물로 주로 플라스틱, 접착제, 접시류, 화이트보드, 화학 비료, 주방용 조리대 등에 사용되는 공업용 화학 물질이다.

① (나)-(라)-(마)-(가)-(다)
② (나)-(마)-(다)-(가)-(라)
③ (마)-(가)-(다)-(나)-(라)
④ (마)-(나)-(다)-(가)-(라)
⑤ (마)-(다)-(나)-(가)-(라)

26. 다음 (가)~(다)를 문맥에 맞게 나열한 것은?

> (가) 그러나 자연 과학에만 능통하고 인문적 지성을 겸비하지 못한 채로 배출된 사람이 과연 훌륭한 과학자가 될 수 있을지 의문이다.
> (나) 우리나라의 과학도들은 교육 현장에서 인문적 교양을 갖출 기회가 별로 없다.
> (다) 그런 과학자는 자신의 연구 결과가 인류에게 유해한지 무해한지 가릴 능력이 없기 때문이다.

① (가)-(나)-(다)
② (나)-(가)-(다)
③ (나)-(다)-(가)
④ (다)-(나)-(가)
⑤ (가)-(다)-(나)

27. 다음 글의 중심내용으로 적절한 것은?

> 속도는 기술 혁명이 인간에게 선사한 엑스터시(Ecstasy)의 형태이다. 오토바이 운전자와는 달리 뛰어가는 사람은 언제나 자신의 육체 속에 있으며, 뛰면서 생기는 미묘한 신체적 변화와 가쁜 호흡을 생각할 수밖에 없다. 뛰고 있을 때 그는 자신의 체중, 나이를 느끼고 그 어느 때보다도 더 자신과 자기 인생의 시간을 의식한다. 그러나 인간이 기계에 속도의 능력을 위임하고 나면 모든 게 변한다. 이때부터 그의 고유한 육체는 관심 밖에 있게 되고 그는 비신체적 속도, 비물질적 속도, 순수한 속도, 속도 그 자체, 속도 엑스터시에 몰입한다. 기묘한 결합테크닉의 싸늘한 몰개인성과 엑스터시 불꽃. 어찌하여 느림의 즐거움은 사라져버렸는가?

① 무한정한 속도 경쟁의 문화는 왜곡된 현대성의 한 예이다.
② 속도 추구에만 몰입할 것이 아니라 느린 삶의 미학을 회복해야 한다.
③ 사람들은 성취의 과정이나 그 질보다는 속도와 양에 매달린다.
④ 현대 사회의 몰개인성은 지나친 속도 경쟁 때문이다.
⑤ 기계에게 속도의 능력을 부여함으로써 인간은 속도 자체의 즐거움을 잃어버렸다.

28. 다음 글의 내용과 일치하는 것은?

> 현대 자본주의 사회에서 대중은 예술미보다 상품미에 더 민감하다. 상품미란 이윤을 얻기 위해 대량으로 생산하는 상품이 가지는 아름다움을 의미한다. 같은 값이면 다홍치마라고, 요즘 생산자는 상품을 더 많이 팔기 위해 디자인과 색상에 신경을 쓰고, 소비자는 같은 제품이라도 겉모습이 화려하거나 아름다운 것을 구입하려고 한다. 결국 우리가 주위에서 보는 거의 모든 상품은 상품미를 추구하고 있는 셈이다. 그래서인지 모든 것을 다 상품으로 취급하는 자본주의 사회에서는 돈벌이를 위해서라면 사물, 심지어는 인간까지도 상품미를 추구하는 대상으로 삼는다.

① 현대 사회의 소비자들은 동일한 제품이라면 외양이 고운 것을 선택한다.
② 기업에서 사람을 상품화하는 것은 비난받아 마땅한 일이다.
③ 가치관이 뚜렷한 소비자들은 제품의 디자인보다 활용도를 따진다.
④ 상품미는 제품의 아름다움으로서 이익과 관련이 없다.
⑤ 아직까지는 상품미를 추구하는 상품을 주변에서 보기 어렵다.

[29 ~ 30] 다음은 글을 읽고 이어지는 질문에 답하시오.

> 바이오시밀러(Biosimilar)는 사람이나 다른 생물체에서 유래된 세포·조직·호르몬 등의 유효물질을 이용하여 유전자재결합 또는 세포배양기술을 통해 분자생물학적 기법으로 개발한 의약품인 바이오의약품(생물학적제제·유전자재조합의약품·세포배양의약품·세포치료제·유전자치료제 등)의 복제약(특허가 만료된 오리지널 의약품을 모방하여 만든 약품)을 뜻하는 말이다.
>
> 바이오시밀러는 동등생물의약품 또는 FOB(Follow-on Biologics)라고도 하며, 오리지널 바이오의약품과 동등한 품목·품질을 지니며, 비임상·임상적 비교동등성이 입증된 의약품이다.
>
> 화학 합성의약품 복제약(제네릭 ; Generic)의 경우 오리지널 약품의 화학식만 알면 쉽게 만들 수 있고, 화학반응에 이변이 없어 오리지널 의약품의 공정과 똑같이 생산된다. 반면 살아 있는 단백질 세포 등을 이용하여 만드는 바이오시밀러의 경우 아무리 염기서열이 동일한 의약품을 개발하려 해도 구조적 복잡성으로 인하여 특성 분석이 어렵고, 배양배지·배양온도·배양크기에 따라 매우 민감하여 오리지널 약품과 똑같은 복제약을 제조하는 것은 불가능하며, 단지 유사한 복제약을 개발할 수 있을 뿐이다. 또 합성의약품 복제약을 개발할 때에는 임상시험이 생략되지만 바이오시밀러의 경우에는 비임상·임상시험에 통과해야 한다.
>
> 바이오시밀러는 고가의 오리지널 바이오의약품에 비해 상대적으로 저렴하다는 장점이 있으며, 많은 오리지널 바이오의약품들이 2012년 이후 특허가 만료되어 바이오시밀러 시장이 확대될 것으로 보인다.

29. 다음 중 윗글의 자료를 정리한 내용으로 적절하지 않은 것은?

	구분	바이오시밀러	제네릭
①	복제대상	바이오의약품	화학 합성의약품
②	안정성	환경에 따라 민감	비교적 안정적
③	허가 절차	비임상·임상시험	임상시험 생략
④	개발 비용	상대적으로 낮음.	상대적으로 높음.
⑤	오리지널과의 비교	유사한 성분	동일한 성분

30. 김 사원은 바이오시밀러 산업을 지원해야 하는 이유를 설명하고자 한다. 그 내용으로 적절하지 않은 것은?

① 오리지널 바이오의약품과 거의 동일한 효과를 보인다면 바이오시밀러가 가격면에서 경쟁력이 있다.
② 가격이 비싼 의약품 혜택을 못 받는 저개발국 환자들을 치료할 수 있는 길을 열 수 있다.
③ 제네릭에 비해 엄격한 허가 기준을 충족시켜야 하므로 진입 장벽이 높아 경쟁력이 있고, 오리지널 바이오의약품만큼 또는 그 이상으로 좋은 품질의 제품이 될 수 있다.
④ 고령화 등으로 인하여 고가의 바이오의약품에 대한 수요가 증가하는 상황에서 바이오시밀러가 의료 관련 사회적 부담 비용을 낮출 수 있다.
⑤ 많은 오리지널 바이오의약품들의 특허가 만료되어 시장이 확대될 것으로 보인다.

31. 다음 (ㄱ) ~ (ㅁ) 중 〈보기〉의 문장이 들어가기에 적절한 곳은?

나만 그런 것은 아니겠지만 87년 민주화 이후 30년, 외환위기 이후 20년은 87년 이전에 열망했던 만큼의 행복한 시간이 아니었다. (ㄱ) 아니 차라리 투쟁해야 할 이유가 있었고, 희망을 논할 수 있었으며, 주변 모든 사람이 함께 힘들었던 시절이 그리울 정도로 우리 사회는 완전히 양극화되었고 주변을 돌아봐도 고통 속에 보내는 사람의 수는 줄어들지 않았다. (ㄴ) 70년대 말 80년대 중반까지의 엄혹한 시절을 생각해보면, 당시의 내 또래 청년들이 기껏 이런 나라를 만들기 위해 그렇게 날밤을 지샜나 하는 자괴감도 든다. (ㄷ)
나는 청소년들이 입시의 중압감에서 해방되는 행복한 세상에서 살기를 원한다. (ㄹ) 그런 세상들이 쉬이 오지 않는다는 것을 알고 있지만 이들 모두를 고통스럽게 만드는 현실은 학교나 기업 자체에 있지 않고, 한국 자본주의 사회경제 시스템, 더 거슬러 올라가면 남북한의 전쟁·분단체제와 깊이 연관되어 있다는 것이 내 생각이다. (ㅁ)

| 보기 |

그리고 청년 비정규 노동자들이 극히 위험한 작업장에서 죽음을 무릅쓰고 불안한 고용조건, 장시간 저임 노동에 시달리지 않는 그런 세상에 살기를 원한다.

① (ㄱ)   ② (ㄴ)   ③ (ㄷ)
④ (ㄹ)   ⑤ (ㅁ)

32. 다음 글의 전개방식으로 적절한 것은?

> 바위와 달은 서로 다른 존재인가? 달이라는 것은 결국 바윗덩어리가 아니었던가? 그렇다면 우리가 바위의 성질을 모두 이해한다면 달의 성질도 이해하게 될 수 있지 않을까? 공기 속에서 부는 바람을 바다에 이는 파도와 비슷한 원리로 이해할 수 있을까? 서로 다른 것으로 보이는 여러 움직임의 공통점은 무엇인가? 이런 질문들에 대한 올바른 답을 구하려면 우리는 언뜻 보기에 전혀 다른 듯한 대상들을 순차적으로 분석하여 다른 점이 별로 없는 근본까지 파고들어 가야 한다. 계속 파고들어 가다 보면 공통점이 발견되리라는 희망을 가지고 모든 물질과 자연 현상을 낱낱이 분석해야 한다. 이러한 노력 속에서 우리의 이해는 한층 더 깊어지게 된다.
>
> 무언가를 이해한다는 것의 진정한 의미는 무엇인가? 이 우주의 진행 방식을 하나의 체스 게임에 비유해 보자. 그렇다면 이 체스 게임의 규칙은 신이 정한 것이며, 우리는 규칙을 제대로 이해하지 못한 채로 게임을 관람하는 관객에 불과하다. 우리에게 허락된 것은 오로지 게임을 지켜보는 것뿐이다. 물론 충분한 시간을 두고 지켜본다면 몇 가지 규칙 정도는 알아낼 수도 있다. 체스 게임이 성립되기 위해 반드시 요구되는 기본 규칙들, 이것이 바로 기초 물리학이다. 그런데 체스에 사용되는 말의 움직임이 워낙 복잡한 데다가 인간의 지성에는 명백한 한계가 있기 때문에 모든 규칙을 다 알고 있다 해도 특정한 움직임이 왜 행해졌는지를 전혀 이해하지 못할 수도 있다. 체스 게임의 규칙은 비교적 쉽게 배울 수 있지만, 매 순간 말이 갈 수 있는 최선의 길을 찾아내는 것은 결코 쉬운 일이 아니기 때문이다.

① 대상의 변화 과정을 살펴본 뒤 전망을 제시하고 있다.
② 새로운 이론을 소개한 뒤에 이를 구체적인 현상에 적용하고 있다.
③ 개념에 대한 정의를 분명하게 제시하여 대상의 본질을 나타내고 있다.
④ 상반된 입장의 문제점을 모두 비판하여 종합적인 결론에 이르고 있다.
⑤ 낯설고 익숙하지 않은 개념을 쉽고 친숙한 대상에 빗대어 설명하고 있다.

33. 다음 글의 빈칸에 들어갈 내용은?

　사회주의가 실패했다고 해서 더 나은 세상을 원하는 인간의 바람이 죽은 것은 아니다. 마르크스가 지적한 환경이 사라지지 않는 한 마르크스는 죽지 않는다. 극소수의 귀족이 다수의 농민과 노동자를 압제했던 러시아가 바로 그랬다.
　그러나 마르크스의 이론을 무르익게 한 현장인 영국에서는 그의 예견과 달리 사회주의 혁명이 일어나지 않았다. 그 주된 이유는 (　　　　　　　　　　　　　　　　　　) 막스 베버는 검약과 성실, 위험을 감수하는 투자 정신으로 무장된 청교도의 후예들이 영국 자본주의를 낳았다고 분석한다. 존 웨슬리의 감리교 운동에 영감을 받은 신자들은 자신의 재산을 털어 학교와 병원을 짓고 약자를 돌봤다.
　인간은 다른 사람이 보여주는 좋은 본과 그들의 희생을 통해 배운다. 문제는 한국에서는 그런 본과 희생을 찾기 어렵다는 점이다. 예전에는 삶이 너무 고됐기 때문에 그랬다고 할 수 있다. 그러나 지금은 오로지 더 가지고자 하는 욕심이 우리 사회를 지배해서 그렇다. 세계 가치관 조사 결과를 보면 한국은 세계에서 물질주의가 가장 높은 나라 중 하나다. 이익을 위해 때로는 법을 살짝 어기거나, 때로는 그 촘촘한 법망을 요리조리 잘 피하는 현란한 스킬의 사람들로 청문회장은 늘 소란하다. 국민은 본이 되는 사람을 찾고 싶은데 정치는 그 기회를 주지 않는다.

① 당시 러시아와 영국의 사회적 배경이 달랐기 때문이다.
② 영국에서는 마르크스가 예언한 사회적 배경이 형성되지 않았기 때문이다.
③ 높은 윤리의식으로 사회적 책무를 감당한 사람이 많았기 때문이다.
④ 혁명이란 이념을 통해서가 아니라 행동을 통해서 일어나기 때문이다.
⑤ 자본주의가 사회주의보다 장점이 많다는 의견이 팽배했기 때문이다.

34. 다음 글의 주제로 적절한 것은?

> 전쟁을 다룬 소설 중에는 실재했던 전쟁을 제재로 한 작품들이 있다. 이런 작품들은 허구를 매개로 실재했던 전쟁을 새롭게 조명하고 있다. 가령, 『박씨전』은 패전했던 병자호란을 있는 그대로 받아들이고 싶지 않았던 조선 사람들의 욕망에 따라, 허구적 인물 박씨가 패전의 고통을 안겼던 실존 인물인 용골대를 물리치는 장면을 중심으로 허구화되었다. 외적에 휘둘린 무능한 관군 탓에 병자호란 당시 여성은 전쟁의 큰 피해자였다. 『박씨전』에서는 이 비극적 체험을 재구성하여 전화를 피하기 위한 장소인 피화당(避禍堂)에서 여성 인물과 적군이 전투를 벌이는 장면을 설정하고 있다. 이들 간의 대립 구도에서 전개되는 이야기로 조선 사람들은 슬픔을 위로하고 희생자를 추모하며 공동체로서의 연대감을 강화하였다. 한편『시장과 전장』은 한국 전쟁이 남긴 상흔을 직시하고 이에 좌절하지 않으려던 작가의 의지가, 이념 간의 갈등에 노출되고 생존을 위해 몸부림치는 인물을 통해 허구화되었다. 이 소설에서는 전장을 재현하여 전쟁의 폭력에 노출된 개인의 연약함이 강조되고, 무고한 희생을 목도한 인물의 내면이 드러남으로써 개인의 존엄이 탐색되었다.
>
> 우리는 이런 작품들을 통해 전쟁의 성격을 탐색할 수 있다. 두 작품에서는 외적의 침략이나 이념 갈등과 같은 공동체 사이의 갈등이 드러나고 있다. 그런데 전쟁이 폭력적인 것은 이 과정에서 사람들이 죽기 때문만은 아니다. 전쟁의 명분은 폭력을 정당화하여 적의 죽음은 불가피한 것으로, 우리 편의 죽음은 불의한 적에 의한 희생으로 간주된다. 전쟁은 냉혹하게도 아군, 적군 모두가 민간인의 죽음조차 외면하거나 자신의 명분에 따라 이를 이용하게 한다는 점에서 폭력성을 띠는 것이다.
>
> 두 작품에서 사람들이 죽는 장소가 군사들이 대치하는 전선만이 아니라는 점도 주목된다. 전쟁터란 전장과 후방, 가해자와 피해자가 구분되지 않는 혼돈의 현장이다. 이 혼돈 속에서 사람들은 고통 받으면서도 생의 의지를 추구해야 한다는 점에서 전쟁은 비극성을 띤다. 이처럼 전쟁의 허구화를 통해 우리는 전쟁에 대한 인식을 새롭게 할 수 있다.

① 문학에 반영되는 작가의 작품 세계
② 문학작품에 나타난 전쟁의 종류
③ 문학에서 허구화된 전쟁이 갖는 의미
④ 한국 소설에 나타난 전쟁의 비극성
⑤ 문학에 나타난 역사의 진위 여부 판단의 중요성

35. 다음 글의 내용과 일치하는 것은?

> 도시의 존재를 지탱하는 기본적인 힘은 토지와 공간에 기초한 권력 의지나 그 공동체에 대한 의향에서 나온다. 또 다른 요소로는 자본의 역학과 관련 있는 화폐에 대한 욕망이 있다. 공동체에 대한 의향과 화폐에 대한 욕망은 종종 모순된다. 전자는 도시를 공간으로 보고 닫으려 하고, 후자는 도시를 게임의 영역으로 보고 개방하려 하기 때문이다. 그런데 문제는 오늘날 권력의 형식이 공동체의 공간에서 자본의 영역으로 주요 준거점을 옮기고 있다는 점이다. 따라서 도시가 계획되는 단계에서부터 자본의 역학과 그 욕망을 혼합하게 되며, 또한 도시가 어느 정도 구축되고 사람들이 살기 시작한 후에도 이러한 욕망은 미세하게 나뉜 상태로 도시에 침투하게 된다.
>
> 도시가 불가사의하면서도 매력적인 이유 중 하나는 화폐에 대한 욕망을 긍정하고 있기 때문일 것이다. 즉 도시는 자본에 있어서, 자본이라는 무한함을 내재한 활동 형식을 배제하지 않는다. 일반적으로 공동체는 토지나 혈연이라는 망 속에서 개인의 존재를 그 유한함 속에서 취급한다. 하지만 화폐나 자본의 작용은 이러한 개인 존재의 무게를 버리고, 개인의 윤곽을 욕망의 다양한 선에 의해 일반화하고 추상화한다. 공동체의 역학에서는 이러한 화폐나 자본의 힘에 사로잡힌 개인을 '귀신이 쓰였다'라거나 '이방인 죽이기' 등으로 몰아가 엄격한 배제의 대상이나 저주받은 존재로 삼는다.
>
> 하지만 도시에서 사람들의 욕망은 그러한 공동체의 역학에서 자유로워진다. 그와 동시에 욕망에는 새로운 규율 훈련의 메커니즘, 즉 무한한 소비의 주체가 되는 시스템을 요구받게 된다. 그러한 공간에서 창문에 놓인 귀여운 봉제 인형이나 마당에 놓인 강아지나 어린아이 인형은 그야말로 보여 주기 위한 것이며, 그곳에 사는 사람보다는 방문객이나 구매자 등 외부에서 그곳을 바라보는 사람의 시선에 대응하고 있다. 이러한 외부의 시선을 끊임없이 내면화함으로써 그곳에서의 생활이 주체적인 현실로 구성되며 영위되게 된다.

① 오늘날의 권력은 도시에서의 공동체 역학을 배제함으로써 개인이 가진 속박을 풀고 자유롭고 쾌적한 생활을 보장하려 하고 있다.
② 도시에서는 공동체의 역학이 미치지 못하게 되어 사람들의 욕망이 증식되었는데 새로운 규율 훈련의 메커니즘은 개인 존재의 무게를 회복시킨다.
③ 화폐나 자본의 힘에 의존하는 개인은 공동체로부터 엄격하게 배제되어 교외로 쫓겨나게 되는데, 그곳에서는 외부로부터 기묘한 시선을 받게 된다.
④ 도시는 자본의 역학과 개인의 욕망이 일치했을 때, 권력의 의지나 공동체에 대한 의향이 미치지 않는 매력적인 게임의 영역으로서 펼쳐진다.
⑤ 도시에서 화폐에 대한 욕망이 긍정되고 있기 때문 그 유한함 속에서 취급되는 개인의 힘은 점차 약해졌으며 개인의 존재는 추상화되어 가고 있다.

36. 다음 중 자동차 생산을 중심으로 하는 M 그룹의 대응방안에 대한 추론으로 옳지 않은 것은?

> 지난 달 일본에 대한 소재·부품 부문 의존도는 상반기 '역대 최저'를 기록할 정도로 완화되었지만 개선 추세를 보이던 무역수지는 엔저의 여파로 다시 악화되었다. 산업통상자원부에 따르면 지난 상반기 우리나라의 소재·부품 대일 수입 의존도는 21.0%로 역대 최저수준을 기록했다. 반면 최근 몇 년간 개선 추세를 보였던 대일 무역수지는 수출 급감 현상이 나타나며 급격하게 고꾸라졌다.
> 우리나라의 일본 무역의존도는 중국, 아세안 등 신흥국을 대상으로 한 무역 확대 기조에 밀려 갈수록 줄어들고 있다. 최근 3년간 우리나라의 지역별 교역비중을 보면 일본은 10.3%에서 9.7%로 줄어든 반면, 아세안 국가들과의 비중은 10.9%에서 12.3%로 크게 늘어나, 우리나라 주요 교역대상국으로 중국, 미국, 아세안, 유럽연합 다음에 일본을 얘기할 정도로 일본의 비중이 상당히 줄었다. 그러나 아직도 일본에서 수입하는 소재·부품은 디스플레이와 자동차 등 우리 주력 수출 상품에 필요한 핵심 품목이다. 전문가들은 소재 부문 의존도를 더 낮추려면 상당한 시간과 자본이 필요할 것으로 보고 있다. 탄소섬유, 리튬전지 등 핵심 소재는 고도의 기술을 요구하는 만큼 선진국과 5~10년 격차가 존재하는 데다, 핵심 IT소재는 일본 기업이 독식하고 있기 때문이다. 산업부의 한 관계자는 "부품 분야는 과거와 비교해 상당히 많이 성장했다"며 "다만 소재 부문은 원천기술이어서 좀 더 시간이 걸릴 것으로 보인다."고 말했다.

① 선진 기술을 보유한 일본의 소재·부품 기업과의 글로벌 연구 협력을 통해 지속적으로 R&D 역량을 강화한다.
② 기술연구소를 설립하여 자동차 부품의 선행기술과 핵심 설계기술을 연구·개발하고, 전문교육기관을 통해 전문 인력을 양성한다.
③ 일본이 핵심 기술을 독식하고 있는 소재 부문보다 빠른 시일 내에 성과를 낼 수 있는 부품 부문의 개발에 집중 투자하여 장기적인 대일 무역수지 흑자를 달성한다.
④ 그룹 내 철강사에 대한 장기적인 대규모의 투자 계획을 수립하여 조강생산능력을 확충하고, 자동차용 강종의 집중적인 개발을 통해 자동차 소재에 특화된 제철소를 완성한다.
⑤ 소재·부품의 독자적인 기술과 노하우를 가진 국내 중소기업을 발굴하여 투자와 협력을 통해 공생관계를 형성함으로써 소재·부품의 국산화를 순차적으로 시행한다.

37. 다음 글을 읽고 추론한 내용으로 적절하지 않은 것은?

표면장력은 에너지적인 측면과 힘적인 측면으로 설명할 수 있다. 먼저 에너지적인 측면에서 살펴보겠다. 물방울의 단면을 잘랐을 때 물분자들이 사각형 모양으로 나란히 배열되어 있다고 가정해 보자. 이때 물분자들을 내부 분자와 최외곽 분자로 구분할 수 있다. 내부 분자는 상하좌우로 모두 4개의 분자와 결합을 하고 있지만 최외곽층의 분자는 결합이 불완전하다. 맨 위에 위치하는 분자일 경우 아래와 좌우에는 결합할 분자들이 존재하지만 위쪽에는 분자가 존재하지 않기 때문이다. 따라서 최외곽층의 분자들, 즉 표면에 있는 물분자들은 최대로 결합할 수 있는 수보다 적게 결합하게 되므로 더 결합할 가능성을 남겨 두고 있다. 이를 '에너지가 높은 상태' 혹은 '반응성이 크다'고 이야기한다. 따라서 표면 쪽에 있는 물분자는 내부 분자보다 에너지적으로 더 높은 상태에 있고, 그들은 이 에너지를 낮추고 싶어 한다. 최외곽층 분자도 내부 분자처럼 4개의 분자와 결합하고 싶어 하기 때문이다. 이것이 표면에 있는 원자가 외부의 물질을 끌어당기는 이유이며, 이를 표면장력이라고 한다.

힘적인 측면에서도 표면장력을 설명할 수 있다. 앞서 했던 가정을 그대로 이용해보자. 액체의 내부에 있는 물분자들은 서로 밀고 당기는 인력과 척력이 균형을 이루고 있으므로 분자력은 0으로 안정되어 있다. 반면에 공기와 접촉하는 최외곽층의 물분자일 경우, 계면(서로 다른 물질이 접하는 경계)에서는 힘이 작용하지 않고 액체 내부에 있는 분자와의 인력만 존재한다. 계면에는 물분자가 존재하지 않아서 인력이 작용하지 않기 때문이다. 이때의 최외곽 분자는 내부로 잡아당기는 힘만 존재하므로 내부 물분자들에 비해 상대적으로 덜 안정되어 있다. 물분자 간 인력의 균형이 액체의 표면 부근에서 깨지기 때문이다. 따라서 이곳에 있는 분자는 안정상태로 가기를 원하게 되고 물방울은 공기와 접촉된 표면에 가급적이면 물분자를 최소로 노출시켜야 최대로 안정한 상태를 유지할 수 있다. 위와 마찬가지로 표면장력이 발생하게 되는 것이다.

에너지적인 측면과 힘적인 측면에서 물방울을 보았을 때 둘 모두 표면장력이 작용함을 볼 수 있었다. 이와 같이 표면장력이 작용하게 되면 물방울은 그 결과로 구의 형태를 띠게 된다. 주어진 부피에서 표면적을 가장 최소로 하는 기하학 도형이 바로 구이기 때문이다. 따라서 물방울이 구 모양을 유지하는 것은 표면장력에 따른 자연스러운 결과인 셈이다.

① 내부 물분자는 주변 분자들과의 결합이 완전하게 이루어진다.
② 내부 물분자는 상대적으로 에너지가 낮고 반응성이 작은 상태이다.
③ 최외곽층 물분자의 분자력은 0이 아니다.
④ 물방울이 구 모양인 것은 기체와 접촉되는 물분자의 수를 최소로 하려하기 때문이다.
⑤ 내부 물분자의 계면은 최외곽층 물분자의 계면보다 넓다.

38. 다음 글을 읽고 이해한 내용으로 적절하지 않은 것은?

> 가족은 경제적으로 협동하는 사회적 단위이자 정서적 욕구를 충족하는 곳이다. 그러나 구성원들 간의 이런 끈끈함은 외부 세계에 대한 배타성을 강화시키고 사적 이익만을 추구하게 하여 이타성과 공공선을 추구하는 공동체의 원리와 대립하게 한다.
>
> 그동안 우리 사회는 경제적으로 급성장하였지만 불균등한 분배 구조로 계층 간 격차가 생성되었고, 그 격차는 다음 세대로 전승되어 사회적 불평등 구조가 재생산되고 있다. 이러한 사회적 불평등 재생산 구조는 한국 특유의 배타적 가족주의와 결합되면서 온갖 사회 모순을 확대시켜 왔다. 기업의 족벌 경영 체제, 부동산 투기, 사치성 소비 성향, 고액 과외 등의 부정적 현상들은 개개인들이 자기 가족의 안락과 번영을 위해 헌신한 행위로 정당화되어 결과적으로 가족 집단의 공동 이익이 다른 가족들의 경제적 빈곤을 야기하는 반공동체적 행위를 강화시켜 왔다.
>
> 이와 같이 가족 내에서 형성된 배타성이 전체 사회의 공동체적 언어를 파괴할 뿐만 아니라 가족 생활 자체도 점차 공동체적 성격을 상실해 간다면, 가족은 더 이상 전체 사회에 유익한 일차 집단이 될 수 없다. 그럼에도 불구하고 가족에 대한 비판을 금기시하고 신성화하는 이데올로기를 고집한다면 우리 사회가 직면한 문제들을 해결하기는 더욱 어려워질 것이다.

① 배타적 가족주의는 한국 특유의 현상이다.
② 가족 공동체는 사회의 일차 집단이다.
③ 현재는 가족에 대한 비판을 금기시하고 있다.
④ 가족주의를 사회의 구조적 불평등 문제와 연결시키고 있다.
⑤ 가족의 이익추구는 사회적 공동체의 원리와 대립한다.

[39 ~ 40] 다음 글을 읽고 이어지는 질문에 답하시오.

　　2018년 여름에는 기록적인 폭염이 한반도를 덮쳤다. 지구온난화로 티베트 고원에서 달아오른 공기가 북태평양 고기압과 합세해 한반도를 비롯한 지구 북반구에 고온다습한 '열돔'을 형성했다. 이는 2018년에만 일어난 이상현상은 아니다. 미국 국립해양대기국(NOAA)의 2016년 기후현황보고서에 따르면 2016년이 기상관측 이래 가장 더운 해로 기록됐다. 해수면 높이는 6년 연속 최고치를 경신했다. 폭염은 폭염만으로 끝나지 않았다. 겨울에는 혹독한 한파와 여름의 폭염이 번갈아 반복되면서 2018년의 경우 서울의 연교차는 57.4도를 기록했다. 기상청 자료에 의하면 한반도를 둘러싼 해수면 온도 역시 상승하고 있다. 매년 0.34도씩 상승했고, 해수면 온도 상승은 포획 어종까지 바꿔 놓고 있어 생태계의 변화를 실감할 수 있다.
　　그렇다면 지구온난화 대책으로 무엇이 있을까? 인류는 1992년 리우회의에서 유엔기후변화협약, 1997년 교토의정서 이후 많은 논의를 통해 2015년 파리협약을 체결했다. 2020년 만료된 교토의정서를 대체한 이 협약은 2020년 이후의 기후변화 대응을 담았다. 한국은 2050년 온실가스 배출 전망치 대비 37%를 감축하기로 했다. 정부나 지자체의 정책적 규제나 노력이 반드시 선행되어야 하겠지만, 우리 각자의 자발적인 노력 역시 필수적이다.

39. 다음 중 글쓴이가 윗글을 작성할 때 고려한 사항이 아닌 것은?

① 근거 내용의 출처를 제시해야겠군.
② 질문을 던져 주의를 환기시켜야겠군.
③ 2018년 폭염이 나타난 원인을 제시해야겠군.
④ 정부에서 추진하는 구체적인 규제방법을 제시해야겠군.
⑤ 지구온난화에 대응하기 위한 국제적 협약을 제시해야겠군.

40. 다음 중 윗글을 회의 자료로 사용할 수 있는 기관으로 적절한 것은?

① 화력발전량의 일정비율을 신재생에너지로 공급하는 기관
② 담배사업의 내수 안정화와 해외 수출에 앞장서는 기관
③ 국민이 믿고 탈 수 있는, 안전한 철도를 만드는 기관
④ 국민주거생활의 향상 및 국토의 효율적인 이용을 도모하는 기관
⑤ 국민의 먹을거리 생산 기반을 확충하고 농어촌 생활환경 개선에 앞장서는 기관

영역 02 수리력

[01 ~ 02] 기호를 다음과 같이 가정할 때, 주어진 식의 값을 구하시오.

$$A△B=(A+B)-(A-B)$$
$$A●B=(A-B)^2$$

01.

$$15△8$$

① 12　　② 13　　③ 14
④ 15　　⑤ 16

02.

$$(6△11)△(13●22)$$

① 141　　② 162　　③ 183
④ 204　　⑤ 225

03. ○○기관은 임용시험에서 320명의 합격자를 선발하기로 하였다. 이 중 행정직렬은 200명을 선발하고, 기술직렬은 35명을 선발한다. 전체 응시자 수는 6,400명이고 행정직렬에는 5,200명, 행정직렬과 기술직렬을 제외한 나머지 직렬에는 710명이 지원하였을 때, 기술직렬의 경쟁률은 얼마인가?

① 12 : 1　　② 13 : 1　　③ 14 : 1
④ 15 : 1　　⑤ 16 : 1

04. 6km/h의 속력으로 가는 A를 15분 늦게 출발한 B가 한 시간 만에 따라잡았다면, B의 속력은 얼마인가?

① 7.5km/h　　② 8km/h　　③ 9.5km/h
④ 10km/h　　⑤ 10.5km/h

05. 톱니 수가 각각 24개, 54개, 36개인 톱니바퀴 A, B, C가 서로 맞물려 있다. 이 세 개의 톱니바퀴가 회전을 시작하고 다시 처음 상태로 돌아오려면, 톱니바퀴 A는 최소 몇 번을 회전해야 하는가?

① 7번　　② 9번　　③ 11번
④ 13번　　⑤ 15번

06. 그림과 같은 동심원이 있다. 안쪽 원에 접하는 직선과 바깥쪽 원과의 교점을 각각 A, B라고 하면 $\overline{AB}=20$(cm)이다. 색칠된 영역의 넓이는 몇 cm²인가? (단, $\pi=3.14$로 계산한다)

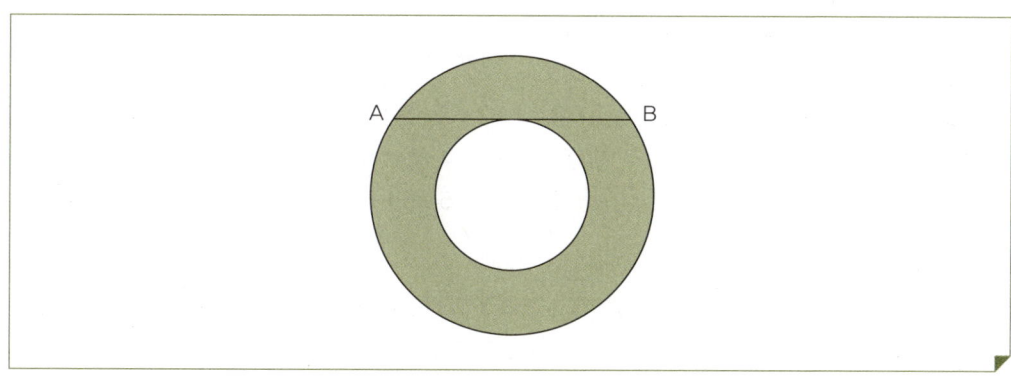

① 105cm²　　② 157cm²　　③ 210cm²
④ 314cm²　　⑤ 419cm²

07. 3형제가 퀴즈쇼에 나가 상금 1억 4천만 원을 받았다. 나이에 비례해서 상금을 나눠 첫째가 6천만 원을 가졌다. 10년 후 3형제가 다시 퀴즈쇼에 나가 상금 1억 4천만 원을 받았다. 이번에도 나이에 비례해서 상금을 나눈 후 첫째와 셋째가 금액을 바꾸었다. 그 결과 셋째가 5천 6백만 원을 받았다면 현재 첫째의 나이는 몇 세인가?

① 40세   ② 41세   ③ 42세
④ 43세   ⑤ 44세

08. 어떤 상점에서 원가의 40%를 이익으로 얻을 수 있도록 정가를 책정하였다. 만약 상품 T를 정가의 20% 할인으로 판매할 때의 이익이 90원이었다면 상품 T의 원가는 얼마인가?

① 600원   ② 650원   ③ 700원
④ 750원   ⑤ 800원

09. 다음 〈규칙〉에 따라 식을 계산하려고 한다. 〈보기〉의 식이 성립하도록 □ 안에 사칙연산기호를 한 번씩만 넣으려고 할 때, □에 들어갈 사칙연산기호를 순서대로 배열한 것은? (단, ◎는 사칙연산보다 먼저 계산한다)

―| 규칙 |―

1◎3=1+2+3=6
2◎4=2+3+4+5=14
3◎5=3+4+5+6+7=25

―| 보기 |―

(5◎5)□(3□2)□7□(6◎3)=28

① ―, ×, ÷, +   ② ÷, ―, ×, +   ③ ―, ÷, +, ×
④ ÷, +, ×, ―   ⑤ ―, +, ÷, ×

10. 정사면체의 네 면에 각각 1, 1, −1, 0이 적혀 있다. 이 정사면체를 두 번 던졌을 때 바닥에 깔리는 숫자의 합이 0이 될 확률은?

    ① $\dfrac{5}{9}$ ② $\dfrac{2}{3}$ ③ $\dfrac{3}{8}$

    ④ $\dfrac{5}{16}$ ⑤ $\dfrac{8}{17}$

11. 4쌍의 부부가 1개의 원탁에 착석할 때, 각 부부가 배우자의 옆자리에 앉는 경우의 수는 몇 가지인가?

    ① 48가지   ② 64가지   ③ 96가지
    ④ 144가지 ⑤ 192가지

12. 남자와 여자가 3명씩 총 6명이 한 줄로 서 있다. 가장 왼쪽에 선 사람은 남자고, 남자끼리는 2명 이상 인접하여 서지 않을 때, 줄을 서는 경우의 수는 몇 가지인가?

    ① 27가지   ② 81가지   ③ 108가지
    ④ 360가지 ⑤ 720가지

13. 1부터 9까지의 자연수가 하나씩 적힌 카드 9장이 있다. 승호는 1, 5, 8이 적힌 카드를, 정민은 2, 7, 9가 적힌 카드를, 선우는 3, 4, 6이 적힌 카드를 나눠 가졌다. 세 사람이 동시에 카드를 한 장씩 꺼낼 때, 선우가 꺼낸 카드의 숫자가 가장 클 확률은?

    ① $\dfrac{2}{27}$ ② $\dfrac{4}{27}$ ③ $\dfrac{1}{9}$

    ④ $\dfrac{2}{9}$ ⑤ $\dfrac{3}{9}$

14. 어떤 일을 A 사원 혼자 하면 4시간이 소요되고, B 사원 혼자 하면 6시간이 소요된다고 한다. A 사원과 B 사원이 함께 작업할 때, 일이 끝나는 데 걸리는 시간은?

① 1시간 12분　　② 1시간 24분　　③ 2시간 24분
④ 2시간 30분　　⑤ 3시간 12분

15. 길이가 300m인 기차가 일정한 속력으로 터널을 완전히 통과하는 데 30초가 걸리고, 터널의 2배 길이인 다리를 완전히 통과하는 데 55초가 걸린다. 이때 터널의 길이는 몇 m인가?

① 1,200m　　② 1,300m　　③ 1,400m
④ 1,500m　　⑤ 1,600m

16. 물 500g에 소금을 넣어 농도 20%의 소금물을 만들려고 할 때, 넣어야 하는 소금의 양은?

① 110g　　② 115g　　③ 120g
④ 125g　　⑤ 130g

17. 8%의 소금물에 12%의 소금물을 섞은 다음 물 200g을 더 넣었더니 7%의 소금물 600g이 되었다. 첨가된 12%의 소금물은 몇 g인가?

① 150g　　② 200g　　③ 250g
④ 350g　　⑤ 400g

18. 명수는 시간당 최대 25페이지의 책을 읽을 수 있다. 명수가 250페이지인 책을 X시간 동안 읽었을 때 Y페이지가 남았다고 한다. 다음 중 X와 Y의 관계식으로 가장 적절한 것은? (단, X는 10보다 작다)

① $250-Y < \dfrac{25}{X}$
② $250 > Y + \dfrac{25}{X}$
③ $250-Y \leq 25X$
④ $250+25X \leq Y$
⑤ $250+Y \geq 25X$

19. 아파트를 3일에 걸쳐 분양한 결과, 첫째 날에는 전체 분양 가구 수의 $\dfrac{1}{5}$, 둘째 날에는 전체 분양 가구 수의 $\dfrac{1}{12}$, 셋째 날에는 전체 분양 가구 수의 $\dfrac{1}{4}$이 분양되어 현재 분양 가능한 아파트는 560가구이다. 준비되었던 전체 분양 가구 수는 얼마인가?

① 1,200가구 ② 1,600가구 ③ 1,800가구
④ 2,000가구 ⑤ 2,400가구

20. ○○회사 김 대리는 10만 원으로 개당 가격이 각각 4,500원인 A 제품과 3,500원인 B 제품을 구매하려고 한다. A 제품을 B 제품보다 8개 적게 구매하고자 할 때, 김 대리가 구매할 수 있는 A 제품은 최대 몇 개인가?

① 6개 ② 7개 ③ 8개
④ 9개 ⑤ 10개

[21 ~ 27] 다음 수열의 일정한 규칙을 찾아 '?'에 들어갈 알맞은 숫자를 고르시오.

21.

1   −1   1   1   2   −2   6   (?)

① −3 ② 1 ③ 3
④ 6 ⑤ 8

22.

7   8   15   23   38   61   (?)

① 91 ② 93 ③ 95
④ 98 ⑤ 99

23.

1.2   2   1.5   5   2.1   11   2.4   14   (?)   20

① 2.7 ② 3 ③ 3.2
④ 4 ⑤ 4.1

24.

2   3   7   13   27   (?)   107   213

① 35 ② 48 ③ 53
④ 68 ⑤ 70

25.

20 21 19 22 18 23 (?)

① 17 ② 20 ③ 21
④ 23 ⑤ 26

26.

2 1 3 $\frac{3}{2}$ $\frac{7}{2}$ $\frac{7}{4}$ $\frac{15}{4}$ (?)

① $\frac{15}{6}$ ② $\frac{15}{8}$ ③ $\frac{18}{4}$
④ $\frac{31}{4}$ ⑤ $\frac{35}{4}$

27.

1 3 4 −1 3 −4 −1 −3 (?)

① 4 ② 2 ③ −5
④ −4 ⑤ −9

28. 다음은 우리나라의 지역별 사업체 수 현황을 나타낸 자료이다. 〈분석〉을 근거로 할 때, ㉠~㉣에 들어갈 지역명을 바르게 연결한 것은?

〈우리나라 지역별 사업체 수 현황〉

(단위 : 개)

구분	문화산업	예술산업	스포츠산업	관광산업	문화체육관광 산업 전체
㉠	8,645	14,672	9,646	4,482	37,445
㉡	7,072	12,050	6,247	2,027	27,396
인천	5,471	8,254	5,633	2,872	22,230
㉢	4,508	6,896	3,808	1,364	16,576
㉣	4,390	6,690	3,802	1,183	16,065

──────| 분석 |──────

㉮ 문화체육관광 산업의 전체 사업체 수는 대구가 인천보다 많으며 대전은 인천보다 적다.
㉯ 광주와 대전의 관광산업 사업체 수의 합은 대구보다 많고 부산보다 적다.
㉰ 대구와 대전의 예술산업 사업체 수의 합은 5개 도시 예술산업 사업체 수 합의 약 38.6%이다.

	㉠	㉡	㉢	㉣			㉠	㉡	㉢	㉣
①	부산	대구	대전	광주		②	대구	부산	광주	대전
③	대전	대구	광주	부산		④	부산	대구	광주	대전
⑤	부산	광주	대구	대전						

29. 다음 자료를 바르게 해석한 내용을 〈보기〉에서 모두 고른 것은?

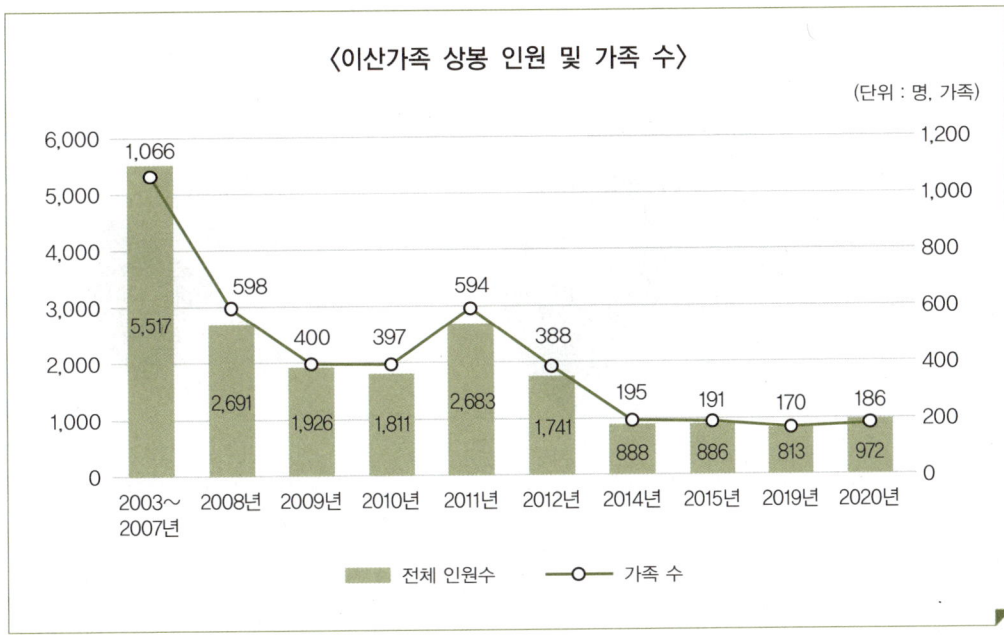

| 보기 |

(가) 해마다 이산가족 상봉 전체 인원수는 조금씩 감소하고 있다.
(나) 2011년 이후 이산가족 상봉 전체 인원수와 가족 수는 모두 감소하고 있다.
(다) 2008 ~ 2020년 중 이산가족 상봉 가족 수는 2008년이 가장 많다.

① (가) ② (다) ③ (가), (나)
④ (나), (다) ⑤ (가), (나), (다)

30. 다음 자료에 대한 설명으로 옳은 것을 〈보기〉에서 모두 고르면?

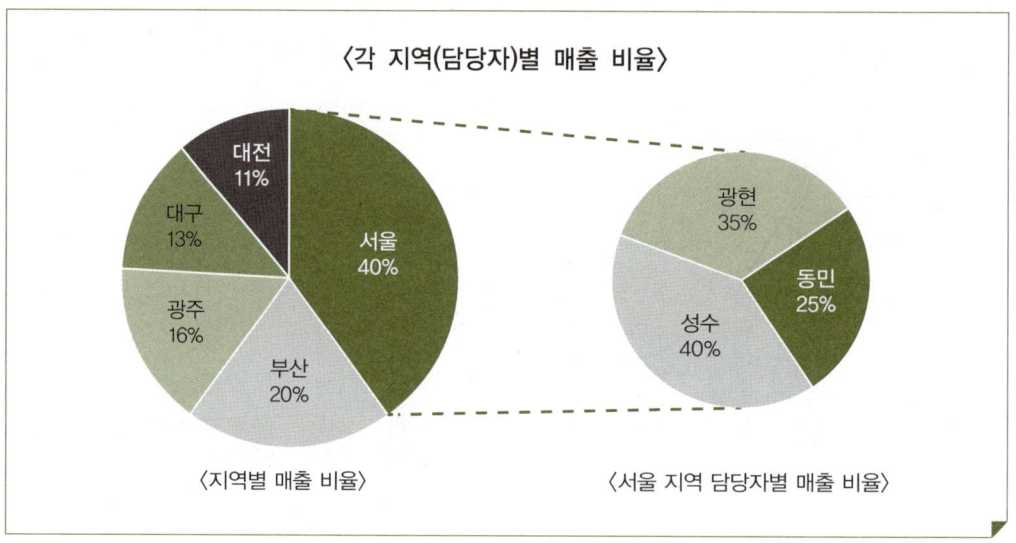

〈각 지역(담당자)별 매출 비율〉

〈지역별 매출 비율〉　〈서울 지역 담당자별 매출 비율〉

| 보기 |

ㄱ. 전체 매출 중 광현이 차지하는 비중은 13% 미만이다.
ㄴ. 전체 매출 중 동민이 차지하는 비중은 10% 이상이다.
ㄷ. 전체 매출 중 광현과 동민이 차지하는 비중은 대구와 대전의 매출 비중의 합보다 작다.
ㄹ. 전체 매출 중 성수가 차지하는 비중은 대구의 비중보다 많다.

① ㄱ, ㄴ　　② ㄱ, ㄷ　　③ ㄴ, ㄷ
④ ㄴ, ㄹ　　⑤ ㄷ, ㄹ

31. 다음은 수도권 5대 대형병원의 수익에 대한 자료이다. 이에 대한 설명으로 옳지 않은 것은?

〈수도권 5대 대형병원 의료 통계 자료〉

(단위 : 억 원, %, 명)

순위	병원명	의료수익	의료이익	의료이익률	의사 수	의사 1인당 의료수익
1	A 병원	13,423	825	6.1	1,625	8.3
2	B 병원	10,612	-463	-4.4	1,230	8.6
3	C 병원	10,244	1,640	16.0	1,240	8.3
4	D 병원	8,715	-41	-0.5	1,208	7.2
5	E 병원	6,296	399	6.3	830	7.6
5대 대형병원 평균		9,858	472	4.7	1,227	8.0

※ 의료이익률 = $\frac{의료이익}{의료수익} \times 100$

※ 의사 1인당 의료수익 = $\frac{의료수익}{의사 수}$

① 의사 수가 가장 많은 병원은 의료수익도 가장 많다.
② 의사 1인당 의료수익이 가장 큰 병원은 B 병원이다.
③ 5대 대형병원 의료수익 평균에 미치지 못하는 대형병원은 2개이다.
④ E 병원의 의사 1인당 의료이익은 A 병원의 의사 1인당 의료이익보다 많다.
⑤ B 병원과 C 병원의 의료수익의 합은 A 병원과 E 병원의 의료수익의 합보다 크다.

32. 다음 연도별 도시-농촌 간 인구이동 추이를 나타낸 표에 대한 설명으로 옳지 않은 것은?

〈도시-농촌 간 인구이동 추이〉

(단위 : 명)

연도	농촌 → 도시	도시 → 농촌	농촌으로의 인구 순유입		
			수도권	지방 대도시	중소도시
20X0	458,524	442,086	-12,041	-831	-3,566
20X1	462,431	472,048	1,967	9,108	-1,458
20X2	333,773	375,073	21,589	19,334	377

※ 순유입(전입초과) : 전출보다 전입이 많은 경우. / ※ 순유출(전출초과) : 전입보다 전출이 많은 경우.

① 20X1년에는 중소도시만 '농촌 → 도시'의 인구수가 '도시 → 농촌'의 인구수보다 더 적었다.
② 농촌으로 순유입된 총인구수는 20X0년<20X1년<20X2년 순이다.
③ 수도권, 지방 대도시, 중소도시 모두 갈수록 농촌으로의 인구 순유입이 늘고 있다.
④ 도시 전체와 농촌 간의 인구이동을 고려할 때 농촌 인구의 순유출은 20X0년에만 일어났다.
⑤ 20X2년 수도권에서 농촌으로의 인구 순유입은 지방 대도시에서 농촌으로의 인구 순유입보다 2,255명 많다.

33. 다음은 20X0년부터 20X4년까지의 일부 아시아 국가의 1인당 알코올음료 소비량을 나타낸 자료이다. 이에 대한 설명으로 옳은 것을 〈보기〉에서 모두 고르면?

〈1인당 알코올음료 소비량〉

(단위 : ℓ)

구분	20X0년	20X1년	20X2년	20X3년	20X4년
한국	8.9	9.1	8.7	8.7	8.5
중국	5.8	5.7	5.6	6.6	5.6
인도	3.0	3.0	3.0	2.9	3.1
인도네시아	0.1	0.1	0.1	0.1	0.1
이스라엘	2.7	2.7	2.7	3.0	3.0
일본	7.1	7.2	7.2	7.2	7.2
튀르키예	1.5	1.4	1.3	1.4	1.4

※ 1인당 알코올음료 소비량(Consumption of Alcoholic Beverages per Person) : 15세 이상 인구 대상 순수 알코올 상당 술 소비량으로 환산한 추정치임.

| 보기 |

ⓐ 한국의 1인당 알코올음료 소비량은 매해 다른 여섯 국가를 상회한다.
ⓑ 중국의 1인당 알코올음료 소비량은 인도네시아와 이스라엘의 1인당 알코올음료 소비량의 합을 매해 상회한다.
ⓒ 일본의 알코올음료 소비량은 중국의 알코올음료 소비량을 매해 상회한다.
ⓓ 인도의 1인당 증류주 소비량은 인도네시아의 1인당 증류주 소비량을 매해 상회한다.
ⓔ 이스라엘의 1인당 알코올음료 소비량은 매해 튀르키예의 1인당 알코올음료 소비량의 2배 이상이다.

① ⓐ, ⓑ, ⓒ ② ⓐ, ⓑ, ⓔ ③ ⓐ, ⓓ, ⓔ
④ ⓑ, ⓒ, ⓓ ⑤ ⓑ, ⓓ, ⓔ

34. 25 ~ 29세와 30 ~ 34세 각각에서 2000 ~ 2020년의 고용률 변동 추이가 한국과 같은 나라를 순서대로 고른 것은?

〈국가별 청년 고용률(2000 ~ 2020년)〉

(단위 : %)

구분	25 ~ 29세					30 ~ 34세				
	2000년	2005년	2010년	2015년	2020년	2000년	2005년	2010년	2015년	2020년
한국	86.3	88.2	74.7	70.0	69.3	95.4	91.2	89.8	87.5	90.0
프랑스	82.4	83.5	83.2	81.9	77.9	89.0	88.5	89.1	88.0	83.5
독일	79.2	81.1	74.2	78.7	80.6	88.4	89.3	84.8	87.1	88.5
이탈리아	71.1	69.4	72.7	66.8	58.6	86.5	86.3	86.6	82.6	76.3
일본	92.8	90.3	87.6	86.5	87.8	95.6	93.7	92.1	91.2	91.7
영국	83.0	87.6	86.4	83.4	84.9	86.2	89.7	89.0	86.6	89.4
미국	87.1	88.9	85.8	78.0	82.0	89.2	91.5	89.0	82.1	85.9
OECD	84.4	85.2	83.1	79.5	80.5	89.3	90.4	88.9	86.0	87.0

① 독일, 일본 ② 프랑스, 영국 ③ 프랑스, 일본
④ 미국, 이탈리아 ⑤ 일본, 영국

35. 다음은 A 기업의 기업경쟁력 평가에 관한 자료이다. 이에 대한 설명으로 옳은 것을 〈보기〉에서 모두 고르면?

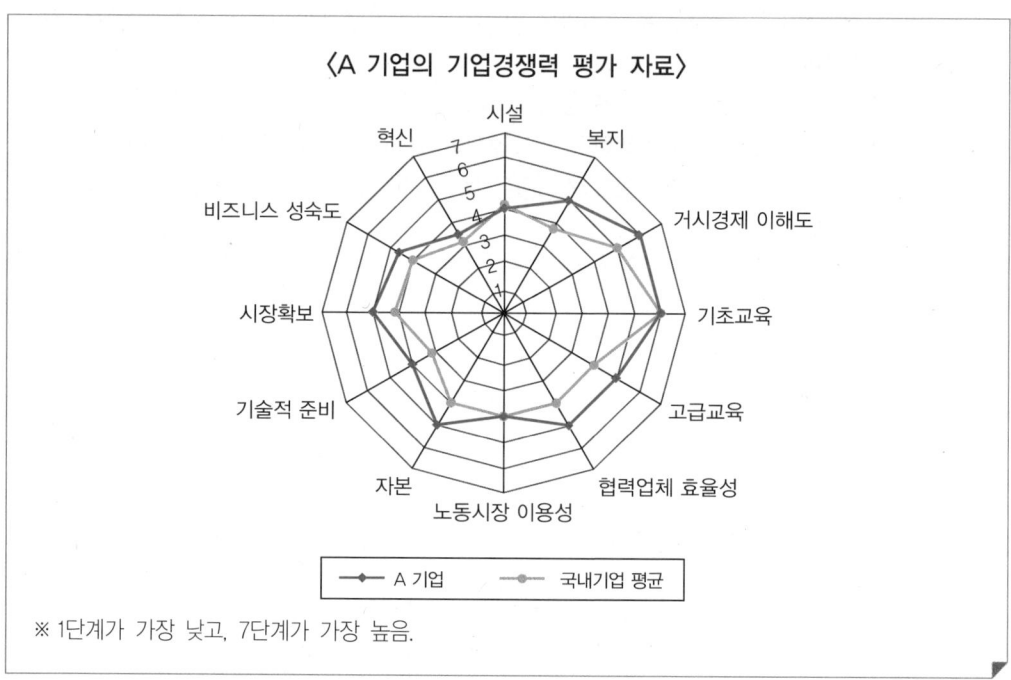

| 보기 |

㉠ A 기업과 국내기업 평균 간의 기업경쟁력 차이는 복지 부문보다 노동시장 이용성 부문에서 더 작게 나타난다.
㉡ 시장확보 부문에서 국내기업 평균 경쟁력 수준은 A 기업보다 높다.
㉢ A 기업의 12개 부문 중 기업경쟁력이 가장 낮게 평가된 분야는 혁신이다.
㉣ A 기업은 12개 부문 모두 국내 기업평균보다 높은 기업경쟁력을 보이고 있다.

① ㉠, ㉡　　　　　② ㉠, ㉢　　　　　③ ㉡, ㉢
④ ㉡, ㉣　　　　　④ ㉠, ㉢, ㉣

36. 다음은 초·중·고등학교의 사교육비 총액을 기록한 표이다. 이에 대한 설명으로 옳은 것은?

〈학생 사교육비 총액 규모〉

(단위: 억 원, %)

구분	20X5년 비용	20X6년 비용	20X6년 전년 대비 증감률	20X7년 비용	20X7년 전년 대비 증감률	20X8년 비용	20X8년 전년 대비 증감률	20X9년 비용	20X9년 전년 대비 증감률
전체	190,395	185,960	-2.3	182,297	-2.0	178,346	-2.2	180,605	1.3
초등학교	77,554	77,375	-0.2	75,948	-1.8	75,287	-0.9	77,438	2.9
중학교	61,162	57,831	-5.4	55,678	-3.7	52,384	-5.9	48,102	-8.2
고등학교	51,679	50,754	-1.8	50,671	-0.2	50,675	0.0	55,065	8.7

※ 20X8년 대비 20X9년 학생 수 감소: 초등학교 2,715 → 2,673천 명, 중학교 1,586 → 1,457천 명, 고등학교 1,788 → 1,752천 명

① 조사기간 동안 전년 대비 증감률의 절댓값은 매년 고등학교가 가장 크다.
② 사교육비 총액은 20X9년에 전년 대비 최고 증가폭을 보였다.
③ 20X8년 대비 20X9년의 중학교 사교육비 감소는 비용의 순수 경감 효과이다.
④ 전체적으로 사교육에 쏟아 붓는 비용이 시간의 흐름에 따라 감소하였다.
⑤ 20X9년의 초등학교 사교육비 총액은 20X7년 대비 2.9% 증가하였다.

37. 다음은 김 씨의 자녀 a, b, c의 4월 한 달 사교육비를 나타낸 자료이다. c의 사교육비가 4월 전체 사교육비에서 차지하는 비중의 2019년 대비 2022년 변동 폭으로 알맞은 것은? (단, 소수점 아래 둘째 자리에서 반올림한다)

(단위: 만 원)

구분	계	a	b	c
2019년	73.2	23.2	27.0	23.0
2020년	74.2	23.1	27.5	23.6
2021년	77.8	24.1	27.5	26.2
2022년	82.8	25.3	29.1	28.4

① 약 3%p 증가하였다.　② 약 3%p 감소하였다.　③ 약 2.9%p 감소하였다.
④ 약 2.9%p 증가하였다.　⑤ 약 0.3%p 감소하였다.

38. 다음 자료를 참고할 때, 2014년도와 2023년도의 전체 암 수검자 중 위암 수검자 비율의 차이는 몇 %p인가? (단, 소수점 아래 둘째 자리에서 반올림한다)

〈연도별 국가 암 조기검진사업 수검자 수〉

(단위 : 천 명)

구분	2014년	2015년	2016년	2017년	2018년	2019년	2020년	2021년	2022년	2023년
전체	5,749	6,492	7,118	8,617	8,902	9,525	9,122	8,878	9,868	10,703
위암	2,085	2,347	2,511	3,033	3,044	3,079	2,995	2,844	3,074	3,255
간암	141	147	152	206	241	267	247	251	208	216
대장암	984	1,210	1,552	1,764	2,165	2,465	2,367	2,359	2,579	2,885
유방암	1,295	1,427	1,499	1,820	1,746	1,822	1,692	1,636	1,822	1,939
자궁경부암	1,244	1,361	1,404	1,794	1,706	1,892	1,821	1,788	2,185	2,408

① 6.4%p   ② 6.2%p   ③ 5.9%p   ④ 5.5%p   ⑤ 5.2%p

39. 다음 자료에 대한 설명으로 옳은 것은?

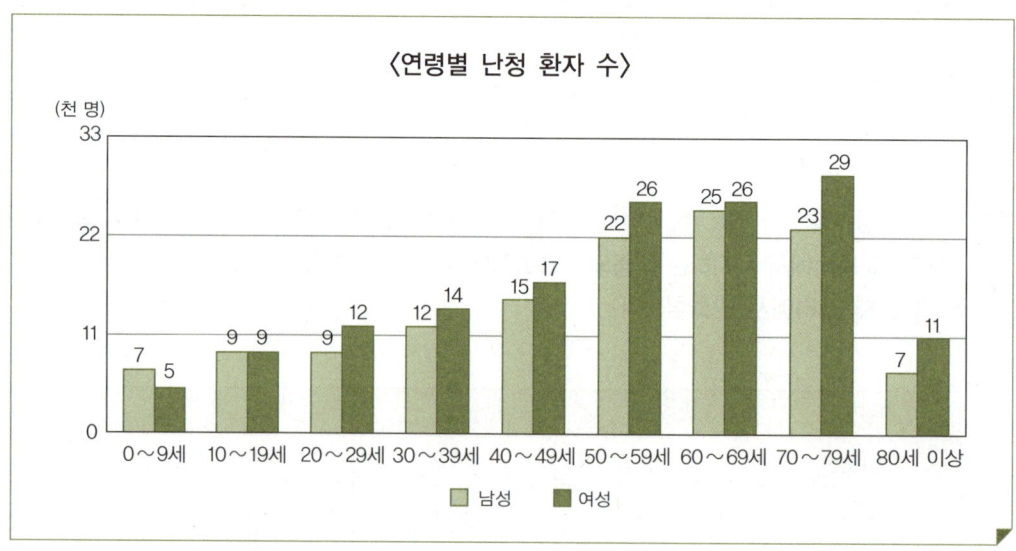

① 전 연령대에서 여성 환자의 수가 남성 환자의 수보다 많다.
② 남성과 여성 환자 수의 차이가 가장 큰 연령대는 70 ~ 79세이다.
③ 남성 환자와 여성 환자의 수는 모두 60 ~ 69세 이후부터 줄어들고 있다.
④ 60 ~ 69세 남성 환자 수는 80세 이상 남성 환자 수의 4배 이상이다.
⑤ 남성보다 여성 환자 수가 많아지기 시작하는 연령대는 10 ~ 19세이다.

40. 다음은 A 대학교 학생들을 장학금을 받는 학생과 장학금을 받지 못하는 학생으로 나누고 이들이 해당 학년 동안 참가한 1인당 평균 교내 특별활동 수를 조사한 자료이다. 이에 대한 설명 중 옳지 않은 것을 〈보기〉에서 모두 고르면?

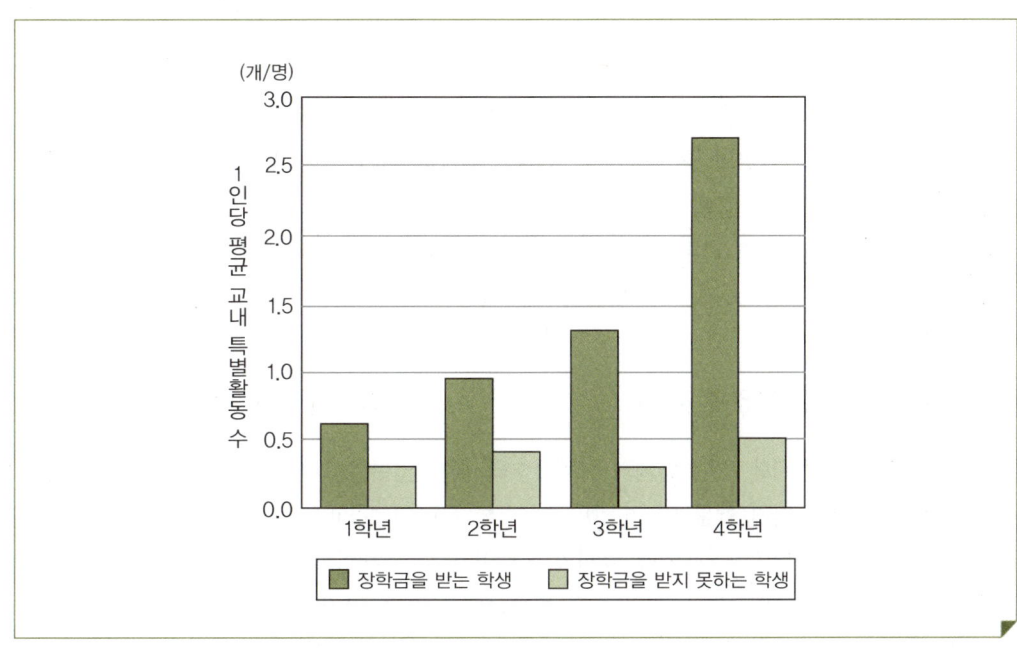

| 보기 |

㉠ 학년이 높아질수록 장학금을 받는 학생 수는 늘어났다.
㉡ 장학금을 받는 4학년생이 참가한 1인당 평균 교내 특별활동 수는 장학금을 받지 못하는 4학년생이 참가한 1인당 평균 교내 특별활동 수의 5배 이하이다.
㉢ 장학금을 받는 학생과 받지 못하는 학생 간의 1인당 평균 교내 특별활동 수의 차이는 4학년이 가장 크다.
㉣ 전체 2학년생이 참가한 1인당 평균 교내 특별활동 수보다 전체 3학년생이 참가한 1인당 평균 교내 특별활동 수가 많다.

① ㉠, ㉣   ② ㉡, ㉢   ③ ㉠, ㉡, ㉣
④ ㉠, ㉢, ㉣   ⑤ ㉡, ㉢, ㉣

영역 03 기초과학

정답과 해설 16쪽

01. 다음 중 베르누이 법칙과 관련이 없는 예는?

① 비행기 날개 위쪽은 아래쪽보다 공기의 흐름이 빠르기 때문에 비행기가 뜰 수 있다.
② 탁구공을 가까이 매달고 그 사이에 입김을 불면 탁구공이 서로 붙는다.
③ 치약을 짤 때 튜브의 중간 부분을 눌러도 치약이 밀려 나온다.
④ 야구공을 던질 때 공의 회전 방향과 공기의 흐름이 같은 쪽으로 진행한다.
⑤ 샤워를 할 때 샤워 커튼이 샤워기에서 물이 나오는 안쪽으로 빨려 들어온다.

02. 다음 설명 중 옳지 않은 것은?

① 유체 속에 정지해 있는 물체가 유체로부터 받는 압력은 항상 물체의 표면에 수직이다.
② 유체가 관을 따라 흐를 때 면적이 넓을수록 속력이 느리다.
③ 물체가 잠긴 부피가 같을 때 유체의 비중이 클수록 부력이 크다.
④ 비행기가 뜨는 이유는 날개의 수직 윗방향으로 마그누스의 힘이 작용하기 때문이다.
⑤ 유체 속에 정지해 있는 물체는 어느 방향에서든지 같은 크기의 압력이 작용한다.

03. 다음은 프로페인(C_3H_8) 기체의 연소 반응에 대한 화학반응식이다. 이에 대한 설명으로 〈보기〉에서 옳은 것만을 모두 고르면? (단, H, C, O의 원자량은 각각 1, 12, 16이고 a와 b는 화학반응식의 계수이다)

$$C_3H_8(g) + aO_2(g) \longrightarrow bCO_2(g) + 4H_2O(l)$$

| 보기 |

㉠ a+b=8이다.
㉡ 1몰의 프로페인이 완전 연소하면 2몰의 CO_2가 생성된다.
㉢ 11g의 프로페인이 완전 연소하면 18g의 물이 생성된다.

① ㉠
② ㉠, ㉡
③ ㉠, ㉡, ㉢
④ ㉡, ㉢
⑤ ㉢

04. 염화수소가 생성되는 화학반응식이 〈보기〉와 같다. 이에 대한 설명으로 옳지 않은 것은? (단, 원자량은 H=1.0, Cl=35.5이다)

|보기|
$$H_2(g) + Cl_2(g) \longrightarrow 2HCl(g)$$

① 반응물질과 생성물질의 분자수와 원자수는 같다.
② 수소 0.5L가 완전히 반응할 때 생성되는 염화수소의 부피는 1.0L이다.
③ 수소분자 3.01×10^{23}개가 반응하여 생성되는 염화수소의 질량은 36.5g이다.
④ 0℃, 1기압에서 염화수소 22.4L가 생성되기 위해 반응하는 염소의 질량은 142g이다.
⑤ H_2, Cl_2, HCl에 대한 몰수비는 1 : 1 : 2이다.

05. 암모니아가 생성되는 화학반응식이 〈보기〉와 같을 때, N_2, H_2, NH_3에 대한 그 비가 1 : 3 : 2인 것으로 볼 수 없는 것은?

|보기|
$$N_2(g) + 3H_2(g) \longrightarrow 2NH_3(g)$$

① 분자수비   ② 몰수비   ③ 질량비
④ 부피비   ⑤ 계수비

06. 다음은 베이킹파우더의 주성분인 탄산수소나트륨의 열분해 반응의 화학반응식이다. x값과 (가)의 물질을 차례대로 바르게 나열한 것은? (단, x는 화학반응식의 계수)

|보기|
$$x\,NaHCO_3(s) \longrightarrow Na_2CO_3(s) + H_2O(\ell) + \boxed{(가)}$$

① 1, CO(g)   ② 2, CO(g)   ③ 1, CO_2(g)
④ 2, CO_2(g)   ⑤ 1, H_2CO_3(aq)

07. 다음 그림 (가)는 철수가 탄 엘리베이터가 정지한 상태를 나타내고, 그림 (나)는 이 엘리베이터가 일정한 속력 v로 위쪽으로 움직이고 있는 상태를 나타낸 것이다. 그림 (가)와 (나)에서 철수에게 작용하는 힘에 대한 설명으로 잘못된 것은?

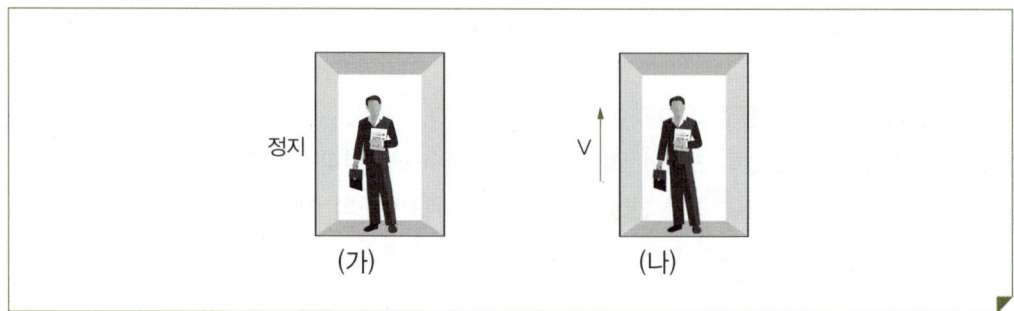

① 철수에게 작용하는 알짜힘(합력)은 모두 0이다.
② 엘리베이터의 바닥이 철수를 미는 힘의 방향은 모두 같다.
③ (가)에서 철수에게 작용하는 중력의 크기는 (나)에서보다 크다.
④ 철수에게 작용하는 힘에는 지구가 철수를 아래로 당기는 중력과 엘리베이터 바닥이 철수를 미는 힘(수직 항력)이 있다.
⑤ 철수의 몸무게를 측정한다면 (가)와 (나)에서의 무게는 동일하다.

08. 다음은 메테인(CH_4)의 연소반응을 나타낸 그림이다. 이에 대한 설명으로 옳지 않은 것은?

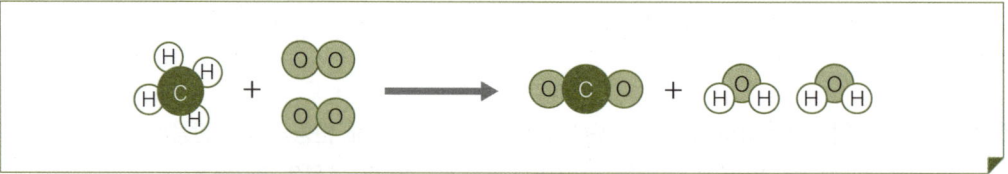

① 반응 전과 후에 원자와 분자의 개수는 같다.
② 반응 전과 후에 질량은 같다.
③ 0℃, 1기압에서 반응 후 기체의 부피는 반응 전보다 감소한다.
④ 반응하는 메테인과 산소의 부피는 5 : 4이다.
⑤ 반응하는 메테인과 산소의 분자수비는 1 : 2이다.

09. 다음 <보기> 중 물체에 작용하는 합력(알짜힘)이 0인 것을 모두 고르면?

| 보기 |

㉠ 일정한 속력으로 원운동하는 장난감 자동차
㉡ 공기 저항에 의해 등속도로 내려오는 빗방울
㉢ 지구의 중력권을 벗어난 후 엔진을 끈 우주 탐사선
㉣ 책상 위에 가만히 놓여 있는 책

① ㉠, ㉡   ② ㉡, ㉢   ③ ㉡, ㉣
④ ㉡, ㉢, ㉣   ⑤ ㉠, ㉡, ㉢, ㉣

10. 다음은 태양을 초점으로 하는 행성의 궤도를 나타낸 그림이다. 만유인력과 공전 속도가 최대인 지점을 각각 바르게 연결한 것은?

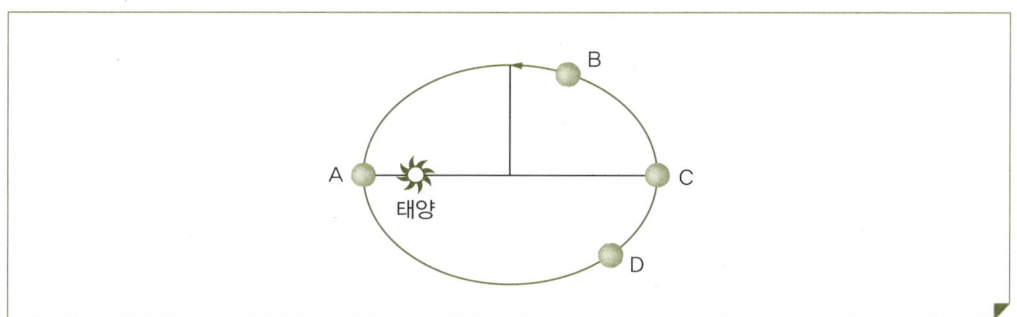

	만유인력	공전속도		만유인력	공전속도
①	A	A	②	A	C
③	B	C	④	B	D
⑤	C	D			

11. 다음은 무동력차가 궤도를 따라 운동하고 있는 것을 도식적으로 나타낸 그림으로 궤도 위의 무동력차는 A, B, C를 차례로 통과한다. 점선은 지면으로부터 같은 높이의 위치를 나타낸 것이다. A, B, C에서 무동력차의 역학적 에너지를 E_A, E_B, E_C 라고 할 때, E_A, E_B, E_C의 크기 비교로 옳은 것은? (단, 모든 마찰과 공기 저항은 무시한다)

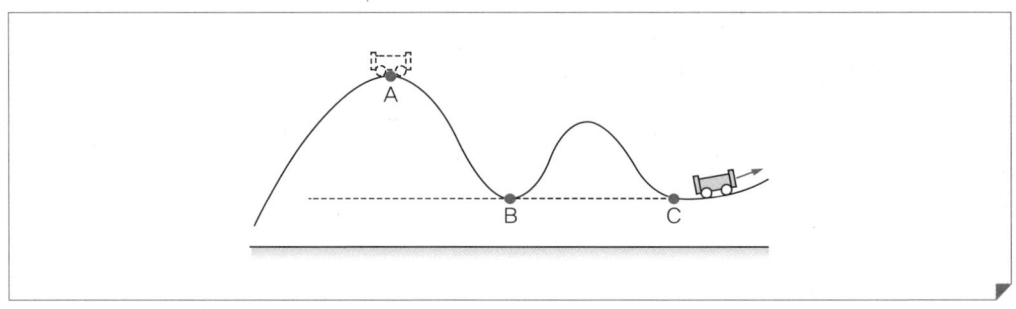

① $E_A < E_B < E_C$
② $E_A > E_B > E_C$
③ $E_A > E_B = E_C$
④ $E_A = E_B = E_C$
⑤ $E_A < E_B = E_C$

12. 다음 두 반응에 대한 옳은 설명을 〈보기〉에서 모두 고른 것은?

- $HCN(aq) + H_2O(\ell) \rightarrow H_3O^+(aq) + CN^-(aq)$
- $NH_3(aq) + H_2O(\ell) \rightarrow NH_4^+(aq) + OH^-(aq)$

| 보기 |

㉠ HCN은 브뢴스테드-로우리의 산이다.
㉡ NH_3는 루이스의 염기이다.
㉢ H_2O는 양쪽성 물질이다.

① ㉠, ㉡
② ㉠, ㉢
③ ㉡
④ ㉡, ㉢
⑤ ㉠, ㉡, ㉢

13. 다음은 이산화황(SO_2)이 반응물로 참여하는 3가지 화학반응식이다. 이에 대한 설명으로 옳은 것은?

> (가) $SO_2(g) + H_2O(\ell) \rightarrow H_2SO_3(aq)$
> (나) $SO_2(g) + \boxed{a}\ H_2S(g) \rightarrow \boxed{b}\ S(s) + 2H_2O(\ell)$
> (다) $SO_2(g) + 2H_2O(\ell) + Cl_2(g) \rightarrow H_2SO_4(aq) + 2HCl(aq)$

① (가)에서 SO_2가 환원된다.
② (나)에서 a+b=4이다.
③ (나)에서 SO_2가 산화제로 작용한다.
④ (다)에서 SO_2가 H_2O를 환원시킨다.
⑤ (다)에서 SO_2가 산화제로 작용한다.

14. 발전소에서 원거리에 전력을 수송할 때, 고압으로 송전하는 이유로 가장 알맞은 것은?

① 발전기에서 고압의 전기가 발생하기 때문이다.
② 강한 전류를 흐르게 하기 때문이다.
③ 약한 전류를 흐르게 하기 때문이다.
④ 중간의 열손실을 방지하기 때문이다.
⑤ 전선의 저항을 높이기 때문이다.

15. 다음 중 고체 물질의 화학 결합의 형태로 볼 수 없는 것은?

① 공유 결합　　　② 이온 결합　　　③ 양공 결합
④ 금속 결합　　　⑤ 배위 결합

16. 다음 〈보기〉의 빈칸 ㉠ ~ ㉢에 들어갈 내용을 바르게 나열한 것은?

―| 보기 |―
(가) 단위 부피당 질량을 (㉠)(이)라고 한다.
(나) 어떤 물질의 밀도를 4℃ 물의 밀도로 나눈 값을 (㉡)이라고 한다.
(다) 일정한 모양을 갖지 않고 흘러 다니는 기체와 액체를 (㉢)라고 한다.
(라) 단위 면적당 작용하는 힘을 (㉣)이라고 한다.

	㉠	㉡	㉢	㉣
①	밀도	부력	유체	압력
②	밀도	비중	유체	압력
③	압력	부력	강체	비중
④	무게	비중	강체	밀도
⑤	무게	비중	유체	밀도

17. 질산은($AgNO_3$) 수용액에 구리줄을 넣었더니 어떤 반응이 일어났다. 이 반응에 대한 설명이 옳은 것은?

① 은(Ag)은 구리(Cu)보다 반응성이 크다.
② 구리(Cu)는 환원되었다.
③ 은 이온(Ag^+)은 환원제의 역할을 하였다.
④ 무색이었던 용액의 색깔이 푸른색으로 변한다.
⑤ 은(Ag)은 산화되었다.

18. 다음은 산화 – 환원 반응식이다. 이 반응 중 HNO_3와 NO에서 N의 산화수 변화를 옳게 나타낸 것은?

$$3Cu + 8HNO_3 \rightarrow 3Cu(NO_3)_2 + 2NO + 4H_2O$$

① +7 → +1 ② +7 → +2 ③ +5 → +1
④ +5 → +2 ⑤ +2 → +1

19. 다음은 철의 부식 방지법의 원리와 예시다. 원리와 예시를 바르게 연결한 것은?

| 원리 |

(가) Fe보다 반응성이 큰 금속을 사용하여 산화를 막는다.
(나) 공기, 물과의 접촉을 막아 산화를 막는다.

| 예시 |

㉠ 철을 주석과 합금한다.
㉡ 철에 기름칠을 한다.
㉢ 철에 Zn을 입힌다.
㉣ 주유소 탱크에 Mg선을 연결한다.
㉤ 배 바닥에 Al, Zn 조각을 부착한다.

① (가)-㉠, ㉡   ② (가)-㉡, ㉢   ③ (가)-㉣, ㉤
④ (나)-㉡, ㉣   ⑤ (나)-㉣, ㉤

20. 다음은 동일 직선상에서 운동하는 물체 A, B의 충돌 전후의 위치를 시간에 따라 나타낸 그래프이다. 〈보기〉에서 이에 대한 옳은 설명만을 모두 고른 것은? (단, A와 B에 외부의 힘은 작용하지 않는다)

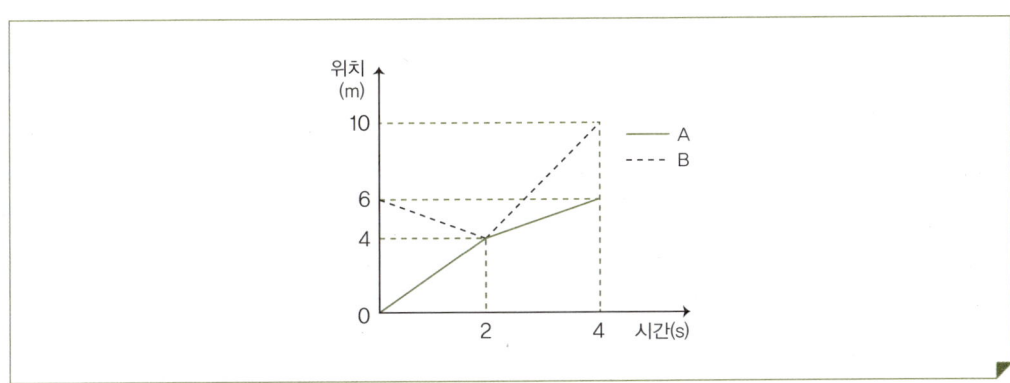

| 보기 |

㉠ 충돌 시 A가 받은 충격량의 크기와 B가 받은 충격량의 크기는 같다.
㉡ A의 질량은 B의 질량의 4배이다.
㉢ A와 B의 운동 에너지의 총합은 충돌 전과 후에 동일하다.

① ㉠, ㉡   ② ㉠, ㉢   ③ ㉡
④ ㉡, ㉢   ⑤ ㉠, ㉡, ㉢

21. 다음 〈보기〉 중에서 빛의 입자성을 설명할 수 있는 현상만 모두 고른 것은?

| 보기 |
㉠ 간섭 ㉡ 회절
㉢ 굴절 ㉣ 광전효과
㉤ Compton 효과

① ㉠, ㉡ ② ㉡, ㉢ ③ ㉢, ㉣
④ ㉣, ㉤ ⑤ ㉢, ㉣, ㉤

22. 다음에 제시된 반응에 대한 설명으로 옳은 것은?

$$3PbO(s) + 2NH_3(g) \rightarrow N_2(g) + 3H_2O(l) + 3Pb(s)$$

① N은 환원되었다.
② Pb의 산화수는 감소하였다.
③ NH_3에서 N의 산화수는 +3이다.
④ PbO는 환원제이다.
⑤ NH_3는 산화제이다.

23. 탄화수소 화합물의 특성으로 옳지 않은 것은?

① 공유 결합 물질이며, 화합물의 종류가 대단히 많다.
② 물에 녹기 어렵고 유기 용매에 잘 녹으며, 이성질체의 수가 많다.
③ 반응 속도가 빠르다.
④ 녹는점과 끓는점이 낮고, 전기 전도성이 없다.
⑤ 연소시키면 CO_2와 H_2O가 발생한다.

24. 질량이 10kg인 정지한 물체에 0.5초 동안 힘을 가하여 속도가 20m/s가 되었다. 이때 가해 준 힘의 크기는?

   ① 100N
   ② 200N
   ③ 300N
   ④ 400N
   ⑤ 500N

25. 고장난 자동차가 콘크리트벽에 충돌할 때보다 덤불에 충돌할 때 피해가 작다. 이와 같은 원리가 아닌 것은?

   ① 에어백의 원리
   ② 공을 맨손으로 잡을 때 물러서면서 받으면 덜 아프다.
   ③ 총신이 길면 탄알이 더 멀리 날아간다.
   ④ 자동차 범퍼의 원리
   ⑤ 야구장 안전펜스의 원리

26. 다음 〈보기〉 중에서 전기력에 대한 설명으로 옳은 것은 모두 몇 개인가?

   | 보기 |
   ㉠ 단위는 뉴턴(N)을 사용한다.
   ㉡ 같은 종류의 전하 사이에는 서로 밀어내는 힘이 작용한다.
   ㉢ 전기력은 두 전하량의 곱에 비례한다.
   ㉣ 전기력은 두 전하 사이의 거리에 반비례한다.

   ① 0개
   ② 1개
   ③ 2개
   ④ 3개
   ⑤ 4개

27. 다음 중 각 물질의 실험식이 옳지 않은 것은?

   ① 프로페인(C_3H_8) → C_3H_8
   ② 벤젠(C_6H_6) → C_2H_2
   ③ 아세트산(CH_3COOH) → CH_2O
   ④ 폼알데하이드($HCHO$) → CH_2O
   ⑤ 에틸렌(C_2H_4) → CH_2

28. 〈보기〉에서 주기율표의 왼쪽 아래로 갈 때 증가되는 항목으로 옳은 것을 모두 고르면?

―| 보기 |―
㉠ 이온화 에너지   ㉡ 전기 음성도   ㉢ 원자 반지름
㉣ 금속성   ㉤ 이온화 경향

① ㉠, ㉡, ㉢
② ㉡, ㉢, ㉣
③ ㉠, ㉢, ㉣
④ ㉢, ㉣, ㉤
⑤ ㉠, ㉡, ㉤

29. 다음은 온도를 낮추었을 때 자석 위에 떠 있는 물체를 나타낸 그림이다. 이러한 물체에 대한 설명으로 옳지 않은 것은?

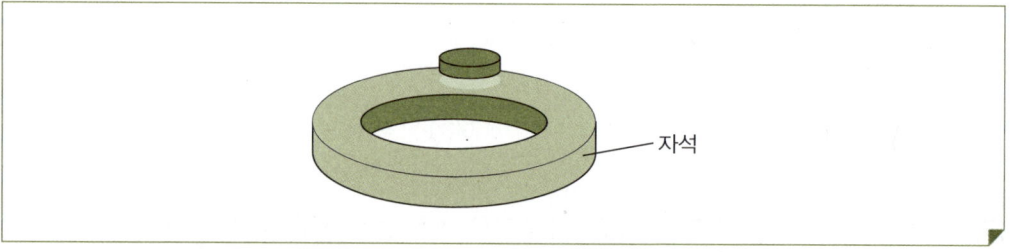

① 특정 온도에서 전기 저항이 0이 되는 초전도 현상이 나타난다.
② 초전도 현상이 발생하기 시작하는 온도를 임계 온도라고 한다.
③ 상온에서도 초전도 현상이 나타나는 고온 초전도체가 개발되었다.
④ 초전도 상태를 이용한 기술로 자기부상열차가 있다.
⑤ 임계 온도 이하에서 초전도체 내부의 자기장이 0이 되는 마이스너 효과가 나타난다.

30. 구조물이 외부의 충격 등에 의해 쓰러지지 않도록 안정한 상태가 되게 하기 위한 조건으로 옳지 않은 것은?

① 구조물에 작용하는 돌림힘이 평형을 이루도록 한다.
② 구조물에 작용하는 힘의 합력이 0이 되도록 한다.
③ 구조물의 무게 중심의 작용선이 구조물이 기울더라도 바닥면을 벗어나지 않도록 한다.
④ 구조물이 정지해 있을 때에는 힘의 평형 상태가 깨진 것이다.
⑤ 무게 중심의 위치를 아래에 두어야 한다.

31. 다음 중 한 종류의 원소로만 이루어진 물질은?

① 물　　　　　② 암모니아　　　　　③ 염화나트륨
④ 아르곤　　　⑤ 이산화탄소

32. <보기>는 탄화수소의 구조식을 나타낸 것이다. 이에 대한 옳지 않은 설명은?

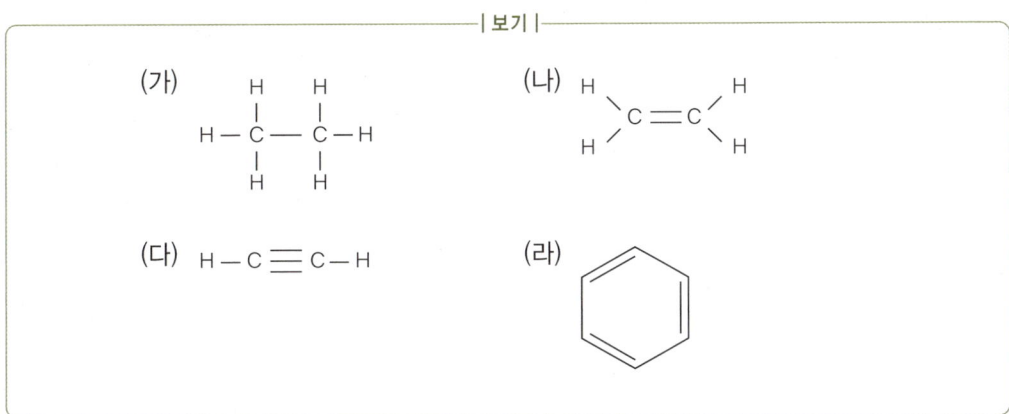

① (가)는 포화 탄화수소이다.
② 사슬 모양 탄화수소는 3가지이다.
③ (라)는 탄소 사이의 결합 길이가 모두 같다.
④ 결합각(∠HCC)은 (가)>(나)>(다)>(라)이다.
⑤ (나)에 브롬(BR_2)을 반응시키면 적갈색이 없어진다.

33. 다음 중 아르키메데스의 원리로서 옳지 않은 것은?

① 물체가 유체 속에 잠기면 물체의 질량만큼 유체를 밀어낸다.
② 물체가 밀어낸 유체의 무게만큼 부력이 작용한다.
③ 물체에 작용하는 부력이 중력보다 크면 떠오른다.
④ 비중이 물보다 큰 물체는 가라앉는다.
⑤ 비중이 물과 같은 물체는 물속에 정지해 있다.

34. 묽은 염산(HCl)에 수산화나트륨(NaOH) 수용액을 조금씩 떨어뜨리면서 전류의 세기를 측정하였다. 이 실험에 대한 설명으로 옳지 않은 것은?

   ① 중화점을 찾을 수 있는 실험이다.
   ② 전류의 세기가 약해졌다가 다시 커지는 것은 이온의 수가 증가하기 때문이다.
   ③ 반응이 진행되면서 전류의 세기는 계속 강해지다가 최대 전류 값이 나타난 이후부터 점차 약해진다.
   ④ 알짜 이온 반응식은 $H^+ + OH^- \rightarrow H_2O$로 나타낼 수 있다.
   ⑤ Na^+와 Cl^-는 구경꾼 이온이다.

35. 다음 중 원자 사이의 결합이 모두 공유 결합으로 이루어진 화합물만 나열한 것은?

   ① $MgCl_2$, KCl, Na_2SO_4
   ② NO, CaO, H_2SO_4
   ③ H_2O, CH_4, BF_3
   ④ CH_4, NaCl, NH_4Cl
   ⑤ H_2O, NaCl, MgO

36. 다음 설명 중 옳지 않은 것은?

   ① 회전축에서 일정한 거리만큼 떨어진 곳에 힘을 작용하여 물체를 회전시키는 물리량을 돌림힘이라고 한다.
   ② 지레를 이용하면 힘에서는 이득이 있지만, 일에서는 이득이 없다는 것이 일의 원리라고 한다.
   ③ 물체가 운동 상태의 변화 없이 안정적으로 정지해 있는 상태를 돌림힘의 평형이라고 한다.
   ④ 물체가 평형 상태를 유지하려면 힘의 평형과 돌림힘의 평형을 동시에 만족해야 한다.
   ⑤ 지레의 양 끝에 작용하는 힘의 크기와 받침점까지의 길이를 각각 곱한 값은 서로 같다.

37. 다음 이온 결합 물질 중 끓는점이 가장 높을 것으로 예상되는 것은?

   ① KI
   ② NaCl
   ③ LiF
   ④ CaO
   ⑤ MgO

38. <보기>에서 파동의 반사에 대한 설명으로 옳은 것을 모두 고르면?

| 보기 |
㉠ 입사각과 반사각은 크기가 같다.
㉡ 파동은 장애물을 만나면 전부 반사한다.
㉢ 반사파는 위상이 180°만큼 변한다.

① ㉠
② ㉢
③ ㉠, ㉡
④ ㉡, ㉢
⑤ ㉠, ㉡, ㉢

39. 그림과 같이 단열된 실린더 내에 이상 기체가 들어있다. 이 기체가 단열 팽창할 때, 이에 대한 설명으로 옳은 것은?

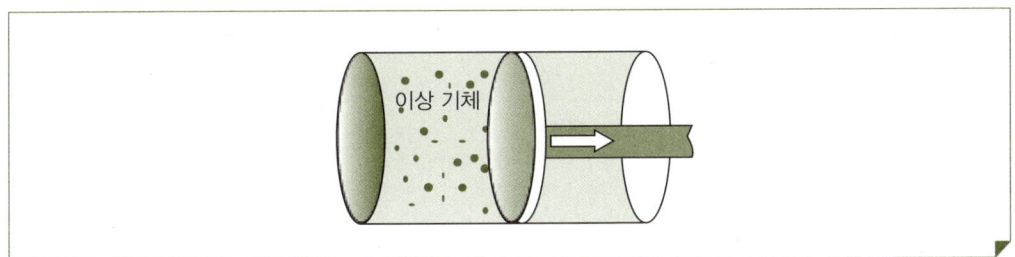

① 이상 기체의 온도는 감소한다.
② 이상 기체의 압력은 증가한다.
③ 이상 기체가 외부에 한 일은 0이다.
④ 이상 기체의 내부 에너지 변화는 없다.
⑤ 이상 기체분자의 운동 에너지가 증가한다.

40. 화학적 반응성이 거의 없고, 기체 분자가 1개의 원자로 된 원소들의 족은?

① 18족
② 17족
③ 4족
④ 2족
⑤ 1족

고시넷 S-OIL(에쓰오일) 생산직 온라인 필기시험 최신기출유형모의고사

출제 영역·문항 수·시험 시간

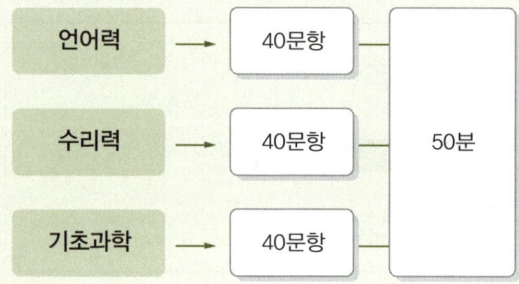

S-OIL(에쓰오일) 생산직 온라인 필기시험

파트 1 기출유형모의고사

- **1회** 기출유형문제
- **2회** 기출유형문제
- **3회** 기출유형문제

영역 1 언어력

01. 밑줄 친 단어와 같은 의미로 사용된 것은?

> 태풍이 온다는 말에 휴가를 일주일 당겼다.

① 입맛이 당기는 계절이 왔다.
② 그물을 힘껏 당겼다.
③ 이번 연휴에는 여행이 당긴다.
④ 급히 쓸 데가 생겨 월급을 당겨 달라고 했다.
⑤ 김 부장은 조금은 관심이 당기는지 조급하게 그다음 말을 재촉했다.

02. 다음 글의 빈칸에 들어갈 말을 바르게 나열한 것은?

> 미래 사회에서는 에너지 (　　)의 효율적 사용과 환경 보존을 최우선시하여, 기존 공정을 (　　)하거나 환경 (　　)을/를 충족하기 위해서 다양한 촉매의 개발이 필요하게 될 것이다. 특히 기존 공정을 개선하기 위해서 반응 단계는 줄이면서도 효과적으로 원하는 물질을 생산하고, 낮은 온도에서 선택적으로 빠르게 반응을 (　　)시킬 수 있는 새로운 물질이 필요하게 된다.

① 규제-진행-자원-개선
② 자원-개선-규제-진행
③ 자원-진행-규제-개선
④ 진행-규제-개선-자원
⑤ 진행-자원-개선-규제

03. 다음 글의 밑줄 친 부분과 바꿔 쓰기에 적절한 것은?

> 하얀색을 돋보이게 하고 싶을 때 하얀색만 보여 주기보다는 그 옆에 정반대되는 색, 즉 검정색을 가져다 놓으면 더 눈에 띄게 된다. 이와 마찬가지로 글쓴이도 자신의 의견을 <u>두드러지게 하기</u> 위해서 자신의 의견과 정반대인 일반론이나 개념을 가져오는 경우가 있다.

① 강세(强勢) ② 모색(摸索) ③ 약조(弱調)
④ 강조(强調) ⑤ 정곡(正鵠)

04. 다음 단어의 뜻으로 적절한 것은?

> 경외심(敬畏心)

① 공경하면서 두려워하는 마음
② 제 뜻을 굽혀 남에게 복종함.
③ 말이나 행동이 겸손하고 예의 바름.
④ 성질이나 태도, 표정 등이 부드럽고 순함.
⑤ 마음이나 정신적인 것이 만물의 근원이며 오직 단 하나의 실재라는 생각

05. 다음 ㉠ ~ ㉣ 중 쓰임이 바르지 않은 단어가 들어 있는 문장을 모두 고른 것은?

> ㉠ 독자적으로 운영되던 두 기업이 이번에 합병되었다.
> ㉡ 회사는 신규 사업장을 마련하기 위하여 새로운 사무실을 임대하였다.
> ㉢ 연휴를 얻은 일요일이라 서울역에는 평소보다 많은 여행객이 몰렸다.
> ㉣ 내실 있는 경영을 했다는 평가를 받은 이번 사장은 연임할 것으로 보인다.

① ㉠, ㉡ ② ㉠, ㉢ ③ ㉡, ㉢
④ ㉢, ㉣ ⑤ ㉡, ㉢, ㉣

06. 다음 단어의 뜻으로 옳은 것은?

경질(更迭)

① 등급이나 계급 따위가 낮아짐.
② 낮은 관직이나 지위로 떨어지거나 외직으로 전근됨.
③ 권리 따위를 남에게 넘겨주거나 또는 넘겨받음.
④ 진용을 갖춘 구성원 전체나 그 책임자가 물러남.
⑤ 어떤 직위에 있는 사람을 다른 사람으로 바꿈.

07. 다음 글의 ㉠에 들어갈 관용 표현으로 적절한 것은?

우리 속담에 '(㉠)'는 말과 같이 순간적인 건망증은 우리 생활에 웃음을 주는 활력소가 될 수 있다. 외출을 할 때 열쇠를 손에 쥐고 열쇠를 찾는다거나, 안경을 쓴 채 안경을 찾으러 이리저리 다니는 따위의 일이야 주변에서 흔히 목격할 수 있는 일이다. 영국의 명재상이면서 담배를 자주 피운 처칠이 파이프를 물고 파이프를 찾았다든가 혹은 18세기 영국의 문명 비평가였던 사무엘 존슨이 자신의 결혼식 날을 잊고 그 시간에 서재에서 집필을 하고 있었다는 일화도 정말로 우리를 웃음 짓게 하는 유쾌한 건망증이다.

① 눈이 눈을 못 본다. ② 업은 아이 삼 년을 찾는다.
③ 가랑잎으로 눈 가리고 아웅한다. ④ 가까운 무당보다 먼 데 무당이 영하다.
⑤ 장님 코끼리 만지듯 하다.

08. 다음 밑줄 친 단어와 문맥적으로 그 의미가 유사한 것은?

정부는 사회간접자본 지출을 통한 경기 부양 효과를 지나치게 낙관적으로 보고 있다.

① 관찰하고 ② 소망하고 ③ 간주하고
④ 전망하고 ⑤ 관망하고

09. 다음에서 설명하는 사자성어로 옳은 것은?

> 달아난 양을 찾다가 여러 갈래 길에서 길을 잃었다는 뜻으로, 학문의 길이 나뉘어져 진리를 찾기 어려움을 의미한다.

① 곡학아세(曲學阿世) ② 다기망양(多岐亡羊) ③ 입신양명(立身揚名)
④ 읍참마속(泣斬馬謖) ⑤ 망양지탄(望洋之嘆)

10. 제시된 단어의 사전적 의미를 참고할 때, 다음 중 그 의미가 다른 것은?

> **싸다** 동 「1」 물건을 안에 넣고 보이지 않게 씌워 가리거나 둘러 말다.
> 「2」 어떤 물체의 주위를 가리거나 막다.
> 「3」 어떤 물건을 다른 곳으로 옮기기 좋게 상자나 가방 등에 넣거나 종이나 천, 끈 등을 이용해서 꾸리다.

① 엄마는 아기를 포대기로 <u>싸서</u> 업고 가게 밖으로 나갔다.
② 철 지난 옷을 보자기에 <u>쌌다</u>.
③ 공연을 보기 위해 모인 사람들은 공연장을 <u>싸고</u> 둘러섰다.
④ 친구에게 줄 선물을 포장지로 예쁘게 <u>쌌다</u>.
⑤ 유리가 깨지지 않도록 비닐로 여러 번 <u>싼</u> 후에 가방 속에 넣었다.

11. 다음 (가)~(라)의 밑줄 친 부분에서 맞춤법에 맞는 어휘를 골라 순서대로 나열한 것은?

> (가) 내일은 날씨가 활짝 <u>갤/개일</u> 예정이다.
> (나) 이번 해에 난 <u>햅쌀/햇쌀</u>도 역시 맛있구나.
> (다) 양가 부모님 모두에게 결혼 <u>승낙/승락</u>을 받았다.
> (라) 잠들었던 아이가 <u>부시시/부스스</u> 일어났다.

① 갤-햅쌀-승낙-부스스   ② 갤-햇쌀-승낙-부시시
③ 개일-햇쌀-승락-부스스 ④ 개일-햅쌀-승낙-부시시
⑤ 갤-햇쌀-승락-부시시

12. 다음 중 주어진 문장의 밑줄 친 부분과 같은 의미로 쓰인 것은?

> 그녀가 잠시 방을 비운 사이 친구들은 다급하게 풍선을 불기 시작했다.

① 박 씨는 쉴 사이 없이 일했다.
② 며칠 사이에 살이 쏙 빠졌다.
③ 편하게 앉아 있을 사이가 없다.
④ 그와 그녀는 결혼을 약속한 사이다.
⑤ 가방이 책상과 의자 사이에 놓여 있다.

13. 다음 괄호에서 적절한 단어를 골라 순서대로 나열한 것은?

> • 그는 초상화를 (묘사 / 모사)에 불과하다며 한사코 그리지 않았다.
> • 동생의 글은 개미에 대한 (묘사 / 모사)가 아주 정확했다.
> • 자세한 내용은 사무실 밖에 게시된 안내문을 (참고 / 참조)하십시오.
> • 너한테 (참고 / 참조) 거리가 될지 모르지만 얘기해 줄게.

① 묘사, 모사, 참고, 참조
② 묘사, 묘사, 참조, 참고
③ 모사, 묘사, 참고, 참조
④ 모사, 묘사, 참조, 참고
⑤ 모사, 모사, 참조, 참고

14. 다음 ㉠~㉤ 중 그 쓰임이 올바른 것은?

> 산꼭대기에는 해를 비롯한 ㉠천채의 움직임을 보여 주는 ㉡금빛 혼천의가 돌고, 그 아래엔 4명의 선녀가 매시간 종을 울린다. ㉢산기슥은 동서남북 사분면을 따라 봄·여름·가을·겨울 산이 펼쳐져 있다. 산 아래 평지에는 밭 가는 농부, 눈 내린 ㉣기왓집 등 조선땅의 사계절이 ㉤묘사돼 있고, 쥐·소·호랑이와 같은 12지신상이 일어섰다 누웠다를 반복하며 시간을 알린다.

① ㉠ ② ㉡ ③ ㉢ ④ ㉣ ⑤ ㉤

15. 각각 직업이 판사, 검사, 변호사인 A, B, C 세 사람이 다음과 같이 진술하였다. A는 진실만 말하고 B는 거짓만 말할 때, 반드시 참인 것은?

> - A : 검사는 거짓말을 하고 있다.
> - B : C는 검사이다.
> - C : B는 변호사이다.

① 검사는 A이다.
② C의 진술은 거짓이다.
③ 변호사는 거짓말을 하고 있다.
④ 모든 경우의 수는 세 가지이다.
⑤ 판사는 진실을 말하고 있다.

16. 팀원들을 2개 팀으로 나누어 프로젝트를 진행하려고 한다. 다음 〈조건〉을 참고할 때, 같은 팀이 될 수 없는 구성은?

| 조건 |

- 팀원은 A, B, C, D, E, F 6명이다.
- 각 팀은 3명씩 구성한다.
- C와 E는 같은 팀이 될 수 없다.
- B가 속한 팀에는 A와 F 중 반드시 한 명이 속해 있어야 한다.

① A, B, C
② A, D, E
③ A, E, F
④ B, C, F
⑤ D, E, F

17. ○○기업은 최근 감사를 진행하던 중에 부정청탁을 받은 정황을 포착하였다. 이에 관련된 직원 4명을 불러 조사한 결과, 다음과 같은 사실을 알 수 있었다. 반드시 부정청탁을 받은 사람은?

- 해미는 부정청탁을 받은 사실이 없다.
- 유결이 부정청탁을 받았다면 다른 한 명도 부정청탁을 받았다.
- 문영이 부정청탁을 받았다면 다른 두 명도 부정청탁을 받았다.
- 해미, 유결, 문영, 기현 중 최소 한 명은 부정청탁을 받았다.

① 해미　　　　② 유결　　　　③ 문영
④ 기현　　　　⑤ 문영, 기현

18. 한 생산부서에서 각각의 생산 공정을 담당한 직원 4명 중 1명의 작업 실수로 불량이 발생하였다. 다음 중 1명은 거짓을, 나머지 3명은 진실을 말하고 있다면, 거짓을 말한 직원과 실수를 한 직원을 차례로 나열한 것은?

직원 A는 포장 작업, B는 제품 실행, C는 색칠 작업, D는 원료 분류를 담당하고 있다.

- 직원 A : 포장 작업은 불량의 원인이 아닙니다.
- 직원 B : 원료를 잘못 분류했으니 불량이 나오는 것입니다.
- 직원 C : 색칠 작업에서는 불량이 나올 수가 없습니다.
- 직원 D : 제가 보기엔 포장 작업에서 불량이 나옵니다.

① 직원 A, A　　　　② 직원 B, D　　　　③ 직원 D, A
④ 직원 D, C　　　　⑤ 직원 D, D

19. 다음 〈조건〉의 명제가 모두 참일 때 옳지 않은 것은? (단, 팀원들은 빨리 오거나, 늦게 오거나 둘 중 하나이다)

― | 조건 | ―
(가) 김 대리가 빨리 오면 박 차장이 늦게 오거나 황 주임이 늦게 온다.
(나) 박 차장이 늦게 오면 김 대리는 빨리 온다.
(다) 황 주임이 늦게 오면 박 차장도 늦게 온다.

① 김 대리가 늦게 오면 박 차장은 빨리 온다.
② 황 주임이 빨리 오면 박 차장도 빨리 온다.
③ 박 차장이 빨리 오면 김 대리는 늦게 온다.
④ 황 주임이 늦게 오면 김 대리는 빨리 온다.
⑤ 김 대리가 늦게 오면 황 주임은 빨리 온다.

20. 다음 〈제시문〉에서 나타난 것과 같은 형태의 논리적 오류를 〈보기〉에서 모두 고른 것은?

― | 제시문 | ―
신은 무엇이든 할 수 있는 전지전능한 존재이다. 따라서 그는 그 자신이 깨뜨릴 수 없을 정도로 단단한 물체도 만들어 낼 수 있다.

― | 보기 | ―
㉠ 우리말을 좀 더 많이 알리기 위하여 신문에 국한문을 혼용하여야 한다.
㉡ 세계적으로 유명한 한 성악가는 무대에 오르기 전에 긴장을 풀기 위해 항상 우유를 한 컵씩 마신다고 한다. 따라서 우유는 긴장을 완화시키는 데 효과적이다.
㉢ 예술표현의 자유는 온전히 허용되어야 한다. 그러나 지나치게 외설적인 작품들은 표현의 자유에서 제외되어야 한다.
㉣ 마 부장은 올해 영업부에 대한 보조금이 삭감되었으므로 회식 횟수를 줄이자는 김 과장의 의견에 대해 부서원의 친목 도모를 막는 방안이라며 반대하였다.
㉤ 중국에도 이(李)씨가 있고 한국에도 이(李)씨가 있다. 따라서 중국과 한국의 이(李)씨의 조상은 본래 한 사람이었을 것이다.

① ㉠, ㉡　　　　　② ㉠, ㉢　　　　　③ ㉡, ㉣
④ ㉢, ㉤　　　　　⑤ ㉣, ㉤

21. 다음 글의 중심내용으로 적절한 것은?

> 문학 작품은 실로 일국(一國)의 언어 운명을 좌우하는 힘을 가지고 있다. 왜냐하면 문학 작품은 그 예술적 매력으로 하여 대중에게 다가가고 지상(紙上)에 고착됨으로써 큰 전파력을 발휘하기 때문이다. 이렇게 볼 때 문학 작품을 산출하는 작가야말로 매우 존귀한 위치에 있으며, 동시에 국가나 민족에 대하여 스스로 준엄하게 책임을 물어야 하는 존재라고 할 수 있다. 사실, 언어에 대해 수백 번의 논의를 하고 수백 가지의 방책을 세우는 것보다 한 사람의 위대한 문학가가 그 언어를 더 훌륭하게 만든다고 할 수 있다. 괴테의 경우가 그 좋은 예이다. 그의 문학이 독일어를 통일하고 보다 훌륭하게 만드는 데 결정적인 역할을 했다는 것은 이미 주지의 사실이기도 하다.

① 작가는 언어의 발전에 있어서 중요한 역할을 한다.
② 문학 작품은 국어에 큰 영향력을 미친다.
③ 작가는 문학 작품을 씀으로써 사회에 기여한다.
④ 언어는 문학 작품에 영향을 끼친다.
⑤ 작가는 책임을 가지고 글을 써야 한다.

22. 다음 글의 내용과 일치하는 것은?

> 파놉티콘은 영국의 철학자이자 사회 개혁가인 제레미 벤담의 유토피아적 열망에 의해 구상된 일종의 감옥 형식의 건축양식을 말한다. 파놉티콘은 중앙에 존재하는 감시탑의 주위를 독방들이 원형으로 둘러싸도록 배치되어 있다. 이러한 구조에 따라 독방에 있는 죄수들은 간수 또는 감시자의 관찰에 노출되지만, 죄수는 감시자를 볼 수가 없다. 그 결과, 죄수들은 감시자가 없어도 부재를 인식하지 못하기 때문에 실제로 감시자가 있는 것과 같은 효과가 나타나게 된다. 보이지 않는 사람들에 의해 언제 감시되고 있을지 모른다는 생각 자체가 지속적인 통제를 가능하게 해 주는 것이다. 이처럼 죄수들은 중앙 감시탑에 있는 권력에 대한 종속적 관계를 내면화하여 스스로 자신을 감시하는 '주체'가 된다. 벤담은 최소한의 비용, 최소한의 감시로 최대의 효과를 누릴 수 있다는 점에서 파놉티콘이 사회 개혁을 가능하게 해 주는 가장 효율적인 수단이 될 수 있다고 생각했지만, 이는 결국 받아들여지지 않았다.

① 파놉티콘은 권력에 따른 시선의 불균형을 확인시켜 주는 장치이다.
② 파놉티콘은 타자에 의한 이중 통제 장치이다.
③ 파놉티콘의 원리는 감옥 이외의 다른 사회 부문에 적용될 수 없다.
④ 파놉티콘의 가장 큰 장점은 죄수들이 서로를 감시할 수 있다는 점이다.
⑤ 파놉티콘은 감시 권력을 가시화함으로써 죄수들에게 불안감을 조성한다.

23. 제시된 글의 중심내용으로 적절한 것은?

> 상품은 그것을 만들어 낸 생산자의 분신이지만, 시장 안에서는 상품이 곧 독자적인 인격체가 된다. 사람이 주체가 아니라 상품이 주체가 되는 것이다. 상품 생산자, 즉 판매자는 화폐를 얻기 위해 자신의 상품을 시장에 내놓는다. 이렇게 내놓아진 상품이 시장에서 다른 상품이나 화폐와 관계를 맺게 되면 그 상품은 주인에게 복종하기를 멈추고 자립적인 삶을 살아가게 된다.
> 또한, 사람들이 상품을 생산하여 교환하는 과정에서 시장의 경제 법칙을 만들어 냈지만 이제 거꾸로 상품들은 인간의 손을 떠나 시장 법칙에 따라 교환된다. 이런 시장 법칙의 지배 아래에서는 사람과 사람 간의 관계가 상품과 상품, 상품과 화폐 등 사물과 사물 간의 관계에 가려 보이지 않게 된다.
> 이처럼 상품이나 시장 법칙은 인간에 의해 산출된 것이지만, 거꾸로 상품이나 시장 법칙이 인간을 지배하게 된다. 이때 인간 및 인간들 간의 관계가 소외되는 현상이 나타난다.

① 시장경제는 사람이 관여하지 않을 때 가장 이상적이다.
② 상품과 시장 법칙 중심의 경제가 사람을 소외시킨다.
③ 시장경제 법칙이 실제 시장에 잘 적용되지 않고 있다.
④ 사람 간 관계 중심의 시장 정책 마련이 필요하다.
⑤ 상품은 생산자에게 종속되어 있다.

[24 ~ 25] 다음 글을 읽고 이어지는 질문에 답하시오.

> 카페인은 주의력을 높이고 피로를 줄이는 역할도 하지만 다량 섭취 시(매일 400mg 이상) 심장과 혈관에 악영향을 미친다. 카페인이 들어 있는 식품으로는 대표적으로 커피를 꼽을 수 있으며, 콜라와 초콜릿에도 카페인이 포함되어 있다. 하지만 녹차의 경우 1잔(티백 1개 기준)에 15mg 정도의 적은 양이 들어 있으며, 이는 약 70mg이 들어있는 커피의 4분의 1 수준도 안 되는 분량이다. 일반적으로 카페인은 높은 온도에서 보다 쉽게 용출되는데, 보통 커피는 높은 온도에서 제조하지만 녹차는 이보다 낮은 온도에서 우려내기 때문에 찻잎에 들어 있는 카페인 성분 중 60 ~ 70%만 우러나오게 된다. 이러한 연유로 1일 섭취 기준치 이상의 카페인을 녹차를 통해 섭취하기 위해서는 하루 평균 20잔 이상의 녹차를 마셔야 한다.
>
> 더불어 녹차에 들어 있는 카페인은 녹차에 들어 있는 다른 성분인 카테킨에 의해 체내 흡수가 잘되지 않으며, 녹차에만 들어 있는 아미노산의 일종인 테아닌 성분에 의해 뇌에서 작용하는 것 또한 억제가 된다. 이 때문에 사람들은 카페인이 함유되어 있는 녹차를 마시더라도 오히려 흥분을 일으키기보다는 혈압이 낮아지고 마음이 가라앉는 기분을 느낄 수 있게 되는 것이다. 적정량의 카페인은 신체에 도움을 주므로 카페인이 주는 장점만을 취하고자 한다면 커피보다 녹차를 선택하는 것이 훨씬 좋다.

24. 윗글의 주제로 가장 적절한 것은?

① 카페인이 인체에 미치는 악영향
② 커피와 녹차의 최적온도에 대한 연구
③ 카페인 섭취 시 녹차와 커피의 비교우위성
④ 녹차에 들어 있는 카페인에 대한 오해와 진실
⑤ 지나친 카페인 섭취의 위험성

25. 윗글의 내용과 일치하지 않은 것은?

① 카페인 다량 섭취의 기준은 매일 400mg 이상이다.
② 녹차는 커피보다 높은 온도에서 우려내야 한다.
③ 녹차의 테아닌 성분은 아미노산의 일종이다.
④ 적정량의 카페인은 주의력을 높여 주는 역할을 한다.
⑤ 녹차를 마시면 혈압이 낮아진다.

26. 다음 글의 문맥상 빈칸 ㉠에 들어갈 어휘로 적절한 것은?

> 정부 정책이 추구하는 궁극적 목표는 '국민의 행복 추구'이다. 개인의 행복을 결정하는 요소는 매우 다양하다. 소득 수준, 직업, 주거 환경 등 경제적 측면뿐 아니라 학업 수준, 혼인 여부, 고용 형태 등 사회적 조건 모두가 행복 및 불행을 결정한다. 나아가 가족관계, 인간관계 등에서 비롯되는 개인의 주관적 감정 역시 행복에 영향을 미친다. 따라서 국민의 행복 증진을 위해서는 먼저 '행복에 대한 (㉠)인 이해'에서 벗어나야 한다. 소득 불평등 해소는 행복 증진의 가장 실제적인 요소이다. 정부의 주요 목표가 국민 행복 증진이라면, 소득 불평등 해소를 위한 구체적 정책 방향을 모색해야 한다.

① 관념적 ② 구체적 ③ 방어적
④ 사회적 ⑤ 합리적

27. 다음 기사가 시사하는 바로 적절하지 않은 것은?

> 한국은행은 고령화를 방치할 경우 경제성장률이 2000 ~ 2015년 중 연평균 3.9%에서 2026 ~ 2035년 중 0.4%까지 추락할 수 있다고 분석했다. 반면, OECD(경제협력개발기구) 회원국의 여성 경제활동참가율은 꾸준히 상승(57.0% → 63.6%)하였으나 한국의 경우 58% 수준으로 OECD 평균에 미치지 못한 것으로 나타났다. 또한, 여성의 경제활동참가율을 OECD 평균수준까지 올릴 경우 성장률 하락을 20년에 걸쳐 연평균 0.3 ~ 0.4%p까지 방어할 수 있는 것으로 나타났다. 4차 산업혁명은 이른바 '제조업의 서비스업화'로 소비자의 감성을 충족시킬 수 있는 역량이 중요하며 이에 적합한 능력을 갖춘 여성기술인력이 두각을 나타낼 전망이다. 하지만 과학기술정보통신부의 '여성과학기술인력 활용실태조사'에 따르면 한국의 여성 과학기술원은 21.3%에 불과하다.

① 여성기술인력의 역량 활용이 점차 중요해질 것이다.
② 여성 인력의 활용은 양성평등을 넘어 국가의 핵심적 성장전략이다.
③ 고령화는 경제성장률 하락의 주요 원인이다.
④ 우리나라 여성의 경제활동참가율은 OECD 대비 저조한 상황이다.
⑤ 여성기술인력 활용을 위한 지원은 아직 부족하다.

28. 다음 글의 빈칸에 들어갈 내용으로 적절한 것은?

우리는 환경이 우리가 존중하는 분위기와 관념을 구현하고, 우리에게 그것을 일깨워 주기를 은근히 기대한다. 건물이 일종의 심리적 틀처럼 우리를 지탱하여 우리에게 도움이 되는 우리 자신의 모습을 유지해 주기를 기대한다. 우리 내부에 필요한 것—그러나 필요하다는 사실 자체를 잊을 위험이 있는 것—을 표현해 주는 물질적 형태들을 주위에 배치한다. 벽지, 벤치, 그림, 거리가 우리의 진정한 자아의 실종을 막아 주기를 기대한다.

어떤 장소의 전망이 우리의 전망과 부합되고 또 그것을 정당화해 준다면 우리는 그곳을 '집'이라는 말로 부르곤 한다. 꼭 우리가 영구히 거주하거나 우리 옷을 보관해 주어야 집이라는 이름을 붙이는 것은 아니다. 어떤 건물과 관련하여 집 이야기를 하는 것은 단지 그것이 우리가 귀중하게 여기는 내적인 노래와 조화를 이룬다는 사실을 인정하는 방식일 뿐이다. 집은 공항이나 도서관일 수도 있고, 정원이나 도로변 식당일 수도 있다.

집을 사랑한다는 것은 또 우리의 정체성이 스스로 결정되는 것이 아님을 인정하는 것이다. (   ) 우리의 약한 면을 보상하기 위해서다. 우리에게는 마음을 받쳐줄 피난처가 필요하다. 세상의 아주 많은 것이 우리의 신의와 대립하기 때문이다. 우리에게는 우리 자신이 바람직한 모습을 바라보게 해 주고, 중요하면서도 쉬이 사라지는 측면들이 살아있도록 유지해 줄 방이 필요하다.

① 벽지, 벤치, 그림 등을 진정한 자아의 실종을 막도록 배치해야 한다.
② 삶을 통해 얻게 되는 다양한 스트레스를 집에서 풀 수 있어야 한다.
③ 우리의 정체성을 견지하기 위해 타인과 함께 사는 지혜가 필요하다.
④ 우리에게는 물리적인 집뿐만 아니라 심리적인 의미의 집도 필요하다.
⑤ 우리가 인간으로서 가지는 정체성은 우리가 사는 집에 의해서 결정된다.

29. 다음 글을 읽고 추론한 내용으로 적절한 것은?

> 세금은 소득 수준에 따른 비율을 어떻게 정하느냐에 따라 비례세, 누진세, 역진세로 분류된다. 비례세는 소득 수준과 관계없이 각자 소득에서 같은 비율로 부과되는 세금을 말하고, 누진세는 저소득층보다 고소득층에게 더 높은 세율을 적용하는 세금, 역진세는 저소득층보다 고소득층에게 더 낮은 세율을 적용하는 세금을 뜻한다.
>
> 한편 세금은 조세부담의 전가가 이뤄지는지에 따라 직접세와 간접세로도 분류된다. 직접세는 납세의무자와 조세부담자가 같고 조세부담이 전가되지 않는 세금이다. 주로 소득과 재산에 부과되는 세금으로 근로소득세, 사업소득세, 양도소득세, 법인세, 상속세 등이 해당된다. 보통 직접세에는 누진세율이 적용돼 소득재분배 효과를 발생시킨다. 반면 간접세는 납세의무자와 조세부담자가 다르고 조세의 부담이 타인에게 전가되는 세금이다. 대개는 생산자가 소비세를 소비자에게 전가한다. 간접세에는 물건을 구입할 때 물건 값의 10%가 붙는 부가가치세, 개별소비세, 증권거래세 등이 있다. 간접세는 물건 가격에 세금이 포함돼 있어 세원 파악이 쉽고, 조세부담자의 저항이 거의 없어 쉽게 징수할 수 있다.

① 간접세의 납세 의무가 있는 주체는 일반적으로 소비자일 것이다.
② 만약 소득세가 비례세라면 모든 사람이 같은 금액의 세금을 낼 것이다.
③ 누진세 강화는 세금 측면에서 부의 재분배를 약화시키는 기능을 수행할 것이다.
④ 소득 수준에 따라 상품 소비에 느끼는 부담이 다르므로 부가가치세는 누진세로 볼 수 있다.
⑤ 직접세는 간접세에 비해 조세부담자의 조세 저항이 더 심할 것이다.

30. 다음 글의 밑줄 친 ①~⑤ 중 글의 전체적인 내용과 관련이 없는 것은?

국제적으로 주택은 아동의 건강에 영향을 미치는 핵심 요소로 규정되고 있다. 영아기에는 물건을 빨고 배밀이로 기어다니는 등의 특징이 나타나는데, 점차 성장하면서 아동기의 호흡량과 물, 음식물 섭취량은 급격히 증가한다. ①이와 같은 아동기의 특징을 고려하면 여건이 열악한 주택은 아동에게 치명적인 영향을 미치므로 주택의 위생과 안전은 더욱 중요하다.
②세계보건기구(WHO)가 2007년 18개 유럽도시를 대상으로 실시한 주택과 건강에 대한 연구에 의하면 냉난방의 적정성, 실내 공기의 질(습도, 곰팡이, 라돈, 해충), 소음, 안전 등이 건강에 영향을 미치는 주거 관련 요소이다. 추위는 호흡기 질환에 대한 저항력을 떨어뜨리며, 열악한 환기 시설과 습기는 박테리아, 바이러스, 곰팡이 같은 균류를 빠르게 번식하게 한다. ③지속적으로 곰팡이, 집먼지진드기, 바퀴벌레 등에 노출되는 것은 천식과 호흡기 질환 발생 및 재발의 원인이 된다. 곰팡이가 번식하게 되면 카펫, 가구, 의류 등에 쉽게 확산되어 알레르기, 각종 감염, 유독물질 생성 등이 일어날 수 있다.
④특히 과밀한 곳은 결핵, 뇌수막염, 위암과 소화기 관련 질환과 밀접한 관계가 있다. 결핵은 열악한 환경에 지속적으로 노출될 경우 치명적일 수 있으며 천식은 성장과정에서 자연스럽게 치료되기도 하지만 성인기에 재발할 경우 비정상적인 폐 기능으로 이어질 수 있다. 뇌수막염은 장기간 지속될 경우 청각장애, 시각장애, 행동문제 등을 유발하며 생명을 위협할 수도 있다. 아동기에 과밀한 지역에 살았던 사람은 노인기에 헬리코박터 파일로리균에 감염될 가능성이 두 배 이상 높았다. ⑤소화기 관련 질환은 만성 질환으로 발전될 가능성이 높으며, 특히 음주 및 흡연 환경에 쉽게 노출되는 남성에서 그러한 경향이 더욱 두드러진다. 서울시에 거주하는 미취학 아동을 대상으로 한 연구에서도 건물이 오래되고 주거 면적이 작을수록 숨 가쁨, 마른기침, 비염 등의 위험도가 높은 것으로 나타났다.

31. 다음 '꿈과 성공'을 주제로 한 글인 (가) ~ (마)를 문맥에 맞게 나열한 것은?

(가) 그렇다면 나는 어느 편인가? 나는 스스로의 삶에 책임을 지고 꿈을 향해 나아가려 노력하는가? 아니면 쉽게 포기하고 남 탓하며 꿈도 없이 되는 대로 살아가고 있는가? 이는 옳고 그른 것을 따지는 것이 아니라 삶을 사는 데 있어 어느 편이 더 유익한가에 관한 질문이다.

(나) 꿈이 없는 사람, 즉 자신이 인생에서 무엇을 원하는지 모르는 사람이 상당한 성공을 이루었다는 말을 들어본 적이 있는가? 꿈이 분명해야 우리는 가야 할 곳을 정확히 알고 궁극적으로 성공과 행복으로 나아갈 수 있다.

(다) 꿈은 마음속 깊은 곳에 존재하는 이상이나 희망을 말한다. 꿈은 우리가 가야 할 방향과 가야 할 이유 그리고 힘과 열정의 원천을 제공한다. 꿈이 목표를 정하고 목표는 행동을 계획하며 행동은 결과를 만들고 결과는 우리에게 성공을 가져다준다. 따라서 꿈이 있는 사람과 꿈이 없는 사람의 차이는 엄청나게 크다.

(라) 그러므로 원하는 것을 이루기 위해선 목표를 먼저 설정해야 한다. 목표의 원천은 꿈이다. 목표는 꿈에서 시작된다. 꿈이 구체화된 것이 목표이며, 꿈은 우리의 인생목적이 표현된 것이다.

(마) 원하는 것을 이루는 핵심비결은 무엇일까? 그 해답은 목표를 명확히 하고 지속적으로 집중하는 것이다. 목적지를 입력하면 그곳을 향해 정진하는 자동항법장치처럼 우리의 마음도 목표가 분명해지면 그곳을 향해 정확히 움직인다.

① (나)-(가)-(다)-(마)-(라)
② (나)-(가)-(라)-(다)-(마)
③ (마)-(라)-(가)-(다)-(나)
④ (마)-(라)-(다)-(가)-(나)
⑤ (마)-(라)-(다)-(나)-(가)

32. 다음 글의 서술 방식에 대한 설명으로 옳은 것은?

> 춘향전에서 이도령과 변학도는 아주 대조적인 사람들이다. 흥부와 놀부가 대조적인 것도 물론이다. 한 사람은 하나부터 열까지가 다 좋고, 다른 사람은 모든 면에서 나쁘다. 적어도 이 이야기에 담긴 '권선징악'이라는 의도가 사람들을 그렇게 믿게 만든다.
> 　소설만 그런 것이 아니다. 우리의 의식 속에는 은연중 이처럼 모든 사람을 좋은 사람과 나쁜 사람 두 갈래로 나누는 버릇이 있다. 그래서인지 흔히 사건을 다루는 신문 보도에는 모든 사람이 경찰 아니면 도둑놈인 것으로 단정한다. 죄를 지은 사람에 관한 보도를 보면 마치 그 사람이 죄의 화신이고, 그 사람의 이력이 죄만으로 점철되었고, 그 사람의 인격에 바른 사람으로서의 흔적이 하나도 없는 것으로 착각하게 된다.
> 　이처럼 우리는 부분만을 보고 전체를 판단하곤 한다. 부분만을 제시하면서도 보는 이가 그것을 전체라고 잘못 믿게 만들 뿐만 아니라, '말했다'를 '으스댔다', '우겼다', '푸념했다', '넋두리했다', '뇌까렸다', '잡아뗐다', '말해서 빈축을 사고 있다' 같이 주관적으로 서술해 감정을 부추겨서 상대방으로 하여금 이성적인 사실 판단이 아닌 감정적인 심리 반응으로 얘기를 들을 수밖에 없도록 만든다.
> 　세상에서 가장 결백해 보이는 사람일망정 남이 알지 못하는 결함이 있을 수 있고, 남들에게 가장 못된 사람으로 낙인 찍힌 사람일망정 결백한 사람에게조차 찾지 못한 아름다운 인간성이 있을지도 모른다.

① 설의법을 적절히 활용하여 내용을 강조하고 있다.
② 열거법을 통해 말하고자 하는 바를 강조하고 있다.
③ 인용을 통해 주장을 뒷받침하고 있다.
④ 두 대상을 비교하여 자세히 설명하고 있다.
⑤ 의인법을 사용하여 주장을 극대화하고 있다.

33. 다음 ㉠ ~ ㉢을 문맥에 따라 순서대로 배열한 것은?

> ㉠ 이러한 상황에서 고령층은 새로운 소득 작물을 재배하기도 하고, 지역 농산물을 활용해 독창적인 상품을 만들어 내기도 한다.
> ㉡ 그러나 이제는 농촌에서 태어나는 아이도 없을뿐더러 그나마 있는 청년들도 도시로 떠나려 한다.
> ㉢ 그럼에도 농촌에서 능력을 발휘하며 열정을 불태우는 청년들이 있다는 것은 매우 고무적인 일이다.
> ㉣ 사회 전반적으로 고령화가 진행되고 있지만 농촌은 특히나 심각하다.

① ㉣-㉠-㉡-㉢ ② ㉣-㉠-㉢-㉡ ③ ㉣-㉡-㉠-㉢
④ ㉣-㉡-㉢-㉠ ⑤ ㉣-㉢-㉡-㉠

34. 다음 글을 읽고 추론한 내용으로 적절하지 않은 것은?

> 대부분의 포유류는 손과 발에 물갈퀴가 없다. 태아기에 손·발가락 사이에서 '세포사(細胞死)'가 일어나 세포가 제거되기 때문이다. 그렇다면 세포사는 왜 일어나는 걸까. 최근 미국과 일본 연구팀이 대기 중 산소가 중요한 역할을 한다는 사실을 밝혀내 국제 학술지에 발표했다. 세포사의 이유는 진화 과정에서 동물이 물속에서 산소가 많은 육지로 올라온 것과 관계가 있다고 한다. 조류와 포유류의 손발 모양을 만드는 세포사는 개구리 등 양서류 대부분에서는 일어나지 않는다.

① 포유류라 할지라도 태아 시기에는 물갈퀴가 있었다.
② 포유류의 손, 발에 물갈퀴가 없는 이유는 세포사 때문이다.
③ 세포사는 대기 중 산소 농도와 관련성을 가지고 조절된다.
④ 진화가 진행되면서 많은 동물들이 육지에 적응하게 되었다.
⑤ 진화 초기 단계에서는 산소 농도가 매우 높아 물갈퀴가 존재했다.

35. 다음 기사의 제목으로 가장 적절한 것은?

> 10대는 니코틴 중독에 성인보다 더욱 취약하고, 이는 금연을 하지 못하고 평생 흡연으로 이어질 가능성이 높아 청소년 흡연에 대한 경각심이 높아지고 있다. 하지만 미질병통제예방센터(CDC)가 발표한 2018년 청소년 흡연 실태 보고서에 따르면 고등학생의 27.1%, 중학생의 7.1%가 최근 30일 내에 담배 제품을 흡입한 적이 있고, 30일 내에 흡연 경험이 있는 10대는 2017년 360만 명에서 2018년 470만 명으로 증가했음을 알 수 있다. 한편 미국에서는 18세 이상이면 담배를 구입할 수 있는 현행법이 청소년 흡연율과 연관성이 있다는 주장이 지속적으로 제기되면서 담배 구입 가능 연령 상향 조정의 필요성이 제기되고 있다. 이에 하와이, 캘리포니아, 뉴저지, 오리건, 메인, 매사추세츠, 아칸소 주 등은 21세부터 담배 구매가 가능하도록 현행법을 바꾸었고, 2019년 7월 1일부터 일리노이 주와 버지니아 주를 시작으로 워싱턴(2020년 1월 1일), 유타(2021년 7월 1일) 주에서도 담배 구매 가능 연령을 향후 상향할 것이라고 발표했다.

① 미국, 청소년 흡연 실태 조사 결과 대다수의 중·고등학생이 흡연 유경험자로 나타나
② 미국, 심각한 청소년 흡연율로 인한 미 전역 담배 구입 연령 상향 조정
③ 흡연 연령과 청소년 흡연율의 관계가 밝혀짐에 따라 담배 구입 연령 상향 조정
④ 미국, 심각한 청소년 흡연율에 다수의 주들 담배 구입 연령 21세로 상향 조정
⑤ 흡연이 유발하는 다양한 질병, 미국 청소년일수록 높게 나타나

36. 다음 글에서 글쓴이가 말하고자 하는 바로 가장 적절한 것은?

> 사람들은 흔히 뉴스를 세상에서 일어난 일을 사실적이고 객관적으로 기술한 정보라고 생각한다. 만약 어떤 사건이나 이슈가 완벽하게 사실적이고 객관적으로 기술될 수 있다면, 서로 다른 미디어가 취재해서 보도하더라도 같은 뉴스가 만들어질 것이니 우리 사회에는 굳이 그렇게 많은 뉴스 미디어가 존재할 필요가 없을 것이다. 하지만 현실에는 언론사, 포털 뉴스, 뉴스 큐레이션 서비스, 소셜 미디어 및 개인 미디어 등 수많은 뉴스 생산 주체들이 뉴스를 생산한다. 이렇게 많은 언론사 및 개인들이 뉴스를 생산한다는 것은 현실에서 일어난 하나의 사건이 뉴스 미디어에 따라 다르게 보도될 수 있다는 것을 의미한다.
> 과거에는 뉴스를 만드는 사람들은 언론사에 속해 있었고, 언론사의 수도 많지 않았기 때문에 누가 뉴스를 만들었는지에 대한 대답을 쉽게 얻을 수 있었다. 하지만 미디어 환경 및 뉴스 산업 구조의 변화로 인해 뉴스 생산환경이 급속하게 변화하였고, 지금은 언론사에 속한 기자뿐만 아니라 블로거, 시민기자, 팟캐스터 등 다양한 사람들이 뉴스 생산에 기여한다. 따라서 뉴스를 바르게 이해하기 위해서는 뉴스 생산자의 역할과 임무에 대한 이해가 선행되어야 한다.

① 뉴스가 가지는 가치는 다양성에 있다.
② 뉴스는 생산자에 따라 다르게 구성된다.
③ 뉴스는 이용자의 특성에 따라 다르게 구성된다.
④ 뉴스에는 생산자의 특정한 시각과 가치가 담겨 있다.
⑤ 올바른 뉴스 소비를 위해서는 이용자의 능동적인 판단이 필요하다.

37. 제시된 글을 통해 알 수 있는 내용으로 적절하지 않은 것은?

석유는 주로 탄소와 수소 원자로 구성된 물질인 탄화수소라고 불린다. 탄화수소를 이해하려면 우선 탄화수소들은 저마다 특성이 제각각이라는 점을 명심해야 한다.

첫째, 우리가 보통 원유(Crude Oil)라고 부르는 가장 무거운 탄화수소가 있다. 'oil' 부분은 탄소와 수소 원자들이 결합한 다소 긴 사슬(chains)이고, 'crude' 부분은 순수한 수소와 탄소 외에 수은과 황 같은 다양한 불순물을 함유한 탄소 사슬과 관련된 성분들을 일컫는다. 수소-탄소 사슬이 길수록 불순물 함유량이 높을 뿐만 아니라 유질이 걸쭉하다. 전 세계적으로 원유의 질감은 기름기 많은 땅콩버터 같다. 캐나다의 타르 샌드(Tar Sand)는 품질이 너무 낮아서 상온에서 고체일 뿐만 아니라 적어도 화씨 300도로 열을 가해야 녹는다.

품질이 낮은 석유는 보통 밀도와 점성 그리고 황의 함유량이 높고, 온갖 불순물이 함유되어 있다. 중질원유를 정제하기란 매우 어렵다. 보통 세계에서 가장 발달한 산업시설을 갖추어야 그나마 시도라도 해 볼 역량이 된다. 세계적으로 메이플 시럽 정도의 점성을 보이는 '양질'의 원유는 이미 소진되었기 때문에 지난 수십 년에 걸쳐 원유는 평균적으로 점점 품질이 낮아졌으며, 따라서 1980년대에 미국은 점성이 높은 원유를 처리하기 위해 각 지역의 정유시설을 개조했다. 미국에서 가장 기술력이 뛰어난 정유시설은 텍사스 주와 루이지애나 주의 멕시코만 연안에 있다. 다른 나라에서는 원유를 정제하는 기술이 부족해서 원유를 타르나 아스팔트로 만들어 쓰지만 미국의 정유시설은 최고의 기술력을 갖추고 있기 때문에 가장 무거운 원유까지도 휘발유로 변모시킨다.

둘째, 중간 수준의 탄화수소가 있다. 점성이 거의 물 정도로 묽고 불순물은 거의 함유되어 있지 않다. 이와 같은 원유는 황금 액체나 마찬가지다. 묽고 처리하기 쉽고 미국 원유 수요의 40퍼센트를 차지하는 휘발유 같은 고급 정제유를 만드는 데 제격이다. 과거의 원유는 보통 이러한 특성을 보였지만 양질의 원유는 이미 고갈된 지 오래다. 적어도 셰일 혁명이 일어나기 전까지는 그랬다.

셋째, 훨씬 짧은 탄소 사슬을 가진 탄화수소가 원유와 섞여 있는 경우이다. 이런 물질은 높은 압력에서만 액체 상태가 된다. 많이 들어본 이름들이 여기 속한다. 프로판, 부탄, 펜탄 등이다. 이러한 제품들은 일단 다른 탄화수소와 분리되면 저장하기 쉽고 용도도 다양하다. 미국인들은 담배에 불을 붙이거나 뒷마당에서 바비큐를 할 때 가장 많이 쓴다. 이러한 천연가스 액체(Natural Gas Liquids, NGLs)는 부동액에서부터 세제, 화장품, 페인트, 포장용 스티로폼, 타이어에 이르기까지 전천후로 쓰이는 재료이다.

마지막으로 탄소 사슬이 한두 고리 정도로 짧아지면 천연가스라고 불리는 메탄과 에탄이 된다. 소가 뀌는 방귀도 이 종류다. 방귀는 기체 물질이긴 하지만 방귀가 잦으면 고체로 변하는 경우가 있기도 하다. 천연가스는 화학 분야에서 아주 독특한 존재다. 장점은 팔방미인이라는 점이다. 산업에서 빠지지 않는 약방의 감초다. 가장 대표적인 세 가지만 든다면 페인트, 플라스틱, 전력 생산이다. 많은 지역에서 가정용 난방연료로 쓰기도 한다. 단점은 담아 두기가 무척 어렵다는 점이다. 기체이기 때문에 천연가스만 다루는 기간시설이 따로 필요하기도 하다.

① 석유는 탄화수소라고 불린다.
② 미국의 원유 정제기술은 세계 최고 수준이다.
③ 품질이 좋은 원유일수록 밀도와 점성이 높다.
④ 사람들이 담배를 피울 때 사용하는 가스는 프로판 가스 등이다.
⑤ 메탄이나 에탄은 담아 두기가 매우 어려우며 기체이기 때문에 이것을 다루는 별도의 시설이 필요하다.

38. 다음 글을 이해한 내용으로 적절하지 않은 것은?

취사 및 난방, 차량연료, 산업용으로 사용하는 LNG(액화천연가스)와 LPG(액화석유가스)는 무색무취의 물질로, 누출 시 기계적인 방법을 동원하지 않고 인간의 오감만으로 감지할 수 있는 방법이 없다. 가스 누출로 인한 사고를 방지하고 누출 사고 시 조기에 인지할 수 있도록 「도시가스사업법 시행규칙」과 「액화석유가스의 안전관리 및 사업법 시행규칙」에서는 연료가스(액화천연가스 혹은 액화석유가스)에 '공기 중의 혼합비율(부피비)의 용량이 1,000분의 1의 상태에서 감지할 수 있는 물질을 혼합하며 이를 위한 장치를 할 것'으로 명문화하였다. 사람의 후각을 통해 연료가스 누출 여부를 인지해 가스중독 및 가스폭발을 예방할 수 있도록 혼합하는 것을 부취제(腐臭劑)라고 하는데, 사람마다 냄새를 인지하는 정도의 차이가 있기 때문에 가스 사업자는 가스 관련 법규에 맞추어 부취제 종류별로 적정 유지 농도를 정하여 연료가스에 첨가하여야 한다. 그리고 연료가스에 부취제가 적절히 첨가되었는지를 가스분석기 등의 시험 장비로 농도를 확인할 수 있다. 부취제는 ppm(Part Per Million) 단위의 미량의 농도로 주입하기 때문에 배관 및 용기 등에 흡착이 될 수 있어 적정농도 관리가 중요하다.

① 부취제의 종류별 적정 농도는 법규로 정해져 있다.
② 부취제는 냄새를 내기 위해 첨가하는 물질이다.
③ 가스는 무색무취이므로 누출 시 이를 알 수 있는 방법이 없다.
④ 부취제는 미량의 농도로 주입하기 때문에 배관 및 용기에 흡착될 수 있다.
⑤ 연료가스에 부취제가 적절히 첨가되었는지를 기기를 통해 확인할 수 있다.

39. 다음 글에서 〈보기〉가 들어갈 위치로 적절한 것은?

| 보기 |

일어난 일에 대한 묘사는 본 사람이 무엇을 중요하게 판단하고, 무엇에 흥미를 가졌느냐에 따라 크게 다르다.

기억이 착오를 일으키는 프로세스는 인상적인 사물을 받아들이는 단계부터 이미 시작된다. (가) 감각적인 지각의 대부분은 무의식중에 기록되고 오래 유지되지 않는다. (나) 대개는 수 시간 안에 사라져 버리며, 약간의 본질만이 남아 장기 기억이 된다. 무엇이 남을지는 선택에 의해서이기도 하고, 그 사람의 견해에 따라서이기도 하다. (다) 분주하고 정신이 없는 장면을 주고, 나중에 그 모습에 대해서 이야기하게 해 보자. (라) 어느 부분에 주목하고, 또 어떻게 그것을 해석했는지에 따라 즐겁기도 하고 무섭기도 하다. (마) 단순히 정신 사나운 장면으로만 보이는 경우도 있다. 기억이란 원래 일어난 일을 단순하게 기록하는 것이 아니다.

① (가) ② (나) ③ (다)
④ (라) ⑤ (마)

40. 다음 (가) ~ (라)를 문맥에 따라 순서대로 배열한 것은?

(가) 기술은 새로운 과학적 사실을 검증하는 실험적 수단을 제공하거나 새로운 과학적 발견 가능성을 높이는 데 기여하였고, 과학은 새로운 기술을 개발하는 데 필요한 법칙과 이론을 제공하게 되었던 것이다.
(나) 과학과 기술은 그 특성과 역사에서 구별되며 이는 지금도 마찬가지다.
(다) 그럼에도 불구하고 19세기 중반 이후부터 과학과 기술은 호혜적이며 공생적인 특성을 바탕으로 본격적으로 제휴하게 되었다.
(라) 즉, 기술 전체가 과학에 바탕을 두고 있는 것은 아니며 모든 과학 이론이 기술에서 도출되는 것도 아니다.

① (가)-(나)-(다)-(라) ② (가)-(나)-(라)-(다) ③ (나)-(가)-(다)-(라)
④ (나)-(라)-(다)-(가) ⑤ (다)-(라)-(나)-(가)

영역 2 수리력

40문항/20분

01. 다음 식을 계산한 답은?

$$(\sqrt{27}+4\sqrt{3})\times 2\sqrt{2}$$

① $9\sqrt{5}$ ② $6\sqrt{6}$ ③ $12\sqrt{6}$
④ $14\sqrt{6}$ ⑤ $17\sqrt{3}$

02. 다음 중 계산했을 때 가장 큰 수가 나오는 식은?

① 180+270-25 ② 230+280-36 ③ 830-420+53
④ 750-510+194 ⑤ 405+210-212

03. 기호를 다음과 같이 가정할 때, '?'에 들어갈 값은?

$$A*B=AB-A+B$$
$$A◎B=AB+A+B$$
$$(5*6)◎(3*2)=(\ ?\ )$$

① 36 ② 87 ③ 187
④ 191 ⑤ 202

04. 수영장의 물을 채우는 데 A 수도꼭지 하나로는 6시간이 걸리고, B 수도꼭지 하나로는 4시간이 걸린다. A, B 수도꼭지를 동시에 틀어서 수영장의 물을 다 채운다면 몇 시간이 걸리겠는가?

① 2시간 ② 2.4시간 ③ 2.6시간
④ 3시간 ⑤ 3.2시간

05. 구슬을 전부 꿰는 데 A 혼자서는 5시간, B 혼자서는 7시간이 걸린다. 둘이 함께 구슬을 전부 꿰면 몇 시간이 걸리겠는가?

① 1시간 ② 1시간 55분 ③ 2시간
④ 2시간 30분 ⑤ 2시간 55분

06. 어떤 업무를 혼자서 모두 끝마치는 데 수영이는 6일, 형식이는 10일이 걸린다. 이 업무를 둘이 함께 진행한다면 며칠 만에 업무가 끝나겠는가?

① 3일 ② 4일 ③ 5일
④ 6일 ⑤ 7일

07. 가로의 길이가 8cm, 높이가 6cm인 직육면체의 부피가 192cm^{3}라고 할 때, 세로의 길이는?

① 4cm ② 8cm ③ 12cm
④ 14cm ⑤ 16cm

08. 원가가 2,000원인 상품에 50%의 이익을 붙여 정가를 매겼는데 잘 팔리지 않아 할인하여 팔았더니 원가의 30% 이익이 남았다. 할인한 금액은?

① 200원 ② 400원 ③ 600원
④ 800원 ⑤ 900원

09. 어떤 반 학생들이 사탕을 2개씩 나누어 먹으면 8개가 남고, 3개씩 나누어 먹으면 15개가 부족할 때, 사탕의 개수는?

① 36개 ② 44개 ③ 48개
④ 52개 ⑤ 54개

10. 어떤 기차가 800m 길이의 터널로 들어가 마지막 칸까지 모두 통과하는 데 36초가 걸렸다. 기차의 총길이가 100m라면 이 기차의 속력은?

① 60km/h ② 70km/h ③ 80km/h
④ 90km/h ⑤ 100km/h

11. 소영, 승훈, 미영, 지훈, 아영 중 대표 2명을 뽑는 경우는 몇 가지인가?

① 8가지 ② 9가지 ③ 10가지
④ 11가지 ⑤ 12가지

12. ○○물산의 해외 파견 주재원의 수는 총 120명이다. 이 중 해외 근무 무경험자와 해외 근무 경험자의 비는 2:1이고, 해외 근무 경험자 중 과장급 이하와 차장급 이상의 비는 2:3이다. 해외 근무 경험자 중 과장급 이하인 주재원의 수는 몇 명인가?

① 12명 ② 14명 ③ 16명
④ 18명 ⑤ 20명

13. 길이 20cm의 테이프 끝 3cm에 풀칠을 하여 연결하였더니 전체 길이가 224cm가 되었다. 연결한 테이프는 몇 개인가?

① 10개 ② 11개 ③ 12개
④ 13개 ⑤ 14개

14. 갑 도시는 신문을 구독 중인 각 가구가 어떤 신문을 구독하고 있는지에 대하여 조사했다. 그 결과 현재 A 신문을 구독하고 있는 가구는 구독 가구 전체의 50%였다. 매년 A 신문 구독 가구의 20%는 다음해 다른 신문을 구독하고, 다른 신문을 구독하는 가구의 30%는 다음해 A 신문을 구독한다고 할 때, 2년 후 A 신문을 구독하는 가구는 신문 구독 가구 전체의 몇 %가 되는가? (단, 이 도시의 신문 구독 가구 수는 변하지 않으며, 신문을 2개 이상 구독하는 가구는 없다)

① 42.5% ② 47.5% ③ 52.5%
④ 57.5% ⑤ 62.5%

15. ○○기업 직원 중 일부는 회사에서 제공하는 출퇴근 버스를 이용한다. 오늘 퇴근 버스를 탄 직원들에 대한 정보가 다음과 같을 때, 퇴근 버스를 탄 직원은 총 몇 명인가?

- 첫 번째 정류장에서 $\frac{1}{3}$이 하차했고, 두 번째 정류장에서 남은 직원의 $\frac{1}{4}$이 하차했다.
- 세 번째 정류장에서 남은 직원의 $\frac{1}{2}$이 하차했다.
- 네 번째 정류장에서 남은 직원의 $\frac{2}{3}$가 하차했고, 버스에는 3명이 남았다.

① 24명 ② 36명 ③ 48명
④ 52명 ⑤ 60명

16. 수현이가 A 등산로를 따라 올라갈 때는 시속 2km로 올라가고, 내려올 때는 올라갈 때의 2배 속력으로 내려왔다. A 등산로를 왕복하는 데 총 4시간 30분이 걸렸다면 내려오는 데 걸린 시간은 얼마인가?

① 1시간 20분 ② 1시간 25분 ③ 1시간 30분
④ 1시간 35분 ⑤ 1시간 40분

17. 다음 그림과 같이 넓이가 각각 9m², 16m², 25m²인 세 개의 정사각형 모양의 정원을 이어 붙여 하나의 정원으로 만들려고 할 때, 이 정원의 둘레는 몇 m인가?

① 34m ② 36m ③ 38m
④ 40m ⑤ 42m

18. A와 B는 빨간 구슬, 파란 구슬, 하얀 구슬이 각각 한 개씩 담겨 있는 주머니를 가지고 다음의 규칙에 따라 게임을 하려고 한다. 빨간 구슬을 뽑는 사람이 이긴다고 할 때, A가 이길 확률은?

- A부터 번갈아서 구슬을 한 개씩 뽑는다.
- 빨간 구슬을 뽑으면 게임이 종료된다.
- 파란 구슬을 뽑으면 구슬을 주머니에 다시 넣지 않는다.
- 하얀 구슬을 뽑으면 하얀 구슬을 제외한 모든 구슬을 주머니에 다시 넣는다.

① $\frac{1}{2}$ ② $\frac{7}{12}$ ③ $\frac{2}{3}$
④ $\frac{3}{4}$ ⑤ $\frac{5}{6}$

19. 1부터 9까지의 자연수가 적힌 9장의 카드가 있다. A는 2, 5, 9가 적힌 카드를, B는 1, 7, 8이 적힌 카드를, C는 3, 4, 6이 적힌 카드를 각각 가지고 있다. A, B, C 세 사람이 동시에 카드를 한 장씩 꺼낼 때, A가 뽑은 카드의 숫자가 가장 큰 수가 되는 경우의 수는?

① 8가지 ② 9가지 ③ 10가지
④ 11가지 ⑤ 12가지

20. 다음은 어떤 입체도형의 정면에서 본 모양과 위에서 본 모양을 나타낸 것이다. 이 입체도형의 높이는 얼마인가?

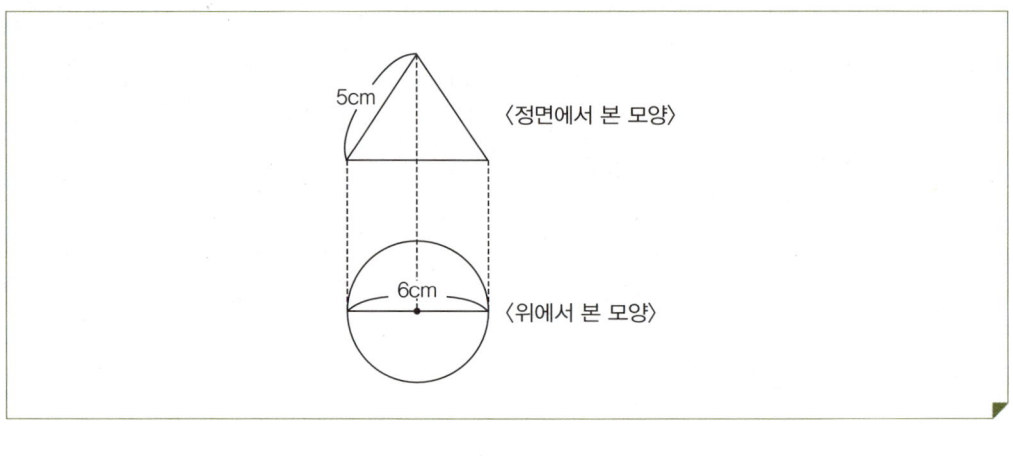

① 3cm ② 4cm ③ 5cm ④ 6cm ⑤ 7cm

21. 기호를 다음과 같이 가정할 때, '?'에 들어갈 값은?

$$A ◆ B = A(A+B)$$
$$A ★ B = AB + \frac{B-A}{2}$$
$$3 ★ (15 ◆ 4) = (\ ?\ )$$

① 148 ② 286 ③ 590 ④ 996 ⑤ 1,080

22. A 지역과 B 지역을 잇는 철로의 길이는 540km이다. 이 철로 위에 A 지역에서 B 지역으로 시속 100km로 출발하는 기차와 B 지역에서 A 지역으로 시속 80km로 출발하는 기차가 있다. 두 기차가 함께 출발함과 동시에 A 지역에 있던 독수리가 B 지역을 향해 시속 120km로 날기 시작했다면, 독수리가 B 지역에서 출발한 기차와 만나게 되는 시점에 두 기차 사이의 거리는? (단, 독수리가 비행하는 경로는 기차와 같다)

① 40km ② 45km ③ 48km
④ 50km ⑤ 54km

[23 ~ 26] 다음 수열의 일정한 규칙을 찾아 '?'에 들어갈 알맞은 숫자를 고르시오.

23.

2 3 6 18 (?) 1,944

① 54   ② 64   ③ 81
④ 108   ⑤ 121

24.

2 10 7 35 32 160 (?)

① 40   ② 96   ③ 152
④ 157   ⑤ 168

25.

13 15 18 22 27 (?)

① 31   ② 33   ③ 35
④ 37   ⑤ 42

26.

12 9 13 10 14 11 15 (?)

① 11   ② 12   ③ 13
④ 14   ⑤ 15

27. 다음 숫자들의 배열 규칙에 따라 '?'에 들어갈 숫자로 알맞은 것은?

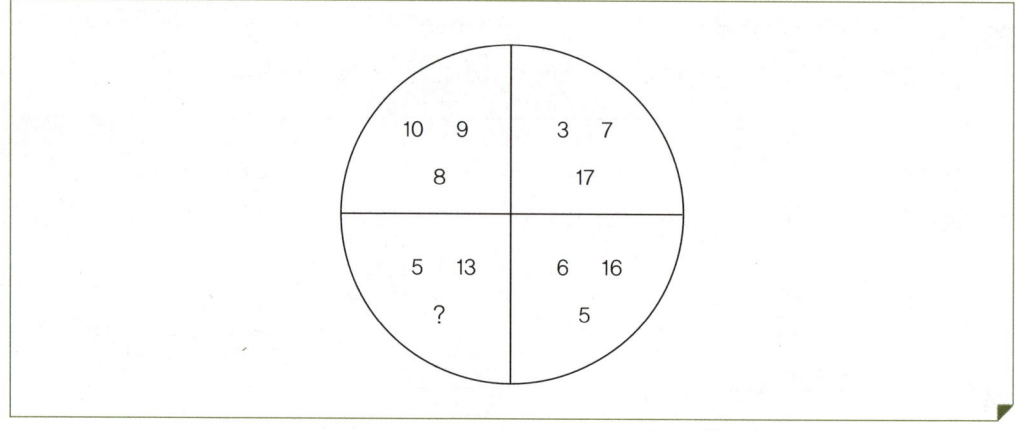

① 6   ② 7   ③ 8
④ 9   ⑤ 10

28. 다음 숫자들의 배열 규칙에 따라 '?'에 들어갈 숫자로 적절한 것은?

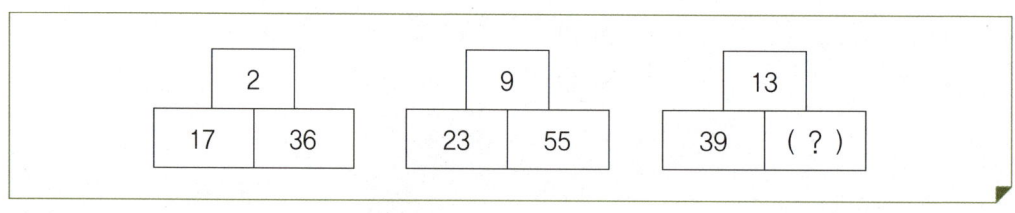

① 91   ② 92   ③ 93
④ 94   ⑤ 95

29. ○○기업 직원들의 근로시간이 다음과 같이 파악되었다. 직원 전체의 노동시간의 합이 36,000시간일 때, 옳은 설명을 〈보기〉에서 모두 고른 것은?

〈직원 근로시간 분포〉

노동시간(시간)	40 ~ 44	45 ~ 49	50 ~ 54	55 ~ 60	합계
근로자 수(명)	50	250	250	150	700

―| 보기 |―

㉠ 근로자당 평균 노동시간은 50시간 이상이다.
㉡ 적어도 100명 이상의 근로자가 58시간 이상 일을 한다.
㉢ 절반 이상의 근로자들이 50시간 이상 일한다.
㉣ 50시간 미만 일하는 근로자의 비율은 전체의 50%를 넘는다.

① ㉠   ② ㉠, ㉢   ③ ㉠, ㉣   ④ ㉡, ㉣   ⑤ ㉠, ㉢, ㉣

---

30. 제시된 자료에 대한 해석으로 적절한 것은?

〈20X3년 주택형태별 에너지 소비 현황〉

(단위 : 천 TOE)

구분	연탄	석유	도시가스	전력	열에너지	기타	합계
단독주택	411.8	2,051.8	2,662.1	2,118.0	–	110.3	7,354
아파트	–	111.4	5,609.3	2,551.5	1,852.9	–	10,125
연립주택	1.4	33.0	1,024.6	371.7	4.3	–	1,435
다세대주택	–	19.7	1,192.6	432.6	–	–	1,645
상가주택	–	10.2	115.8	77.6	15.0	2.4	221
총합	413.2	2,226.1	10,604.4	5,551.4	1,872.2	112.7	20,780

※ 전력 : 전기에너지와 심야전력에너지 포함 / ※ 기타 : 장작 등 임산 연료

① 단독주택에서 소비한 전력 에너지량은 단독주택 전체 에너지 소비량의 30% 이상을 차지한다.
② 모든 주택형태에서 소비되는 에너지 유형은 4가지이다.
③ 아파트는 다른 주택형태에 비해 가구당 에너지 소비량이 많다.
④ 모든 주택형태에서 가장 많이 소비한 에너지 유형은 도시가스이다.
⑤ 단독주택이 많이 사용하는 기타 항목에는 태양광 에너지가 포함된다.

31. 다음은 우리나라 가구의 연도별·유형별 평균 부채 보유액을 나타낸 자료이다. 다음 중 2022년 대비 2023년의 증가율이 10%를 넘는 항목은?

(단위 : 만 원)

구분		부채	금융부채			
				담보대출	신용대출	신용카드 관련 대출	기타

구분		부채	금융부채	담보대출	신용대출	신용카드 관련 대출	기타
평균	2022년	7,099	5,041	4,070	678	57	236
	2023년	7,531	5,447	4,332	768	58	289

① 부채
② 금융부채(전체)
③ 담보대출
④ 신용대출
⑤ 신용카드 관련 대출

32. 다음 청년들의 주택 점유형태를 나타낸 자료에 대한 이해로 옳지 않은 것은?

〈청년(20 ~ 39세)의 연령계층별 점유형태 비율〉

(단위 : %)

구분	자가	임차			무상	계
		전세	보증부월세	순수월세		
20 ~ 24세	5.1	11.9	62.7	15.4	4.9	100
25 ~ 29세	13.6	24.7	47.7	6.5	7.5	100
30 ~ 34세	31.9	30.5	28.4	3.2	6.0	100
35 ~ 39세	45.0	24.6	22.5	2.7	5.2	100

① 20 ~ 24세 청년의 약 78.1%가 월세 형태로 거주하고 있으며 자가 비율은 5.1%이다.
② 20 ~ 24세 청년을 제외한 연령계층별 무상 거주 비율은 순수월세 비율보다 모두 높다.
③ 20 ~ 39세 전체 청년의 자가 거주 비중은 약 31.1%이나 이 중 20대 청년의 자가 거주 비중은 약 9.4%로 매우 낮은 수준이다.
④ 연령계층이 높아질수록 자가 비율이 높아지고 월세 비중은 작아지는 것으로 나타났다.
⑤ 25 ~ 29세 청년의 경우, 20 ~ 24세에 비해서 자가 거주의 비중이 높으며 전체의 78.9%가 임차로, 54.2%가 월세로 거주한다.

33. 다음 자료에 대한 분석으로 적절한 것은?

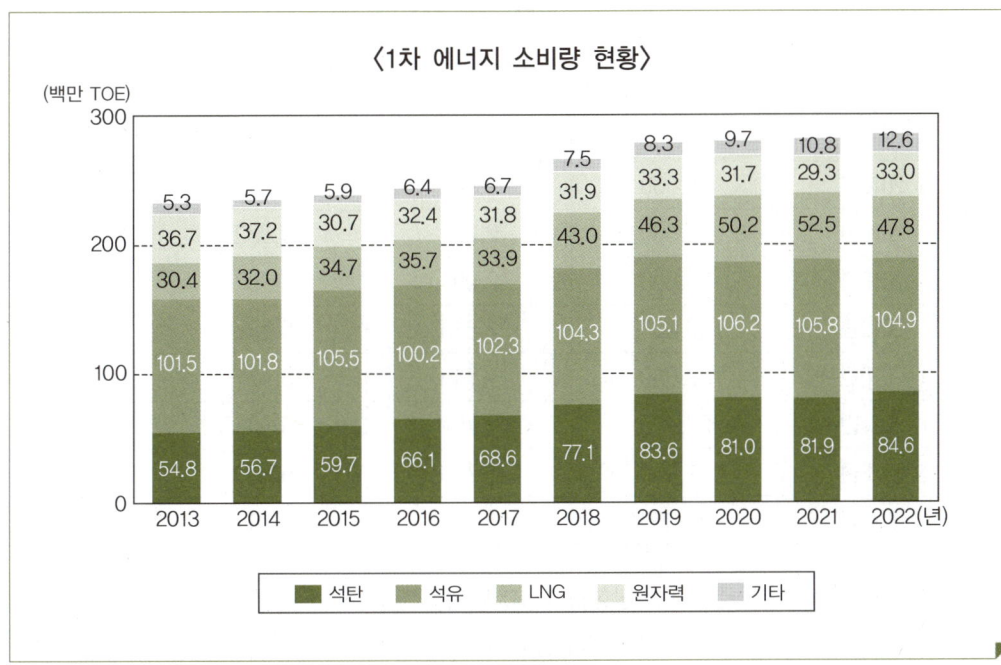

① 석유 소비량이 나머지 에너지 소비량의 합보다 많다.
② 석탄 소비량이 완만한 하락세를 보이고 있다.
③ 기타 에너지 소비량이 지속적으로 감소하는 추세이다.
④ 원자력 소비량은 증감을 거듭하고 있다.
⑤ 최근 LNG 소비량의 증가 추세는 그 정도가 심화되었다.

34. 다음 〈남북한 광물 생산 현황〉에 대한 해석으로 올바르지 않은 것은?

〈남북한 광물 생산 현황〉

(단위 : 천 톤)

구분	석탄		철광석	
	북한	남한	북한	남한
2016년	25,000	2,080	5,093	513
2017년	25,500	2,084	5,232	542
2018년	25,800	2,094	5,190	593
2019년	26,600	1,815	5,486	663
2020년	27,090	1,748	5,471	693
2021년	27,490	1,764	5,906	445
2022년	31,060	1,726	5,249	440
2023년	21,660	1,485	5,741	311

① 조사기간 동안 북한은 매년 남한보다 10배 이상 많은 석탄을 생산했네.
② 남한은 최근 들어 철광석 생산량이 줄어들고 있구나.
③ 조사기간 동안 북한은 석탄 생산량이 매년 증가했는데 남한은 매년 감소했군.
④ 조사기간 동안 매년 북한의 석탄 생산량은 철광석 생산량의 세 배 이상이군.
⑤ 조사기간 동안 북한은 철광석 생산량이 매년 증감을 반복하는 추이군.

35. 다음은 영농자재 가격 인하로 인한 전체 영농비 절감액에 대한 자료이다. 이에 대한 설명으로 옳지 않은 것은?

〈연도별 영농비 절감액〉

(단위 : 억 원)

구분	비료	농약	상토	필름	농기계
20X4년	1,562	1,924	184	145	247
20X3년	1,550	356	176	145	174
20X2년	1,443	272	125	98	120
20X1년	1,100	53	38	47	65

① 20X4년에는 영농자재 가격 인하로 인해 총 4,062억 원의 영농비를 절감했다.
② 20X3년 영농비 총절감액은 전년 대비 343억 원 증가했다.
③ 20X1 ~ 20X4년 동안 영농자재 가격 인하로 총 9,824억 원의 농가소득 증대를 가져왔다.
④ 20X1 ~ 20X4년 동안 비료와 농약 부분에서 8,300억 원의 영농비를 절감했다.
⑤ 필름 항목을 제외한 항목별 영농비 절감액은 매년 증가하고 있다.

36. 다음 자료에서 저축률의 증감 추이가 같은 연령층끼리 바르게 연결한 것은?

〈연령별 저축률〉

구분	20X2년		20X4년		20X6년		20X8년	
	저축 중인 인원(명)	저축률(%)	저축 중인 인원(명)	저축률(%)	저축 중인 인원(명)	저축률(%)	저축 중인 인원(명)	저축률(%)
30대 이하	63	72.8	68	68.2	117	81.1	99	69.9
40대	271	60.5	277	61.4	184	70.3	210	65.4
50대	440	59.2	538	54.9	383	58.6	383	54.4
60대	469	47.6	538	53.5	536	41.0	542	39.9
70대 이상	582	27.7	562	37.0	768	24.7	754	21.9

① 40대 – 50대
② 40대 – 60대
③ 60대 – 70대 이상
④ 30대 이하 – 70대 이상
⑤ 50대 – 70대 이상

37. 다음 ○○시의 세입 통계에 대한 설명으로 옳은 것은?

⟨20X0 ~ 20X2년 ○○시 세입 통계⟩

구분	20X0년 액수(억 원)	비율	20X1년 액수(억 원)	비율	20X2년 액수(억 원)	비율
지방세	116,837	31%	130,385	28%	134,641	25%
세외수입	27,019	7%	23,957	5%	25,491	5%
지방교부세	52,000	14%	70,000	15%	80,000	15%
조정교부금	25,000	7%	35,000	8%	60,000	11%
국고보조금	93,514	24%	109,430	23%	123,220	23%
도비보조금	24,876	6%	36,756	8%	44,978	8%
보전수입 등 내부거래	42,743	11%	61,069	13%	72,105	13%
총계	381,989		466,597		540,435	

① 세외수입의 액수는 20X0년 이후 지속적으로 증가하였다.
② 전년 대비 세입 증가액은 20X1년이 20X2년보다 적다.
③ ○○시의 세입 중 가장 큰 비중을 차지하는 것은 지방세이다.
④ 20X1년 지방교부세의 전년 대비 증가액은 20X1년 국고보조금의 전년 대비 증가액보다 적다.
⑤ 모든 세입 항목의 액수가 매년 증가하고 있다.

38. 다음은 초혼 신혼부부의 자녀 가운데 만 5세 이하의 영유아에 대한 보육형태를 나타낸 표이다. 이에 대한 설명으로 옳지 않은 것은?

〈초혼 신혼부부의 자녀 보육형태별 현황〉

(단위 : 명, %)

구분	합계	가정양육	어린이집	유치원	아이돌봄 서비스 (종일제)	혼합				기타 (미상 등)
						소계	가정양육 +돌봄	어린이집 +돌봄	유치원 +돌봄	
20X0년	956,523	483,168	388,348	27,992	1,208	30,545	13,056	16,449	1,040	25,262
구성비	100.0	50.5	40.6	2.9	0.1	3.2	1.4	1.7	0.1	2.6
20X1년	917,863	458,208	393,205	28,747	1,147	23,617	8,485	14,221	911	12,939
구성비	100.0	49.9	42.8	3.1	0.1	2.6	0.9	1.5	0.1	1.4

① 20X1년 어린이집에 자녀 보육을 맡기는 비율이 20X0년에 비하여 증가하였다.
② 20X1년 아이돌봄 서비스(종일제)를 받는 비율은 20X0년과 동일하다.
③ 20X1년 기준 보육형태를 보면 가정양육이 가장 많고 그다음이 어린이집, 유치원 순이다.
④ 가정양육과 아이돌봄 서비스를 동시에 받는 혼합형의 보육형태는 20X0년에 비하여 20X1년에 소폭 상승하였다.
⑤ 유치원과 아이돌봄 서비스를 동시에 받은 비율은 20X0년과 20X1년 모두 동일하다.

[39 ~ 40] 다음은 중소기업 CEO 400명을 대상으로 해외경기가 부진하다고 느껴지는 분야와 지역을 설문한 결과이다. 이어지는 질문에 답하시오(단, 주어진 모든 수치는 소수점 아래 첫째 자리에서 반올림한 것이다).

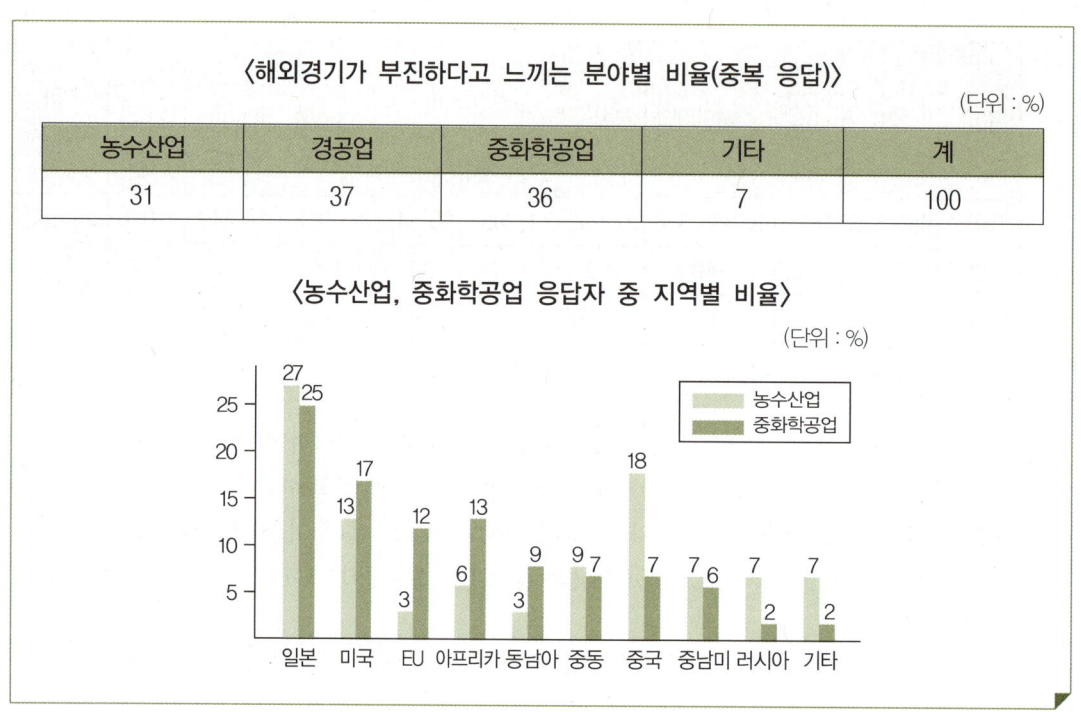

39. 위 자료에서 경공업 분야의 해외경기가 부진하다고 응답한 CEO의 수는?

① 124명 ② 132명 ③ 148명
④ 154명 ⑤ 160명

40. 위 자료에서 농수산업 분야의 해외경기가 중남미 지역에서 부진하다고 응답한 CEO의 수는? (단, 소수점 아래 첫째 자리에서 반올림한다)

① 9명 ② 10명 ③ 11명
④ 12명 ⑤ 13명

영역 3 기초과학

01. 다음 중 탄화수소에 해당하는 것은 총 몇 개인가?

> 메테인, 메탄올, 에탄올, 폼알데하이드, 아세트산, 아세톤, 프로페인, 뷰테인, 사이클로프로페인, 벤젠, 톨루엔, 자일렌, 나프탈렌

① 5개   ② 7개   ③ 8개
④ 9개   ⑤ 10개

02. 다음 설명 중 옳지 않은 것은?

① 원자량은 질량수가 12인 탄소 원자의 질량을 12.0으로 했을 때, 이를 기준으로 나타낸 원자들의 상대적인 질량이다.
② 분자는 원자들의 화학 결합을 통해 이루어진 단위체로서 대표적으로 염화나트륨, 다이아몬드 등이 있다.
③ 1몰은 질량수 12의 탄소 원자 12.0g에 들어 있는 질량수 12의 탄소 원자 수이다.
④ 이산화탄소 1몰에는 산소 원자 2몰이 들어 있다.
⑤ 분자량은 분자를 구성하는 원자들의 원자량의 합과 같다.

03. 산소(O_2) 5몰에 들어 있는 산소 원자의 질량과 에탄올(C_2H_5OH) 20몰에 들어 있는 수소 원자의 질량을 합한 값은? (단, 수소의 원자량은 1, 산소의 원자량은 16으로 한다)

① 260g   ② 270g   ③ 280g
④ 300g   ⑤ 320g

04. 다음 중 용액의 농도에 대한 설명으로 옳지 않은 것은?

① 용해는 두 종류 이상의 순물질이 균일하게 섞이는 것이다.
② 용매는 다른 물질을 녹이는 물질이다.
③ 용질은 다른 물질에 녹아 들어가는 물질이다.
④ 몰 농도는 용액 100L에 녹아 있는 용질의 양(몰)을 나타낸다.
⑤ 소금물에서 용질은 소금이다.

05. 다음은 일산화탄소의 연소 반응식이다. 이에 대한 설명으로 옳은 것을 모두 고르면?

$$2CO(g) + O_2(g) \rightarrow 2CO_2(g)$$

ㄱ. 일산화탄소 1몰과 산소 분자 1몰이 반응하면 이산화탄소 2몰이 생성된다.
ㄴ. 이산화탄소 100몰이 생성되려면 일산화탄소 100몰이 필요하다.
ㄷ. 이산화탄소 2몰이 생성되려면 산소 분자 32g이 필요하다(산소 원자량 : 16).

① ㄱ ② ㄱ, ㄴ ③ ㄱ, ㄷ
④ ㄴ, ㄷ ⑤ ㄱ, ㄴ, ㄷ

06. 다음 빈칸 A ~ D에 들어갈 숫자의 합은 얼마인가?

- 오른쪽 원소의 양성자수는 (A), 중성자수는 (B), 질량수는 (C)이다.
- 오른쪽 원소의 동위원소의 중성자수가 20이라면 동위원소의 질량수는 (D)이다.

$^{35}_{17}Cl$

① 103 ② 104 ③ 105
④ 106 ⑤ 107

07. 다음 중 원자의 바닥상태 전자 배치로 적절하지 않은 것은?

① $_2$He : $1s^2$
② $_3$Li : $1s^2 2s^1$
③ $_6$C : $1s^2 2s^2 2p^2$
④ $_8$O : $1s^2 2s^2 2p^5$
⑤ $_{10}$Ne : $1s^2 2s^2 2p^6$

08. 다음 빈칸 A, B에 들어갈 단어를 A, B 순서대로 알맞게 나열한 것은?

〈같은 주기와 족에서의 원자 반지름의 경향성〉
• 같은 주기에서 원자 번호 증가 시 원자 반지름은 대체로 (　A　).
• 같은 족에서 원자 번호 증가 시 원자 반지름은 대체로 (　B　).

① 증가한다, 감소한다
② 증가한다, 증가한다
③ 감소한다, 증가한다
④ 감소한다, 감소한다
⑤ 감소한다, 일정하다

09. 다음 분자 구조 모형이 나타내는 탄화수소로 적절한 것은?

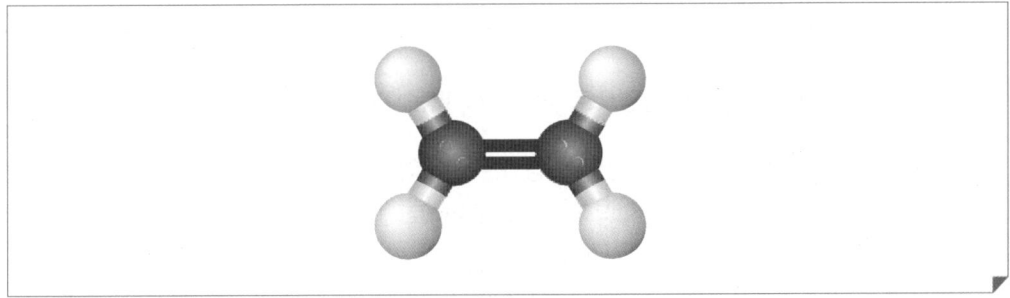

① 메탄
② 메테인
③ 벤젠
④ 에테인
⑤ 에텐

10. pH가 2인 용액은 pH가 4인 용액과 비교했을 때, 수소이온농도가 몇 배인 용액인가?

① 5배
② 10배
③ 100배
④ 0.1배
⑤ 0.01배

11. 다음 중 밑줄 친 원소의 산화수가 옳지 않은 것은?

① K$\underline{N}$O$_3$: +5　　② $\underline{N}$H$_3$: −3　　③ $\underline{O}$F$_2$: +2
④ K$\underline{Mn}$O$_4$: +7　　⑤ $\underline{N}$O$_3^-$: +6

12. 다음 화학반응식을 보고 설명한 내용으로 옳은 것을 모두 고르면?

> A. HCl+H$_2$O ↔ H$_3$O$^+$+Cl$^-$
> B. H$_2$O+NH$_3$ ↔ NH$_4^+$+OH$^-$
>
> 가. A 반응식에서 HCl은 산, H$_2$O는 염기이다.
> 나. B 반응식에서 H$_2$O의 짝염기는 OH$^-$이다.
> 다. A, B 반응식을 통해 H$_2$O는 양쪽성 물질인 것을 알 수 있다.

① 가　　② 나　　③ 다
④ 가, 나　　⑤ 가, 나, 다

13. 다음 중 중화 반응에 대한 설명으로 적절하지 않은 것은?

① 산과 염기가 반응하여 물과 염이 생성되는 반응이다.
② 산의 H$^+$과 염기의 OH$^-$이 항상 1 : 1의 개수비로 반응하여 물이 생성된다.
③ 중화 적정은 중화 반응의 양적 관계를 이용하는 것이다.
④ 완전히 중화되려면 산이 내놓은 H$^+$과 염기가 내놓는 OH$^-$의 몰수가 같아야 한다.
⑤ H$^+$이 OH$^-$보다 많다면 이는 염기성이 된다.

14. 증류탑에서 원유는 분별 증류되어 LPG, 휘발유, 나프타, 등유, 경유, 중유 등으로 분리된다. 이 중 고온 분해하여 플라스틱의 기초 원료가 되는 것은?

① LPG　　② 휘발유　　③ 나프타
④ 등유　　⑤ 경유

15. 다음 중 화학 결합의 특성에 맞게 ㉠~㉢을 알맞게 연결한 것은?

화학 결합 종류	결합 성질
㉠	두 원자가 전자를 각각 내놓아, 전자쌍을 공유하여 형성
㉡	금속 양이온과 비금속 음이온 사이의 정전기적 인력으로 형성
㉢	금속 양이온과 자유 전자 사이의 정전기적 인력으로 형성

	㉠	㉡	㉢
①	공유 결합	금속 결합	이온 결합
②	공유 결합	이온 결합	금속 결합
③	금속 결합	공유 결합	이온 결합
④	금속 결합	이온 결합	공유 결합
⑤	이온 결합	공유 결합	금속 결합

16. 다음 탄화수소 (가)와 (나)에 대한 설명으로 옳은 것의 개수는?

CH_4 C_3H_8
(가)   (나)

a. (가)와 (나)에서 수소 원자 3개와 결합한 탄소 원자의 개수는 동일하다.
b. 끓는점은 (나)가 더 높다.
c. (가)에서 HCH의 결합각은 109.5°이다.
d. (나)는 평면 구조를 이루고 있다.
e. (가)는 공유 전자쌍 3개를 가진다.

① 1개   ② 2개   ③ 3개
④ 4개   ⑤ 5개

17. 다음 중 비가역 반응을 모두 고른 것은?

> ㄱ. 메탄의 연소
> ㄴ. 산과 염기의 중화
> ㄷ. 염화코발트 종이의 색 변화
> ㄹ. 석회 동굴, 종유석, 석순의 생성
> ㅁ. 물의 상태 변화

① ㄱ ② ㄴ ③ ㄱ, ㄴ
④ ㄴ, ㄷ ⑤ ㄷ, ㄹ, ㅁ

18. 활성화에너지에 대한 설명으로 옳은 것은?

① 물질의 반응 전 에너지이다.
② 물질의 반응 후 에너지이다.
③ 촉매는 활성화에너지를 크게 만든다.
④ 활성화에너지가 크면 반응속도가 빠르다.
⑤ 반응을 일으키는 데 필요한 최소한의 에너지이다.

19. 다음 화학반응식 중 균형이 맞지 않은 것은?

① $2KClO_3 \rightarrow KClO_4 + KCl + O_2$
② $2K_2O_2 + 2H_2O \rightarrow 4KOH + O_2$
③ $KNO_3 \rightarrow KNO_2 + \frac{1}{2}O_2$
④ $2BaO_2 + H_2O \rightarrow 2Ba(OH)_2 + O_2$
⑤ $CrO_3 + H_2O \rightarrow H_2CrO_4$

20. 다음 (가) ~ (다)의 전자 배치를 보고 각각에서 어긋난 전자 배치 규칙을 알맞게 나열한 것은?

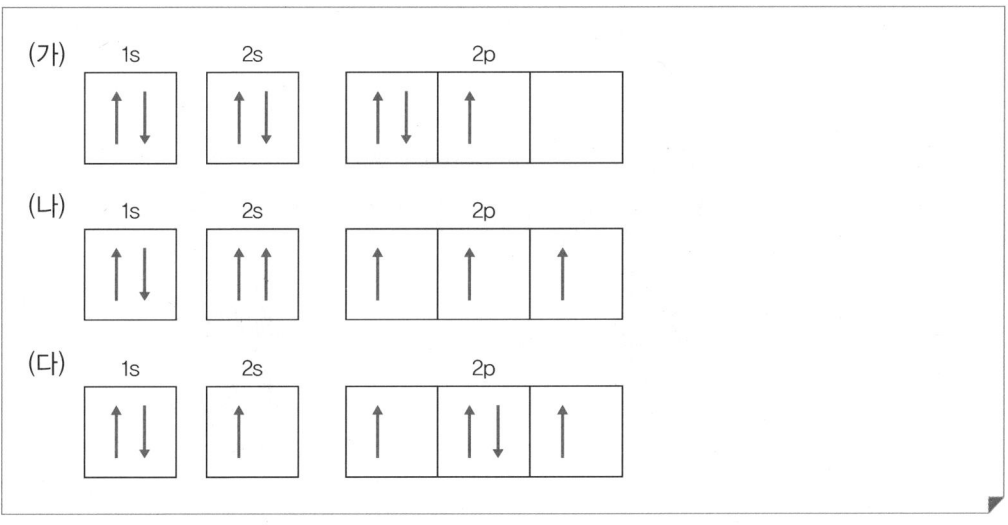

	(가)	(나)	(다)
①	파울리 배타 원리	쌓음 원리	훈트 규칙
②	파울리 배타 원리	훈트 규칙	쌓음 원리
③	훈트 규칙	쌓음 원리	파울리 배타 원리
④	훈트 규칙	파울리 배타 원리	쌓음 원리
⑤	쌓음 원리	훈트 규칙	파울리 배타 원리

21. 다음 중 광전효과에 대한 설명으로 옳지 않은 것은?

① 광전효과란 금속에 빛을 비출 때 금속 표면에서 전자가 튀어 나오는 현상이다.
② 일함수란 금속에서 전자를 끌어내기 위하여 필요한 최소의 에너지이다.
③ 문턱 진동수란 금속에서 광전자가 방출되기 위한 최소의 진동수이다.
④ 광전효과는 빛의 입자성과 관련이 있다.
⑤ 광전자의 방출 시 최대 운동 에너지는 빛의 세기와 관련이 있다.

22. A와 B는 화살표 방향으로 5m/s의 속력으로 움직이는 전철을 타고 있다. A와 B가 전철 안에서 각각 1m/s, 2m/s의 일정한 속력으로 다음 그림과 같이 마주 본 상태로 걸어가고 있을 때, 이에 대한 설명으로 옳은 것을 〈보기〉에서 모두 고르면?

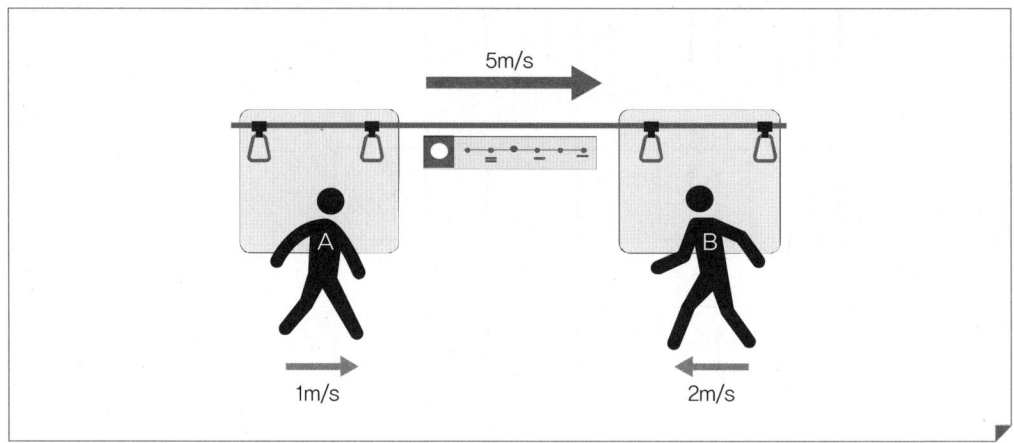

| 보기 |

가. 지상(地上)에 대한 A와 B의 운동 방향은 같다.
나. 지상(地上)에 대한 A와 B의 속력은 같다.
다. A에 대한 B의 속력은 8m/s이다.

① 가
② 가, 나
③ 나
④ 나, 다
⑤ 다

23. 질량이 100g인 물체가 52m/s의 속력으로 운동할 때, 이 물체의 물질파 파장은 얼마인가? (단, 플랑크 상수 $h=6.6\times10^{-34} J\cdot s$이고 소수점 아래 셋째 자리에서 반올림한다)

① 1.03×10^{-34}m
② 1.11×10^{-34}m
③ 1.21×10^{-34}m
④ 1.25×10^{-34}m
⑤ 1.27×10^{-34}m

24. 다음은 직선운동하는 물체의 속도-시간 그래프이다. 이에 대한 설명으로 옳은 것을 〈보기〉에서 모두 고르면?

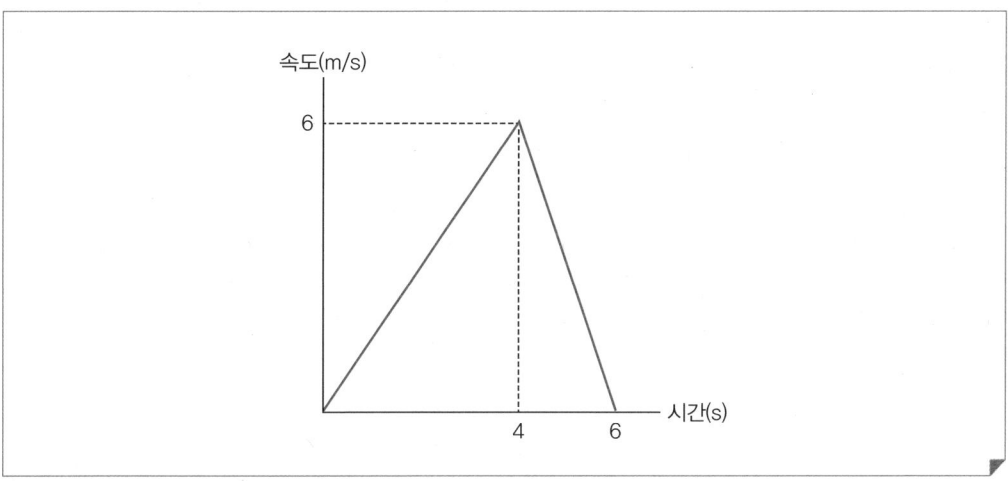

| 보기 |

가. 1초일 때 가속도의 크기는 1.5m/s^2이다.
나. 0초부터 6초까지 이동한 거리는 18m이다.
다. 0초부터 6초까지 평균 속력은 3m/s이다.

① 가　　　　② 가, 나　　　　③ 가, 다
④ 나, 다　　　⑤ 가, 나, 다

25. 다음 중 옳지 않은 내용을 말한 사람을 모두 고른 것은?

갑 : 운동량은 물체의 질량과 속도의 제곱을 곱한 값이다.
을 : 충격량은 물체에 작용한 힘과 충돌 시간을 곱한 값이다.
병 : 충격량이 같을 때, 충격력을 줄이기 위해서는 충돌 시간을 줄여야 한다.
정 : 외력이 없을 때, 충돌 전 운동량의 합은 충돌 후 운동량의 합과 같다.

① 갑　　　　② 갑, 을　　　　③ 갑, 병
④ 갑, 병, 정　⑤ 을, 병, 정

26. 김 대리가 근무하는 회사의 사옥은 다음과 같은 원형의 구조를 이루고 있다. 김 대리가 a 지점에서 b 지점으로 이동할 때, 직선의 길을 이용하면 50m이고, 원형 길의 반 바퀴에 해당하는 길을 따라 걷는 경우에는 160m이다. 다음 〈사례〉에 대한 분석으로 옳은 것은?

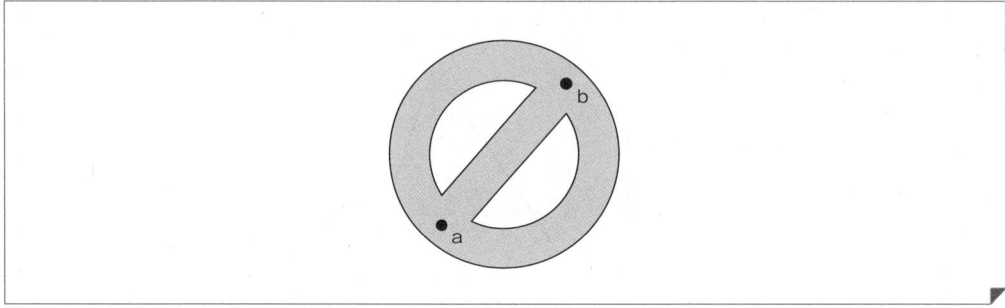

| 사례 |

사례 1 : 김 대리는 어제 a 지점에서 출발하여 원형 길을 한 바퀴 반 돌아 b 지점으로 갔다.
사례 2 : 김 대리는 오늘 a 지점에서 직선의 길을 이용하여 b 지점으로 갔다.

① 사례 1에서 김 대리의 이동 거리와 변위는 같다.
② 사례 1에서의 변위는 사례 2에서의 변위보다 크다.
③ 김 대리의 이동 거리는 사례 1보다 사례 2에서 더 크다.
④ 사례 1과 사례 2에서 김 대리의 이동 시간이 같았다면 두 사례에서 속도의 크기는 같다.
⑤ 사례 1과 사례 2에서 김 대리의 이동 시간이 같았다면 속력은 사례 1이 7.5배 더 크다.

27. 작용과 반작용 관계에 있는 힘의 예시를 적절히 말한 사람을 모두 고른 것은?

갑 : 물병을 책상 위에 놓았을 때, 지구가 물병을 당기는 힘과 책상이 물병을 떠받치는 힘이 한 예라고 볼 수 있어.
을 : 나는 새벽마다 수영을 하는데, 수영장 벽을 발로 밀어서 앞으로 나아가는 경우가 있어. 이때 내가 벽을 미는 힘과 벽이 나를 미는 힘이 한 예라고 볼 수 있어.
병 : 나는 볼링 동아리에서 활동을 하는데, 내가 볼링공을 잡는 힘과 볼링공이 핀을 미는 힘이 예가 될 수 있지 않을까?

① 갑　　　　　　　　② 을　　　　　　　　③ 병
④ 갑, 을　　　　　　⑤ 을, 병

28. 다음과 같이 xy평면상에 놓인 2kg의 물체에 동시에 4개의 힘이 작용하고 있다. 이때 물체의 가속도 방향과 크기는?

① x 방향, 1m/s²   ② x 방향, 2m/s²   ③ y 방향, 1m/s²
④ y 방향, 2m/s²   ⑤ 가속도가 작용하지 않음

29. 다음 중 빈칸 A ~ E에 들어갈 내용이 아닌 것은?

- 물체의 (A)와/과 (B)의 합을 역학적 에너지라고 한다.
- 질량이 m인 물체가 v의 속력으로 운동할 때 운동 에너지는 (C)이고, 이때 단위는 (D)이다.
- 힘-이동 거리 그래프에서 아래 부분의 넓이는 (E)을 나타낸다.

① 퍼텐셜 에너지   ② 일의 양   ③ 운동 에너지
④ $\frac{1}{2}mv^3$ ⑤ J(줄)

30. 갑과 을이 얼음판 위에서 스케이트를 타고 있다. 이때 10m/s의 속도로 앞으로 나아가던 몸무게 60kg의 갑이 2m/s로 나아가고 있는 70kg의 을을 밀었다. 갑이 밀고난 후 을의 속도가 8m/s라면, 밀고난 후 갑의 속도는 얼마인가? (단, 갑과 을은 동일 직선상에서 운동하며, 공기의 저항과 얼음판의 마찰은 무시한다)

① 3m/s ② 4m/s ③ 5m/s
④ 5.5m/s ⑤ 6.5m/s

31. 다음과 같이 도르래에 무게가 다른 두 개의 물체 A와 B를 매단 후 잡고 있는 손을 놓았을 때, 가속도의 크기는? (단, 공기 저항과 물체의 크기, 마찰력, 줄의 질량은 무시하며 중력 가속도는 $10m/s^2$으로 한다)

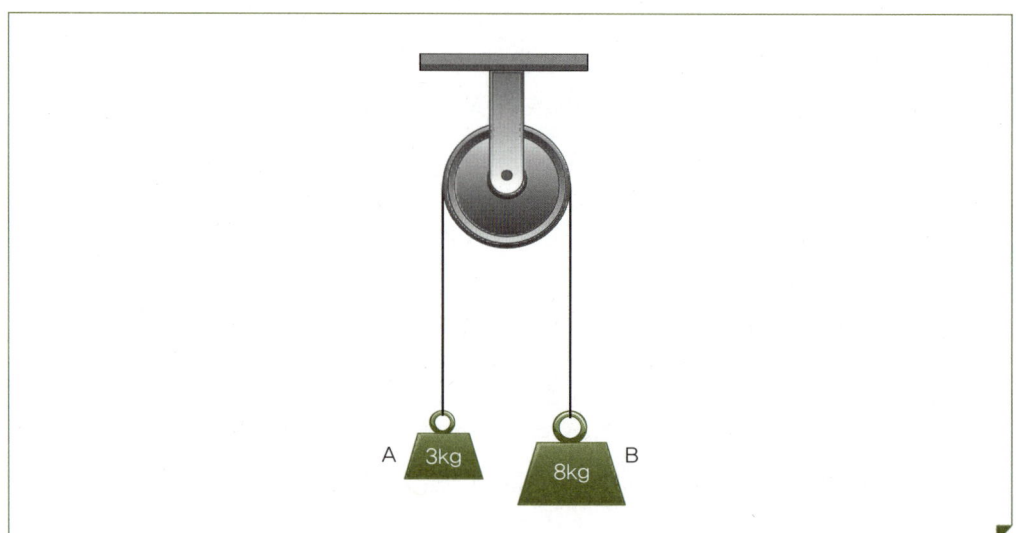

① $\frac{20}{11}m/s^2$ ② $\frac{50}{11}m/s^2$ ③ $\frac{100}{11}m/s^2$
④ $\frac{48}{13}m/s^2$ ⑤ $\frac{50}{13}m/s^2$

32. 열역학 과정에 대한 설명으로 옳지 않은 것은?

① 등압 과정에서 기체의 압력은 일정하게 유지된다.
② 등적 과정에서 기체의 부피는 일정하게 유지된다.
③ 등압 과정에서 열을 공급하면 기체는 외부에 일을 한다.
④ 등압 과정에서 기체가 열을 방출하면 기체는 외부로부터 일을 받는다.
⑤ 등적 과정에서 열을 공급하면 기체는 외부에 일을 한다.

33. 경사각이 일정하고 마찰이 없는 빗면 위의 다른 높이에 크기와 질량이 같은 물체 A, B, C를 놓았을 때 다음 중 옳지 않은 것을 모두 고르면?

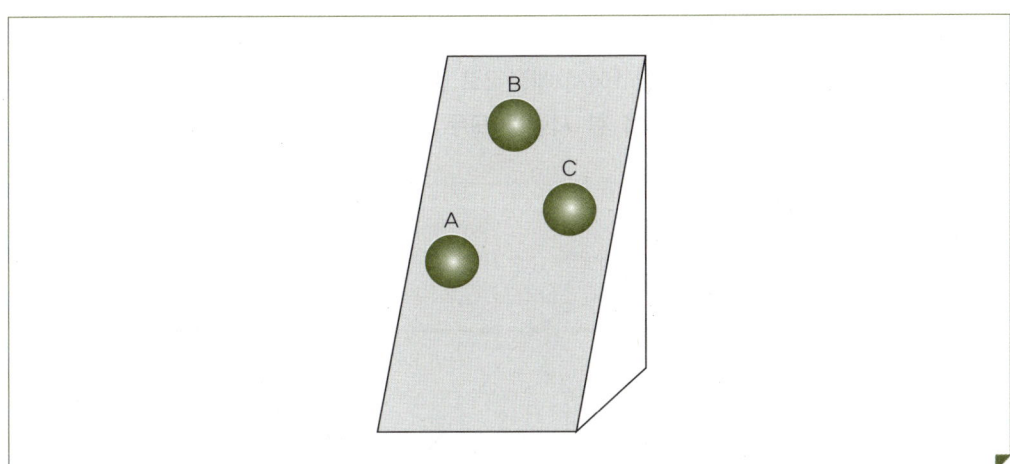

가. 바닥에 도착한 순서 : A, C, B
나. 바닥에 도착할 때까지의 가속도의 크기 : B > C > A
다. 바닥에 도착할 때의 속도 : A > C > B

① 가   ② 나   ③ 다
④ 가, 다   ⑤ 나, 다

34. 다음 빈칸 ㄱ, ㄴ에 들어갈 숫자의 합은?

> - 150km/h의 속도로 나아가는 기차 안에 탄 승객이 기차의 운동 방향으로 화살을 쏘았다. 화살의 속도가 100km/h였고, 기차 밖에서 화살의 속력을 측정하였다면, 그 측정값은 (ㄱ) km/h일 것이다.
> - 0.6c의 속도로 운동하는 우주선 안에서 우주선의 운동 방향으로 빛을 쏘았다. 우주선 밖에서 측정한 빛의 속력은 (ㄴ)c일 것이다.

① 100
② 100.6
③ 101
④ 250.6
⑤ 251

35. 다음과 같이 파동 A, B가 매질 1에서 매질 2로 같은 입사각으로 입사하여, 각각의 경로로 진행하였다. 이에 대해 옳은 분석을 한 사람을 모두 고른 것은?

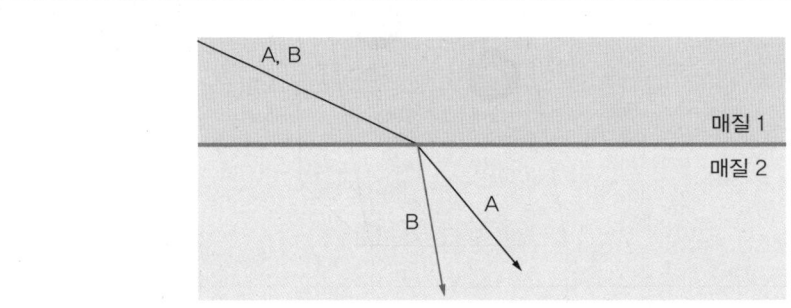

갑 : 같은 입사각으로 입사하였으나 굴절각은 A가 B보다 크구나.
을 : 굴절하면서 속력과 파장이 변했겠어.
병 : 그뿐만 아니라 파동의 진동수도 변했겠어.
정 : 굴절률은 A보다 B가 더 크네.
무 : A와 B의 속력, 파장 모두 굴절하면서 줄어들었네.

① 갑, 정
② 갑, 병
③ 을, 병, 정
④ 갑, 을, 정, 무
⑤ 갑, 을, 병, 정, 무

36. 다음은 위아래 일직선상으로 움직이는 열기구의 지면으로부터의 거리를 시간(분)에 따라 나타낸 그래프이다. 이에 대한 분석으로 옳은 것은 총 몇 개인가?

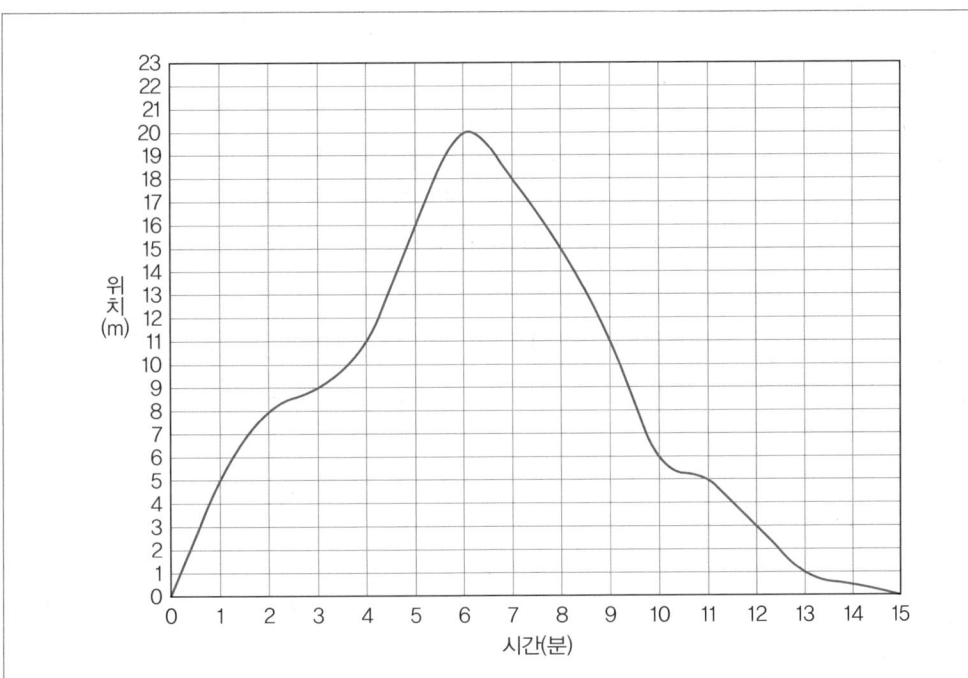

a. 열기구의 이동시간이 4분일 때 운동방향과 10분일 때 운동방향은 같다.
b. 열기구의 이동시간이 5분일 때 열기구는 가장 높은 위치에 도달한다.
c. 열기구의 이동시간이 8분일 때 열기구는 상승하고 있었다.
d. 열기구의 이동시간이 1분일 때 순간속력은 2분일 때 순간속력보다 크다.
e. 열기구가 15분 동안 이동한 거리는 30m 이하이다.

① 1개　　　　　　② 2개　　　　　　③ 3개
④ 4개　　　　　　⑤ 5개

37. 지면으로부터 45m 위치에서 첫 번째 공을 떨어뜨리고, x초 후 지면으로부터 5m 위치에서 두 번째 공을 떨어뜨렸다. 두 개의 공이 동시에 바닥에 닿았다면, x의 값은 얼마인가? (단 중력가속도는 $10m/s^2$으로 하며, 공기 저항과 물체의 크기는 무시한다)

① 0.5　　　　　　② 1　　　　　　③ 1.5
④ 2　　　　　　　⑤ 2.5

38. 다음과 같이 마찰이 없는 실험대에 도르래를 설치하였다. 줄의 한 쪽 끝에는 10kg의 추를 매달고, 다른 쪽 끝에는 1kg의 수레를 매달았다. 수레가 4m/s²의 가속도로 운동하였다면, 수레에 2kg 추 몇 개를 실었겠는가? (단, 줄의 질량과 마찰, 공기저항은 무시하고, 중력 가속도는 10m/s²으로 한다)

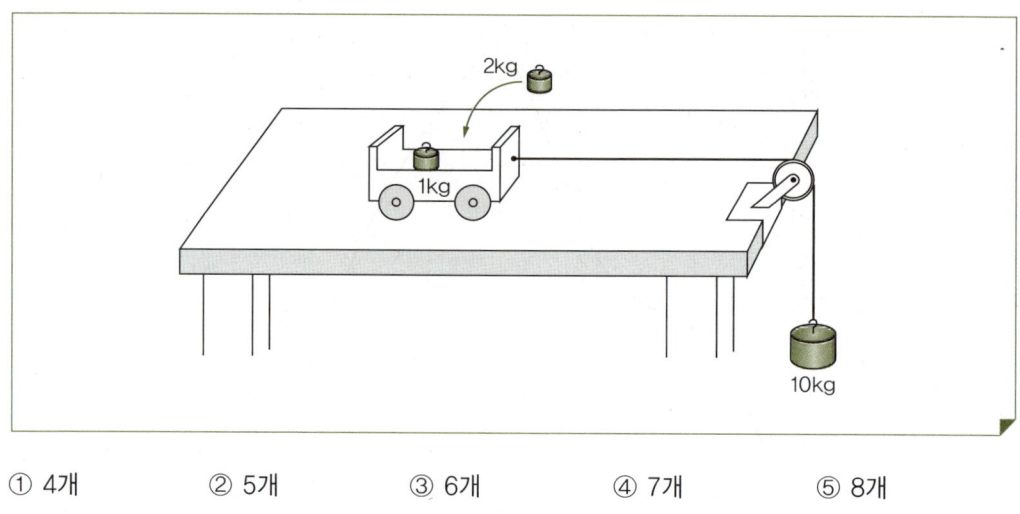

① 4개　　② 5개　　③ 6개　　④ 7개　　⑤ 8개

39. 다음 빈칸 A ~ D에 들어갈 숫자의 합은?

다음과 같이 2kg의 쌀 포대가 담긴 5kg의 카트가 1m/s²의 가속도로 수평방향으로 끌려가고 있다. 카트의 운동 방향과 가속도의 방향은 동일하며, 카트 위에서 쌀 포대는 미끄러지지 않고, 카트와 바닥면의 마찰은 무시한다.

이때 수평방향으로 작용하는 카트를 끄는 힘의 크기는 (A)N이고, 카트에 작용하는 알짜힘의 크기는 (B)N, 쌀 포대에 작용하는 알짜힘의 크기는 (C)N이다. 그리고 쌀 포대가 카트를 누르는 힘과 카트가 쌀 포대를 받치는 힘의 크기 차이는 (D)N이다.

① 10　　② 11　　③ 12
④ 13　　⑤ 14

40. 다음과 같이 도르래의 한쪽에서 힘을 가해 질량이 5kg인 물체를 일정한 속력 v로 끌어 올리고 있다. 이에 대한 옳은 분석을 〈보기〉에서 모두 고른 것은? (단, 줄의 질량과 도르래의 마찰은 무시하고 중력 가속도는 10m/s²으로 한다)

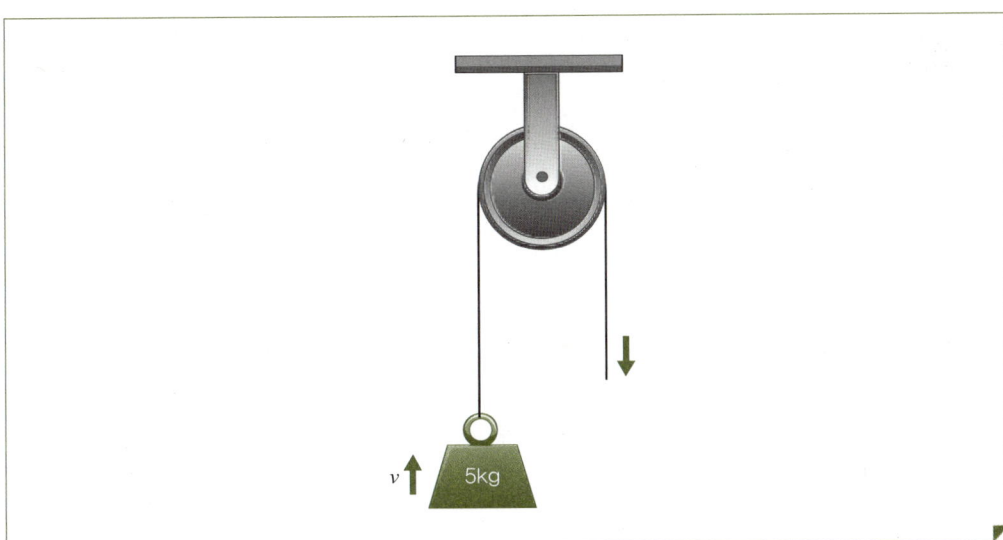

| 보기 |

가. 줄을 당기는 힘의 크기는 50N으로 일정할 것이다.
나. 물체에 작용하는 중력의 크기는 변할 것이다.
다. 물체에 작용하는 합력은 0일 것이다.

① 가　　　　　　② 나　　　　　　③ 가, 나
④ 가, 다　　　　　⑤ 가, 나, 다

생산직 **2회 기출유형문제**

문항수 | 120문항
시험시간 | 50분

▶ 정답과 해설 43쪽

영역 1 언어력   40문항/15분

01. 다음 밑줄 친 단어와 같은 의미로 쓰인 것은?

> 선왕의 뒤를 이어 즉위한 왕자가 권력을 <u>쥐었다</u>.

① 단서를 <u>쥐다</u>. ② 말고삐를 <u>쥐다</u>. ③ 큰돈을 <u>쥐다</u>.
④ 주먹을 <u>쥐다</u>. ⑤ 밥줄을 <u>쥐다</u>.

02. 글의 흐름상 빈칸에 들어갈 수 없는 단어는 무엇인가?

> 간헐적 단식이란 무엇을 의미할까? 일정 시간 동안 공복을 유지하면서 체중을 감량하는 방식으로, 아예 굶거나 식단을 (   )하는 것이 아니라 일정 시간이 지나면 원하는 음식을 먹을 수 있다는 (   )을/를 가진다. 그러나 간헐적 단식은 음식을 많이 섭취하지 않으므로 영양 불균형을 (   )할 수 있으며, 근육 운동을 (   )하지 않으면 지방과 함께 근육이 빠지기 때문에 지속해서 단식을 이어갈 시 건강을 해칠 수 있다.

① 금식 ② 제한 ③ 병행
④ 초래 ⑤ 특징

03. 다음 글에서 밑줄 친 부분과 바꿔 쓰기에 가장 적절한 것은?

> 글쓴이는 자신의 주장을 독자에게 전달하기 위해 글을 쓴다. 어떻게든 독자가 이해할 수 있도록 바꿔 말하고, 구체적인 예를 들고, 인용을 하고, 일반론을 내세우고, 자신과 반대되는 의견을 가져옴으로써 자신의 주장을 <u>펴 나가려는</u> 것이다. 그러므로 우리는 어떤 한 문장의 의미를 이해하지 못하더라도, 그 문장의 앞뒤 내용을 통해 의미를 이해함으로써 자연스럽게 글쓴이의 생각을 알 수 있다.

① 전통(傳統) ② 전개(展開) ③ 점진(漸進)
④ 전부(全部) ⑤ 개별(個別)

04. 제시된 단어의 유의어가 아닌 것은?

> 채우다

① 메우다 ② 충원하다 ③ 충족시키다
④ 끼우다 ⑤ 보완하다

05. 다음에서 설명하고 있는 단어는?

> 마음으로는 그렇지 않으나 일부러 그렇게

① 모르쇠 ② 지레 ③ 짐짓
④ 드레 ⑤ 헤살

06. 다음 밑줄 친 ㉠~㉤의 사전적 의미로 옳지 않은 것은?

> 　민원이란 시민이 행정기관을 통해 필요한 사항을 요청하는 것이다. 사법소송보다 신청요건이 간단하고 비용이 들지 않으면서도 불필요하거나 부당한 행정 처리에 대해 항의할 수 있다. 행정기관 역시 시민의 민원을 통해 잘못된 제도나 ㉠<u>관행(慣行)</u> 등을 확인하고 개선할 수 있다. 우리나라는 민원 접수를 위해 1994년 국민고충위원회를 설치한 바 있다. 국민고충처리위원회는 행정기관의 ㉡<u>위법(違法)</u>하거나 부당한 처분이나 잘못된 정책, 제도 등으로 인한 불편 사항을 받아 처리하는 기관으로 2008년에 폐지되었다. 이후 ㉢<u>소관(所管)</u> 업무는 국민고충처리위원회가 담당하고 있다.
> 　서울시에서는 2016년도부터 민원처리보상제를 시행하고 있다. 이에 따라 공무원의 ㉣<u>착오</u>나 과실(過失)로 시간적, 경제적 불이익을 받은 시민은 해당 공무원의 사과와 함께 교통비 차원의 보상금을 받을 수 있다. 보상금은 1만 원에서 최대 10만 원으로 책정되었다. 공무원의 단순 과실로 인한 ㉤<u>보상(補償)</u>은 사실관계 확인 후 문화상품권으로 즉시 지급하며, 보상기준이 명확하지 않을 때에는 서울시 민원보상심의위원회를 열어 보상을 결정하고 있다.

① ㉠ : 오래 전부터 관례가 되어 내려오는 일
② ㉡ : 법을 어김.
③ ㉢ : 주되고 중요함.
④ ㉣ : 착각을 하여 잘못함.
⑤ ㉤ : 남에게 끼친 손해를 갚음.

07. 다음 밑줄 친 단어와 바꿔 쓰기에 가장 알맞은 말은?

> 　심사 결과의 비공개는 많은 의혹을 <u>불러일으킬</u> 것이므로 이를 불식시키기 위해서라도 심사 결과를 공표해야 한다

① 상기(想起)할 　② 봉기(蜂起)할 　③ 야기(惹起)할
④ 분기(奮起)할 　⑤ 궐기(蹶起)할

08. 다음 단어 중 의미가 서로 비슷한 두 단어를 고른 것은?

ㄱ. 선별하다   ㄴ. 구별하다   ㄷ. 추궁하다
ㄹ. 갈음하다   ㅁ. 자중하다

① ㄱ, ㄴ
② ㄱ, ㄹ
③ ㄴ, ㄷ
④ ㄴ, ㄹ
⑤ ㄹ, ㅁ

09. 다음 글의 내용과 가장 관련 있는 한자성어는?

A 시는 산림자원을 보존하기 위해 숲 가꾸기 사업 및 산물 수집단을 적극적으로 운영한 결과 2만 명이 넘는 일자리를 창출하였다. 결과적으로 일자리 창출과 함께 산림자원도 증대시키는 만족스러운 결과를 얻었다고 평가받고 있다.

① 지록위마(指鹿爲馬)
② 일거양득(一擧兩得)
③ 유비무환(有備無患)
④ 건곤일척(乾坤一擲)
⑤ 동량지재(棟梁之材)

10. 다음 제시된 한자성어와 의미가 비슷한 속담은?

走馬看山(주마간산)

① 아닌 밤중에 홍두깨
② 수박 겉핥기
③ 귀신이 곡할 노릇이다.
④ 소 잃고 외양간 고친다.
⑤ 달리는 말에 채찍질

11. 다음 중 어법에 맞고 정확한 문장을 사용한 직원은?

① 이 사원 : 그 업체와 계약을 실시하기는 여간 어렵다.
② 김 과장 : 현재의 환경 정책은 앞으로 손질이 불가피할 전망입니다.
③ 엄 차장 : 김 과장은 관련 부서 담당자와 협력업체 실무자를 방문했다.
④ 하 사원 : 홍보팀은 이번 국제 박람회에서 신제품의 기능과 판매를 할 예정이다.
⑤ 현 부장 : 안정적인 사업 운용이 가능했던 까닭은 시장의 변화를 정확하게 예측했기 때문이다.

12. 올해 ○○기업에 입사한 P가 신입사원을 대상으로 한 '올바른 메신저 쓰기' 교육을 듣고 있다. 다음 문장의 밑줄 친 단어를 맞춤법에 맞게 수정한다고 할 때, 적절하지 않은 것은?

① 박 과장님, 계약이 잘 성사<u>되야</u> 할 텐데요. → '돼야'로 수정한다.
② 오 팀장님, 방금 들었는데 김 사원이 지난주에 결혼을 <u>했대요</u>. → '했데요'로 수정한다.
③ 이 대리님, 휴가 잘 다녀오시길 <u>바래요</u>. → '바라요'로 수정한다.
④ 최 대리님, 새로운 팀장님이 오신다는 소문이 <u>금새</u> 퍼졌나봐요. → '금세'로 수정한다.
⑤ 한 팀장님, 제가 <u>몇시</u>까지 찾아뵈면 될까요? → '몇 시'로 수정한다.

13. 다음 ㉠ ~ ㉣ 중 맞춤법이 바르지 않은 것은 몇 개인가?

> 지난주 여러 언론에서 보도한 바에 따르면, 업종 내 시장점유율이 가장 높은 기업에 소속된 택배 기사의 연평균 소득은 7,000만 원에 육박한다. 각종 비용을 공제한 실소득도 5,000만 원이 넘는다. 인터넷 보도 기사에 달린 댓글을 보면 '금액이 ㉠<u>얼마든지</u> 택배 기사님들이 고생한 것에 대한 정당한 ㉡<u>대가</u>'라는 의견이 많다. 일견 우호적인 것으로 보인다. 과연 택배 기사들은 노고에 ㉢<u>걸맞는</u> 소득을 올리고 있는 것일까? 택배연대노조는 조사 자료가 잘못됐다는 입장이다. 노조에 따르면 월평균 소득은 329만 원으로 사측의 발표보다 월 100여만 원이 적다고 한다. 어느 것이 현실에 더 부합하는지는 따지기 어렵다. 다만 노사 간 조사 결과에서 나타난 월소득 격차보다 중요한 것은 사측의 조사가 사실이라고 해도 택배 기사가 하는 노동에 비하면 ㉣<u>내로라하는</u> 금액이 아니라는 점이다.

① 0개   ② 1개   ③ 2개
④ 3개   ⑤ 4개

14. 다음 글에서 밑줄 친 단어의 한자 표기로 알맞은 것은?

> 끊임없이 파이를 키워야만 쳇바퀴의 회전력을 유지할 수 있는 자본주의의 숙명은 속칭 혁신이라는 이름의 '신상'을 재생산해야 한다. 그 특유의 왕성한 생산력 때문에 종종 자신들이 심혈을 기울여 만들었던 기존 제품에 대한 철저한 부정을 감내해야만 한다. 이전에 생산된 제품은 이러한 점이 문제가 있었기 때문에 이러이러한 점이 개선되었다는 정도로는 안 된다. 완전히 새로운 개념의 제품을 내놓았다며 혁명 수준의 혁신을 강조해야 한다. 물질문명의 발달이라는 측면에선 당연히 지향점이 분명한 발전적 방향이다. 지극히 생산적이며 건설적이기까지 하다. 그러나 가만히 생각해 보면 지독해 보이기까지 한 자기부정의 메커니즘이 그 자리의 중심을 차지하고 있다.

① 不正
② 不定
③ 不貞
④ 否定
⑤ 不淨

15. 다음 〈조건〉이 모두 성립할 때, 반드시 참인 명제를 고르면?

| 조건 |
- 나무를 좋아하는 사람은 새를 좋아한다.
- 하늘을 좋아하는 사람은 꽃을 좋아하며 숲을 좋아한다.
- 숲을 좋아하는 사람은 나무를 좋아한다.

① 숲을 좋아하는 사람은 꽃을 좋아한다.
② 꽃을 좋아하는 사람은 자연을 좋아한다.
③ 새를 좋아하는 사람은 하늘을 좋아한다.
④ 하늘을 좋아하는 사람은 새를 좋아한다.
⑤ 나무를 좋아하지 않는 사람은 새를 좋아하지 않는다.

16. 다음 〈정보〉는 모임의 현재 상황에 관한 설명이다. 이를 토대로 알 수 없는 것은?

―| 정보 |―
- 오늘 모임은 19시에 시작할 예정이며, 총 3시간이 소요된다.
- 모임은 모든 모임원이 도착해야 시작된다.
- 모임시간에 늦으면 벌금을 내야 한다.
- 민아는 현재 약속장소에 도착해 있으며 벌금을 낸다.
- 천호는 민아보다 늦게 도착한다.

① 모임에 참가하는 사람은 최소 2명이다.
② 민아는 19시까지 약속장소에 도착하지 못했다.
③ 천호는 벌금을 내야 한다.
④ 천호가 도착하면 모임이 시작된다.
⑤ 모임은 22시가 넘어서야 끝난다.

17. 다음 〈정보〉에 근거하여 추론한 내용으로 옳지 않은 것은?

―| 정보 |―
- a, b, c, d, e 다섯 명이 아파트에 입주를 시작한다.
- e는 세 번째 입주자이며, b가 바로 그다음으로 입주한다.
- c는 b보다 먼저 입주한다.
- a와 d 사이에는 두 명의 입주자가 있다.
- d와 e는 연달아 입주하지 않는다.

① a는 e보다 먼저 입주한다.
② b는 d보다 먼저 입주한다.
③ d는 마지막 입주자이다.
④ a는 첫 번째 입주자이다.
⑤ c의 뒤에는 세 명 이상의 입주자가 있다.

18. 다음 결론이 성립하기 위하여 빈칸에 들어갈 전제로 적절한 것은?

[전제] 하얀 옷을 입는 사람은 모두 깔끔하다.
깔끔한 사람들은 모두 안경을 쓴다.
(   )
[결론] 따라서 수인이는 하얀 옷을 입지 않는다.

① 하얀 옷을 입지 않는 사람은 수인이가 아니다.
② 수인이는 안경을 쓰지 않는다.
③ 안경을 쓰는 사람들은 모두 하얀 옷을 입는다.
④ 깔끔하지 않은 사람들은 모두 안경을 쓰지 않는다.
⑤ 수인이는 안경을 쓰지만 깔끔하지 않다.

19. 두영, 석훈, 용현, 칠선, 광수, 정신의 여섯 사람은 점심 먹기, 영화 보기, 커피 마시기, 축구하기 중 각자 두 가지씩의 활동을 했다. 다음 진술이 모두 참일 때, 다음 중 축구를 하지 않은 사람은? (단, 한 가지 활동에 둘 이상의 사람이 함께할 수 있다)

- 두영 : 광수와 점심을 먹은 후에 칠선이와 축구를 했어.
- 석훈 : 용현이와 영화를 본 후에 정신이와 커피를 마셨어.
- 용현 : 석훈이를 만나서 커피를 마셨어.
- 칠선 : 두영이와 점심을 먹고 축구도 함께 했어.
- 광수 : 함께 점심을 먹은 친구들에 한 명을 더해 축구를 했어.

① 두영 ② 용현 ③ 칠선
④ 광수 ⑤ 정신

20. ○○사는 직원 간 친목도모와 팀워크 향상을 위해 청팀과 백팀으로 나누어 체육행사를 실시하였다. 이어달리기, 줄다리기, 피구, 박 터뜨리기, 단체줄넘기의 다섯 종목을 진행하였고 두 팀이 비긴 종목은 없었다. (가)~(마)의 내용에 대한 진위 여부는 정확하지 않다고 할 때, 다음 〈보기〉의 추론 중 항상 참인 것은?

(가) 이어달리기와 피구에서 청팀이 이겼다.
(나) 박 터뜨리기와 줄다리기에서 백팀이 이겼다.
(다) 줄다리기에서 백팀이 졌다.
(라) 청팀은 적어도 세 종목에서 이겼다.
(마) 백팀은 두 종목에서만 이겼다.

| 보기 |

A : (나)가 참이면 (마)는 참이다.
B : (라)가 참이면 (마)는 참이다.
C : (가)와 (다)가 참이면 (라)는 참이다.
D : (나)와 (마)가 참이면 (가)는 참이다.

① A
② B
③ A, B
④ B, D
⑤ C, D

21. 다음 글의 중심내용으로 적절한 것은?

> 화이트(H. White)는 19세기의 역사 관련 저작들에서 역사가 어떤 방식으로 서술되어 있는지를 연구했다. 그는 특히 이야기식 서술에 주목했는데 이것은 역사적 사건의 경과 과정이 의미를 지닐 수 있도록 서술하는 양식이다. 그는 역사적 서술의 타당성이 문학적 장르 내지는 예술적인 문체에 의해 결정된다고 보았다. 이러한 주장에 따르면 역사적 서술의 타당성은 결코 논증에 의해 결정되지 않는다. 왜냐하면 논증은 지나간 사태에 대한 모사로서의 역사적 진술의 옳고 그름을 사태 자체에 놓여 있는 기준에 의거해서 따지기 때문이다.
>
> 이야기식 서술을 통해 사건들은 서로 관련되면서 무정형적 역사의 흐름으로부터 벗어난다. 이를 통해 역사의 흐름은 발단·중간·결말로 인위적으로 구분되어 인식 가능한 전개 과정의 형태로 제시된다. 문학 이론적으로 이야기하자면 사건 경과에 부여되는 질서는 구성(plot)이며, 이야기식 서술을 만드는 방식은 구성화(employment)이다. 이러한 방식을 통해 사건은 원래 가지고 있지 않던 발단·중간·결말이라는 성격을 부여받는다. 또 사건들은 일종의 전형에 따라 정돈되는데 이러한 전형은 역사가의 문화적인 환경에 의해 미리 규정되어 있거나 경우에 따라서는 로맨스·희극·비극·풍자극과 같은 문학적 양식에 기초하고 있다.
>
> 따라서 이야기식 서술은 역사적 사건의 경과 과정에 특정한 문학적 형식을 부여할 뿐만 아니라 의미도 함께 부여한다. 우리는 이야기식 서술을 통해서야 비로소 이러한 역사적 사건의 경과 과정을 인식할 수 있게 된다는 말이다. 사건들 사이에서 만들어지는 관계는 사건들 자체에 내재하는 것이 아니다. 그것은 사건에 대해 사고하는 역사가의 머릿속에만 존재한다.

① 역사가는 역사적 사건을 객관적으로 서술하여야 한다.
② 역사적 서술의 타당성은 논증에 의해 결정된다.
③ 역사가가 속한 문화적인 환경은 역사와 문학의 기술 내용을 결정짓는다.
④ 이야기식 역사 서술은 문학적 서술 방식을 통하여 역사적 사건의 경과 과정에 의미를 부여한다.
⑤ 이야기식 역사 서술이란 사건들 사이에 내재하는 인과적 연관을 찾아내는 작업이다.

[22 ~ 23] 다음 글을 읽고 이어지는 질문에 답하시오.

편의점은 도시 문화의 산물이다. 도시인, 특히 젊은이들의 인간관계 감각과 잘 맞아떨어진다. 구멍가게의 경우 단순히 물건을 사고파는 장소가 아니라 주민들이 교류하는 사랑방이요, 이런저런 소식이나 소문들이 모여들고 퍼져나가는 허브 역할을 한다. 주인이 늘 지키고 앉아 있다가 들어오는 손님들을 예외 없이 '맞이'한다. (A) 무엇을 살 것인지 확실하게 정하고 들어가야 한다. (B) 편의점의 경우 점원은 출입할 때 간단한 인사만 건넬 뿐 손님이 말을 걸기 전에는 입을 열지도 않을뿐더러 시선도 건네지 않는다. 그 '무관심'의 배려가 손님의 기분을 홀가분하게 만들어 준다. (C) 특별히 살 물건이 없어도 부담 없이 들어가 둘러볼 수 있고, 더운 여름날 에어컨 바람을 쐬며 잡지들을 한없이 들춰보아도 별로 눈치 보이지 않는다. 그런 점에서 편의점은 인간관계의 번거로움을 꺼려하는 도시인들에게 잘 어울리는 상업 공간이다. 대형 할인점이 백화점보다 매력적인 것 중에 한 가지도 점원이 '귀찮게' 굴지 않는다는 점이 아닐까.

 (D) 주인과 고객 사이에 인간관계가 형성되지 않는 편의점은 역설적으로 고객에 대한 정보를 매우 상세하게 입수한다. 소비자들은 잘 모르지만, 일부 편의점에서 점원들은 물건 값을 계산할 때마다 구매자의 성별과 연령대를 계산기에 붙어 있는 버튼으로 입력한다. 그 정보는 곧바로 본사에 송출된다. 또 한 가지로 편의점 천장에 붙어 있는 CCTV가 있는데, 그 용도는 도난 방지만이 아니다. 연령대와 성별에 따라서 어느 제품 코너에 오래 머물러 있는지를 모니터링하려는 목적도 있다. 녹화된 화면은 주기적으로 본사로 보내져 분석된다. 어떤 편의점에서는 삼각김밥 진열대에 초소형 카메라를 설치해 손님들의 구매 형태를 기록한다. 먼저 살 물건의 종류를 정한 뒤에 선택하는지, 이것저것 보며 살펴 가면서 고르는지, 유통 기한까지 확인하는지, 한 번에 평균 몇 개를 구입하는지 등을 통계 처리하는 것이다. 이와 같이 정교하게 파악된 자료는 본사의 영업 전략에 활용된다. 편의점이 급성장해 온 이면에는 이렇듯 치밀한 정보 시스템이 가동되고 있다.

22. 다음 접속 표현에 관한 글을 고려할 때, (A) ~ (D)에 들어갈 접속어로 가장 적절한 것은?

> 응집성을 갖춘 담화를 구성하는 데에는 지시 표현이나 대응 표현 이외에 접속 표현이 특히 중요한 기능을 한다. 예를 들어, '드라마가 정말 재미있다'는 발화와 '시청률이 매우 낮다'는 발화는 서로 관련이 없어 보이지만 '그러나'와 같은 접속 표현으로 묶일 수 있다.

	(A)	(B)	(C)	(D)
①	따라서	그러나	그래서	그런데
②	따라서	그런데	그리고	또한
③	그러므로	하지만	그러므로	또한
④	예를 들어	따라서	그래서	하지만
⑤	예를 들어	그래서	따라서	그런데

23. 제시된 글을 참고하여 판단할 수 있는 내용으로 적절하지 않은 것은?

① 도시인들은 복잡한 인간관계를 좋아하지 않는다.
② 편의점 천장에 있는 CCTV는 그 용도가 다양하다.
③ 편의점 본사는 일부 지점에서 받은 정보를 활용하여 영업 전략을 수립한다.
④ 구멍가게는 편의점과 마찬가지로 손님들에게 '무관심'의 배려를 제공하는 공간이다.
⑤ 편의점에는 소비자의 정보를 입수하기 위한 장치들이 치밀하게 설치되어 있다.

24. 다음 글을 읽고 이해한 내용으로 적절하지 않은 것은?

> 건축물에서의 피난 관련 사항은 건축허가 요건을 이루는 중요한 규정이다. 일반적으로 피난은 건축물의 화재상황을 염두에 두고 검토되기 때문에 건축법에서는 대피 관련 규정의 상당부분을 화재상황으로 상정하고 있고, 방화규정과 피난규정을 엄격히 구분하고 있지 않다.
> 건축물에서의 피난요건을 규정하는 방식은 크게 두 가지로 사양방식과 성능방식이 있다. 사양방식이란 건축 상황을 일반화시켜 놓고 피난시설의 개수, 치수, 면적, 위치 등을 구체적으로 규정하는 방식을 말한다. 반면 성능방식이란 건축물의 특수한 상황에서 법으로 규정된 사양을 맞출 수는 없으나 시뮬레이션을 통해 사람들이 안전하게 대피할 수 있음을 입증하는 방식이다. 우리나라의 건축법은 전적으로 사양방식을 채택하고 있으나 해외에서는 사양방식을 기본으로 하되 필요에 따라 일부 층이나 특정 공간에서 성능방식을 채택할 수 있도록 규정하고 있다.

① 우리나라는 건축 상황을 일반화시킨 뒤 피난시설의 개수, 치수, 면적, 위치 등을 구체적으로 규정하는 방식을 채택하고 있다.
② 해외에서는 건물 규모에 따라 성능방식과 사양방식을 달리 적용하고 있다.
③ 해외에서는 일부 층이나 특정 공간에서 필요에 따라 건축적 특수상황에서 시뮬레이션을 통해 사람들이 안전하게 대피할 수 있음을 입증하는 방법을 채택하기도 한다.
④ 피난규정과 방화규정은 엄격히 구분되지 않고 있는데, 이는 피난이 건축물의 화재상황을 염두에 두고 검토되기 때문이다.
⑤ 건축허가를 받기 위해서는 피난 관련 사항을 준수해야 한다.

[25 ~ 26] ○○기업에서는 다음 글의 주제로 신입사원 교육을 진행하려고 한다. 이어지는 질문에 답하시오.

인공지능이 과연 인간을 압도할 위협이 될 것인가는 많은 논쟁이 있는 문제이다. 빌 게이츠나 일론 머스크와 같은 이들은 그 위험을 분명히 인식해야 하며, 인공지능의 발전에 대해 명확한 제한을 가해야 한다는 입장이다. 하지만 유명도나 경륜에 있어 그들 못지않은 많은 이들은 이러한 걱정은 기우일 뿐이라는 주장을 펴기도 한다.

㉠오늘날 우리가 정신노동이라고 부르는 일련의 작업이 총체적인 인간 이성의 복합적이고 미묘한 작업이라기보다는 사실상 컴퓨터 프로그램과 다름없이 일련의 알고리즘으로 이루어진 기계적 과정이 되어가고 있음을 보여 주는 일이기 때문이다. ㉡이는 분명히 컴퓨터 과학의 진보를 보여 주는 사건이기도 하지만, 동시에 인간 정신노동의 쇠퇴를 보여 주는 일이기도 하다. ㉢얼마 전 AP통신의 기사가 큰 화제가 되었는데, 그 이유는 기사의 내용이 아니라 그 기사의 작성 과정 때문이었다. ㉣그 기사는 작성 프로그램이 애플사의 보고서와 이와 관련된 수백 개의 리포트와 문서들을 참조해 단 30분 만에 내놓은 분석기사였다.

(가)

각종 소프트웨어의 비약적인 발전으로 매일매일 감가를 겪고 존재가치마저 위협당하는 정신노동의 직종은 그 외에도 무수히 많다. 이른바 제3차 산업혁명의 진전과 그 귀결인 전면적인 자동화(이 또한 오늘날 대단히 고색창연한 용어가 되었다)로 인해 노동이 위협을 받게 된다는 경고는 오래전부터 있었다.

그런데 이러한 위협은 비교적 단순하다고 말할 수 있는 노동에만 적용되는 일이 아니다. 지금처럼 정신노동이 정형화되고 기계화되는 쇠퇴 과정이 계속된다면, 기자건 교수건 변호사이건 인간 활동의 모든 영역에서 벌어질 수 있는 일이다.

말할 것도 없이 이러한 변화는 우리에게 지금 존재하는 노동시장, 보상체계, 교육시스템 전반을 근본적인 차원에서 다시 생각하고 다시 설계할 것을 촉구한다. 이러한 기술 변화의 흐름을 되돌릴 것이 아니라면, 인간도 사회도 이러한 흐름에 적응해 나가면서 기계와 데이터의 흐름이 아니라 이성과 감성과 육신을 가진 인간만이 할 수 있고 또 해야 할 역할이 무엇인지를 새롭게 찾아나가야만 한다.

25. 제시된 글의 밑줄 친 ㉠~㉣을 문맥에 따라 바르게 나열한 것은?

① ㉠-㉡-㉢-㉣
② ㉠-㉢-㉡-㉣
③ ㉢-㉡-㉣-㉠
④ ㉢-㉣-㉡-㉠
⑤ ㉣-㉢-㉡-㉠

26. 제시된 글의 문맥상 (가)에 들어갈 수 있는 내용으로 적절하지 않은 것은?

① 오늘날의 신문과 여러 미디어에서 정형화되어 있지 않은 기사가 얼마나 되느냐고 물을 수 있다.
② 인공지능이 인간을 압도할 위협이 될 것인가는 많은 논쟁이 있는 문제지만 이러한 걱정은 기우에 불과하다는 내용이 나올 수 있다.
③ 회사 실적 보고서에 대한 기사는 원래 정형화되어 있는 자료들을 놓고 정형화되어 있는 정보들을 뽑아내는 뻔하게 정해진 기사라서 그런 것이 아니냐는 반문이 나올 수 있다.
④ 저널리즘만이 아니라 가장 고단위의 정신노동 산물이라고 할 수 있는 학술지 논문의 생산 과정과 생산물의 내용은 놀랄 정도로 정형화되어 있고 이러한 경향은 계속될 것으로 보인다는 예측이 나올 수 있다.
⑤ 이미 핵심 어구와 핵심 논지의 방향을 입력하면 알아서 논문의 초안을 생산하는 프로그램이 존재하고, 심지어 그렇게 투고된 논문을 심사하는 프로그램까지 존재한다는 소문도 돌고 있다.

27. 다음 글의 주제로 가장 적절한 것은?

> 지금까지의 산업 사회에서 문화와 경제는 각각 독자적 영역을 유지해 왔다. 그러나 지식정보사회에서는 경제 성장에 따라 소득 수준이 향상되고 교육 기회가 확대되면서 물질적 풍요를 뛰어넘는 삶의 질을 고민하게 되었고, 모든 재화와 서비스를 선택할 때 기능성을 능가하는 문화적·미적 가치를 고려하게 되었다. 뿐만 아니라 정보 통신이 급격하게 발달함에 따라 세계 각국의 다양한 문화를 보다 빠르게 수용하면서 문화적 욕구와 소비를 가속화시켰고, 그 상황 속에서 문화와 경제는 서로 도움이 되는 보완적 기능을 하게 되었다.
> 이제 문화는 배부른 사람이나 유한계급의 전유물이 아니라 생활 그 자체가 되었다. 고급문화와 대중문화의 경계가 무너지고 장르 간 구분이 모호해지면서 서로 다른 문화가 뒤섞여 새로운 문화가 생겨나고 있다. 이렇게 해서 나타나는 퓨전 문화가 대중적 관심을 끌고 있는 가운데, 이율배반적인 것처럼 보였던 문화와 경제의 공생 시대가 열린 것이다. 특히 경제적 측면에서 문화는 고전 경제학에서 말하는 생산의 3대 요소인 토지·노동·자본을 대체하는 생산요소가 되었을 뿐만 아니라 경제적 자본 이상의 주요한 자본이 되고 있다.

① 문화와 경제가 상생하는 지식정보사회
② 21세기 지식정보사회의 경쟁 원천
③ 퓨전 문화의 등장 배경
④ 산업 사회와 지식정보사회의 특징
⑤ 경제 성장과 퓨전 문화의 탄생

[28 ~ 29] 다음 글을 읽고 이어지는 질문에 답하시오.

(가) 인간에게서 육체적인 부분이나 육체를 이용한 행동들을 다 배제하고 나면 인간이라는 존재는 도대체 무엇일까? 프랑스의 철학자 데카르트는 "생각이야말로 나에게 속하는 것임을 발견한다."라고 결론 내린다. 이것만은 자신에게서 떼어 낼 수 없다. 감각이나 자연적 요소, 즉 육체적 요소는 떼어 낼 수 있지만 생각과 같은 정신적인 요소는 떼어 낼 수 없다. 이 생각만은 '존재한다'고 할 수 있고, '확실하다'고 할 수 있다. 인간이라는 존재는 오직 '하나의 생각', '하나의 정신', '하나의 이성'일 뿐임을 데카르트는 명확하게 규정한다. 인간의 정신과 이성만이 인간의 고유한 특성일 수 있다는 이야기다. 그가 말한 유명한 "(   )"가 그의 주장이 가장 잘 드러나 있는 예이다.

(나) 인간을 정신과 육체로 분리하는 사고는 더 나아가 인간과 자연을 분리하는 사고로 연결된다. 육체의 세계, 자연의 세계는 일종의 기계적 세계로, 이는 인간의 정신으로 하는 수학적 탐구에 종속된다. 정신을 특징으로 하는 인간은 주체가 되는데 비해 자연은 객체, 관찰과 이용의 대상이 되어 버린다. 정신과 육체, 인간과 자연을 분리한다는 의미에서 이러한 사고방식을 기계적 이원론이라고 부르기도 한다.

28. (가) 문단의 빈칸에 들어갈 내용으로 적절한 것은?

① 의식은 반드시 경험을 전제하지만, 경험은 의식을 전제로 하지 않는다.
② 아는 것이 힘이다.
③ 나는 내가 모른다는 사실을 안다.
④ 나는 생각한다. 고로 존재한다.
⑤ 이 세상에서 영원히 변하지 않는 것은 변한다는 사실뿐이다.

29. (나) 문단을 환경보호단체에서 비판한다고 했을 때, 적절한 문구는?

① 자연은 사람을 기다려 주지 않습니다. 더 손쓸 수 없게 되기 전에 자연을 보호합시다.
② 자연은 잠시 후손에게 빌려 쓰는 것일 뿐, 우리만의 소유물이 아닙니다.
③ 환경을 아끼는 마음이 자연보호 문제를 해결하는 데 무엇보다 중요합니다.
④ 선진화된 기술로 환경문제를 해결할 수 있습니다. 위대한 인간의 지성을 믿읍시다.
⑤ 자연과 인간은 따로 살 수 없습니다. 자연은 인간이 이용해야 할 대상이 아닙니다.

30. 다음 보도 자료를 읽고 보인 반응으로 적절한 것은?

> ▫ P 시는 반려견의 유실·유기 예방에 효과적인 내장형 동물등록을 1만 원에 지원한다. 지원사업에 참여하는 P 시 내 600여 개 동물병원에 반려견과 함께 방문하여 1만 원을 지불하면 마이크로칩을 통한 내장형 동물등록을 할 수 있다. P 시 시민이 기르는 모든 반려견이 지원대상이며, 한 해 3만 2천 마리에 대해 선착순으로 지원한다.
> ▫ 내장형 동물등록 지원사업은 내장형 동물등록제 활성화를 위하여 P 시와 손해보험 사회공헌협의회, P 시 수의사회가 함께 추진하는 사업이다. P 시 소재 800여 개 동물병원 중 600여 개가 P 시 내장형 동물등록 지원사업에 참여하고 있으며, 사업참여 동물병원은 'P 시 수의사회 내장형 동물등록 지원 콜센터(070-8633-○○○○)'로 문의하면 안내받을 수 있다.
> ▫ 「동물보호법」에 따라 주택·준주택에서 기르거나, 반려 목적으로 기르는 월령 2개월 이상의 개는 등록대상동물로 동물등록 의무대상이다. 「동물보호법」 제47조에 따라 등록대상동물의 동물등록을 하지 않을 경우 60만 원 이하의 과태료가 부과된다.
> ▫ '내장형 동물등록'은 쌀알 크기의 무선식별장치(마이크로칩)를 동물의 어깨뼈 사이 피하에 삽입하는 방식으로, 칩이 체내에 있어 체외에 무선식별장치를 장착하는 외장형 등록방식에 비해 훼손, 분실, 파기 위험이 적기 때문에 반려견이 주인을 잃어버린 경우 칩을 통해 쉽게 소유자 확인이 가능하여 빠르게 주인을 찾는 데 효과적이다.
> ▫ 또한 2월 12일부터 동물판매업소(펫숍)에서 반려견 구매(입양) 시 판매업소가 구매자 명의로 동물등록 신청을 한 후 판매(분양)하도록 의무화되었다. 이 경우에도 P 시 내장형 동물등록 지원사업에 따라 1만 원으로 내장형 동물등록이 가능하므로 동물판매업소에서 반려견을 구매(입양)하고자 하는 시민은 내장형 방식으로 동물등록 할 것을 권장한다.

① 내장형 동물등록이 외장형보다 유기견을 찾는 데 더 효과적이겠군.
② 내장형 동물등록이 의무이니 외장 인식표는 이제 사용할 수 없겠군.
③ P 시에 있는 동물병원이라면 어디든 가까운 곳으로 가면 되겠군.
④ 펫숍에서 반려견을 구매(입양)할 경우 구매(입양)자의 내장 인식표 등록이 의무화되었군.
⑤ Q 시에서 반려견을 키우며 살고 계신 부모님께도 알려 드려 등록할 수 있게 해야겠어.

31. 다음 중 밑줄 친 (A)의 특징으로 적절하지 않은 것은?

> 미국 노동부와 노동통계국은 (A) 그린 잡을 두 가지 개념으로 본다. 하나는 환경이나 천연자원에 이득이 되는 제품과 서비스를 만드는 직업이고, 또 다른 하나는 자원을 덜 쓰고 생산과정이 친환경적인 직업이다. 미국만 따지면 직접적인 자연 복구산업 105억 달러를 포함해 총 340억 달러 수준의 시장이 형성돼 있다. 특히 그린 잡과 관련한 산업은 채용 시장에도 활기를 불어넣는다. 그린 잡 직종에 100만 달러가 투자될 때마다 104 ~ 397개 일자리가 생긴다고 노동통계국은 설명한다. 석유와 가스 산업이 동일 투자 대비 5.3개 직업을 만드는 데에 비하면 훨씬 많다. 특히 민간부분이 상당한 일자리를 만드는 것으로 분석됐다. 그린 잡은 특정 구역을 대상으로 고용과 산업이 형성돼 이득을 창출하기 때문에 지역밀착형으로 집중되어 만들어지므로 각 지역의 노동력과 자원을 소비하는 경향이 있다. 또한 계절과 주기에 따라 인력을 유동적으로 요구하여 상대적으로 계약직이 많은 편이지만 평균 임금보다는 많은 보상을 받는 편이다.

① 환경이나 천연자원에 이득이 되는 제품과 서비스를 창출한다.
② 고용 상태가 비교적 안정적이다.
③ 지역 경제 활성화에 기여할 가능성을 갖는다.
④ 석유와 가스 산업에 비해 효율적인 고용 창출효과를 갖는다.
⑤ 특히 민간부분에서 많은 일자리를 창출한다.

32. 다음 (가) ~ (마)를 논리적 순서에 맞게 나열한 것은?

> (가) 자신의 이름을 따 상트페테르부르크로 도시명을 정한 그는 1712년 이곳으로 수도를 옮길 정도로 애착과 기대가 컸다.
> (나) 그는 발트해 연안의 이곳을 '유럽으로 향한 항'으로 삼기로 하고 새로운 도시건설에 착수하였다.
> (다) 지금도 학술, 문화, 예술 분야를 선도하며 그러한 위상에는 변함이 없다.
> (라) 제정 러시아의 표트르 1세는 스웨덴이 강점하고 있던 네바강 하구의 습지대를 탈환하였다.
> (마) 이렇게 시작된 이 도시는 이후 발전에 발전을 거듭하여 러시아 제2의 대도시가 되었다.

① (다)-(가)-(라)-(나)-(마)　　② (다)-(나)-(가)-(라)-(마)
③ (라)-(나)-(가)-(마)-(다)　　④ (라)-(나)-(다)-(가)-(마)
⑤ (라)-(나)-(다)-(마)-(가)

33. 다음 글의 주제로 적절한 것은?

> 기초과학연구원(IBS) 시냅스 뇌 질환 연구단은 자폐증 환자에게 발견되는 CHD8 유전자에 돌연변이를 일으킨 암컷과 수컷 생쥐를 대상으로 연구를 진행하였다. 유전자 돌연변이를 일으킨 암컷과 수컷 생쥐를 관찰한 결과 그 행동 변화가 다르게 나타났다. 뇌 속 신경세포인 뉴런의 활성화 정도를 측정하였더니 CHD8 유전자 돌연변이를 일으킨 수컷 생쥐에서는 흥분성 뉴런의 활성화가 증가하였다. 연구단은 뇌 속 뉴런에 주목하였다. 뇌 속 신경세포의 활동은 크게 흥분과 억제로 나뉘는데, CHD8 돌연변이를 일으킨 수컷 생쥐에게선 흥분성 뉴런과 억제성 뉴런 사이에서 균형을 유지하는 시스템이 무너진 것을 확인했다. 반대로 CHD8 돌연변이 암컷 생쥐에게선 흥분성 뉴런과 억제성 뉴런 사이의 균형이 유지됐다. 연구단은 암컷 생쥐의 뇌에서 CHD8 돌연변이에 대응하기 위해 특이적 유전자 발현이 증가한 것으로 분석했다. 돌연변이를 일으킨 수컷 생쥐보다 암컷 생쥐의 뇌에서 더 많은 유전자 변화가 나타난 것이다.

① 신경세포 활동에 따라 변하는 행동 패턴
② 뉴런의 숨겨진 균형시스템, 아동발달의 핵심 열쇠
③ 질병 스위치, 유전자에 따른 활성 여부
④ 뇌 속 신경세포 불균형으로 인한 자폐증의 남녀 성차
⑤ 흥분성 뉴런과 억제성 뉴런 사이의 관계

34. 다음 글의 빈칸에 들어갈 문장으로 가장 적절한 것은?

> 읽는 문화의 실종, 그것이 바로 현대사회의 특징이다. 신문의 판매 부수는 날로 감소해가는 반면 텔레비전의 시청률은 점점 높아지고 있다. 출판 시장 역시 마찬가지이다. 깨알 같은 글로 구성된 책보다 그림과 여백이 압도적으로 많이 들어간 만화 형태의 책들이 증가하고 있다. 보는 문화가 읽는 문화를 대체하고 있는 것이다. 읽는 일에는 피로가 동반하지만 보는 놀이에는 휴식이 따라온다는 인식으로 인해, 일을 저버리고 놀이만 좇는 문화가 범람하고 있다. 그러나 보는 놀이만으로는 주체적이고 능동적인 생각이 촉진되지 않는다. 읽는 일이 장려되지 않는 한 (   ) 책의 문화는 읽는 일과 직결되며, 생각하는 사회를 만드는 지름길이다.

① 놀이에 대한 현대인들의 열망은 더욱 커질 것이다.
② 우리 사회는 생각 없는 사회로 치달을 수밖에 없다.
③ '읽는 문화'와 '보는 문화'는 상생할 수 없다.
④ 현대인이 이룩한 문화 사회는 무너지고 말 것이다.
⑤ 현대사회는 특징 없는 문화만을 향유하게 될 것이다.

35. 다음 글을 읽고 추론한 내용으로 옳은 것은?

> 아파트를 분양받을 경우 전용면적, 공용면적, 공급면적, 계약면적, 서비스면적이라는 용어를 자주 접하게 된다. 전용면적은 아파트의 방이나 거실, 주방, 화장실 등을 모두 포함한 면적으로, 개별 세대 현관문 안쪽의 전용 생활공간을 말한다. 다만, 발코니 면적은 전용면적에서 제외된다. 공용면적은 주거공용면적과 기타공용면적으로 나뉜다. 주거공용면적은 세대가 거주를 위하여 공유하는 면적으로 세대가 속한 건물의 공용계단, 공용복도 등의 면적을 더한 것을 말한다. 기타공용면적은 주거공용면적을 제외한 지하층, 관리사무소, 노인정 등의 면적을 더한 것이다. 공급면적은 통상적으로 분양에 사용되는 용어로 전용면적과 주거공용면적을 더한 것이며 계약면적은 공급면적과 기타공용면적을 더한 것이다. 서비스면적은 발코니 같은 공간의 면적으로 전용면적과 공용면적에서 제외된다.

① 발코니 면적은 계약면적에 포함된다.
② 관리사무소 면적은 공급면적에 포함된다.
③ 계약면적은 전용면적, 주거공용면적, 기타공용면적을 더한 것이다.
④ 공용계단과 공용복도의 면적은 공급면적에 포함되지 않는다.
⑤ 개별 세대 내 거실과 주방의 면적은 주거공용면적에 포함된다.

[36 ~ 37] 다음 글을 읽고 이어지는 질문에 답하시오.

현대인의 삶의 질이 점차 향상됨에 따라 도시공원에 대한 관심도 함께 높아지고 있다. 도시공원은 자연 경관을 보호하고, 사람들의 건강과 휴양, 정서 생활을 위하여 도시나 근교에 만든 공원을 말한다. 또한 도시공원은 휴식을 취할 수 있는 공간인 동시에 여러 사람과 만날 수 있는 소통의 장이기도 하다.

㉠ 도시공원은 사람들이 선호하는 도시 시설 가운데 하나이지만 노인, 어린이, 장애인, 임산부 등 사회적 약자들은 이용하기 어려운 경우가 많다. 사회적 약자들은 그들의 신체적 제약으로 인해 도시공원에 접근하거나 도시공원을 이용하기에 열악한 상황에 놓여있기 때문이다.

우선, 도시공원이 대중교통을 이용해서 가기 어려운 위치에 있는 경우가 많다. 또한 공원에 간다 하더라도 사회적 약자를 미처 배려하지 못한 시설들이 대부분이다. 동선이 복잡하거나 안내 표시가 없어서 불편을 겪는 경우도 있다. 이런 물리적·사회적 문제점들로 인해 실제 공원을 찾는 사회적 약자는 처음 공원 설치 시 기대했던 인원보다 매우 적은 편이다. 도시공원은 일반인뿐 아니라 사회적 약자들도 동등하게 이용할 수 있는 공간이어야 한다. 그러기 위해서는 도시 공간 계획 및 기준 설정을 할 때 다른 시설들과 실질적으로 연계가 되도록 제도적·물리적으로 정비되어야 한다. 사회적 약자에게 필요한 것은 아무리 작은 도시공원이라도 편안하게 접근하여 여러 사람과 소통하거나 쉴 수 있도록 조성된 공간이다.

36. 윗글의 제목으로 가장 적절한 것은?

① 도시공원의 생태학적 특성
② 도시의 자연 경관을 보호하는 도시공원
③ 모두가 여유롭게 쉴 수 있는 도시공원
④ 도시공원, 사회적 약자만이 이용할 수 있는 쉼터
⑤ 공원 이용 활성화를 위한 도시공원 안내 표지판의 필요성

37. 〈보기〉는 밑줄 친 ㉠의 상황에 대한 의견이다. ㉡에 들어갈 말로 가장 적절한 것은?

| 보기 |

도시공원이 있어도 제대로 이용하지 못하므로 사회적 약자들에게 도시공원은 '(㉡)'(이)라 할 수 있겠군.

① 그림의 떡
② 가는 날이 장날
③ 언 발에 오줌 누기
④ 장님 코끼리 만지기
⑤ 낙타가 바늘구멍 들어가기

[38 ~ 39] 다음 글을 읽고 이어지는 질문에 답하시오.

지구를 비추고 있는 태양은 지구에 계속 에너지를 공급하고 있는데도 그 에너지가 줄어들지 않는 것처럼 보인다. 태양이 공급하는 끊임없는 에너지는 어떻게 생성되는 것일까?

(가) 태양의 핵융합은 계속되지만 태양의 온도가 계속 올라가지는 않는다. 태양에는 자체적으로 온도를 제어할 수 있는 메커니즘이 있기 때문이다. 핵융합이 일어나 점점 온도가 올라가서 중심부의 압력이 높아지면 비교적 압력이 높지 않은 주변부로 원자들을 밀어내면서 온도를 떨어트리고 압력을 낮춘다. 그러면 온도가 낮아져 이전보다 활발하게 핵융합이 일어나지 않는다. 그러다가 어느 순간 압력과 온도가 충분히 낮아지면 주변부로 원자들을 밀어내지 않고, 다시 핵융합을 통해 온도를 올린다. 이러한 방식으로 태양은 항상 적절한 온도를 유지해 왔고, 앞으로도 오랫동안 지구에 적절한 에너지를 제공할 것이다.

(나) 시간이 더 지난 후, 과학자들은 태양의 에너지원이 수소와 헬륨이 하나로 결합하면서 생기는 핵융합 에너지라는 것을 알아냈다. 태양은 많은 양의 수소가 강한 중력에 의해 뭉쳐진 존재인데 태양의 중심부로 갈수록 온도가 점점 더 높아지고 수소와 헬륨의 핵융합이 일어난다. 왜냐하면 온도가 높을수록 원자의 운동 에너지가 높아지기 때문이다. 즉, 원자들이 자체적으로 가지는 반발력보다 운동 에너지가 더 높아져 비교적 낮은 온도일 때보다 더 가까워짐으로 인해 핵융합이 가능해진다. 이때 수소와 헬륨의 핵융합으로 줄어드는 질량은 질량-에너지보존법칙에 따라 에너지로 바뀐다.

(다) 마리 퀴리에 의해 방사능의 존재가 발견되면서 과학자들은 태양의 에너지를 핵분열 에너지라고 추측하였다. 하지만 태양의 스펙트럼을 분석해 본 결과 방사능은 태양의 에너지원이 아니라는 사실을 발견하였다. 태양의 스펙트럼에서는 방사능 물질이 아닌 수소와 헬륨이 발견되었기 때문이다.

38. 글의 흐름에 따라 (가)~(다)를 바르게 배열한 것은?

① (가)-(나)-(다) ② (가)-(다)-(나) ③ (나)-(가)-(다)
④ (다)-(가)-(나) ⑤ (다)-(나)-(가)

39. 제시된 글을 읽고 추론한 내용으로 적절하지 않은 것은?

① 핵융합 과정에서 만들어지는 방사능 오염 물질은 사라지기까지 많은 시간이 걸린다.
② 광선의 스펙트럼을 분석하면 광선을 발산하는 물체의 구성 성분을 어느 정도 알 수 있다.
③ 원자들 사이에서는 반발력이 작용하지만 어떤 임계점을 넘는 운동에너지는 이를 무력화한다.
④ 태양에서 핵융합 이전 수소, 헬륨 각자의 질량 합계는 핵융합 이후 결과물의 질량보다 크다.
⑤ 태양은 수소와 헬륨으로 이루어져 있으며 지속적으로 핵융합이 일어나고 있다.

40. 다음 (가) ~ (바)를 문맥에 맞게 배열한 것은?

> (가) 그런데 많은 문화가 혼재돼 문화 상대주의가 만연한 곳에서는 사람들은 자신이 보루로 삼을 문화의 형태나 기둥을 잃게 되며, 자기상실에 빠져들어 불안한 상태에 던져지게 된다.
> (나) 이에 따라 사람은 사회의 불안정성이나 불확실성을 견딜 정신적 지주를 가질 수 있다.
> (다) 따라서 모든 문화가 지리적 풍토를 벗어나 지구 전체로 퍼져나가는 21세기에는 문화의 혼재에서 오는 아이덴티티(Identity) 상실의 시대가 도래할지도 모른다.
> (라) 그 문화적 풍토에서 나고 자란 사람은 그 형태 속에서 자기 자신의 아이덴티티를 형성한다.
> (마) 종교로 봐도, 언어로 봐도, 습관으로 봐도, 문화라는 것은 각각 서로 다른 형태를 갖고 있다.
> (바) 가치의 상대성을 주장하는 것은 그 나름대로 옳지만 그게 너무 과해질 경우, 줏대를 잃게 되어 신념을 가질 수 없게 된다.

① (다)-(바)-(마)-(라)-(가)-(나)
② (마)-(가)-(바)-(나)-(다)-(라)
③ (마)-(라)-(나)-(가)-(바)-(다)
④ (바)-(가)-(라)-(마)-(나)-(다)
⑤ (바)-(마)-(나)-(라)-(다)-(가)

온라인 필기시험

영역 2 수리력 40문항/20분

01. 다음을 계산하여 알맞은 답을 구하면?

$$2.84+7.72-6.09=(\quad)$$

① 4.37 ② 4.47 ③ 4.57
④ 4.67 ⑤ 4.87

02. 720의 30%는 얼마인가?

① 186 ② 216 ③ 246
④ 276 ⑤ 284

03. 기호를 다음과 같이 가정할 때, '?'에 들어갈 값은?

$$A♠B=A+B×2$$
$$A♣B=AB+2$$
$$3♣(6♠4)=(\ ?\ )$$

① 41 ② 42 ③ 43
④ 44 ⑤ 45

04. 10%의 소금물 250g과 8%의 소금물 200g을 섞은 후 소금을 추가로 더 넣었더니 12%의 소금물이 되었다. 이때 추가로 넣은 소금의 양은? (단, 소수점 아래 첫째 자리에서 반올림한다)

① 10g ② 13g ③ 15g
④ 16g ⑤ 17g

05. A와 B는 서로 마주 본 상태에서 40km 떨어져 있다. A가 B에게 프레젠테이션 자료를 전달하러 가는데, A는 50km/h로 달리는 버스를 타고 가고 B는 15분 뒤에 출발해 16km/h로 걸어간다. B가 출발한 후 두 사람이 만나는 데까지 걸리는 시간은?

① 21분 ② 23분 ③ 25분
④ 27분 ⑤ 29분

06. K 회사 신입사원으로 지원하여 승아가 합격할 확률은 $\frac{1}{3}$, 재연이 합격할 확률은 $\frac{1}{4}$, 윤수가 합격할 확률은 $\frac{1}{6}$이다. 이 중 적어도 한 명이 합격할 확률은?

① $\frac{2}{9}$ ② $\frac{7}{12}$ ③ $\frac{13}{24}$
④ $\frac{31}{42}$ ⑤ $\frac{37}{42}$

07. 길이가 250m인 보도에 은행나무를 5m 간격으로 심으려고 한다. 보도의 처음과 끝에도 심는다고 할 때, 필요한 은행나무의 수는?

① 49그루 ② 50그루 ③ 51그루
④ 52그루 ⑤ 53그루

08. 은영, 미희, 소연, 선주 4명의 수학 점수 평균은 75점이다. 여기에 서진이의 수학 점수를 합하면 5명의 점수 평균이 80점이 된다고 할 때, 서진이의 수학 점수는?

① 90점　　　② 94점　　　③ 96점
④ 98점　　　⑤ 100점

09. A 농장에 있는 닭과 소는 총 34마리이다. 이들의 다리 수가 총 92개라면 A 농장에 있는 닭은 모두 몇 마리인가?

① 12마리　　　② 16마리　　　③ 18마리
④ 22마리　　　⑤ 24마리

10. 명수는 시속 4.5km, 준희는 시속 3km로 동시에 같은 지점에서 같은 방향을 향해 걷기 시작했다. 5시간 후 두 사람 사이의 간격은 몇 km인가?

① 4km　　　② 4.5km　　　③ 6km
④ 7.5km　　　⑤ 8km

11. A 질병에 대해 양성 여부를 판단할 수 있는 시약이 있다. A 질병을 앓고 있는 사람은 전체 인구의 10%이며, 이 시약으로 감염 여부를 올바르게 판단할 확률은 90%이다. 어떤 사람이 이 시약을 사용하여 A 질병의 양성 반응이 나왔을 때, 실제 이 질병에 걸렸을 확률은?

① 50%　　　② 60%　　　③ 80%
④ 90%　　　⑤ 95%

12. 김 대리는 지난해 회사 공장들의 제품 생산량에 대한 데이터를 정리하여 다음과 같은 사실을 알게 되었다. 3개의 공장 중 가장 적게 생산한 공장의 제품 생산량은 몇 개인가?

> • 지난해 세 공장의 총생산량은 44만 개이다.
> • 제1공장과 제2공장의 생산량 차이는 6만 개이다.
> • 제2공장과 제3공장의 생산량 차이는 10만 개이다.
> • 가장 많은 제품을 생산한 공장은 제2공장이다.

① 4만 개 ② 6만 개 ③ 10만 개
④ 14만 개 ⑤ 16만 개

13. 수조에 물을 퍼 담아 가득 채우는 데 A는 3분, B는 9분이 걸린다. 또한 가득찬 물을 빼는 데 C는 6분, D는 12분이 걸린다. 물이 절반 높이까지 차 있는 상태에서 A와 B는 물을 채우고 C와 D는 물을 뺄 경우 수조에 물이 가득 차는 데까지 걸리는 시간은?

① $\frac{15}{7}$분 ② $\frac{16}{7}$분 ③ $\frac{17}{7}$분

④ $\frac{18}{7}$분 ⑤ $\frac{19}{7}$분

14. 상자 안에 파란 공 3개, 빨간 공 5개가 들어 있다. 2개의 공을 동시에 꺼냈을 때 파란 공과 빨간 공이 1개씩 나올 확률은?

① $\frac{3}{28}$ ② $\frac{9}{28}$ ③ $\frac{11}{28}$

④ $\frac{15}{28}$ ⑤ $\frac{17}{28}$

15. 김새롬 씨는 사무실에 세 가지 화초를 키우고 있다. 화초에 물을 주는 주기가 아래와 같을 때, 다음 세 가지 화초에 동시에 물을 주는 날짜는 언제인가?

- 새롬 씨가 키우는 화초는 A, B, C 세 가지이다.
- A는 6일마다, B는 8일마다, C는 9일마다 물을 준다.
- 새롬 씨가 세 가지 화초에 처음으로 동시에 물을 준 날은 4월 10일이다.

① 6월 18일 ② 6월 19일 ③ 6월 20일
④ 6월 21일 ⑤ 6월 23일

16. 다음 ㉠, ㉡을 통해 연산기호의 새로운 법칙을 찾은 후 ㉢에 적용할 때, '?'에 들어갈 값은?

㉠ $5+7=35$
㉡ $4-2=6$
㉢ $4+(3-7)=?$

① 14 ② 40 ③ 7
④ −16 ⑤ 6

17. 선진이가 혼자 하면 8일, 수연이가 혼자 하면 12일이 걸리는 일이 있다. 이 일을 선진이와 수연이가 같이 한다면 며칠이 걸리겠는가?

① 3일 ② 4일 ③ 5일
④ 6일 ⑤ 8일

18. ○○회사의 셔틀버스 3대가 7시에 동시에 출발한다면 처음 이후 다시 동시에 출발하는 시간은 언제인가?

> • A 버스는 25분 만에 출발지로 돌아오고, 5분 휴식 후 다시 출발한다.
> • B 버스는 50분 만에 출발지로 돌아오고, 10분 휴식 후 다시 출발한다.
> • C 버스는 1시간 10분 만에 출발지로 돌아오고, 10분 휴식 후 다시 출발한다.

① 8시 ② 11시 ③ 11시 50분
④ 12시 ⑤ 12시 50분

19. 16%의 소금물 800g을 A 비커와 B 비커에 각각 300g, 500g씩 나누어 담았다. A 비커에는 소금을 더 넣고 B 비커의 물은 증발시켜 두 소금물의 농도를 20%로 같게 하려고 한다. 이때 A 비커에 더 넣어야 하는 소금의 양과 B 비커에서 증발시켜야 하는 물의 양은? (단, A 비커에서는 물이 증발하지 않는다)

	A	B		A	B
①	10g	50g	②	10g	120g
③	15g	80g	④	15g	150g
⑤	15g	100g			

20. 어느 초등학교 학생 30명을 대상으로 조사한 결과 A, B, C 음료수가 맛있다고 투표한 학생은 각각 15명, 17명, 16명이었고, A와 B 음료수, A와 C 음료수, B와 C음료수에 중복 투표한 학생은 각각 11명, 13명, 7명이었다. 또한, 세 음료수 중 어느 곳에도 투표하지 않은 학생은 6명일 때, 세 음료수 모두 맛있다고 투표한 학생은 몇 명인가?

① 4명 ② 5명 ③ 6명
④ 7명 ⑤ 8명

21. 다음 ⇧자리부터 시작해 시계방향으로 돌아가는 규칙에 따라 '?'에 들어갈 알맞은 숫자는?

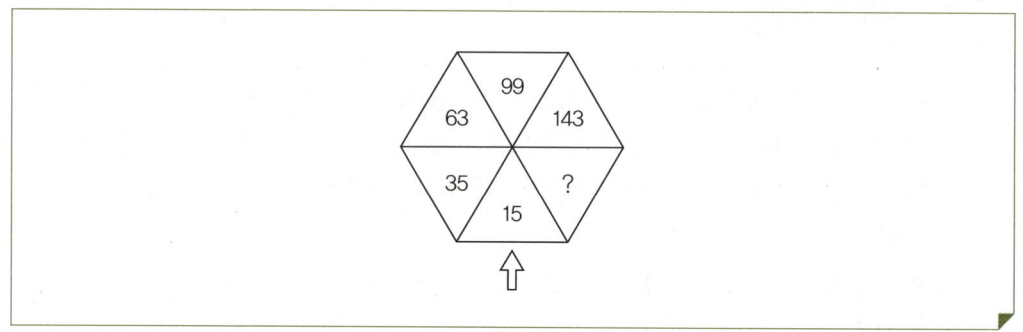

① 167　　② 186　　③ 195
④ 204　　⑤ 205

22. 다음 숫자들의 배열 규칙에 따라 '?'에 들어갈 알맞은 숫자는?

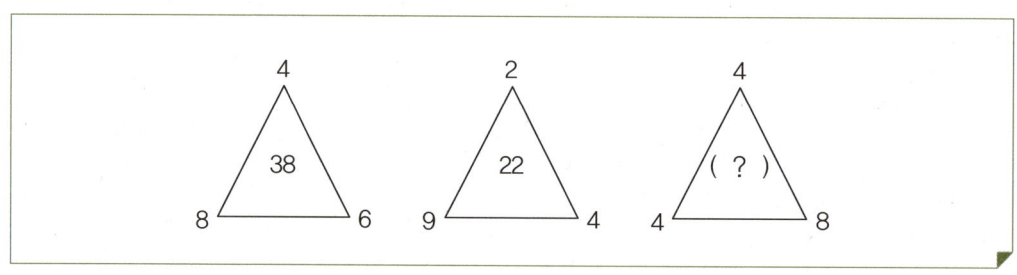

① 14　　② 19　　③ 20
④ 24　　⑤ 38

[23 ~ 26] 다음 수열의 일정한 규칙을 찾아 '?'에 들어갈 알맞은 숫자를 고르시오.

23.
4   12   9   27   24   (?)

① 60   ② 64   ③ 68
④ 72   ⑤ 76

24.
7   14   20   25   29   (?)

① 31   ② 32   ③ 33
④ 34   ⑤ 36

25.
4   6   10   18   34   (?)

① 46   ② 56   ③ 66
④ 76   ⑤ 86

26.
48   47   44   39   32   (?)   12

① 22   ② 23   ③ 24
④ 25   ⑤ 26

27. 다음 전개도로 만들어지는 입체도형의 부피는?

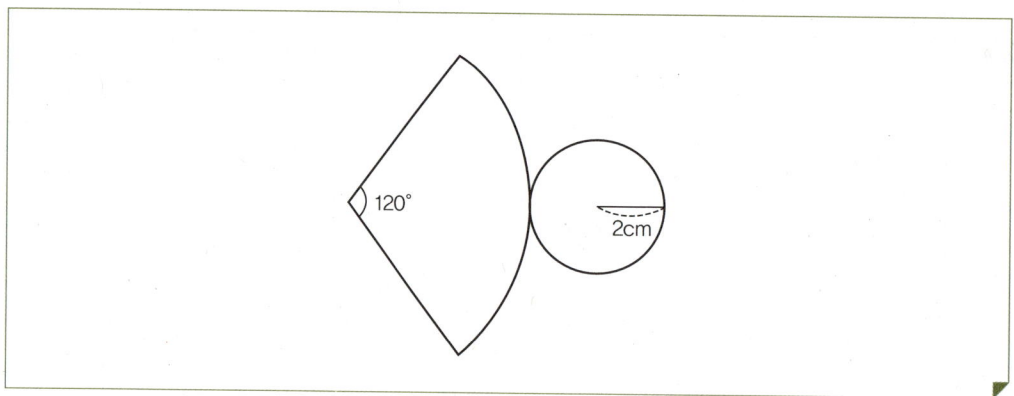

① $\frac{10}{3}\pi\,cm^3$
② $\frac{14}{3}\pi\,cm^3$
③ $\frac{16\sqrt{2}}{3}\pi\,cm^3$
④ $\frac{20\sqrt{2}}{3}\pi\,cm^3$
⑤ $\frac{22\sqrt{2}}{3}\pi\,cm^3$

28. 다음은 직육면체에서 밑면과 옆면에 각각 평행하게 일부를 잘라낸 입체도형이다. 이 입체도형의 겉넓이는?

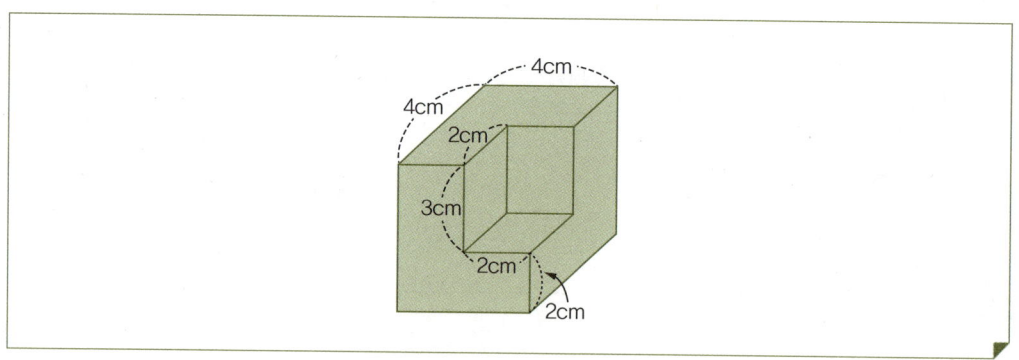

① $112\,cm^2$
② $114\,cm^2$
③ $116\,cm^2$
④ $118\,cm^2$
⑤ $120\,cm^2$

29. 다음은 보이스피싱(Voice Phishing, 전화금융사기) 피해신고 건수 및 금액에 대한 자료이다. 이에 대한 설명으로 옳은 것은?

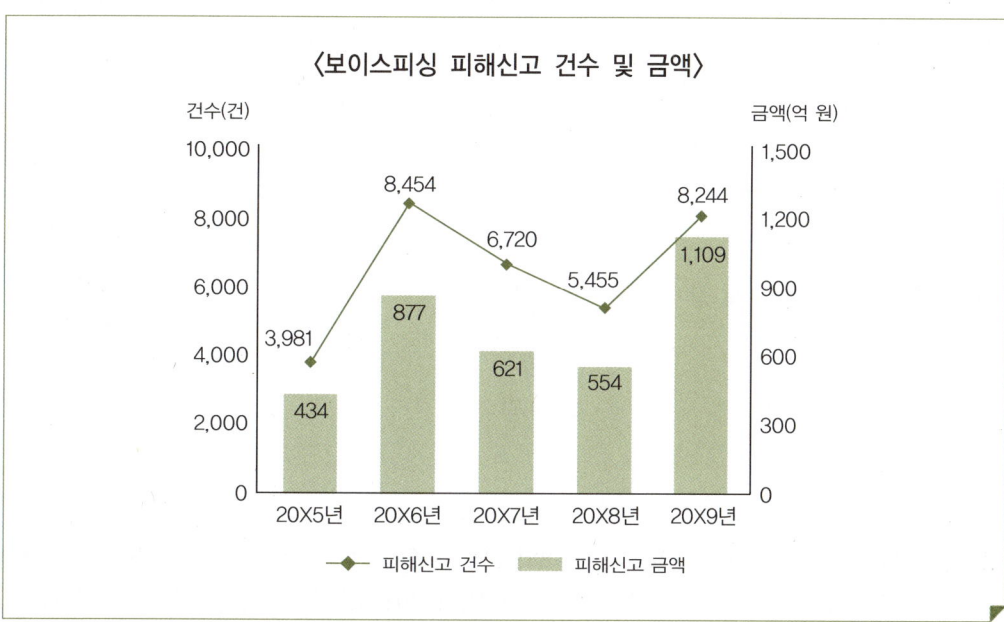

① 보이스피싱 피해신고 건수는 20X5년 이후 점차 감소하다가 20X9년 다시 급격히 증가하였다.
② 보이스피싱 피해신고 건수가 가장 많았던 해와 적었던 해에, 피해신고 금액도 가장 높고 낮았다.
③ 20X5 ~ 20X9년 보이스피싱 피해신고 금액의 평균은 700억 원에 미치지 못한다.
④ 전년 대비 20X9년 보이스피싱 피해신고 건수의 증가율은 50% 이상이다.
⑤ 20X9년 보이스피싱 피해신고 금액은 20X5년에 비해 약 2.3배 증가하였다.

[30 ~ 31] 다음은 ○○극장의 주말 방문 고객을 연령대별로 조사한 자료이다. 이어지는 질문에 답하시오.

구분	10 ~ 19세	20 ~ 29세	30 ~ 39세	40 ~ 49세	50세 이상	총인원수
금요일	8%	22%	21%	36%	13%	2,500명
토요일	2%	14%	21%	40%	23%	1,500명
일요일	19%	50%	20%	10%	1%	2,000명

30. 금요일에 방문한 고객 중 40대는 몇 명인가?

① 450명　　　② 600명　　　③ 750명
④ 900명　　　⑤ 1,050명

31. 금요일에 방문 비율이 가장 낮은 연령대의 인원, 토요일에 방문 비율이 세 번째로 낮은 연령대의 인원, 일요일에 방문 비율이 가장 낮은 연령대의 인원을 모두 합하면 총 몇 명인가?

① 525명　　　② 535명　　　③ 545명
④ 555명　　　⑤ 565명

32. 다음은 2019 ~ 2023년의 아르바이트 동향에 관한 자료이다. 이에 대한 설명으로 옳은 것은?

〈5년간 아르바이트 동향 자료〉

(단위 : 원, 시간)

구분	2019년	2020년	2021년	2022년	2023년
월 평균 소득	642,000	671,000	668,000	726,000	723,000
평균 시급	6,210	6,950	7,100	6,900	9,100
주간 평균 근로시간	24.5	24	22	21	19.5

① 5년 동안 월 평균 소득은 꾸준히 증가하였다.
② 2023년 평균 시급은 2019년의 1.4배 이상이다.
③ 2021년 월 평균 근로시간은 100시간을 초과한다.
④ 5년 동안 월 평균 소득이 증가하면 평균 시급도 증가하는 양상을 보이고 있다.
⑤ 5년 동안 평균 시급은 꾸준히 증가하고 주간 평균 근로시간은 그 반대의 양상을 보이고 있다.

33. 여가 시간에 대한 다음 자료에서 평일과 휴일 여가시간의 비중 차이가 가장 큰 시간대와 그 시간대에 해당하는 '평일 하루 평균 여가시간'에서 남성의 비율을 순서대로 나열한 것은?

〈평일 하루 평균 여가시간〉

(단위 : %)

구분		3시간 미만	3～5시간	5～7시간	7～9시간	9시간 이상	평균(시간)
전체		41.4	42.1	12.4	3.0	1.2	3.1
성별	남성	45.6	40.8	10.7	2.0	0.8	2.9
	여성	37.2	43.3	14.1	3.9	1.5	3.3
연령	15～19세	51.8	38.3	9.0	0.6	0.3	2.7
	20대	44.6	44.4	9.6	1.2	0.2	2.9
	30대	46.3	44.3	7.8	0.9	0.6	2.8
	40대	48.1	41.7	8.8	1.1	0.2	2.8
	50대	43.4	44.7	9.7	1.8	0.4	2.9
	60대	30.1	43.4	19.4	5.9	1.1	3.6
	70세 이상	18.6	32.0	29.4	12.5	7.5	4.7

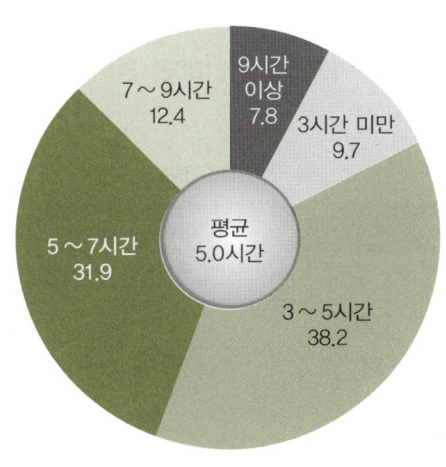

〈휴일 여가시간〉 (단위 : %)

① 3시간 미만, 41.4% ② 3시간 미만, 45.6% ③ 3～5시간, 38.2%
④ 3～5시간, 40.8% ⑤ 9시간 이상, 0.8%

34. 국적별 외래객 입국 현황에 대한 설명 중 옳지 않은 것은? (단, 괄호는 전년 대비 증가율이다)

(단위 : 명)

국적		20X1년 5월	20X2년 5월	20X3년 5월
아시아주		1,034,009	1,122,374(8.5%)	1,256,875(12%)
	일본	201,489	188,420(−6.5%)	178,735(−5.1%)
	중국	517,031	618,083(19.5%)	705,844(14.2%)
미국		67,928	70,891(4.4%)	80,489(13.5%)
캐나다		13,103	14,541(11%)	15,617(7.4%)

㉠ 20X3년 입국자 수의 비율이 전년에 비해 가장 많이 늘어난 국가는 미국이다.
㉡ 일본과 중국 입국자 수를 합하면 매년 아시아주의 50% 이상을 차지한다.
㉢ 중국인 입국자 수는 20X4년에도 증가할 것이다.
㉣ 매년 입국자 수가 꾸준히 늘어난 국가는 1곳이다.

① ㉠
② ㉡
③ ㉡, ㉢
④ ㉠, ㉢, ㉣
⑤ ㉠, ㉡, ㉢, ㉣

35. 다음 자료에서 20X9년 65세 이상 인구가 100만 명이라면 생산 가능 인구는 몇 명인가? (단, 천의 자리에서 반올림한다)

〈부양인구비〉

구분	20X5년	20X6년	20X7년	20X8년	20X9년
부양인구비(%)	39.1	36.8	36.3	36.2	37.1
소년부양인구비(%)	26.6	22	18.8	18.2	18.5
노년부양인구비(%)	12.5	14.8	17.5	18	18.6

※ 생산 가능 인구 : 15 ~ 64세 인구 / ※ 노년부양인구비(%) = $\frac{65세 이상 인구}{생산 가능 인구} \times 100$

※ 소년부양인구비(%) = $\frac{15세 미만 인구}{생산 가능 인구} \times 100$ / ※ 부양인구비(%) = 소년부양인구비 + 노년부양인구비

① 536만 명
② 538만 명
③ 540만 명
④ 542만 명
⑤ 544만 명

36. 다음 중 20XX년도 학교급별 인원에 대한 자료를 파악한 내용으로 적절한 것은?

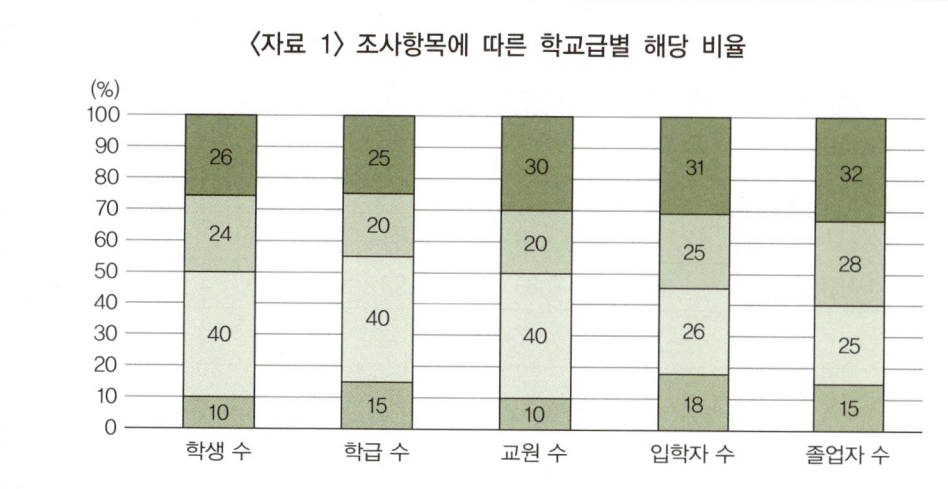

① 초등학교 학급당 학생 수는 25명이다.
② 교원 1명당 학생 수는 고등학교가 가장 많다.
③ 모든 조사항목에서 초등학교의 비율이 가장 높다.
④ 중학교 졸업자 수는 중학교 입학자 수보다 많다.
⑤ 전체 고등학교 학생 중에서 고등학교 졸업자의 비율은 30% 이하이다.

37. 다음 자료를 이용하여 〈보고서〉를 작성하려고 한다. 〈보고서〉를 작성하기 위해 추가로 필요한 자료를 〈보기〉에서 모두 고른 것은?

〈유턴 시도 중 교통사고 사망자 및 부상자 수(20X1 ~ 20X5년)〉

구분	20X1년	20X2년	20X3년	20X4년	20X5년	합계
사고건수(건)	8,239	8,690	8,261	8,123	8,013	41,326
사망자수(명)	89	72	77	65	65	368
부상자수(명)	12,869	13,491	12,864	12,469	12,332	64,025
치사율(%)	1.08	0.83	0.93	0.80	0.88	0.89

| 보고서 |

　　유턴 시도 중 교통사고는 5년간 총 41,326건이 발생하여, 약 5일에 1명이 사망하고 하루에 35명이 부상당하는 것으로 나타났다. 유턴 시도 중 교통사고 발생유형별 사망사고는 측면충돌(66.3%), 보행자 충돌(11.4%), 정면충돌(6.3%), 추돌(5.2%)의 순으로 나타났다. 측면 충돌 사고에 의한 사망자를 분석하면 반대 방향 직진차량 외에도 같은 방향으로 직진하는 차량과 충돌하는 사망사고가 10건 중 4건으로 확인됐다.

| 보기 |

㉠ 유턴 시도 중 교통사고 발생유형별 사망자 수
㉡ 유턴 시도 중 교통사고 운행유형별 부상자 수
㉢ 유턴 시도 중 교통사고 가해자 및 피해자 유형별 현황

① ㉠　　　　　　　② ㉡　　　　　　　③ ㉠, ㉢
④ ㉡, ㉢　　　　　⑤ ㉠, ㉡, ㉢

38. 다음은 보험회사의 자산현황 추이를 나타낸 그래프이다. 2023년의 손해보험 자산은 2022년 손해보험 자산에 비해 약 몇 % 증가했는가? (단, 소수점 아래 첫째 자리에서 반올림한다)

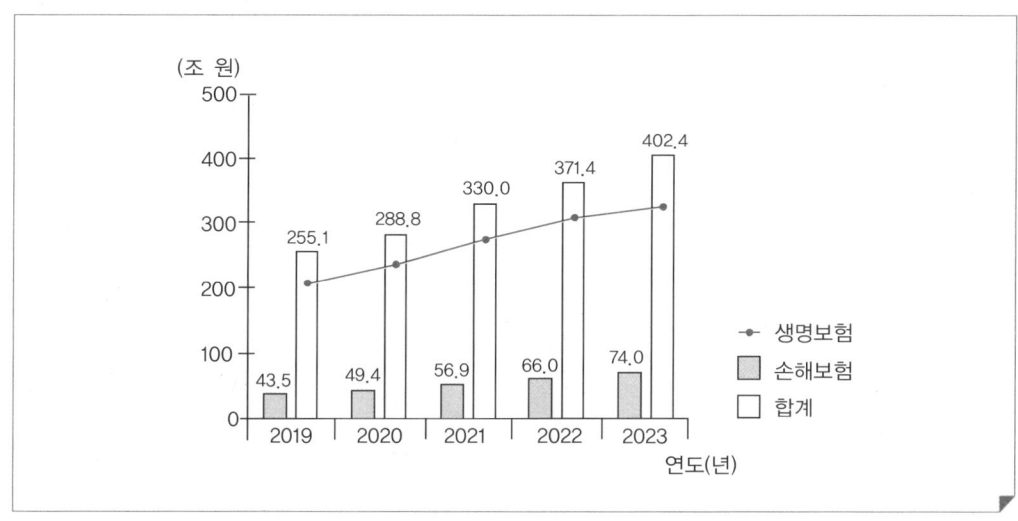

① 약 9%   ② 약 10%   ③ 약 11%
④ 약 12% ⑤ 약 14%

39. 다음 2017 ~ 2021년 동안 근로소득세, 법인세 실효세율 추이를 비교한 표에 대한 설명으로 옳지 않은 것은?

〈근로소득세, 법인세 실효세율 추이 비교〉

(단위 : %)

구분	2017년	2018년	2019년	2020년	2021년
근로소득세	10.59	10.77	11.00	11.14	11.30
법인세	19.59	16.56	16.65	16.80	15.99

① 근로소득세 실효세율의 증감이 가장 낮은 해는 2020년이다.
② 2018년 대비 2020년 법인세 실효세율의 증가율은 약 1.45%이다.
③ 2021년 법인세의 실효세율은 근로소득세 실효세율의 약 1.42배이다.
④ 근로소득세의 실효세율은 2017년부터 2021년까지 매년 증가하는 추세를 보인다.
⑤ 2019년 대비 2020년 세금 실효세율의 증감률은 법인세가 근로소득세보다 높았다.

40. 다음 자료에 관한 설명으로 옳은 것은 모두 몇 개인가? (단, 모든 계산은 소수점 아래 둘째 자리에서 반올림한다)

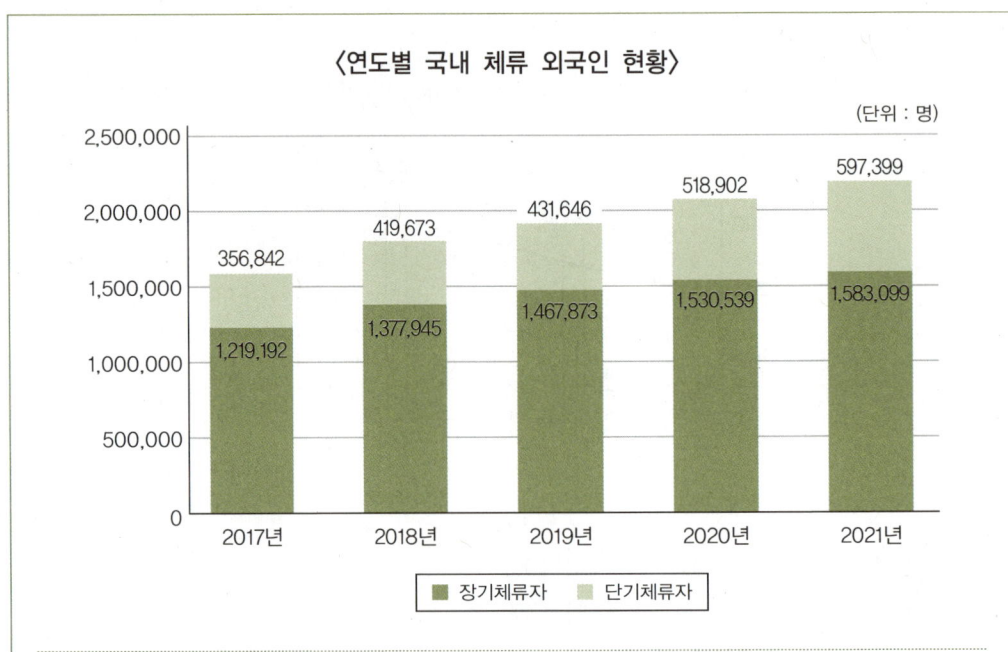

⊙ 2017년 이후 국내에 체류하고 있는 외국인 수는 점점 증가하고 있다.
ⓒ 단기체류자 대비 장기체류자 수의 배율은 2018년보다 2020년에 더 높았다.
ⓒ 2021년 장기체류자 수는 2017년 장기체류자 수 대비 약 29.8% 증가했다.
ⓒ 2020년 장기체류자의 전년 대비 증가량은 2019년 장기체류자의 전년 대비 증가량보다 많다.

① 0개　　　　　② 1개　　　　　③ 2개
④ 3개　　　　　⑤ 4개

영역 3 기초과학

40문항/15분

01. 다음 A ~ E 중 가장 큰 값과 작은 값의 합은 얼마인가? (단, 수소의 원자량은 1, 산소의 원자량은 16으로 한다)

- 수소(H_2) 5몰에는 수소 원자 (A)몰이 들어 있다.
- 물의 몰 질량은 (B)g/mol이다.
- 물 2몰에는 산소 원자가 (C)g 들어 있다.
- 아보가드로 수를 수소 원자 1몰에 들어 있는 수소 원자의 수로 나눈 값은 (D)이다.
- NH_3 1몰에 들어있는 질소 원자와 수소 원자의 몰수의 합은 (E)몰이다.

① 16　　　　　② 19　　　　　③ 22
④ 28　　　　　⑤ 33

02. 암모니아의 생성 반응식이 다음과 같을 때, 암모니아 100L가 생성되기 위하여 필요한 질소의 부피는 얼마인가?

$$N_2(g) + 3H_2(g) \rightarrow 2NH_3(g)$$

① 20L　　　　　② 35L　　　　　③ 40L
④ 45L　　　　　⑤ 50L

03. 원소 X^{1+}와 Y^{2-}가 모두 다음과 같은 바닥상태 전자 배치를 가질 때, 원소 X와 Y의 홀전자 개수를 합하면 얼마인가?

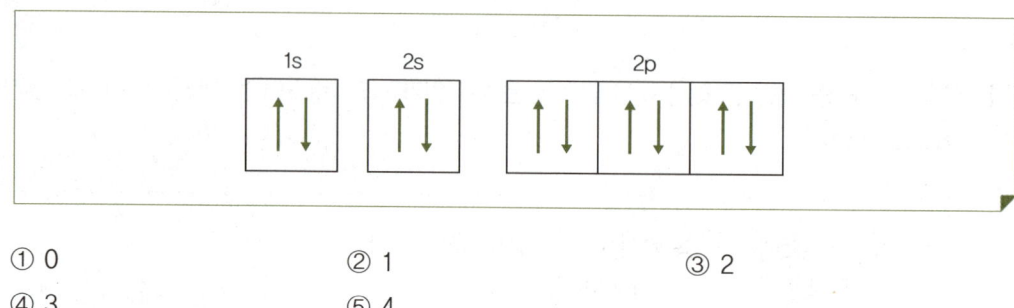

① 0
② 1
③ 2
④ 3
⑤ 4

04. 다음은 주기율표의 일부를 나타낸 것이다. 질문에 적절하게 답한 사람은 총 몇 명인가?

주기＼족	1	16	17
2	A	B	C
3	D	E	F

질문 1 : 화학적 성질이 유사한 원소를 짝지어 말해 보세요.
갑 : A가 B와 화학적 성질이 유사합니다.
을 : C가 F와 화학적 성질이 유사합니다.

질문 2 : 원자가 전자의 개수가 같은 원소를 짝지어 말해 보세요.
병 : B가 E와 원자가 전자의 개수가 같습니다.
정 : C가 E와 원자가 전자의 개수가 같습니다.

질문 3 : 바닥상태에서 전자가 들어 있는 p 오비탈 수가 E와 같은 원소는 무엇인가요?
무 : F가 E와 바닥상태에서 전자가 들어 있는 p 오비탈 수가 같습니다.

① 1명
② 2명
③ 3명
④ 4명
⑤ 5명

05. 특정 온도에서 물 500g에 설탕이 최대 90g이 녹는다. 해당 온도에서 설탕의 용해도는?

① 18 ② 20 ③ 25
④ 26 ⑤ 27

06. 다음 반응식에서 브뢴스테드-로우리의 산·염기 개념에 따라 산에 해당하는 것을 모두 고르면?

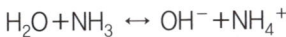
$H_2O + NH_3 \leftrightarrow OH^- + NH_4^+$

① H_2O, OH^-
② H_2O, NH_4^+
③ H_2O, NH_3
④ NH_3, OH^-
⑤ NH_3, NH_4^+

07. 밀폐된 용기에 일정한 양의 물을 넣은 후 시간이 지나면 수면의 높이가 일정하게 유지된다. 이러한 상황에 대한 분석으로 옳은 것을 모두 고르면?

> 가. 물의 증발은 더 이상 일어나지 않고 있다.
> 나. 시간이 지나도 물의 질량은 변하지 않을 것이다.
> 다. '물의 증발 속도=수증기의 응축 속도'이다.

① 다 ② 가, 나 ③ 가, 다
④ 나, 다 ⑤ 가, 나, 다

08. 다음 중 분자 구조가 평면인 것의 개수는?

> 에테인(C_2H_6), 에텐(C_2H_4), 에타인(C_2H_2), 메테인(CH_4), 프로판(C_3H_8), 뷰테인(C_4H_{10}), 벤젠(C_6H_6)

① 1개　　　　　② 2개　　　　　③ 3개
④ 4개　　　　　⑤ 5개

09. 다음 빈칸에 들어갈 내용으로 옳은 것은?

> 탄화수소가 완전 연소되었을 때 생성되는 물질은 (　　)와 (　　)이다.

① H_2, O_2　　　　　② CO_2, O_2　　　　　③ CO_2, H_2O
④ O_2, H_2O　　　　　⑤ N_2, O_2

10. 표준 상태에서 112L의 암모니아(NH_3)에는 질소 몇 g이 있는가? (단, 질소의 원자량은 14로 한다)

① 50g　　　　　② 55g　　　　　③ 60g
④ 65g　　　　　⑤ 70g

11. 다음 중 비공유 전자쌍을 가장 많이 가지고 있는 것은?

① CH_4　　　　　② NH_3　　　　　③ H_2O
④ CO_2　　　　　⑤ CH_3OH

12. 다음 〈보기〉의 ㉠, ㉡에 대한 잘못된 설명을 한 사람은?

| 보기 |

　　자연계에는 4가지 힘이 존재한다. 강력, 약력, (㉠), (㉡)이 그것이다.
　　지구가 태양 주변을 도는 것, 공을 던지면 다시 바닥으로 떨어지는 것은 질량이 있는 물체 사이의 (㉠)이 작용하기 때문이다. 한편, 원자 내의 전자와 원자핵의 상호 작용 또한 일정한 궤도 운동처럼 생각할 수 있는데, 그러한 운동이 가능한 것은 전자와 원자핵 사이의 (㉡)에 의한 것이다.

① 갑 : ㉠은 서로 당기는 힘만이 작용한다.
② 을 : ㉡에는 당기는 힘과 미는 힘이 모두 있다.
③ 병 : ㉠은 질량에 비례한다.
④ 정 : ㉡은 거리에 반비례한다.
⑤ 무 : ㉠과 ㉡의 작용 범위는 무한하다.

13. 다음 중 힘의 평형의 예로서 적절한 것은?

① 진자 운동　　② 등속 직선 운동　　③ 회전 운동
④ 포물선 운동　　⑤ 등가속도 직선 운동

14. 다음 중 전자기파의 특성으로 적절하지 않은 것은?

① 진공에서도 전파될 수 있다.
② 전기장과 자기장의 방향은 수직이다.
③ 전자기파의 에너지는 진동수가 작을수록 크다.
④ 전자기파는 파동의 형태로 에너지를 전달한다.
⑤ 전자기파의 속력은 약 3×10^8 m/s이다.

15. 다음 화학 물질에 대한 설명으로 잘못된 것은?

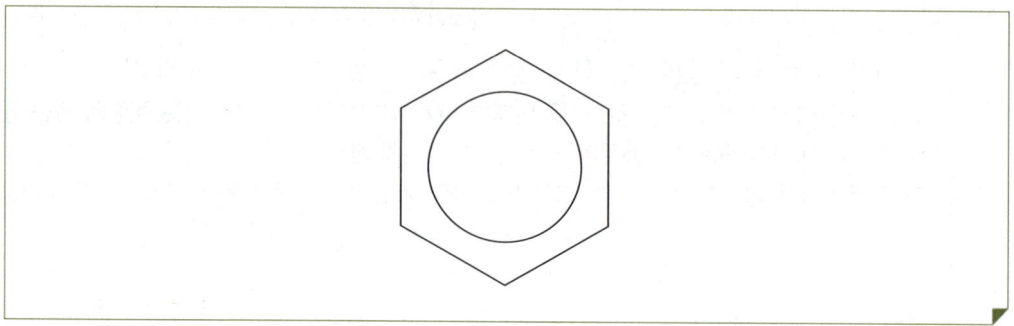

① 상온, 상압에서 액체이다.
② 정육각형의 평면구조이며, C-C-C 결합각은 120°이다.
③ 알코올, 에테르에 녹는다.
④ 화학식은 C_6H_6이다.
⑤ 공명 혼성구조로 안정한 방향족 화합물로서 치환반응은 일어나지 않는다.

16. 어떤 이상기체가 1기압에서 48L의 부피를 차지한다. 온도를 일정하게 유지하고 압력을 4기압으로 높이면 부피는 얼마인가?

① 10L ② 12L ③ 15L
④ 20L ⑤ 23L

17. 다음 반응식으로부터 구한 $SO_2(g)$의 몰 생성열은?

a. $S(s) + 1.5O_2(g) \rightarrow SO_3(g)$ $\triangle H° = -94.5 \text{kcal}$
b. $2SO_2(s) + O_2(g) \rightarrow 2SO_3(g)$ $\triangle H° = -47 \text{kcal}$

① +47.5kcal ② -47.5kcal ③ +71kcal
④ -71kcal   ⑤ -141.5kcal

18. 다음 중 sp³ 혼성오비탈과 관련 있는 분자는?

   ① C_2H_2 ② BeF_2 ③ CH_4
   ④ BF_3 ⑤ C_2H_4

19. 벤젠, 물, 사염화탄소가 개별적으로 담긴 시험관 3개에 보라색을 띠는 아이오딘(I_2)을 넣은 결과가 다음과 같을 때 이에 대한 옳은 분석을 모두 고른 것은?

시험관 안에 든 물질	결과
벤젠(C_6H_6)	색의 변화 : 무색 → 보라색
물(H_2O)	아이오딘이 잘 녹지 않음
사염화탄소(CCl_4)	색의 변화 : 무색 → 보라색

가. 벤젠과 사염화탄소의 쌍극자 모멘트는 0일 것이다.
나. 물과 벤젠은 잘 섞일 것이다.
다. 전기장에서 사염화탄소는 무질서하게 배열되어 있을 것이다.

① 가   ② 나   ③ 다
④ 가, 다   ⑤ 나, 다

20. 다음 중 극성 공유 결합의 예가 될 수 없는 것은?

   ① HCl ② H_2O ③ NH_3
   ④ CO_2 ⑤ Cl_2

21. 다음 ㉠~㉤에 들어갈 내용으로 적절하지 않은 것은?

- (㉠)는 속도 변화량을 걸린 시간으로 나눈 값이다.
- 속도는 (㉡)를 걸린 시간으로 나눈 값이다.
- 가속도와 속도의 방향이 같을 때 속도의 크기는 (㉢).
- 등속 원운동의 (㉣)은 항상 일정하며, (㉤)은 변한다.

① ㉠ : 가속도 ② ㉡ : 변위 ③ ㉢ : 감소한다
④ ㉣ : 속력 ⑤ ㉤ : 운동 방향

22. 다음은 일직선상에서 움직이는 물체의 위치를 시간에 따라 나타낸 그래프이다. 이에 대한 설명으로 옳지 않은 것은?

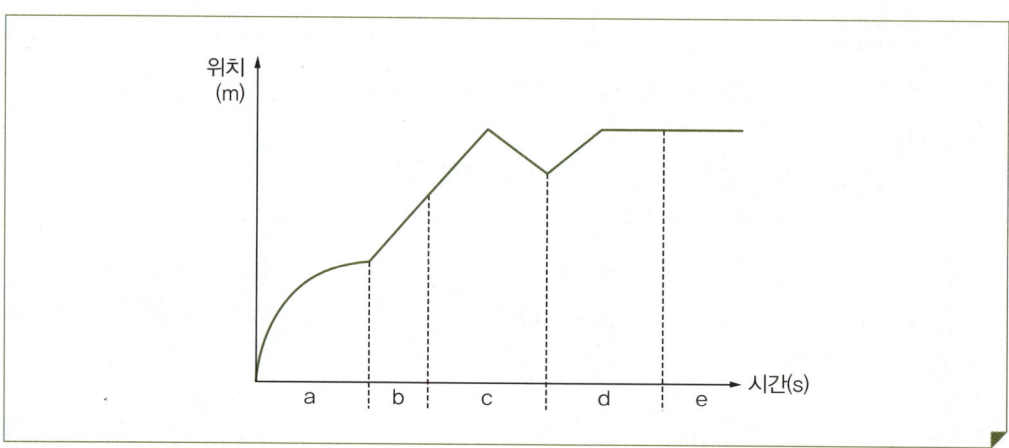

① a 구간에서 순간속력은 계속 감소하고 있다.
② b 구간에서 물체는 일정한 속도로 운동하고 있다.
③ c 구간에서 운동 방향은 1번 변한다.
④ d 구간에서 평균가속도는 0이다.
⑤ e 구간에서 물체는 정지해 있다.

23. 다음은 등가속도로 직선 주행하는 자동차의 위치를 5초 간격으로 나타낸 것이다. 이 자동차의 가속도는 얼마인가?

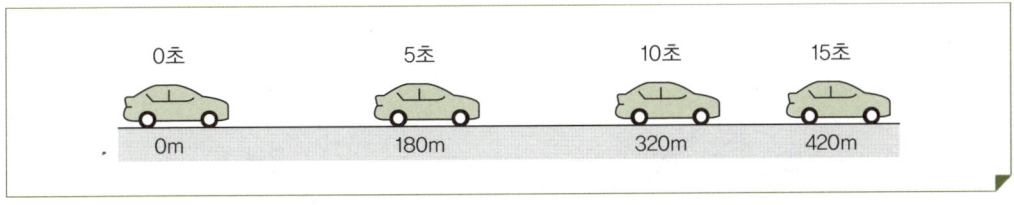

① $1.6 m/s^2$
② $1.8 m/s^2$
③ $2 m/s^2$
④ $-1.6 m/s^2$
⑤ $-2 m/s^2$

24. 다음 A ~ C에 들어갈 내용이 적절한 것은?

질량이 m이고, v의 속력으로 날아오는 축구공을 선수가 발로 차자 2v의 속도로 반대 방향으로 날아갔다. 발과 공은 t초 동안 접촉하였다.

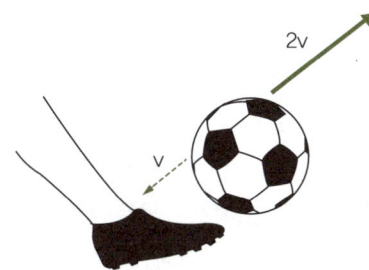

이때 충돌 후 공의 운동량의 크기는 (A)이고, 공이 발로부터 받은 충격량의 크기는 (B)이다. 그리고 발이 공에 작용한 평균 힘의 크기는 (C)이다.

	A	B	C
①	mv	mv	$\dfrac{mv}{t}$
②	mv	$2mv$	$\dfrac{mv}{t}$
③	$2mv$	$3mv$	$\dfrac{2mv}{t}$
④	$2mv$	$3mv$	$\dfrac{3mv}{t}$
⑤	$2mv^2$	$3mv$	$\dfrac{3mv^2}{t}$

25. 다음과 같은 놀이 기구에 대한 설명으로 옳은 것은? (단, 공기 저항과 레일의 마찰은 무시한다)

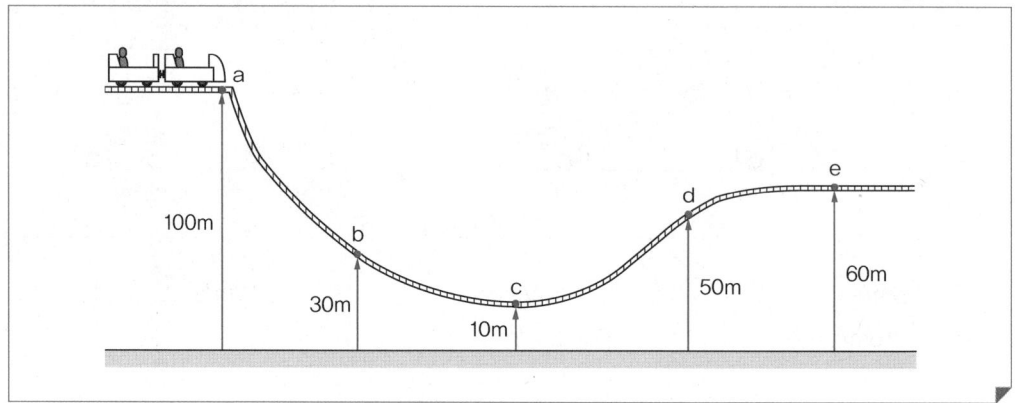

① a에서 역학적 에너지와 운동 에너지는 동일하다.
② b에서의 운동 에너지는 c에서의 운동 에너지보다 크다.
③ b에서의 역학적 에너지는 c에서의 역학적 에너지보다 크다.
④ d에서의 운동 에너지는 a에서의 위치 에너지의 절반이다.
⑤ e에서의 운동 에너지는 a에서의 역학적 에너지의 60%이다.

26. 열역학 과정 중 단열 과정에 대한 설명으로 옳은 것은?

① 단열 과정에서 기체의 압력과 부피의 변화는 없다.
② 기체가 외부에 일을 할 때 기체의 내부 에너지는 증가한다.
③ 단열 과정에서 기체는 외부에 일을 하지 않는다.
④ 기체가 외부로부터 일을 받을 때 기체의 내부 에너지는 변하지 않는다.
⑤ 단열 과정에서 기체와 외부의 열 출입은 없다.

27. 다음 그림과 같이 이상기체가 들어 있는 단열 실린더가 Ⅰ과 Ⅱ로 나누어져 있다. Ⅰ에 열량 Q를 가했더니 단열 피스톤이 움직이다가 정지하였을 때, 이에 대한 설명으로 옳지 않은 것은?

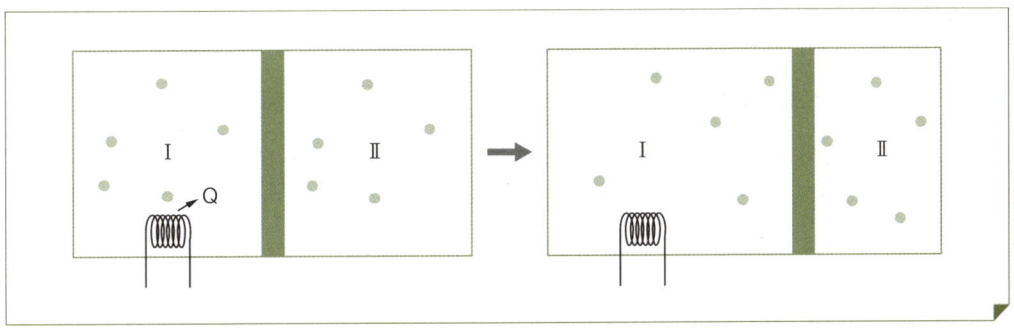

① Ⅰ 기체의 내부 에너지 변화와 Ⅰ의 기체가 Ⅱ에 한 일의 합은 Q이다.
② Ⅱ 기체의 내부 에너지는 증가하였다.
③ Ⅱ의 기체가 받은 일은 Q보다 크다.
④ Ⅰ 기체의 내부 에너지 변화와 Ⅱ 기체의 내부 에너지 변화량의 합은 Q이다
⑤ Ⅱ 기체의 온도는 증가하였다.

28. 다음과 같이 세 번의 측정을 수행하였을 때, 특수상대성이론을 근거로 한 이에 대한 분석으로 옳은 것을 모두 고르면?

> 측정 1. 관측자에 대해 정지해 있는 입자를 측정하였다.
> 측정 2. 관측자에 대해 0.5c의 일정한 속력으로 운동하는 입자를 측정하였다.
> 측정 3. 관측자에 대해 0.6c의 일정한 속력으로 운동하는 입자를 측정하였다.
> ※ 관측자가 측정한 입자는 동일하며, c는 광속을 의미한다.
>
> 가. 측정한 입자의 질량은 세 개의 측정에서 모두 동일할 것이다.
> 나. 측정한 입자의 에너지는 측정 1에서 가장 클 것이다.
> 다. 측정 3에서 측정한 입자의 질량이 측정 1에서 측정한 입자의 질량보다 클 것이다.

① 가　　　　　　② 나　　　　　　③ 다
④ 가, 나　　　　　⑤ 가, 나, 다

29. 다음 빈칸 A ~ C에 들어갈 숫자의 합은?

- $Cr_2O_7^{2-}$에서 Cr의 산화수는 (A)이다.
- H_2SO_4에서 S의 산화수는 (B)이다.
- H_2O_2에서 O의 산화수는 (C)이다.

① 10 ② 11 ③ 12
④ 13 ⑤ 14

30. 다음과 같은 형태의 도르래를 이용하여 60kg의 물체를 일정한 속도로 들어 올린다고 할 때, 다음 중 옳은 설명을 모두 고른 것은? (단, 중력 가속도는 10m/s²으로 하며 도르래와 줄의 질량, 마찰은 무시한다)

가. 줄을 잡아당기는 힘 F는 200N이다.
나. 물체를 3m 올렸다면 잡아당긴 줄의 길이는 9m이다.
다. 물체를 들어 올릴 때 줄을 잡아당긴 사람이 한 일과 도르래가 한 일의 양은 같다.

① 가 ② 다 ③ 가, 나
④ 가, 다 ⑤ 가, 나, 다

31. 다음 반응식에서 평형을 오른쪽으로 이동시키기 위한 방법으로 적절한 것은?

$$N_2(g) + O_2(g) \rightarrow 2NO(g) \quad \triangle H° = 180kJ$$

① 압력을 높인다.   ② 압력을 낮춘다.   ③ 온도를 높인다.
④ 온도를 낮춘다.   ⑤ 부피를 낮춘다.

32. 무게가 같은 장난감 자동차 A와 B를 그림과 같이 동일 직선상에서 10m 간격을 두고 각각 다른 속력으로 출발시키자 5초 후 A와 B가 충돌하였다. 다음 시간에 따른 A의 출발점으로부터의 위치 그래프를 토대로 구한 충돌 후 B의 속력은 얼마인가? (단, A와 B는 모두 등속 직선 운동을 한다)

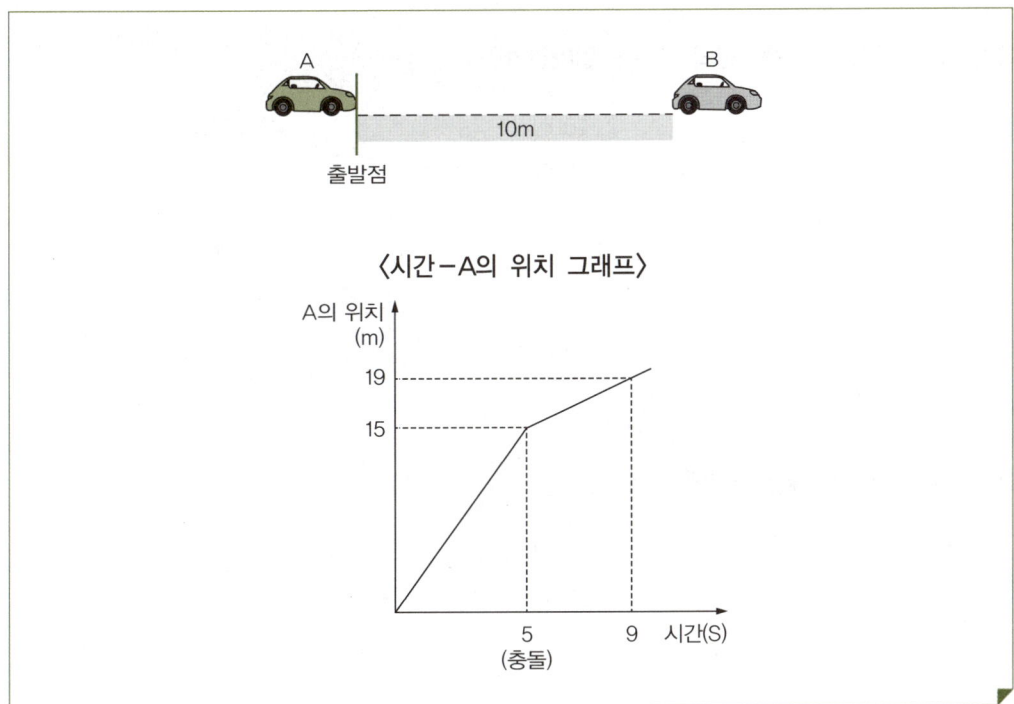

① 1m/s   ② 1.5m/s   ③ 2m/s
④ 2.5m/s   ⑤ 3m/s

[33 ~ 34] 다음과 같이 위쪽 천장에 고정된 10kg 원판 위에 5kg 원판을 얹어 놓았다. 이어지는 질문에 답하시오. (단, 중력가속도는 10m/s² 으로 하며 원판은 모두 정지해 있다)

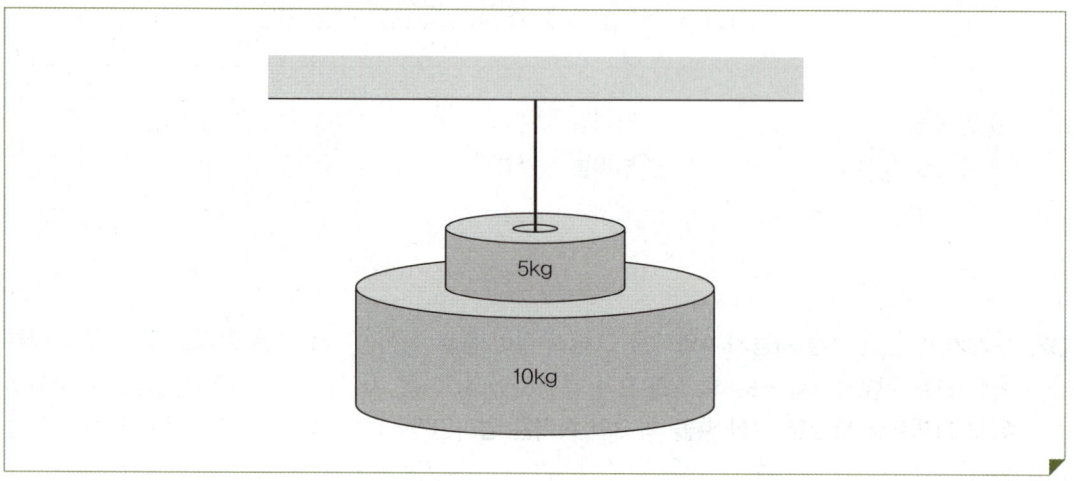

33. 줄이 원판을 당기는 힘의 크기는 얼마인가?

① 50N ② 100N ③ 150N
④ 200N ⑤ 250N

34. 10kg 원판이 5kg 원판에 작용하는 힘의 크기는 얼마인가?

① 50N ② 100N ③ 150N
④ 200N ⑤ 250N

35. 다음 중 자기장과 자기력선에 대한 설명으로 옳지 않은 것은?

① 자기력선은 N극에서 나와 S극으로 들어간다.
② 자기력선의 간격이 넓을수록 자기장의 세기가 강하다.
③ 자기력선의 접선의 방향이 그 위치에서 자기장의 방향이다.
④ 자기장의 방향은 나침반 자침의 N극이 가리키는 방향이다.
⑤ 자기장의 세기는 자석의 양끝 주변이 가장 세고 자석에서 멀어지면 약해진다.

36. 다음과 같은 두 개의 솔레노이드 A, B가 있다. A에는 4I의 전류가 B에는 I의 전류가 흐르고 있고, A의 길이는 B의 길이의 3배이다. A의 코일의 감은 수와 B의 코일의 감은 수가 동일할 때, A 솔레노이드 내부의 자기장의 세기는 B 솔레노이드 내부의 자기장의 세기의 몇 배인가?

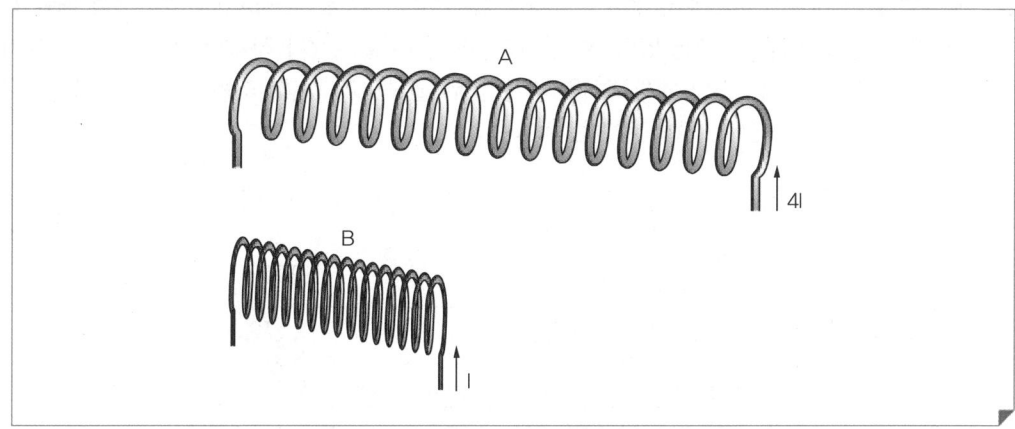

① 1 ② $\frac{1}{2}$ ③ $\frac{3}{2}$
④ $\frac{2}{3}$ ⑤ $\frac{4}{3}$

37. 제시된 표를 참고할 때 다음 중 필요한 열량이 가장 큰 것은?

물질	비열(J/g·℃)
철	0.45
구리	0.39
아스팔트	0.92
모래	0.84
물(액체)	4.18

① 철 50g을 2℃ 올린다.
② 구리 10g을 4℃ 올린다.
③ 아스팔트 100g을 1℃ 올린다.
④ 모래 20g을 4℃ 올린다.
⑤ 물(액체) 5g을 5℃ 올린다.

38. 다음과 같이 마찰이 없는 실험대에 도르래를 설치하여 한쪽 끝에는 9kg의 물체 X를 매달고 한쪽 끝에는 3kg의 물체 Y를 매달았다. X 물체를 놓았을 때 물체 Y가 정지한 상태에서 1m를 이동하는데 5초가 걸렸다면, X와 Y의 위치를 바꿀 경우 물체 X가 1m를 이동하는 데 걸리는 시간은? (단, 공기저항과 마찰력, 줄의 무게는 무시한다)

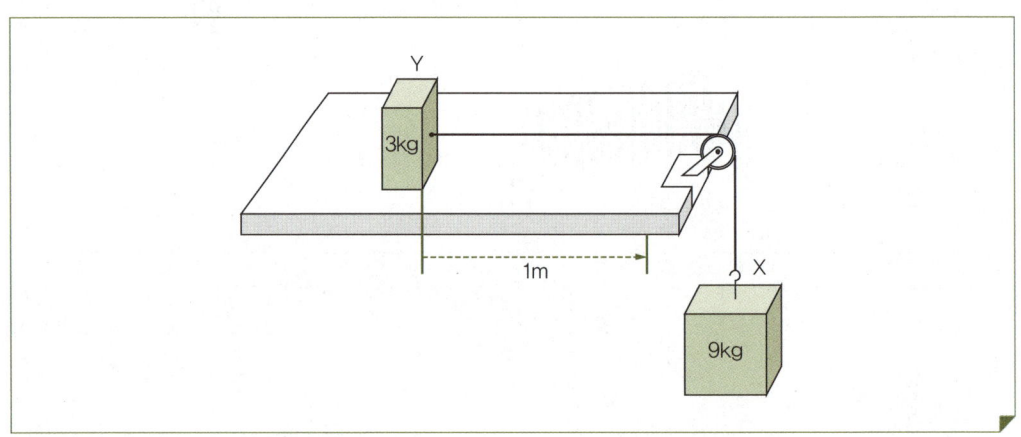

① $5\sqrt{3}$
② 6
③ $7\sqrt{2}$
④ 8
⑤ $9\sqrt{5}$

39. 파동을 매질의 진동 방향과 파동의 진행 방향에 따라 분류할 때 그 분류가 잘못된 것은?

① 물결파 : 횡파 ② X선 : 횡파 ③ 음파 : 종파
④ 초음파 : 종파 ⑤ 빛 : 종파

40. 수평면 위에서 3kg의 물체를 다음과 같이 일정한 힘을 가하는 전동기로 끌고 있다. 물체의 속도를 시간에 따라 나타낸 그래프를 참고할 때 (가), (나) 구간에서 바닥면이 물체에 작용하는 마찰력의 크기를 구하면? (단, 공기저항은 무시한다)

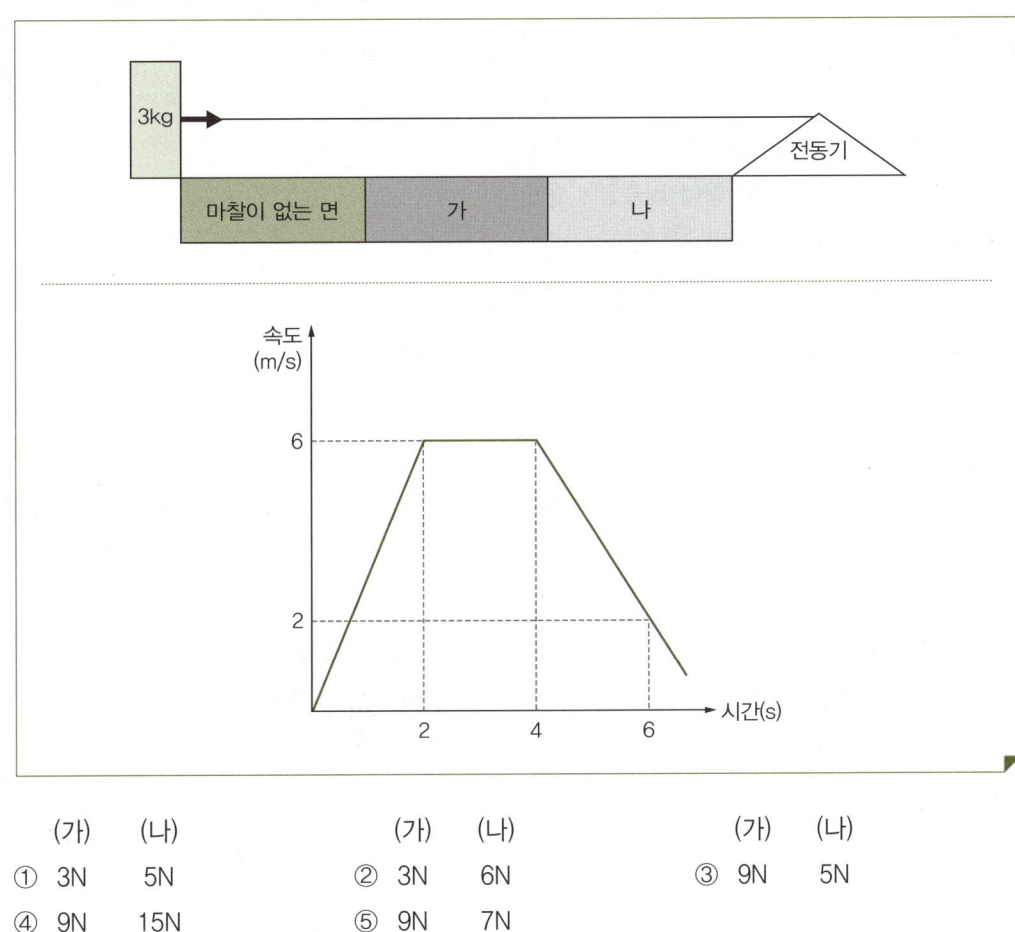

	(가)	(나)		(가)	(나)		(가)	(나)
①	3N	5N	②	3N	6N	③	9N	5N
④	9N	15N	⑤	9N	7N			

영역 1 언어력

01. 밑줄 친 단어와 같은 의미로 사용된 것은 무엇인가?

> 공장 굴뚝에서 연기가 <u>올랐다</u>.

① 옴이 <u>오르면</u> 가려워 온몸을 긁게 된다.
② 과거에 3번 낙방한 끝에 벼슬길에 <u>올랐다</u>.
③ 얼굴에 통통하게 살이 <u>올랐다</u>.
④ 저녁 식탁에 무엇이 <u>오를지</u> 궁금해졌다.
⑤ 뿌연 김이 모락모락 <u>올랐다</u>.

02. 다음 중 '무척 위태로운 일의 형세'나 '매우 다급하고 절박한 순간'을 뜻하는 사자성어로 적절하지 않은 것을 모두 고르면?

> ㉠ 풍전등화(風前燈火)   ㉡ 초미지급(焦眉之急)
> ㉢ 우공이산(愚公移山)   ㉣ 위기일발(危機一髮)
> ㉤ 누란지세(累卵之勢)   ㉥ 백척간두(百尺竿頭)

① ㉡
② ㉢
③ ㉠, ㉡
④ ㉢, ㉤
⑤ ㉣, ㉥

03. 다음은 '잡다'의 유의어와 그 예문이다. 각 유의어에 해당하는 예문으로 적절하지 않은 것은?

유의어	예문
죽이다	㉠
쥐다	㉡
어림하다	㉢
진압하다	㉣
정하다	㉤

① ㉠ : 마을 사람들은 소 한 마리를 <u>잡아</u> 잔치를 벌였다.
② ㉡ : 그들은 멱살을 <u>잡고</u> 싸우고 있었다.
③ ㉢ : 내가 볼 때 수험 준비 기간을 세 달로 <u>잡은</u> 계획은 무리이다.
④ ㉣ : 산불이 난 지 하루 만에 겨우 불길을 <u>잡았다</u>.
⑤ ㉤ : 그녀가 무엇 때문에 찾아왔는지 나는 도무지 감을 <u>잡을</u> 수 없었다.

04. 다음 ㉠ ~ ㉢에 들어갈 단어를 바르게 연결한 것은?

- 셀레늄, 텔루륨 등 희귀 원소들은 전 세계에 골고루 분포하지 않고 일부 지역에 (㉠)되어 있다.
- 미국의 경우 이민자의 유입경로와 지리적 사정에 따라 수십 가지 영어가 (㉡)되어 있고 그 발음도 같은 지역에 거주하는 사람이라도 제각각이다.
- 정부에서는 해외에 (㉢)된 문화재들을 되찾아오기 위해 노력하고 있다.

	㉠	㉡	㉢		㉠	㉡	㉢
①	편재(偏在)	산재(散在)	혼재(混在)	②	편재(偏在)	혼재(混在)	산재(散在)
③	산재(散在)	편재(偏在)	혼재(混在)	④	혼재(混在)	산재(散在)	편재(偏在)
⑤	혼재(混在)	편재(偏在)	산재(散在)				

05. 다음에서 설명하고 있는 단어는?

> 일이나 계획 등이 마음먹은 대로 잘되어 만족스럽게 여김. 또는 그럴 때 나는 소리

① 자제(自制) ② 내재(內在) ③ 매제(妹弟)
④ 쾌재(快哉) ⑤ 박제(剝製)

06. 다음 중 나머지 단어의 의미를 모두 포괄할 수 있는 단어는?

① 이용하다 ② 부리다 ③ 쓰다
④ 덮다 ⑤ 적다

07. 다음 글의 밑줄 친 부분과 바꿔 쓸 수 있는 말은?

> 비행기 날개의 작동 방식에 대한 지식은 다니엘 베르누이의 연구를 통해 세상에 알려졌다. 베르누이는 유체의 속도가 증가할 때 압력이 감소한다는 사실을 알아냈는데 크리스마스 트리에 다는 장식볼 두 개를 이용하여 이를 쉽게 확인해 볼 수 있다. 두 개의 장식볼을 1cm 정도 떨어뜨려 놓고 바람을 이 사이로 통과시키면 장식볼은 가까워져서 서로 맞닿는 모습을 볼 수 있다. 이러한 현상은 장식볼의 곡선을 그리는 표면 위로 흐르는 공기의 속도가 올라가서 압력이 줄어드는 데 반해 장식볼들 주변의 나머지 공기는 보통 압력에 있기 때문에 장식볼들은 서로 <u>붙으려고</u> 하는 것이다.

① 접선(接線)하려고 ② 접착(接着)하려고 ③ 접촉(接觸)하려고
④ 접합(接合)하려고 ⑤ 접목(接木)하려고

08. 다음 글의 밑줄 친 ㉠ ~ ㉤ 중 쓰임이 적절하지 않은 것은?

> 전주 덕진공원 내 덕진연못이 국가중점관리 저수지가 됐다. 지방자치단체가 관리하는 저수지 중 국가중점관리 저수지로 ㉠<u>지정</u>된 것은 전국에서 덕진연못이 처음이다. 전주시는 덕진연못 수질 개선사업을 적극 추진해 덕진공원을 도심의 명물 수변·휴양형 휴식공간으로 만들겠다는 ㉡<u>구상</u>이다.
> 후백제 시대에 ㉢<u>편성</u>된 것으로 알려진 전주 덕진연못은 역사·문화적 가치가 우수한 지역 명소로 전주 한옥마을과 함께 전주의 대표관광지 중 하나다. 주변 지역 도시화와 유입수량 부족으로 수질이 악화됐지만 준설 등을 위해서 막대한 예산이 들어갈 것으로 ㉣<u>전망</u>돼 정비에 어려움을 겪어 왔다.
> 국가중점관리 저수지는 오염된 저수지의 수질개선을 위한 「수질 및 수생태계 보전에 관한 법률」에 따라 지정되며 수질개선을 위한 사업 추진 시 국비를 우선 지원받게 된다. 이에 따라 시는 8월까지 덕진연못 수질오염방지 및 수질개선대책을 수립해 환경부에 제출하여야 하며, 이후 2020년부터 2022년까지 연차적으로 국비 125억 원 등 총 250억 원을 투입해 덕진연못 수질개선 연계사업을 ㉤<u>추진</u>할 수 있게 됐다.

① ㉠ ② ㉡ ③ ㉢
④ ㉣ ⑤ ㉤

09. 다음 빈칸에 들어갈 내용으로 적절한 것은?

> 동양에서는 오랫동안 침묵으로 윗사람에 대한 존중을 표현했다. 이러한 침묵은 상대방의 제안이나 의견에 대해 동의 또는 찬성의 의미를, 친밀한 관계 내에서는 신뢰의 의미를 나타내기도 했다. 그래서 침묵 혹은 과묵한 행동의 가치를 높게 표현하는 사자성어나 속담이 많다. (   ) 등이 그것이다. 그렇다 보니 아랫사람의 의견이나 반문 및 질문이 윗사람에게 반대나 무시, 말대꾸로 여겨져 윗사람에게 침묵을 지키는 것이 우리 민족의 보편적인 정서로 굳어져 버렸다.

① '아는 놈 당하지 못한다'
② '목마른 놈이 우물 판다'
③ '조개껍데기는 녹슬지 않는다'
④ '암탉이 울면 집안이 망한다'
⑤ '장독보다 장맛이 좋다'

10. 다음 중 (가) ~ (라)에 들어갈 낱말을 바르게 연결한 것은?

> • 솥에 고구마를 (가) 찐다.
> • 찬장 (나) 정리된 찻잔에는 어느새 먼지가 쌓였다.
> • 처음 보는 사람이 (다)하며 다가오기에 인사를 했습니다.
> • 고객이 불만을 표하는데 못 들은 (라)하는 이유가 무엇입니까?

	(가)	(나)	(다)	(라)
①	안쳐서	깊숙이	알은체	체
②	앉혀서	깊숙이	알은체	채
③	안쳐서	깊숙이	아는체	체
④	안쳐서	깊숙히	아는체	채
⑤	앉혀서	깊숙히	아는체	체

11. 다음에서 설명하는 접두어의 쓰임이 잘못된 것은?

> • 새- : 어두음이 된소리나 거센소리이고, 어간의 첫음절 모음이 양성모음일 때 사용한다.
> • 샛- : 어두음이 유성자음이고, 어간의 첫음절 모음이 양성모음일 때 사용한다.
> • 시- : 어두음이 된소리나 거센소리이고, 어간의 첫음절 모음이 음성모음일 때 사용한다.
> • 싯- : 어두음이 유성자음이고, 어간의 첫음절 모음이 음성모음일 때 사용한다.

① 유채꽃 축제가 열리는 한강공원의 유채꽃밭은 정말 <u>샛노랗다</u>.
② 여름휴가를 보내고 돌아오니 얼굴이 햇볕에 <u>새까맣게</u> 탔다.
③ 그 아기는 정말 호수처럼 <u>새말간</u> 눈동자를 가졌다.
④ 칼에 베인 엄지손가락에서 <u>시뻘건</u> 피가 흘렀다.
⑤ 가을 들판의 벼이삭들은 <u>싯누렇게</u> 익어서 고개를 숙이고 있었다.

12. 다음 밑줄 친 ㉠ ~ ㉤ 중 맞춤법에 맞지 않는 문장은?

> ㉠육십 대의 연령은 산전수전 다 겪은 내면이 무르익은 나이요, 노년층에 속한다. ㉡옛날로 따지자면 어르신의 위치에 이른 연령이다. ㉢대중이 많이 모인 식당 안에서 입에 담지 못할 육담과 큰 소리로 웃고 떠드는 행위는 나이 고하를 막론하고 눈쌀을 찌푸리게 한다. ㉣굳이 교양과 지성을 들먹이지 않아도 이쯤의 연령에 이르면 공공장소에서 자신이 취할 언행이 무엇인가쯤은 알 법하지 않은가. ㉤더구나 식당 안의 남녀들이 나누는 낯 뜨거운 애정 행각을 바라보게 되었다.

① ㉠ ② ㉡ ③ ㉢
④ ㉣ ⑤ ㉤

13. 다음 밑줄 친 단어의 반의어로 적절한 것은?

> 종혁이는 평소에는 과묵하지만 일단 이야기를 시작하면 굉장한 <u>달변(達辯)</u>이었다.

① 능변(能辯) ② 배변(排便) ③ 강변(强辯)
④ 눌변(訥辯) ⑤ 재변(才辯)

14. 다음 뜻에 가장 부합하는 사자성어는?

> 길흉화복(吉凶禍福)을 예측할 수 없는 인생

① 남가일몽(南柯一夢) ② 가담항설(街談巷說) ③ 곡학아세(曲學阿世)
④ 새옹지마(塞翁之馬) ⑤ 낙화유수(落花流水)

15. 다음 중 ㉠에 나타난 오류와 동일한 오류를 범하고 있는 것은?

> 인간이라면 누구든지 만 세 살 정도밖에 안 되는 몽매(蒙昧)한 나이에 전화까지 받을 수 있을 정도로 모어(母語)에 유창해진다. 나이가 든 뒤 외국어를 배우기 위해 쩔쩔맨 경험을 생각해 본다면 어린이의 언어 습득 능력이 얼마나 신기한 능력인지를 알 수 있을 것이다. 이런 점에서 ㉠<u>인간의 두뇌 속에는 아주 어린 나이에 언어를 습득할 수 있는 특별한 장치가 있는 것이 아닌가 하는 가설이 제기되었다. 하지만 이러한 가설에 대해서 아무도 반증하지 않는 것을 보니, 어린 아이의 두뇌 속에는 특별한 장치가 있음이 틀림없다.</u>

① 한라산에 철쭉꽃이 만발했으니 보나마나 우리나라 전체에 철쭉꽃이 피었을 것이다.
② 시계가 빨리 간다고 좋은 시계는 아니다. 마찬가지로 남보다 부지런히 한 발 앞서 사는 것은 바람직하지 못하다.
③ A 지방 출신 김 씨는 부지런하다. 같은 지방 출신인 이 씨도 그렇고 박 씨도 그렇다. 그러므로 A 지방 출신 사람들은 부지런한 사람들이다.
④ 핵을 금지하자고 주장하는 사람들은 방사능 낙진이 인간의 생명에 위험하다는 것을 증명해 내지 못했다. 그러므로 핵무기 실험계획을 계속해 나가는 것은 안전하다.
⑤ 야구장에 온 어린이 100명에게 가장 좋아하는 운동이 무엇인지 물으니 100명 중 80명이 야구라고 답했다. 우리나라 어린이들이 가장 좋아하는 운동은 야구임에 틀림없다.

16. 석희, 정문, 현수, 재선 4명 중 한 명이 노트북을 고장냈다. 이들 중 오직 한 명만이 진실을 말하고, 3명은 거짓말을 하고 있을 때, 노트북을 고장낸 사람과 진실을 말한 사람을 순서대로 나열한 것은?

> • 석희 : 정문이가 노트북을 고장냈어.
> • 정문 : 석희는 거짓말을 하고 있어.
> • 현수 : 나는 노트북을 고장내지 않았어.
> • 재선 : 노트북을 고장낸 사람은 석희야.

① 석희, 현수   ② 현수, 정문   ③ 현수, 재선
④ 재선, 석희   ⑤ 정문, 석희

17. 한국, 미국, 영국, 일본으로 국적이 서로 다른 A, B, C, D 네 사람이 모였다. 이들의 발언을 참고할 때, 네 사람의 국적을 순서대로 나열한 것은? (단, A만 사실을 말하고 있으며 나머지 세 명은 거짓말을 하고 있다)

- A : 나는 미국인이야.
- B : 나는 한국인도 미국인도 아니야.
- C : 나는 일본인이야.
- D : 나는 한국인이야.

① 미국-한국-일본-영국　② 미국-일본-영국-한국　③ 미국-영국-일본-한국
④ 미국-한국-영국-일본　⑤ 미국-일본-한국-영국

18. ○○기업에서는 자율근무제를 실시하여 오전 8시부터 오전 11시까지 정각을 기준으로 자유롭게 출근할 수 있다. 직원 A~D 4명 중 1명은 거짓, 나머지 3명은 진실을 말한다고 할 때, 다음 중 거짓을 말한 직원과 오전 11시에 출근한 직원을 순서대로 나열한 것은? (단, 네 명의 직원은 모두 다른 시간에 출근했다)

직원 A : 나는 C와 D보다 늦게 출근했다.
직원 B : 나는 8시에 출근하였고, C는 9시에 출근하였다.
직원 C : 나는 10시에 출근하지 않았다.
직원 D : 나는 8시에 출근하였고, A는 9시에 출근하였다.

① 직원 A, 직원 C　② 직원 B, 직원 C　③ 직원 B, 직원 D
④ 직원 D, 직원 A　⑤ 직원 D, 직원 B

19. 다음 명제의 〈결론〉에 대한 설명으로 옳은 것은?

- 장갑을 낀 사람은 운동화를 신지 않는다.
- 양말을 신은 사람은 운동화를 신는다.
- 운동화를 신은 사람은 모자를 쓴다.
- 장갑을 끼지 않은 사람은 목도리를 하지 않는다.
- 수민이는 목도리를 하고 있다.

| 결론 |

(가) 장갑을 낀 사람은 양말을 신지 않는다.
(나) 수민이는 운동화를 신고 있다.
(다) 양말을 신은 사람은 목도리를 하지 않는다.

① (가)만 항상 옳다. ② (나)만 항상 옳다. ③ (다)만 항상 옳다.
④ (나), (다) 모두 항상 옳다. ⑤ (가), (다) 모두 항상 옳다.

20. ○○기업 업무지원팀은 팀원 A, B, C, D, E 5명의 지방 파견 가능 여부를 체크하고 있다. 다음을 바탕으로 할 때, 지방으로 파견될 수 있는 팀원들은 누구인가?

- D는 반드시 파견되기로 하였다.
- D가 파견되면 E도 같이 파견된다.
- C가 파견되면 B는 파견될 수 없다.
- A가 파견되면 D는 파견될 수 없다.
- E가 파견될 경우, A 혹은 C도 같이 파견된다.

① A, B, C ② A, C, D ③ C, D, E
④ A, B, C, E ⑤ B, C, D, E

21. 다음 글의 중심내용으로 적절한 것은?

> 정보 사회라고 하는 오늘날, 우리는 실제적 필요와 지식 정보의 획득을 위해서 독서하는 경우가 많다. 사실은 일정한 목적의식이나 문제의식을 안고 달려드는 독서일수록 능률적인 것이다. 르네상스시대의 만능인이었던 괴테는 그림에 열중하기도 했다. 그는 의아해하는 주위 사람들에게 그림의 대상이 되는 집이나 새를 더 관찰하기 위해서 그림을 그리는 것이라고 대답했다고 전해진다. 그림을 그리겠다는 목적의식을 가지고 집이나 꽃을 관찰하면 평소보다 분명하고 세세하게 그 대상이 떠오를 것이다. 마찬가지로 일정한 주제의식이나 문제의식을 가지고 독서를 할 때, 보다 창조적이고 주체적인 독서 행위가 성립된다.

① 특정 목적이나 문제의식을 가진 독자일수록 효율적인 독서를 할 수 있다.
② 독서의 목적은 독자들이 무엇을 필요로 하느냐에 따라 달라진다.
③ 독자들은 각자 필요한 지식 정보를 획득하기 위해 다양한 책을 읽는다.
④ 독자들이 그림을 그린다면 주체적인 독서를 하는 데에 도움이 될 것이다.
⑤ 괴테의 독서 방법은 정보 사회에 적합한 독서 방법이다.

22. 다음 글의 흐름에 따라 빈칸에 들어갈 문장으로 적절한 것은?

> (   ) 도시의 과밀화는 상대적으로 거주공간이 부족하게 되는 결과를 낳았다. 따라서 최대한 많은 가구를 수용하기 위해 한정된 공간에 많은 집들이 근접하여 있고, 그것도 부족하여 상하좌우로 이웃집이 위치해 있다. 그러나 이러한 물리적 이웃이 모두 마음을 줄 수 있는 이웃은 아니다. 전통적인 이웃 형태와 비교하면 더 가까운 위치에, 더 많은 이웃을 갖게 되었지만 사실상 도시의 거주자들은 이사를 자주 하기 때문에 이웃과 깊게 사귈 시간적 여유가 없다. 그뿐만 아니라 폐쇄적인 아파트의 형태와 바쁜 도시 생활로 한가로이 이웃과 대화할 시간을 만들기도 어렵다.

① 현대 도시 생활의 특징은 주거 공간의 밀집화 현상이다.
② 현대 도시 생활의 특징은 가구의 고립화 현상이다.
③ 현대 도시 생활의 특징은 도시화로 인한 활동의 분주함에 있다.
④ 현대 도시 생활의 특징은 개인주의적 경향이 두드러진 점이다.
⑤ 현대 도시 생활의 특징은 전통적 이웃 형태와의 결별이다.

23. 다음 글을 통해 추론할 수 있는 내용으로 적절하지 않은 것은?

> 우리가 기억하는 것들은 크게 서술 정보와 비서술 정보로 나뉜다. 서술 정보란 학교 공부, 영화 줄거리, 장소나 위치, 사람 얼굴처럼 말로 표현할 수 있는 정보이다. 반면 비서술 정보는 몸으로 습득하는 운동 기술, 습관, 버릇, 반사적 행동 등과 같이 말로 표현할 수 없는 정보이다. 이 중에서 서술 정보를 처리하는 중요한 기능을 담당하는 것은 뇌의 내측두엽에 있는 해마로 알려져 있다. 교통사고를 당해 해마 부위가 손상된 이후 서술 기억 능력이 손상된 사람의 예가 그 사실을 뒷받침한다. 그렇지만 그는 교통사고 이전의 오래된 기억은 모두 회상해냈다. 해마가 장기 기억을 저장하는 장소는 아닌 것이다. 많은 학자들은 서술 정보가 오랫동안 저장되는 곳으로 대뇌피질을 들고 있다.
>
> 그러면 비서술 정보는 어디에 저장될까? 운동 기술은 대뇌의 선조체나 소뇌에 저장되며, 계속적인 자극에 둔감해지는 '습관화'나 한 번 자극을 받은 뒤 그와 비슷한 자극에 계속 반응하는 '민감화' 기억은 감각이나 운동 체계를 관장하는 신경망에 저장된다고 알려져 있다. 감정이나 공포와 관련된 기억은 편도체에 저장된다.

① 서술 정보와 비서술 정보는 말로 표현할 수 있느냐의 여부에 따라 구분된다.
② 장기 기억되는 서술 정보는 대뇌피질에 분산되어 저장된다.
③ 뇌가 받아들인 기억 정보는 유형에 따라 각각 다른 장소에 저장된다.
④ 비서술 정보는 자극의 횟수에 의해 기억 여부가 결정된다.
⑤ 사고로 해마가 손상되었을 경우 기억에 문제가 생길 수 있다.

24. 다음 글에 나타난 글쓴이의 견해와 어긋나는 것은?

> 어떤 연구자는 리더십을 '목표달성을 위해 행사되는 영향력'이라 정의 내리고, 리더의 공통된 자질로는 지력, 교양, 전문지식, 정력, 용기, 정직, 상식, 판단력, 건강을 꼽았다. 그러나 실제로 리더가 갖추어야 할 조건이란 가변적이며, 상황에 따라 달라지는 것이 사실일 것이다.
> 　정치세계에 있어서의 리더십 요건이 경제계, 군대 또는 교육계에 있어서의 요건과 같을 이유는 없다. 정계만을 생각할 때, 그 나라가 어떠한 상황에 놓여 있는가에 따라 필요한 리더십도 달라진다. 즉, 어디에서나 기능하는 유일하고 절대적인 리더십의 존재는 수긍하기 어렵다. 리더십을 강력한 통솔력인 것처럼 해석하는 사람도 있으나, 자유방임형이나 상담형의 리더십도 존재할 수 있으며 상황에 따라서는 후자의 유형이 더 유효하게 기능하는 경우도 있다. 마찬가지로 어떤 조직에서는 또 다른 유형의 리더십이 제대로 기능하는 경우가 있을 수 있다. 리더십이란 특정인만이 갖고 있는 특수한 자질이 아니다. 리더가 될 수 있는 잠재적 능력은 선천적·생득적인 것이 아니라 오히려 후천적이며 대부분의 사람이 훈련에 따라 어떤 형태의 리더십이든지 몸에 익히는 것이 가능하다. 그러나 모든 조직, 집단, 국가는 광의에 있어서의 환경 속에 존재하며, 이것과의 적합성이 항상 의문시된다.
> 　무엇보다 어려운 것은 리더십을 배우는 것보다 어떠한 리더십을 몸에 익히고, 발휘할 것인지를 선택하는 것이다. 통솔력이 뛰어난 강력한 리더가 되는 것보다 특정 조직 또는 환경에 바람직한 리더상이 무엇인지를 간파하는 것이 더욱 까다롭고 중요한 문제이다.

① 조직별로 리더에게 요구되는 자질은 다르므로 뛰어난 장군이 뛰어난 정치가가 될 수 있다고 단정지을 수는 없다.
② 리더십은 훈련을 통해 후천적으로 습득할 수 있다.
③ 특정 환경에 적합한 리더상이 무엇인지 먼저 파악하는 것이 중요하다.
④ 현대에는 통솔력이 뛰어난 리더보다 자유방임형의 리더십이 더 적합하다.
⑤ 같은 조직이더라도 처한 상황이나 환경이 다르면 유효한 리더십의 형태가 달라질 수 있다.

25. 다음 글의 주제로 적절한 것은?

> 신(神)은 신성하거나 성스러운 것으로 간주되는 자연적 혹은 초자연적 존재로, 모르는 것이 없고 못하는 일이 없으며 어떠한 일이라도 다 해내는 절대자의 지혜와 능력을 가진 전지전능한 존재로 정의된다. 철학자들은 신이 존재하는가에 대해 다양한 신 존재 증명 이론을 내세웠다. 신의 존재에 대한 다양한 증명 이론 중 목적론적 신 존재 증명은 존재론적 증명, 우주론적 증명과 함께 신의 존재를 증명하기 위한 고전적 3대 증명으로 손꼽힌다.
>
> 목적론적 신 존재 증명에서 이 세계는 정연한 목적론적 질서를 드러내고 있고, 그것은 전지전능한 신에 의해 만들어진 것이라는 추론형식을 취한다. 목적론적인 질서에는 복잡한 유기체의 구조나 본능적 행동의 합목적성에서부터 우주의 정연한 질서가 상정되어 있으며, 목적론적 신 존재 증명은 이 세계가 매우 탁월한 질서를 가지고 있다고 전제한다. 이 세계를 설계하고 유기체를 창조한 고도의 이성적 능력을 가진 원인으로서의 신이 존재해야 한다고 추론하는 것이다. 따라서 목적론적 신 존재 증명은 결과인 자연현상으로부터 그 원인인 신을 추론하는 증명이다.

① 신의 존재를 증명하는 고전적 3대 이론의 비교
② 목적론적 신 존재 증명이론의 개념
③ 고전 철학자들의 진화이론과 우주의 이해
④ 삼단추론논법을 활용한 신 존재 이론에 대한 이해
⑤ 철학적인 자연현상의 이해

26. 다음 글의 주제로 적절한 것은?

원시공동체의 수렵채취 활동은 그 집단이 소비해 낼 수 있는 만큼의 식품을 얻는 선에서 그친다. 당장 생존에 필요한 만큼만 채취할 뿐 결코 자연을 과다하게 훼손하지 않는 행태는 포악한 맹수나 원시 인류나 서로 다를 바 없었다. 이미 포식한 뒤에는 더 사냥하더라도 당장 먹을 수 없고, 나중에 먹으려고 남기면 부패하므로 욕심을 부릴 까닭이 없기 때문이었다. 또 각자 가진 것이라고는 하루 분 식품 정도라서 강탈해도 얻는 것이 별로 없으니 목숨을 걸고 다툴 일도 없었다. 더 탐해도 이익이 없으므로 욕심내지 않기 때문에 원시공동체의 사람이나 맹수는 마치 스스로 탐욕을 절제하는 것처럼 보인다.

신석기시대에 이르면 인류는 수렵채취 중심의 생활을 탈피하고 목축과 농사를 주업으로 삼기 시작한다. 목축과 농사의 생산물인 가축과 곡물은 저장 가능한 내구적 생산물이다. 당장 먹는 데 필요한 것보다 더 많이 거두어도 남는 것은 저장해 두었다가 뒷날 쓸 수 있다. 따라서 본격적인 잉여의 축적도 이 시기부터 일어나기 시작하였다. 그리고 축적이 늘어나면서 약탈로부터 얻는 이익도 커지기 시작했다. 많이 생산하고 비축하려면 그만큼 힘을 더 많이 들여야 한다. 그런데 그 주인만 제압해 버리면 토지와 비축물을 간단히 빼앗을 수 있다. 내 힘만 충분하면 토지를 빼앗고 원래의 주인을 노예로 부리면서 장기간 착취할 수도 있으니 가장 수익성 높은 '생산' 활동은 약탈과 전쟁이다. 이렇게 순수하고 인간미 넘치던 원시 인류도 드디어 탐욕으로 오염되었고 강한 자는 거리낌 없이 약한 자의 것을 빼앗기 시작하였다.

① 잉여의 축적과 약탈의 시작
② 인류에게 내재된 탐욕의 기원
③ 목축과 농사의 인류학적 가치
④ 사적 소유의 필요성
⑤ 약탈 방법의 다양성과 진화

27. 다음 (가) ~ (라)를 글의 흐름에 맞게 순서대로 배열한 것은?

(가) 충직한 장군이었던 맥베스는 마녀들의 예언을 들은 후 왕이 되기 위해 야망을 불태운다. 맥베스 부인은 덩컨 왕을 시해할 준비를 하지만, 맥베스가 주저하는 모습을 보고 남성의 최고 가치인 용기를 들먹이면서 맥베스를 비난한다. 이처럼 맥베스 부부에 의해 전통적 남녀의 역할이 전도된 것은 도덕적 질서가 교란되고 있음을 보여 준다. 결국 맥베스는 아내의 재촉으로 인해 칼을 들게 된다.

(나) 〈맥베스〉는 세 마녀가 맥베스와 뱅코 장군에게 미래를 예언하면서 시작한다. 예언의 내용은 맥베스가 머지않아 스코틀랜드의 왕위에 오르리라는 것과 뱅코의 자손이 차기 왕이 되리라는 것이다. 안개가 자욱한 동굴 앞에서 혼란을 예고한 세 마녀는 당시 사람들에게는 악마의 대리자로 해석되었지만, 현대인들에게는 인간의 근원적 욕망과 공포의 상징, 즉 인간 내면의 악이 투영된 존재로 해석된다.

(다) 덩컨 왕의 시해 이후 자연계의 질서가 혼란해지는데, 이는 인간사회의 질서 교란과 병치된다. 왕위에 오른 맥베스는 예언을 기억하고 자객을 보내 뱅코를 살해한다. 하지만 어느 날, 그의 앞에 뱅코의 유령이 나타난다. 유령이 맥베스에게만 보이는 것을 보면 맥베스의 죄책감이 유령이라는 형상을 지닌 채 일상의 영역을 침범하게 된 것이다.

(라) 셰익스피어 연구가 브래들리(Bradley)는 셰익스피어의 비극을 '높은 지위에 있는 사람을 죽음으로 이끄는 특별한 불행'이라고 정의한다. 주인공에게 불행을 일으키는 원인은 도덕적 악이고, 그것이 주인공의 의식질서를 파괴함으로써 불행을 자아낸다는 것이다. 이러한 불행으로 가장 파멸적인 결과를 낳는 작품은 셰익스피어의 4대 비극 중 〈맥베스〉이다.

① (나) - (가) - (라) - (다) ② (라) - (가) - (다) - (나)
③ (라) - (가) - (나) - (다) ④ (라) - (나) - (다) - (가)
⑤ (라) - (나) - (가) - (다)

28. 다음 글을 읽고 추론한 내용으로 적절한 것은?

> 우리 민족은 활에 대해 각별한 관심을 가지고 있었으며, 활을 중요한 무기로 여겼다. 이에 따라 활 제작 기술도 발달했는데, 특히 조선 시대의 활인 각궁(角弓)은 매우 뛰어난 성능과 품질을 지니고 있었다. 그렇다면 무엇이 각궁을 최고의 활로 만들었을까?
>
> 활은 복원력을 이용한 무기이다. 복원력은 탄성이 있는 물체가 힘을 받아 휘어졌을 때 원래대로 돌아가는 힘으로, 물체의 재질과 변형 정도에 따라 힘의 크기가 변한다. 이를 활에 적용해 보자. 활의 시위를 당기면 당기는 만큼의 복원력이 발생한다. 복원력은 물리학적인 에너지의 전환 과정이기도 하다. 사람이 시위를 당기면 원래의 위치에서 당긴 거리만큼의 위치 에너지가 화살에 작용하게 된다. 따라서 시위를 활대에서 멀리 당기면 당길수록 더 큰 위치 에너지가 발생하게 된다. 이때 시위를 놓으면 화살은 날아가게 되는데, 바로 이 과정에서 위치 에너지가 운동 에너지로 전환된다. 즉 시위를 당긴 거리만큼 발생한 위치 에너지가 운동 에너지로 바뀌어 화살을 날아가게 하는 것이다.
>
> 또한 복원력은 활대가 휘는 정도와 관련이 있다. 일반적으로 활대가 휘면 휠수록 복원력은 더 커지게 된다. 따라서 좋은 활이 되기 위해서는 더 큰 위치 에너지를 만들어 낼 수 있는 탄성이 좋은 활대가 필요하다. 각궁은 복원력이 뛰어난 활이다. 그 이유는 각궁이 동물의 뿔이나 뼈, 힘줄, 탄성 좋은 나무 등 다양한 재료를 조합해서 만든 합성궁이기 때문이다. 합성궁은 대나무와 같은 한 가지 재료로 만든 활보다 탄력이 좋아서 시위를 풀었을 때 활이 반대 방향으로 굽는 것이 특징이다. 바로 이러한 특성으로 인해 각궁은 뛰어난 사거리와 관통력을 갖게 되었다.

① 고려 시대의 활은 여러 재료의 조합이 아닌 한 가지 재료로만 만들어졌다.
② 위치 에너지가 운동 에너지로 전환되는 힘의 크기가 활의 사거리와 관통력을 결정한다.
③ 활대가 많이 휠수록 복원력은 더 커지므로, 활이 많이 휠 수 있다면 가격은 비싸진다.
④ 각궁이 나무로만 만들어진 활보다 탄력이 좋은 이유는 다양한 재료의 조합과 시위를 풀었을 때 활이 반대 방향으로 굽도록 설계된 모양 덕분이다.
⑤ 시위를 많이 당길수록 운동 에너지가 증가하여 복원력이 높아진다.

29. 다음 글을 바탕으로 할 때, '프로크루스테스의 침대'를 활용하여 비유하기에 적절한 상황은?

> 아테네의 영웅 테세우스가 괴물들을 물리치는 여행을 하던 중 침대를 가지고 여행객을 괴롭히는 프로크루스테스를 만났다. 그는 나그네들을 자신의 침대에 눕혀서 침대보다 키가 크면 다리를 잘라 버리고 작으면 늘여서 고통을 주었다. 테세우스는 그와 혈투를 벌여 이긴 후에 똑같은 형벌을 주었다. 이후로 '프로크루스테스의 침대'는 자신이 세운 기준에 얽매여 잘못된 판단을 하는 사람들을 지칭하는 표현으로 쓰이고 있다.
> 　하나의 경로만 정상으로 간주하면 개인의 고유성은 소외된다. 그런 기준으로부터 상정되는 평균이란 그리스 신화에 등장하는 '프로크루스테스의 침대' 같은 것이 아닐까? 이 침대는 거의 모든 사람들을 부적격자로 만든다. 애초에 침대를 사람에게 맞춰야지 왜 사람의 키를 침대에 맞춰 늘였다 잘랐다 고통을 주는가? 특정한 기준에서는 정의되지 않는 능력들, 경제적 가치로 환원되지 않아 사장되는 다채로운 재능들을 놓친다면 그것은 사회적인 낭비가 아닐까?
> 　자신의 고유한 역량을 이해받고 발휘하고 그에 몰입해서 인정받을 때 인간은 행복을 느낀다. 모든 개인의 가치를 고루 살피고 구성원의 자존감을 향상시키기 위해서는 가치의 기준들이 다원화돼야 한다. 평균을 산출하는 단편적인 잣대로는 규정되기 어려운 잠재적인 재능들을 돌보아야 한다. 교육은, 특히 교양 미술교육은 그렇게 가야 한다.

① 회의할 때마다 판단 기준이 매번 달라지는 A 과장
② 상황이 달라졌음에도 기존의 평가 기준으로만 새로운 기획을 비판하는 B 팀장
③ 상대방의 의견을 잘 경청하지 않는 C 대리
④ 팀 프로젝트에서 본인의 자료를 팀원들과 공유하지 않으려고 하는 D 과장
⑤ 업무 보고 시 자신에게 불리한 사항은 제외하고 유리한 내용만을 보고하는 E 대리

30. 다음 중 빈칸에 들어갈 말로 적절한 것은?

한국 전통 춤이 가진 특성의 하나를 단적으로 나타내는 말로, "손 하나만 들어도 춤이 된다."라는 표현이 있다. 겉으로는 동작이 거의 없는 듯하면서도 그 속에 잠겨 흐르는 미묘한 움직임이 있다는 것이다. 이를 흔히 정중동(靜中動)이라고 한다. (   ) 가장 간소한 형태로 가장 많은 의미를 담아내고, 가장 소극적인 것으로 가장 적극적인 것을 전개하여 불필요한 것이나 잡다한 에피소드를 없애고 사상(事象)의 본질만을 드러낸다.

① 정중동은 우리나라를 대표하는 가장 고귀한 춤이다.
② 정중동은 화려하고 다양한 동작으로 강렬하게 완성된다.
③ 정중동은 여인의 한을 담고 있는 슬픈 몸짓으로 표현된다.
④ 정중동은 수많은 움직임을 하나의 움직임으로 집중하여 완결시킨 경지이다.
⑤ 정중동은 한국인들이 지니고 있는 한의 정서를 표현한다.

31. 다음 글에 대한 설명으로 적절한 것은?

우리가 자유를 제한하지 않을 수 없는 이유는 모든 사람들에게 무제한의 자유를 허용했을 경우에 생기는 혼란과 일반적 불이익에 있다. 모든 사람들이 제멋대로 행동할 수 있게 된다면 서로가 서로의 길을 방해할 것이고, 결국 대부분의 사람들이 심한 부자유의 고통을 받는 결과에 이르게 될 것이다. 자유의 역리(逆理)라고 부를 수 있는 이러한 모순을 방지하기 위하여 자유의 제한은 불가피하다. 자유를 제한하는 것이 바람직하기 때문이 아니라, 더 큰 악(惡)을 막기 위하여 자유를 제한한다는 이 사실을 근거로 우리는 하나의 원칙을 얻게 된다. 자유의 제한은 모든 사람들을 위해서 불가피할 경우에만 가해야 한다는 것이다. 자유에 대한 불필요한 제한은 정당화될 수 없다. 사회의 질서와 타인의 자유를 해치지 않는 한 최대한의 자유를 허용하는 것이 바람직하다.

① 자유의 역리란 무조건 사람들의 자유를 빼앗아야 한다는 이론이다.
② 사람들의 자유를 제한하는 행위는 매우 바람직하다.
③ 사람들이 서로의 자유를 침해하지 않는다면 자유를 보장해야 한다.
④ 사람들에게 법률에 의한 자유침해는 전혀 필요치 않다.
⑤ 자유를 무제한으로 허용해도 서로의 이익을 침해하지는 않을 것이다.

32. 다음 (가) ~ (마)를 문맥에 맞게 배열한 것은?

> (가) 중미 멕시코가 원산지인 고추는 '남만초'나 '왜겨자'라는 이름으로 16세기 말 조선에 전래되어 17세기부터 서서히 보급되다가 17세기 말부터 가루로 만들어져 비로소 김치에 쓰이게 되었다.
> (나) 19세기 무렵에 와서 고추는 향신료로서 압도적인 우위를 차지하게 되었다.
> (다) 김치와 관련하여 우리나라 향신료의 대명사로 쓰이는 고추는 생각만큼 오랜 역사를 갖고 있지 않다.
> (라) 그 결과 후추는 더 이상 고가품이 아니게 되었으며, '산초'라고도 불리는 천초의 경우 지금에 와서는 간혹 추어탕에나 쓰일 정도로 중요하지 않게 되었다.
> (마) 조선 전기까지 주요 향신료는 후추, 천초 등이었고, 이 가운데 후추는 값이 비싸 쉽게 얻을 수 없었다.

① (가)-(나)-(마)-(라)-(다)
② (나)-(라)-(다)-(마)-(가)
③ (다)-(가)-(마)-(나)-(라)
④ (다)-(나)-(가)-(라)-(마)
⑤ (마)-(라)-(다)-(가)-(나)

33. 다음 글에서 전달하고자 하는 내용으로 가장 알맞은 것은?

> 1920년대 중국에서 벌어진 내전 중에 병사들을 이끌고 적진으로 향해 가던 한 장교가 작은 강을 만나게 되었다. 장교는 그 동네의 노인에게 강의 평균 수심이 얼마냐고 물었다. 노인은 평균 수심이 1.4미터라고 알려 주었고, 장교는 평균 수심이 1.4미터인 데 반해 병사들의 평균 키가 1.65미터이므로 걸어서 행군이 가능하다고 판단하고 진격을 명하였다. 그런데 이 강은 강 가운데를 비롯해 여러 곳의 수심이 병사들의 평균 키보다 훨씬 깊어서 강을 건너는 중에 물에 빠져 죽는 병사들이 생겨났다. 특히 평균 키보다 작은 병사들의 희생이 컸다.

① 통계는 거짓말을 하지 않는다.
② 평균은 다양한 상황에서 가장 많이 활용되고 있다.
③ 한 집단을 평가할 때 평균은 유용한 수단으로 사용된다.
④ 평균값을 활용하기에 적절한 상황과 적절하지 않은 상황을 구분해야 한다.
⑤ 현대 사회는 점점 더 많은 변수들에 의해 다양해지는 상황의 연속이다.

34. 다음 글의 빈칸에 들어갈 문장으로 적절한 것은?

> 토크 쇼의 여왕으로 불리는 오프라 윈프리. 오프라는 출연자의 마음을 이해하는 데 있어 뛰어났고, 시카고의 30분짜리 아침 프로그램을 미국 대표 토크 쇼로 만들었다. 이것이 바로 '오프라 윈프리 쇼'다.
> 그녀는 상대방을 설득하기 위한 방법으로 다섯 가지를 들었다. 첫째, 언제나 진솔한 자세로 말한다. 둘째, 아픔을 함께하는 자세로 한다. 셋째, 항상 긍정적으로 말한다. 넷째, 사랑스럽고 따뜻한 표정으로 대화한다. 다섯째, 말할 때는 상대방을 위한다는 생각으로 정성을 들여 말한다. 그녀는 (   )을 가장 잘 알고 있었던 것이다.

① 인종차별을 이겨 내기 위한 노력의 힘
② 자신의 의도를 정확하게 전달하는 비결
③ 상대방을 설득하여 협상에서 이기는 비법
④ 자신의 주관을 지키는 방법
⑤ 공감을 통한 화법이 가지는 힘

35. 다음 (가) ~ (마)를 문맥에 맞게 나열한 것은?

> (가) 예를 들어, 주사위 세 개를 동시에 던지는 게임을 생각해 보자. 첫 번째 던지기 결과는 두 번째 던지기 결과에 어떤 영향도 미치지 않으며, 이런 의미에서 두 사건은 서로 상관이 없다.
> (나) '도박사의 오류'라고 불리는 것은 특정 사건과 관련 없는 사건을 관련 있는 것으로 간주했을 때 발생하는 오류이다.
> (다) 이 오류는 독립적인 사건임에도 불구하고 앞 사건의 결과를 바탕으로 미래에 일어날 특정 사건을 예측할 때 발생한다.
> (라) 그럼에도 불구하고 우리는 "10번 던질 동안 한 번도 6의 눈이 나오지 않았으니, 이번 11번째 던지기에서는 6의 눈이 나올 확률이 무척 높다."라고 말하는 경우를 종종 볼 수 있다.
> (마) 마찬가지로 10번의 던지기에서 한 번도 6의 눈이 나오지 않았다는 것은 11번째 던지기에서 6의 눈이 나올 확률이 높다는 것과 아무 상관이 없다.

① (가)-(마)-(라)-(나)-(다)
② (가)-(마)-(라)-(다)-(나)
③ (나)-(가)-(마)-(라)-(다)
④ (나)-(마)-(라)-(가)-(다)
⑤ (다)-(가)-(마)-(라)-(나)

36. 다음 글을 읽고 추론한 내용으로 적절하지 않은 것은?

> 실업이란 일할 의사와 능력이 있음에도 불구하고 일자리를 찾지 못하고 있는 상태를 의미한다. 그런데 실업은 개인이 스스로 선택한 경우도 있고 사회·경제적인 외부 환경에 의해서도 발생할 수 있다. 전자를 자발적 실업, 후자를 비자발적 실업이라 한다. 문제가 되는 것은 본인의 의지와 상관없이 발생하는 비자발적 실업이다.
>
> 일반적으로 만 15세 이상의 사람들을 노동가능인구라 하는데(단, 전투경찰과 군인, 수감자는 15세 이상이라도 노동가능인구에서 제외) 이 중 일할 능력과 의지를 가진 사람들을 경제활동인구, 그렇지 않은 사람들을 비경제활동인구라 한다. 일할 의사가 없는 전업주부나 학생, 일할 능력이 없는 노약자, 환자, 그 밖에 구직의사는 있으나 구직을 포기한 구직단념자 등은 비경제활동인구에 속한다. 경제활동인구 중 실제로 일자리를 얻은 사람들을 취업자, 그렇지 못한 사람들을 실업자로 분류한다. 경제활동인구 중 실업자가 차지하는 비중을 실업률이라고 하며, 15세 이상 인구 중 취업자가 차지하는 비중을 고용률이라고 한다. 또한 15세 이상 인구 중 경제활동인구가 차지하는 비중을 경제활동참가율이라고 한다.

① 노동가능인구는 취업자, 실업자, 비경제활동인구를 포함하는 개념이다.
② 군인은 경제활동인구와 노동가능인구에 모두 포함되지 않는다.
③ 구직단념자가 많아질수록 실업률이 높아진다.
④ 실업자 수가 감소하여 그만큼 취업자가 되어도 경제활동참가율은 변하지 않는다.
⑤ 직장 생활을 하던 근로자가 갑작스런 심신장애로 사회생활이 어려워져도 노동가능인구에는 변함이 없다.

37. 다음 중 주제와 다른 이야기를 하는 사람은?

> A : 아이들 자신과 관련 있는 이야기를 쓴 책이 좋다고 생각해. 자신과 관련 있는 이야기라면 재미도 있고 공감도 많이 할 수 있어.
> B : 아이들은 재미가 없으면 책을 잘 읽으려고 하지 않아. 하지만 재미가 없더라도 좋은 책을 많이 읽는 습관을 기르는 것이 중요해.
> C : 많이 팔리는 책이 좋다고 생각해. 많은 사람들이 읽었다면 좋은 책일 거야.
> D : 누가 책을 썼느냐가 중요하다고 생각해. 글쓴이가 유명하면 책 내용도 좋지 않겠어?
> E : 그런 책이 모두 좋다고는 할 수 없어. 그보다는 아이들 수준에 맞아야 한다고 생각해. 어른들이 좋다고 하더라도 내용이 너무 어려워서 읽지 못한다면 소용없어.

① A
② B
③ C
④ D
⑤ E

38. 다음 글에서 강조한 스마트 팩토리의 특징으로 가장 적절한 것은?

> 기존 공장에서도 컴퓨터나 로봇을 사용하면 공정별로 자동화가 이루어진다. 하지만 이 공정들은 각각 독립되어 있다. 반면 스마트 팩토리는 생산설비에 지능을 부여해 공정별 자동화 과정에 유기성을 확보한다. 각 설비들이 각각의 공정마다 정보를 주고받을 수 있고, 전반적인 생산단계를 실시간으로 분석하면서 최적의 생산 환경을 만드는 것이다. 불량품 확인을 예로 들어 보자. 기존 자동화 공장에서는 모든 공정을 마친 후, 최종 제품이 나온 뒤에 제품의 불량 여부를 확인할 수 있었다. 그러나 스마트 팩토리는 공정별 문제점을 실시간으로 발견할 수 있다. 문제가 발생한 바로 직전 단계에서 새로운 공정 지시를 내려 실시간으로 불량의 원인을 제거한다. 이렇게 스마트 팩토리는 지능화된 장비들이 서로 연결되어 더욱더 거시적인 생산 공정 환경으로 변화하게 된다.

① 소품종 대량생산
② 다품종 소량생산
③ 공정별 설비의 연결성 확보
④ 공정별 생산설비의 자동화 실현
⑤ 데이터 활용을 통한 운영 패러다임의 변화

39. 다음 글의 ㉠ ~ ㉤ 중 〈보기〉가 들어가기에 적절한 곳은?

(㉠) 어떤 물체가 물이나 공기와 같은 유체 속에서 자유 낙하할 때 물체에는 중력, 부력, 항력이 작용한다. 중력은 물체의 질량에 중력 가속도를 곱한 값으로 물체가 낙하하는 동안 일정하다. 부력은 어떤 물체에 의해서 배제된 부피만큼의 유체의 무게에 해당하는 힘으로, 항상 중력의 반대 방향으로 작용한다.
(㉡) 빗방울에 작용하는 부력의 크기는 빗방울의 부피에 해당하는 공기의 무게이다. 공기의 밀도는 물의 밀도의 1,000분의 1 수준이므로, 빗방울이 공기 중에서 떨어질 때 부력이 빗방울의 낙하 운동에 영향을 주는 정도는 미미하다. 그러나 스티로폼 입자와 같이 밀도가 매우 작은 물체가 낙하할 경우에는 부력이 물체의 낙하 속도에 큰 영향을 미친다.
(㉢) 물체가 유체 내에 정지해 있을 때와는 달리 유체 속에서 운동하는 경우에는 물체의 운동에 저항하는 힘인 항력이 발생하는데, 이 힘은 물체의 운동 방향과 반대로 작용한다. 항력은 유체 속에서 운동하는 물체의 속도가 커질수록 이에 상응하여 커진다. 항력은 마찰 항력과 압력 항력의 합이다.
(㉣) 안개비의 빗방울이나 미세 먼지와 같이 작은 물체가 낙하하는 경우에는 물체의 전후방에 생기는 압력 차가 매우 작아 마찰 항력이 전체 항력의 대부분을 차지한다. 빗방울의 크기가 커지면 전체 항력 중 압력 항력이 차지하는 비율이 점점 커진다. 반면 스카이다이버와 같이 큰 물체가 빠른 속도로 떨어질 때에는 물체의 전후방에 생기는 압력 차에 의한 압력 항력이 매우 크므로 마찰 항력이 전체 항력에 기여하는 비중은 무시할 만하다. (㉤)

―| 보기 |―
마찰 항력은 유체의 점성 때문에 물체의 표면에 가해지는 항력으로, 유체의 점성이 크거나 물체의 표면적이 클수록 커진다. 압력 항력은 물체가 이동할 때 물체의 전후방에 생기는 압력 차에 의해 생기는 항력으로, 물체의 운동 방향에서 바라본 물체의 단면적이 클수록 커진다.

① ㉠ ② ㉡ ③ ㉢
④ ㉣ ⑤ ㉤

40. 다음 글을 토대로 마찰력에 대해 이해한 내용으로 적절하지 않은 것은?

> 마찰력은 물체와 물체가 맞닿는 부분에서 물체의 운동을 방해하는 힘을 말한다. 땀이 난 손과 병뚜껑 사이, 크레파스와 유리가 맞닿는 면 그리고 얼음과 신발 사이에서 마찰력이라는 힘이 작용한다. 그런데 마찰력은 접촉하는 면의 성질이나 상태에 따라 크기가 다르다. 접촉하는 면이 거칠 때의 마찰력이 매끄러울 때보다 더 크다. 만약 마찰력이 없다면 우리는 어떤 물건도 잡을 수 없고, 걷거나 앉아 있을 수도 없을 것이다. 반대로 마찰력이 크면 물건을 잡거나 걷기가 편해진다.
> 우리의 손가락 끝에 올록볼록 튀어나온 지문이 마찰력을 크게 만들어 주기 때문에 물건을 떨어뜨리지 않고 잘 잡을 수 있다. 또 울퉁불퉁한 운동화 바닥이나 자동차 타이어의 홈도 지면과의 마찰력을 높여 미끄러지지 않도록 하기 위한 것이다. 사실 맑은 날에는 타이어의 홈이 없어도 잘 달릴 수 있다. 즉, 홈이 없더라도 타이어에 마찰력이 작용하기 때문에 미끄러지지 않을 수 있다. 하지만 비나 눈이 오는 날에는 사정이 달라진다. 홈이 없는 타이어의 경우 마치 수상스키를 타듯 미끄러질 것이다. 물이나 눈을 훔쳐내서 바퀴와 지면이 접촉할 수 있도록 하는 것 또한 타이어의 홈의 역할이다.
> 그렇다면 마찰력은 클수록 좋은 것일까? 그렇지만은 않다. 만약 수영장 미끄럼틀의 마찰력이 크다고 생각해 보자. 마찰력이 큰 미끄럼틀에서 미끄럼을 타면 속도도 느릴 뿐 아니라 엄청난 마찰력 때문에 그야말로 엉덩이가 불이 나는 것처럼 뜨겁고 상처도 입게 될 것이다. 그래서 수영장 미끄럼틀 위로 흐르는 물이 마찰력을 줄여 주어 사람들이 빠른 속도로 미끄러지도록 하는 중요한 역할을 한다.
> 축구 선수와 테니스 선수의 신발을 비교해 보자. 축구 선수들은 멈추고 싶을 때 미끄러지지 않고 재빨리 멈출 수 있어야 한다. 그래서 축구화 바닥에 스파이크를 만들어 지면과의 마찰력을 최대한 크게 한다. 이에 비해 테니스화는 날아오는 공을 재빨리 받아칠 수 있어야 하므로 축구화보다 잘 미끄러지도록 마찰력이 작게 만들어야 한다.
> 그렇다면 스피드 스케이트 선수들의 신발은 어떨까? 스케이트의 블레이드 날이 두꺼우면 마찰력이 커진다. 마찰력이 스케이트 블레이드에 의해 생성되어 스케이트 날이 얼음과 맞닿는 부분에 작용하기 때문이다. 스케이트 블레이드 날이 얇으면 얇을수록 접촉면인 얼음과의 마찰력이 작아져 미끄러지듯이 빠르게 달릴 수 있게 되는 것이다.

① 땀이 난 손과 병뚜껑 사이의 마찰력은 맨손일 때보다 크다.
② 얼음과 신발 사이의 마찰력은 울퉁불퉁한 흙 위에서보다 작다.
③ 크레파스로 유리에 그림을 그리면 마찰력이 작아서 도화지에 그릴 때보다 잘 안 그려진다.
④ 운동화 바닥을 울퉁불퉁하게 만드는 것은 지면과의 마찰력을 높여 미끄러지지 않도록 하기 위해서이다.
⑤ 자기부상열차는 레일과 열차 바닥의 극을 깊게 만들어 레일 위를 조금 떠서 달리기 때문에 레일과의 마찰력이 거의 없어 빠른 속도를 낼 수 있다.

영역 2 수리력

40문항/20분

01. 다음을 계산했을 때, 그 값으로 알맞은 것은?

$$7.6 + 2.4 \times \frac{3}{10} = (\quad)$$

① 5.12 ② 6.17 ③ 7.64
④ 8.32 ⑤ 9.24

02. A, B, C의 대소를 바르게 비교한 것은?

$$A = \left(\frac{189}{21} + 2.8\right) \times 10$$
$$B = (11^2 + 18) - 4^2$$
$$C = (15 - 32 + 1)^2 \div 2$$

① B > A > C ② B > C > A ③ C > A > B
④ C > B > A ⑤ A > C > B

03. 농도가 각각 16%, 26%인 설탕물 A, B가 100g씩 있다. A에서 25g을 덜어 내어 B에 넣고 잘 섞은 후에 다시 B에서 25g을 덜어 내어 A에 넣은 후에 섞으면 설탕물 A의 농도는 몇 %인가?

① 12% ② 16% ③ 18%
④ 20% ⑤ 22%

04. 유미는 3일에 걸쳐 책을 읽고 있는데, 첫째 날에는 책의 $\frac{1}{3}$을 읽었고, 둘째 날에는 책의 $\frac{1}{4}$을 읽었으며, 마지막 날에는 100장을 읽었더니 200장이 남았다. 책의 총 페이지는 몇 장인가?

① 490장　　　　　② 560장　　　　　③ 680장
④ 700장　　　　　⑤ 720장

05. 기호를 다음과 같이 가정할 때, '?'에 들어갈 값은?

> A★B=AB−A
> A◇B=2A+B
> (8◇7)★3=(?)

① 23　　　　　② 26　　　　　③ 46
④ 49　　　　　⑤ 69

06. 3m 길이의 끈을 모두 사용하여 직사각형을 만들려고 한다. 만약 직사각형의 가로 길이가 세로 길이의 2배라면 이 직사각형의 넓이는 얼마인가?

① 0.5m²　　　　　② 0.8m²　　　　　③ 1.2m²
④ 1.5m²　　　　　⑤ 1.8m²

07. 진우는 8세, 진우의 형 형진이는 13세, 어머니는 48세이다. 어머니의 나이가 진우와 형진이의 나이를 합한 것의 두 배가 되는 것은 몇 년 후인가?

① 6년 후　　　　　② 5년 후　　　　　③ 4년 후
④ 3년 후　　　　　⑤ 2년 후

08. 원가가 100,000원인 물건에 30%의 이익을 붙여 판매하다가 15%를 할인하였다. 할인된 판매가는?

① 115,000원 ② 119,500원 ③ 110,500원
④ 120,000원 ⑤ 120,500원

09. 갑, 을, 병, 정, 무가 긴 의자에 나란히 앉으려고 한다. 무작위로 자리를 배치한다고 할 때, 갑과 을이 서로 인접한 자리에 앉을 확률은?

① $\dfrac{1}{5}$ ② $\dfrac{2}{5}$ ③ $\dfrac{1}{4}$
④ $\dfrac{1}{3}$ ⑤ $\dfrac{1}{2}$

10. 유람선이 시속 3km로 흐르는 강물을 따라 36km를 내려가는 데 2시간이 걸렸다. 유람선이 다시 강을 거슬러 올라가려고 할 때, 18km를 올라가는 데 걸리는 시간은?

① 1시간   ② 1시간 30분   ③ 2시간
④ 2시간 30분   ⑤ 3시간

11. 가로와 세로의 길이가 각각 10cm, 14cm인 직사각형이 있다. 이 직사각형의 가로와 세로를 똑같은 길이만큼 늘여 새로운 직사각형을 만들었더니 넓이가 기존보다 80% 증가하였다. 새로운 직사각형의 가로 길이는 몇 cm인가?

① 12cm   ② 14cm   ③ 16cm
④ 18cm   ⑤ 20cm

12. 짐을 운반하는 A와 B가 다음과 같이 말했을 때, A와 B가 현재 가지고 있는 짐은 총 몇 개인가?

> A : "만약 내가 가진 짐 중에서 한 개를 B에게 준다면 B가 가진 짐의 개수는 나의 3배가 될 것이다."
> B : "만약 내가 가진 짐 중에서 한 개를 A에게 준다면 우리가 가진 짐의 개수는 똑같아질 것이다."

① 8개 ② 9개 ③ 10개
④ 12개 ⑤ 14개

13. A는 매달 20만 원을, B는 매달 50만 원을 저축하기로 하였다. 현재 A가 모은 돈은 200만 원이고 B가 모은 돈은 100만 원이라면 B가 모은 돈이 A가 모은 돈의 두 배가 넘는 것은 지금부터 몇 개월 후부터인가?

① 25개월 ② 27개월 ③ 29개월
④ 31개월 ⑤ 33개월

14. 고등학생 40명을 대상으로 국어, 수학, 영어 3과목에 대한 선호도를 조사하였다. 국어를 좋아하는 학생이 25명, 수학을 좋아하는 학생이 19명, 영어를 좋아하는 학생이 13명이고, 국어와 수학을 모두 좋아하는 학생이 10명, 수학과 영어를 모두 좋아하는 학생이 8명, 국어와 영어를 모두 좋아하는 학생이 9명이었다. 국어, 수학, 영어를 모두 좋아하는 학생은 4명이었을 때, 3과목 모두 싫어하는 학생은 총 몇 명인가?

① 5명 ② 6명 ③ 7명
④ 8명 ⑤ 9명

15. ○○사는 연말을 맞아 사과 112상자, 배 70상자를 구매하여 부서별로 배분하려 한다. 부서별 필요 개수와 상관없이 사과와 배 상자를 각각 전 부서에 동일한 수로 배분하였더니 사과는 4상자가 남고, 배는 2상자가 부족하였다. 다음 중 ○○사의 부서 개수가 될 수 없는 것은?

① 6개　　　　　② 8개　　　　　③ 9개
④ 12개　　　　　⑤ 18개

16. 다음 〈조건〉을 토대로 할 때, A가 자전거를 이용해 출퇴근을 하는 경우 소모되는 열량은 모두 얼마인가? (단, 출퇴근 시 이동하는 경로는 동일하다)

| 조건 |
- A의 몸무게는 70kg이며, 자전거를 10분간 탈 때 소모되는 열량은 85kcal이다.
- A의 집에서 회사까지의 거리는 6km이다.
- A는 10km/h의 속력으로 자전거를 탄다.

① 300kcal　　　　② 306kcal　　　　③ 512kcal
④ 612kcal　　　　⑤ 613kcal

17. 갑은 중간고사에서 네 과목의 평균이 89.5점이 나왔다. 마지막 영어시험까지 합하여 다섯 과목의 평균이 90점 이상 나오려면, 영어는 최소한 몇 점을 받아야 하는가?

① 88점　　　　　② 90점　　　　　③ 92점
④ 93점　　　　　⑤ 95점

18. 다음 ㉠, ㉡을 통해 연산기호의 새로운 법칙을 찾은 후 ㉢에 적용할 때, '?'에 들어갈 값은?

> ㉠ (105×32)+4=292
> ㉡ 89×13=76
> ㉢ (66+12)×177=(?)

① 611   ② 613   ③ 615
④ 617   ⑤ 619

19. S 사원이 서류를 보내기 위해 회사에서 출발하여 우체국에 다녀왔다. 갈 때는 5km/h로, 올 때는 6km/h로 걸어서 총 1시간 50분이 걸렸다면 회사와 우체국 사이의 거리는 몇 km인가? (단, 우체국에서 소비한 시간은 무시한다)

① 4.5km   ② 5km   ③ 5.5km
④ 6km   ⑤ 6.5km

20. 10%의 소금물에 4%의 소금물 400g과 5%의 소금물 19g을 넣었더니 5.01%의 소금물이 되었다. 원래 있던 10% 소금물의 양은?

① 80g   ② 81g   ③ 83g
④ 84g   ⑤ 85g

21. 6명의 사원이 회의를 위해 원탁에 앉으려 한다. 6명 중 2명은 통역 때문에 나란히 앉아야 할 때, 원탁에 앉을 수 있는 경우는 몇 가지인가?

① 8가지   ② 16가지   ③ 24가지
④ 36가지   ⑤ 48가지

22. 다음 숫자들의 배열 규칙에 따라 '?'에 들어갈 숫자로 알맞은 것은?

$$\frac{1\ 3\ 6\ 8}{3} \qquad \frac{2\ 5\ 9\ 14}{5} \qquad \frac{3\ 7\ 13\ 19}{7} \qquad \frac{4\ 9\ 16\ (\ ?\ )}{9}$$

① 21   ② 22   ③ 23
④ 24   ⑤ 25

23. 다음 숫자들의 배열 규칙에 따라 '?'에 들어갈 알맞은 숫자는?

18	24
15	21

4	10
6	12

11	17
13	?

① 17   ② 19   ③ 21
④ 23   ⑤ 25

[24 ~ 27] 다음 수열의 일정한 규칙을 찾아 '?'에 들어갈 알맞은 숫자를 고르시오.

24.
58 54 46 34 18 (?) -26

① 0   ② -2   ③ -4
④ -8   ⑤ -10

25.
3 6 9 5 10 13 9 (?)

① 18   ② 22   ③ 23
④ 25   ⑤ 27

26.
88 54 34 20 14 (?)

① 6   ② 8   ③ 10
④ 12   ⑤ 14

27.
2 6 14 30 62 (?)

① 124   ② 125   ③ 126
④ 127   ⑤ 128

28. 다음은 △△기업 경영지원팀의 인사 고과평가 결과 중 일부이다. 능력과 태도 모두 '우수'인 직원은 경영지원팀 전체의 몇 %인가? (단, '우수'는 90점 이상, '보통'은 70 ~ 80점, '나쁨'은 60점 이하이다)

(단위 : 명)

태도\능력	100점	90점	80점	70점	60점 이하
100점	2	3	5	2	3
90점	3	4	3	3	1
80점	1	1	3	5	1
70점	2	2	2	2	1
60점 이하	1	3	2	3	2

① 12%   ② 20%   ③ 30%
④ 40%   ⑤ 50%

29. 다음 자료에 대한 설명으로 옳지 않은 것은?

〈K 제품에 대한 각국의 물동량 현황〉

(단위 : 천 톤)

출발지\도착지	태국	필리핀	인도	인도네시아
태국	0	25	33	30
필리핀	12	0	9	22
인도	23	15	0	10
인도네시아	16	24	6	0

① 출발지에서의 국가별 이동 물량의 순위는 '태국 – 인도 – 인도네시아 – 필리핀'의 순이다.
② 인도네시아에서 출발하는 국가별 K 제품이 모두 절반으로 감소해도 도착지의 국가별 도착량 순위는 바뀌지 않는다.
③ K 제품의 출발 물량과 도착 물량이 같은 국가가 있다.
④ 전체 출발 물량의 40% 이상을 차지하고 있는 국가는 없다.
⑤ 필리핀으로 도착하는 K 제품의 75%와 같은 양이 인도로 도착한다.

30. 다음은 서로 경쟁 관계에 있는 K 백화점과 J 백화점의 한 해 매출액과 인건비를 비교한 자료이다. 이에 대한 설명으로 옳은 것은?

(단위 : 명, 백만 원)

구분	종사자 수	매출액	매출원가	인건비
K 백화점	245	343,410	181,656	26,705
J 백화점	256	312,650	153,740	28,160

※ 매출 총이익=매출액-매출원가 / ※ 직원 1인당 평균 인건비=인건비÷종사자 수

① J 백화점은 K 백화점보다 매출액과 매출원가가 모두 높다.
② J 백화점의 매출 총이익이 K 백화점의 매출 총이익보다 많다.
③ J 백화점의 직원 1인당 평균 인건비는 K 백화점보다 적다.
④ K 백화점은 J 백화점보다 인건비 대비 매출액이 좋은 편이다.
⑤ J 백화점이 직원을 30명 줄이고 인건비를 3,000백만 원 낮추면 직원 1인당 평균 인건비는 K 백화점보다 적어진다.

31. 다음은 △△백화점의 상품군별 매출액 비중을 나타낸 자료이다. 20X0년과 20X1년 매출액이 각각 77억 원, 94억 원이었을 때, 다음 중 자료에 대한 설명으로 옳은 것은?

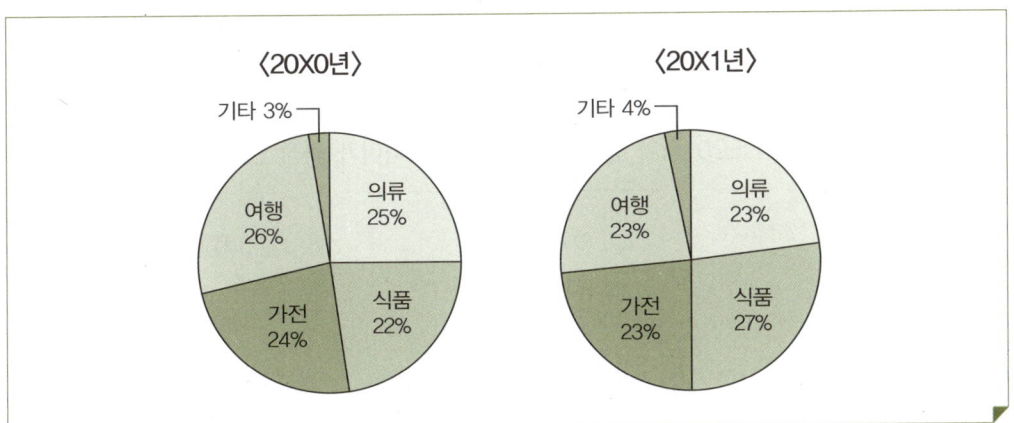

① 20X0년과 20X1년 기타군의 매출액 차이는 가전과 같다.
② 여행과 의류 매출액의 합은 20X0년이 20X1년에 비해 크다.
③ 20X0년과 20X1년 가전 관련 매출액 차이는 약 2억 원이다.
④ 20X1년 매출액이 20X0년과 비교해서 세 번째로 크게 변화한 것은 여행이다.
⑤ 20X0년 대비 20X1년 매출액의 변화폭이 가장 큰 것은 식품군이다.

32. 다음은 특정 시점 우리나라의 전기 생산 에너지별 비중을 OECD 국가 평균과 비교한 자료이다. 이에 대한 설명으로 올바른 것을 〈보기〉에서 모두 고르면?

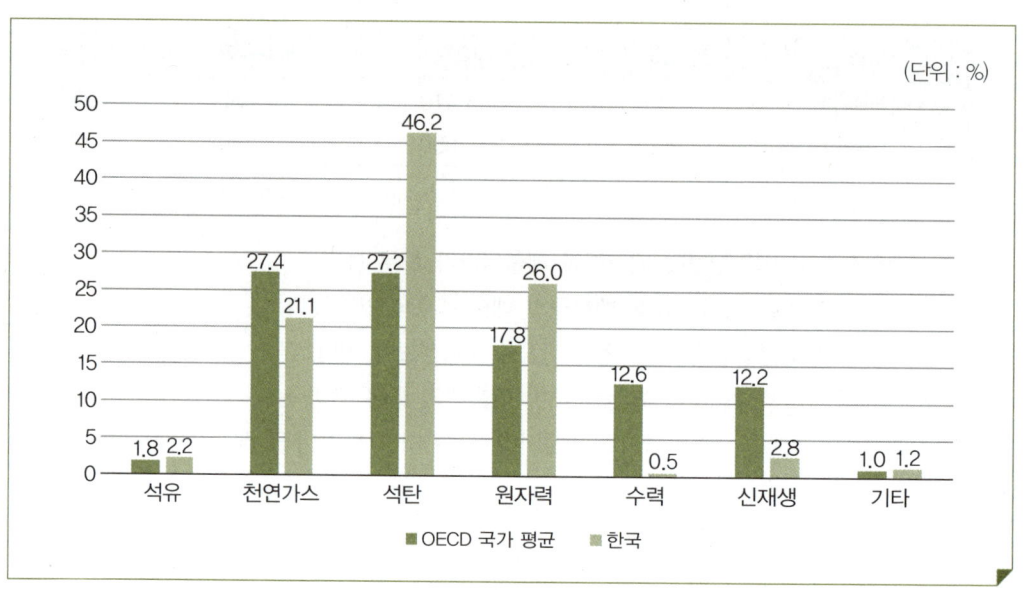

| 보기 |

(가) OECD 국가들의 평균은 천연가스를 통한 전기 생산량이 우리나라보다 더 많고, 우리나라는 석탄을 통한 전기 생산량이 OECD 국가 평균보다 더 많다.
(나) 90% 이상의 전기를 생산해내는 에너지원들을 고려할 때, OECD 국가 평균이 우리나라보다 더 다양한 에너지원을 활용하고 있다.
(다) 우리나라와 OECD 국가 평균 모두 석탄과 원자력의 비중이 절반을 넘는다.
(라) 우리나라와 OECD 국가 평균과의 생산 비중 차이가 가장 큰 에너지원은 석탄이다.

① (가), (나) ② (가), (다) ③ (나), (다)
④ (나), (라) ⑤ (다), (라)

[33 ~ 34] 다음은 어떤 유원지의 연령별 · 성별 매출액 비율이다. 이어지는 질문에 답하시오.

(단위 : %, 만 원)

연령 · 성별		유원지 A	B	C	D
성인	남자	19.2	21.3	22.1	13.6
	여자	23.5	26.4	19.8	20.7
학생	남자	17.8	14.2	23.0	11.6
	여자	21.4	19.2	10.3	34.4
소인	남자	( )	10.7	20.7	7.2
	여자	12.3	8.2	4.1	12.5
합계		100.0	100.0	100.0	100.0
총매출액		4,026	2,160	3,284	1,819

33. A 유원지의 총매출액에서 소인 남자가 차지하는 비율은?

① 5.4% ② 5.6% ③ 5.8%
④ 6.0% ⑤ 6.2%

34. D 유원지에 입장한 여학생의 경우 총매출액의 37%는 고등학생이었다. 이때 총매출액에서 여자 고등학생이 차지하는 비율은? (단, 소수점 아래 둘째 자리에서 반올림한다)

① 11.3% ② 12.7% ③ 14.5%
④ 23.7% ⑤ 24.3%

35. 다음 자료에 대한 설명으로 옳은 것은?

〈20XX년 서울특별시 및 광역시 유기동물보호소 유기동물 현황〉

(단위 : 마리)

구분	개	고양이	기타	계
서울	8,513	10,798	440	19,751
부산	3,011	2,249	37	5,297
대구	2,145	2,641	64	4,850
인천	3,500	1,753	61	5,314
광주	1,287	655	0	1,942
대전	2,215	1,408	39	3,662
울산	1,741	1,591	86	3,418
계	22,412	21,095	727	44,234

① 유기된 고양이가 유기된 개보다 많은 지역은 서울특별시뿐이다.
② 유기동물의 수가 두 번째로 적은 지역은 대전광역시이다.
③ 인천광역시 유기동물의 수는 광주광역시와 울산광역시 유기동물의 수를 합한 것보다 많다.
④ 서울특별시에서 유기된 고양이 수는 대구광역시에서 유기된 고양이 수의 4배가 넘는다.
⑤ 전체 유기동물의 수가 두 번째로 많은 지역은 부산광역시이다.

36. P 회사는 〈공장별 단가 비교표〉를 참고하여 이번에 출시할 신제품의 제조공장을 선정하려고 한다. 다음 〈조건〉을 참고할 때 선정되는 공장으로 적절한 곳은?

〈공장별 단가 비교표〉

(단위 : 원)

생산량 \ 공장	A	B	C	D	E
100개 미만	1,600	1,400	4,000	1,800	1,900
100개 이상 ~ 200개 미만	1,500	1,400	1,600	1,800	1,700
200개 이상 ~ 300개 미만	1,400	1,400	1,400	1,500	1,400
300개 이상	1,300	1,400	1,200	1,000	1,100

※ 월별 생산비용은 해당 월의 구체적인 생산량에 생산량에 따른 단가를 곱하여 계산한다.

―| 조건 |―
- P 회사는 연간 생산비용이 가장 적은 공장을 선택한다.
- P 회사는 연간납품계약을 맺은 상태이며, 다른 제품은 생산하지 않는다.
- P 회사는 1 ~ 3월에는 매월 250개, 4 ~ 6월에는 매월 350개, 7 ~ 9월에는 매월 300개, 10 ~ 12월에는 매월 75개의 제품을 생산해야 한다.

① A 공장   ② B 공장   ③ C 공장
④ D 공장   ⑤ E 공장

37. 다음은 근로자 평균 연령 및 근속연수에 관한 자료이다. 이에 대한 설명으로 옳지 않은 것은?

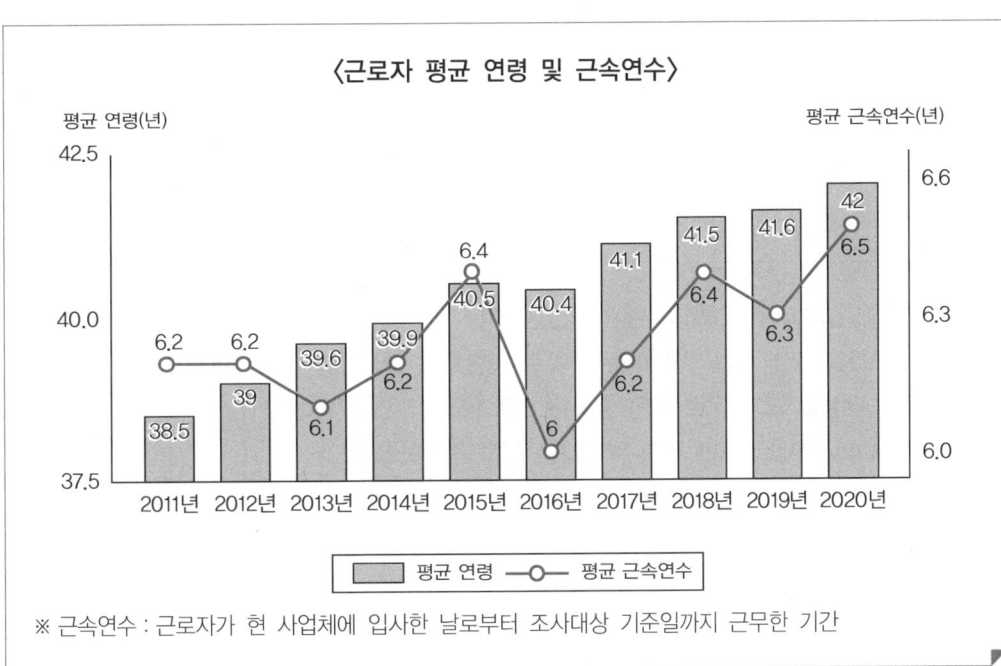

① 근로자 평균 연령은 대체로 높아지고 있는 추세이다.
② 근로자 평균 근속연수가 가장 길었던 해는 2020년이다.
③ 2013년 대비 2020년의 근로자 평균 연령은 2.4년 증가하였다.
④ 조사 기간 중 근로자 평균 연령이 감소한 해는 한 번 있었다.
⑤ 조사 기간 동안 근로자 평균 연령의 변화폭보다 근속연수의 변화폭이 더 크다.

38. 다음은 △△바이러스 환자 추이이다. 이에 대한 설명으로 옳지 않은 것은? (단, 완치자는 바로 퇴원했다고 가정한다)

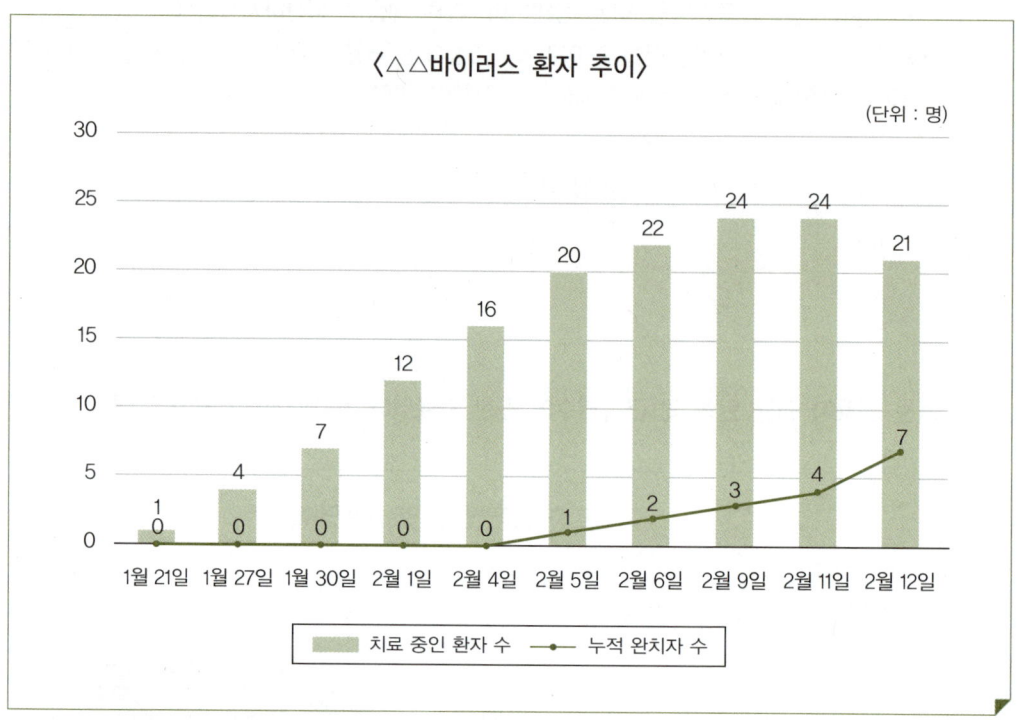

① 2월 12일까지 총 28명의 환자가 발생했다.
② 2월 9일과 2월 11일 사이에는 추가로 확진자가 발생하지 않았다.
③ 확진 판정을 받고 치료 중인 환자는 2월 12일 기준 21명이다.
④ 그래프의 추세로 보면 누적 완치자는 점차 증가하고 있다.
⑤ 2월 11일까지 누적 확진자는 28명이며 다음날은 추가로 확진자가 발생하지 않았다.

39. 다음은 같은 연도, 같은 달의 A 회사에 대한 B 회사와 C 회사의 연령대별 자금 격차를 표로 나타낸 것이다. 이에 대한 이해로 적절한 것은?

〈A 회사에 대한 B 회사와 C 회사의 연령대별 자금 격차〉

(A 회사의 자금=100.0)

구분	B 회사			C 회사		
	2010년	2015년	2020년	2010년	2015년	2020년
20 ~ 24세	100.7	96.8	97.9	104.9	101.2	101.7
25 ~ 29세	101.7	95.3	95.5	103.8	98.3	99.0
30 ~ 34세	93.9	90.3	91.3	96.3	89.7	90.9
35 ~ 39세	95.0	87.9	87.8	88.5	83.6	82.3
40 ~ 44세	88.7	85.6	85.0	78.5	77.1	76.8
45 ~ 49세	88.7	83.7	84.0	78.5	72.1	72.6
50 ~ 54세	79.0	81.6	82.1	68.2	69.1	68.2
55 ~ 59세	79.0	83.0	83.2	68.2	71.4	71.8

① C 회사의 20 ~ 24세와 55 ~ 59세 두 연령대 간 자금의 차이는 2020년이 2010년보다 작다.
② 2020년 C 회사의 연령대별 자금 중 B 회사의 자금보다 높은 연령대는 총 두 개이다.
③ 2020년 B 회사의 연령대별 자금 중 2015년 B 회사의 자금보다 높은 연령대는 총 여섯 개이다.
④ 2015년 C 회사의 자금은 연령대가 높아질수록 많아진다.
⑤ 2020년 A 회사에서 55 ~ 59세의 자금은 20 ~ 24세의 약 1.4배이다.

40. 다음 A 국가의 조직별 전년 대비 연구비 증가율을 나타낸 그래프에 대한 설명으로 옳은 것은?

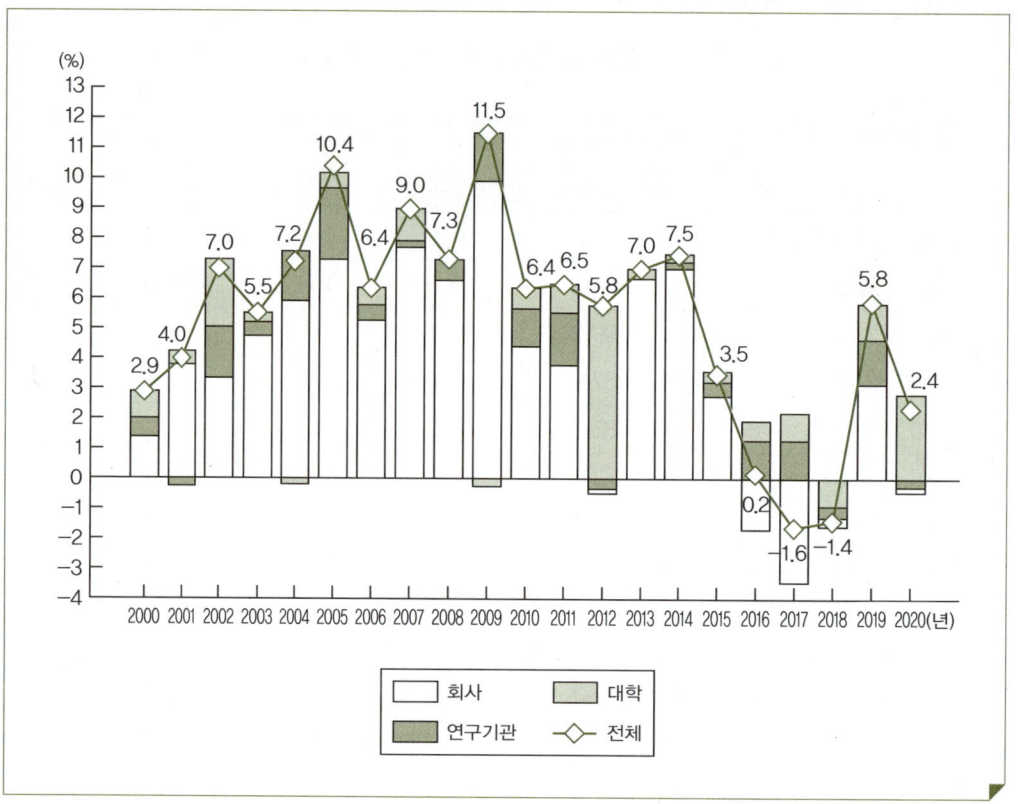

① 2000 ~ 2020년 중 나라 전체의 연구비가 전년보다 적은 해는 2개지만 회사, 연구기관, 대학 모두 연구비가 전년보다 적은 해는 1개이다.
② 2006년과 2010년의 총연구비는 각각 전년보다 적다.
③ 2000 ~ 2015년 동안 전년 대비 연구비 증가율은 대학이 회사보다 항상 낮지만, 2016년과 2017년 대학의 전년 대비 연구비 증가율은 회사보다 높다.
④ 2000 ~ 2015년 동안 회사의 연구비는 지속적으로 늘어나지만, 연구기관과 대학의 연구비 합계보다는 적다.
⑤ 2002년과 2013년의 전년 대비 연구비 증가율이 같으므로 그 증가액도 동일하다.

영역 3 기초과학

40문항/15분

01. 민수는 농도 0.5M의 묽은 염산 1L를 만들고자 한다. 밀도가 1.2g/mL이고 농도가 25wt%인 염산에서 xmL를 취하고 이를 1L 플라스크에 넣은 후 표시선까지 증류수를 넣었다. x는 얼마인가? (단, 염산의 분자량은 36.5이고 계산 시 소수점 이하 첫째 자리에서 반올림한다)

① 58
② 61
③ 64
④ 67
⑤ 70

02. 다음은 원자 A와 B로 이루어진 분자 X에 대한 정보이다. 이에 대한 분석으로 옳은 것은?

- A의 원자량과 B의 원자량의 비는 3 : 4이다.
- X 1몰에 존재하는 B 원자의 질량은 32g이다.
- X의 분자식은 AB_2이다.

① X 440g에는 A 원자 150g이 있다.
② X 4몰에는 A 원자 2몰이 있다.
③ A 4몰의 질량만큼 B가 있다면 B는 2몰이 있다.
④ X 220g에는 A 60g과 B 160g이 있다.
⑤ X 3몰에는 B 원자 94g이 있다.

03. 20℃, 1기압에서 기체인 A 물질 1몰의 부피가 24L라고 한다. 현재 20℃, 1기압인 방안에 있는 A 물질의 부피가 240L이며, 질량이 100g이었다면 A 물질의 몰 질량(g/mol)은 얼마인가?

① 9g/mol
② 10g/mol
③ 12g/mol
④ 13g/mol
⑤ 15g/mol

04. 다음 중 전자가 전이 시 에너지를 방출하는 경우는?

	전이 전 전자 껍질	전이 후 전자 껍질
①	K	M
②	L	M
③	L	N
④	M	N
⑤	N	L

05. 물(H_2O)은 황화수소(H_2S)에 비해 비등점이 높다. 그 이유로 가장 적절한 것은?

① 이온 결합을 하고 있기 때문이다.
② 수소 결합을 하고 있기 때문이다.
③ 공유 결합을 하고 있기 때문이다.
④ 분자량이 작기 때문이다.
⑤ 밀도가 더 작기 때문이다.

06. 다음 중 무극성 분자에 해당하는 것은?

① H_2O ② NH_3 ③ CO_2
④ HF   ⑤ HCN

07. HCl 400ml에 BTB 용액을 넣고 적정하였다. 초록색으로 변할 때까지 넣어준 0.2M NaOH의 부피가 150mL였다면, HCl의 몰 농도는 얼마인가?

① 0.075M   ② 0.085M   ③ 0.115M
④ 0.135M   ⑤ 0.155M

[08 ~ 10] 다음 주기율표의 일부를 보고 이어지는 질문에 답하시오.

	1	2		13	14	15	16	17	18
2	Li	Be	...	B	C	N	O	F	Ne
3	Na	Mg		Al	Si	P	S	Cl	Ar

08. 다음 원소들을 원자 반지름의 크기가 큰 순서대로 나열한 것은?

Na, Al, N, F

① F > N > Na > Al
② F > N > Al > Na
③ Na > Al > N > F
④ Na > Al > F > N
⑤ N > F > Na > Al

09. 다음 원소들을 이온화 에너지가 큰 순서대로 나열한 것은?

O, Ne, Na, Si

① Ne > Na > O > Si
② Ne > O > Si > Na
③ Na > Si > O > Ne
④ O > Ne > Na > Si
⑤ Si > Na > Ne > O

10. 다음 원소들의 최외각 전자의 수를 합하면?

B, C, N, Na, Cl

① 9
② 12
③ 15
④ 20
⑤ 21

11. 물 500g에 분자량 90의 물질을 18g 녹여 용액을 만들었을 때, 이 용액의 어는점은 얼마인가? (단, 물의 몰랄 어는점 내림 상수는 1.86℃/m이다)

   ① −0.359℃   ② −0.487℃   ③ −0.528℃
   ④ −0.689℃   ⑤ −0.744℃

12. 어떤 물질의 비중이 0.65라고 한다. 이 물질 50L의 무게는 약 얼마인가?

   ① 30.5kg   ② 31kg   ③ 32.5kg
   ④ 40kg   ⑤ 41.5kg

13. 기체 물질 A, B, C, D의 반응은 다음과 같다. 평형에서 A, B, C, D가 각각 4몰, 2몰, 4몰, 1몰이었을 때, 평형상수 K는 얼마인가?

   $$3A(g) + 1B(g) \leftrightarrow 3C(g) + 2D(g)$$

   ① 0.5   ② 1.5   ③ 2
   ④ 3   ⑤ 4

14. 어떤 물질 310g을 분석해보니, Na 230g, O 80g으로 구성되어 있었다. 이 물질의 분자량이 62일 때, 분자식과 실험식을 순서대로 나열한 것은? (나트륨의 원자량은 23, 산소의 원자량은 16으로 한다)

   ① NaO, Na_2O ② NaO_2, $Na_{10}O_5$ ③ $Na_{10}O_5$, Na_2O
   ④ Na_2O, Na_2O ⑤ Na_2O, $Na_{10}O_5$

15. 다음 설명과 관련된 물질의 화학식은 무엇인가?

> 화학자 프리츠 하버는 철 촉매를 이용하여 이 물질의 대량 생산 방법 개발에 성공하였고 그에 따라 인류의 식량 부족 문제를 해결하였다.

① $CaCO_3$ ② H_2O ③ NH_3
④ Na_2O_2 ⑤ CH_4

16. 다음 빈칸 A ~ E에 들어갈 내용이 적절하지 않은 것은?

> 질문 : 태양에서 에너지가 방출되는 원리가 궁금합니다.
> 답변 : 태양에서는 4개의 수소 원자핵이 충돌하여 헬륨 원자핵이 생성되는 (A) 반응이 일어납니다. 이때 4개의 수소 원자핵의 질량의 합은 4.032u이고, 헬륨 원자핵의 질량은 4.003u입니다. u는 원자 질량 단위이며, 1u는 약 1.67×10^{-27}kg입니다. 즉, 핵융합 반응에서는 (B)이 생기며, 이는 (C)에 따라 에너지로 전환됩니다. 해당 식은 다음과 같습니다.
>
> $$E = (\ D \ )$$
>
> 따라서 4개의 수소 원자핵이 핵반응 시 발생하는 에너지는 (E)에 해당합니다.

① A : 핵융합
② B : 질량 결손
③ C : 일반 상대성 이론
④ D : $\triangle mc^2$
⑤ E : $0.029 \times 1.67 \times 10^{-27}(kg)\times c^2$(m²/s²)

17. 다음 화학반응식에서 산화제를 모두 고른 것은?

> • $Mg + FeCl_2 \rightarrow Fe + MgCl_2$
> • $MgO + C \rightarrow Mg + CO$
> • $CH_4 + 2O_2 \rightarrow CO_2 + 2H_2O$

① Mg, MgO, CH_4
② Mg, MgO, O_2
③ Mg, C, CH_4
④ $FeCl_2$, MgO, O_2
⑤ $FeCl_2$, MgO, CH_4

18. 다음 빈칸 A, B에 들어갈 숫자가 알맞게 짝지어진 것은? (단, 을의 운동 방향을 +로 한다)

> 갑과 을이 각자 오토바이를 타고 같은 방향으로 달리고 있다. 갑의 오토바이가 80km/h로 달리고 있고, 갑의 앞에서 을이 100km/h로 달리고 있다면, 갑이 관측한 을의 속도는 (A)km/h이다.
> 잠시 후 을은 반대 방향에서 을의 오토바이를 향해 5km/h의 속도로 걸어오는 병을 발견했다. 을이 관측한 병의 속도는 −(B)km/h이다.

	A	B		A	B		A	B
①	20	99	②	20	100	③	20	105
④	180	55	⑤	180	105			

19. 볼타전지는 전해질 수용액인 묽은 황산 용액에 아연판과 구리판을 세우고 도선으로 연결한 전지이다. 다음 중 볼타전지에 대한 설명으로 잘못된 것은?

① 화학에너지를 전기에너지로 전환시키는 장치이다.
② (−)극은 (+)극보다 이온화 경향이 큰 금속이 사용된다.
③ (+)극에서는 환원 반응이 일어난다.
④ 전자는 (+)극에서 (−)극으로 이동한다.
⑤ 전자의 이동 방향과 전류의 방향이 반대이다.

20. 다음과 같이 마찰이 없는 빗면을 따라 공이 굴러가고 있을 때, 일정한 시간에 따른 공의 위치가 다음과 같았다. 이에 대한 설명으로 옳지 않은 것은?

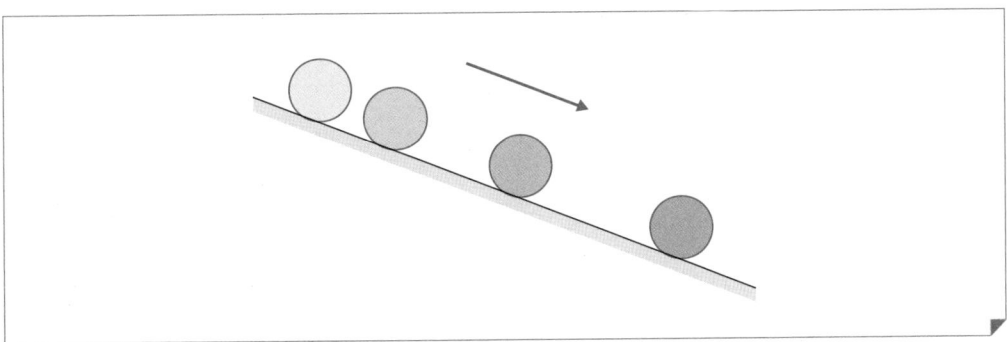

① 운동 에너지가 증가하고 있다.
② 위치 에너지가 감소하고 있다.
③ 공의 속력이 증가하고 있다.
④ 공에 작용하는 중력은 일정하다.
⑤ 공의 알짜힘은 0이다.

21. 다음 중 물질의 자성에 대한 설명으로 적절하지 않은 것은?

① 물질이 자성을 띠는 원인으로 전자의 궤도 운동과 전자의 스핀이 있다.
② 모든 자성체는 외부 자기장을 제거하면 자기화된 상태가 바로 사라진다.
③ 강자성체는 외부 자기장을 가하면 외부 자기장의 방향으로 자기화된다.
④ 반자성체는 외부 자기장을 가하면 외부 자기장의 반대 방향으로 자기화된다.
⑤ 초전도체는 완전 반자성의 성질을 지닌다.

22. 다음은 물의 상평형도이다. 이에 대한 설명으로 적절하지 않은 것은?

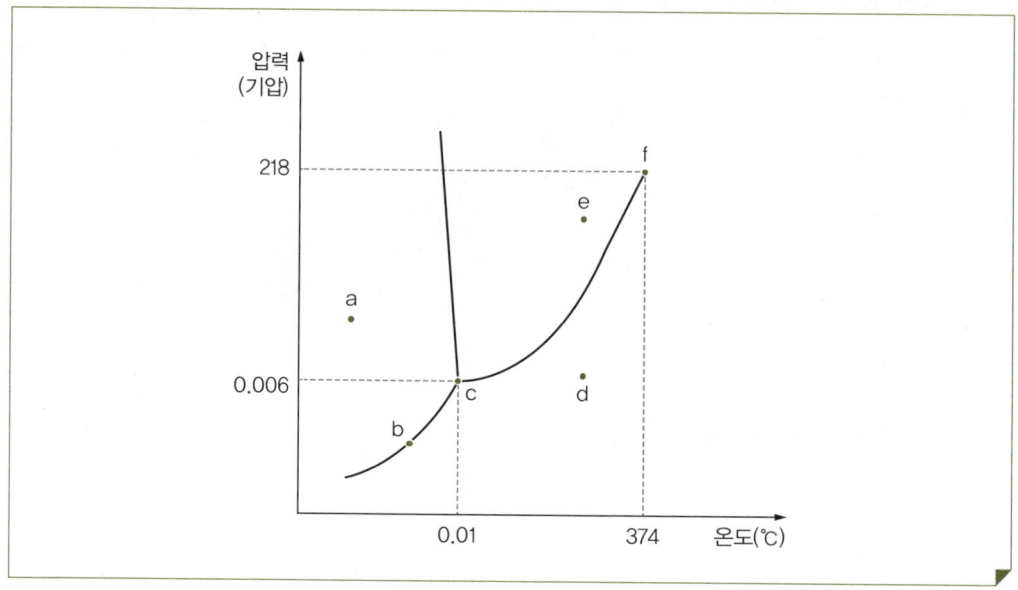

① a 지점에서의 상태는 고체이다.
② b 지점에서 고체와 기체가 공존한다.
③ c 지점에서 고체, 액체, 기체가 공존한다.
④ d 지점에서 같은 온도를 유지하며 압력을 e까지 올렸을 때, 기화가 일어난다.
⑤ f 지점보다 온도를 높이면 압력을 가해도 액체가 되지 않는다.

23. 물이 얼면 부피가 커지는 이유는 무엇인가?

① 분자 사이의 인력이 감소하여 분자 간의 거리가 멀어지기 때문이다.
② 분자들의 운동이 활발해져 분자 간의 거리가 멀어지기 때문이다.
③ 물 분자들이 커져서 부피가 증가하기 때문이다.
④ 물 분자들이 만든 구조로 인하여 빈 공간이 생기기 때문이다.
⑤ 분자를 이루는 원자의 배열이 달라졌기 때문이다.

24. 다음은 고온의 열원에서 열을 흡수하여 저온의 열원에 에너지를 방출하는 열기관에서 기체의 에너지 흐름(A→B→C→D→A)을 나타낸 그래프이다. 이에 대한 옳은 분석을 모두 고른 것은? (단, B→C, D→A는 등온 과정이다)

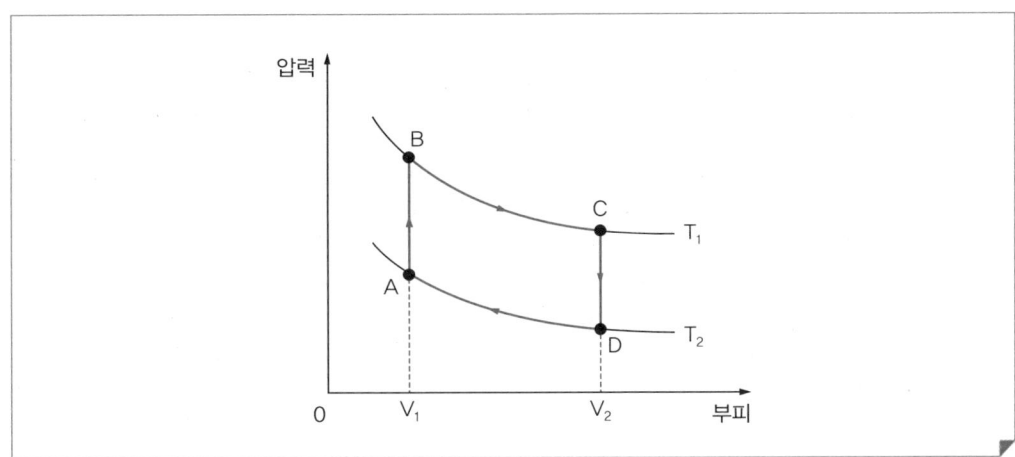

ㄱ. A→B 과정에서 기체는 열을 흡수하였다.
ㄴ. B→C 과정에서 기체는 외부로부터 일을 받는다.
ㄷ. C→D 과정에서 기체의 내부 에너지는 감소하였다.
ㄹ. D→A 과정에서 기체는 외부에 일을 한다.

① ㄱ, ㄴ　　② ㄱ, ㄷ　　③ ㄴ, ㄷ
④ ㄷ, ㄹ　　⑤ ㄱ, ㄴ, ㄷ

25. 어떤 물체가 일직선상에서 10m/s의 일정한 속도로 운동하고 있었다. 그리고 이 물체에 운동 방향으로 일정한 힘을 가했더니, 5초 후에 속력이 100m/s로 변했다. 그렇다면 물체가 5초 동안 움직인 거리는 얼마인가?

① 235m　　② 240m　　③ 255m
④ 260m　　⑤ 275m

26. 한 변의 부피가 0.1m인 정육면체의 물체를 액체가 가득 담긴 통에 담갔더니 부피의 70%가 잠긴 상태로 정지하였다. 액체의 밀도가 0.8g/ml일 때 물체의 질량은 얼마인가?

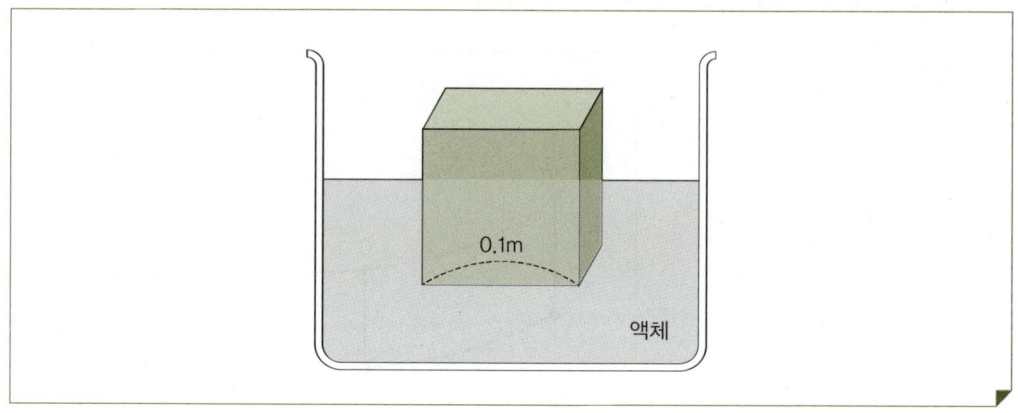

① 0.56kg   ② 0.64kg   ③ 0.71kg
④ 1kg   ⑤ 1.15kg

27. 다음 중 점 전하 A, B에 작용하는 인력이 가장 큰 경우는? (단 두 전하 사이의 거리는 모두 동일하다)

	전하 A	전하 B		전하 A	전하 B
①	+3C	+4C	②	−1.5C	+4C
③	−2C	−5C	④	+1C	−5C
⑤	+2.5C	−3C			

28. 수평한 바닥에 정지해 있는 질량이 5kg인 물체에 위쪽 방향으로 F의 힘이 작용하고 있다. F의 크기가 시간에 따라 다음과 같이 변할 때 12초 시점의 물체의 위치는 바닥으로부터 몇 m 위인가? (단, 중력 가속도는 10m/s²으로 하고, 공기 저항은 무시한다)

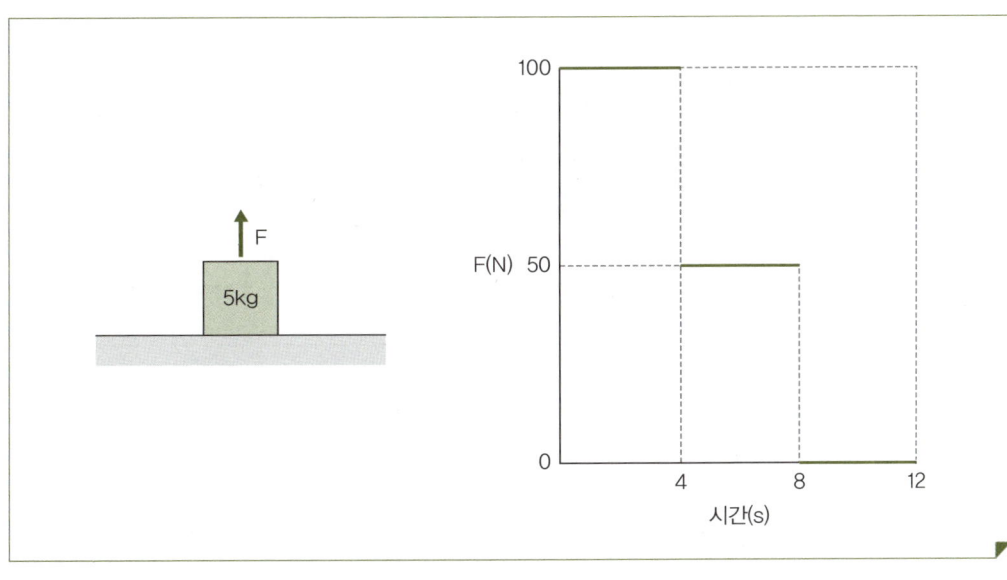

① 150m ② 200m ③ 270m
④ 320m ⑤ 400m

29. 다음 (가) ~ (라)는 시대에 따른 원자 모형의 설명이다. 이를 시간 순서대로 적절하게 나열한 것은?

(가) 전자의 위치는 확률로만 알 수 있다.
(나) 양전하가 분포된 구에 음전하를 띤 전자가 박혀 있다.
(다) 원자의 중심에 원자핵이 있으며 그 주위를 전자가 돌고 있다.
(라) 전자들은 특정한 에너지 준위를 지닌 궤도를 돌고 있다.

① (가) → (나) → (다) → (라)
② (나) → (다) → (라) → (가)
③ (나) → (가) → (다) → (라)
④ (다) → (가) → (나) → (라)
⑤ (라) → (가) → (다) → (나)

30. 다음과 같은 솔레노이드가 있다. 점 '나'는 솔레노이드 내부에 있으며 점 '가', '나', '다'는 수직선 상에 있다. 이때 세 점에서의 자기장의 방향으로 옳은 것은?

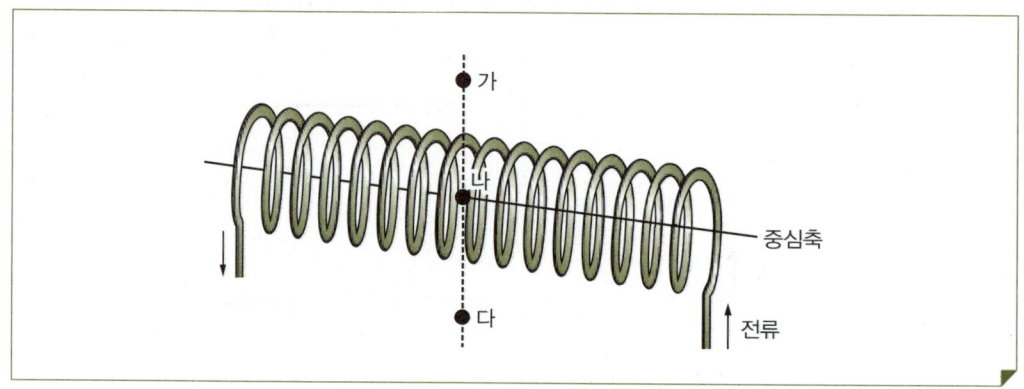

	가	나	다
①	→	→	→
②	→	→	←
③	←	→	←
④	←	←	←
⑤	←	←	→

31. 다음 중 전자 현미경에 대한 설명으로 옳은 것은?

① 전자의 파동성을 이용하여 물체를 확대시켜 볼 수 있는 원리이다.
② 투과 전자 현미경(TEM)은 전자선을 시료에 주사했을 때 발생하는 이차전자를 검출하는 원리이다.
③ 주사 전자 현미경(SEM)은 전자선이 시료를 투과하며 형광판에 맺힌 상을 관찰한다.
④ 주사 전자 현미경이 투과 전자 현미경보다 배율이 높다.
⑤ 파장이 긴 파동을 이용할수록 분해능이 좋다.

32. 공을 연직한 방향으로 쏘아 올렸다. 공은 t초가 되는 시점에 정지하였다가 이후 지면 방향으로 하강하였다. 다음 중 옳은 것을 모두 고르면? (단, 공기 저항은 무시하고 중력 가속도는 10m/s² 으로 한다)

> ㄱ. (t-2)초일 때 공의 속력은 20m/s이다.
> ㄴ. t초일 때 공의 지면으로부터 거리를 xm라고 한다면, t-1초일 때 공의 지면으로부터 거리는 $(x-10)$m이다.
> ㄷ. (t-1)초일 때와 (t+1)초일 때 공의 운동 방향은 반대이고 속력은 같다.

① ㄱ ② ㄴ ③ ㄱ, ㄴ
④ ㄱ, ㄷ ⑤ ㄴ, ㄷ

33. 다음 빈칸 ㄱ~ㄷ에 들어갈 숫자의 합은 얼마인가?

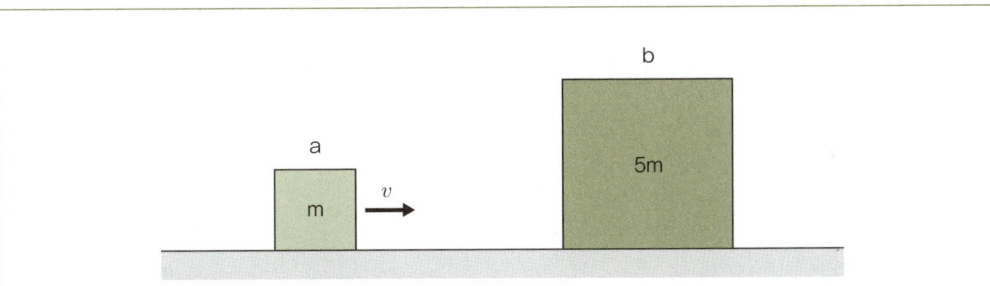

> 마찰이 없는 수평면에서 질량이 m인 물체 a가 v의 속도로 운동하고 있다. 질량이 5m인 물체 b는 정지하고 있어서, 두 개의 물체가 충돌하였다. 충돌 후, a와 b가 한 덩어리가 되어 운동하였다.
> 이때 충돌 전 a의 운동량은 (ㄱ)mv이고, 충돌 후 a의 운동량은 (ㄴ)mv이다. 따라서 a가 받은 충격량의 크기는 (ㄷ)mv이다.

① 1 ② 2 ③ 3
④ 4 ⑤ 5

34. 다음 (가)와 (나)에서의 용수철 저울의 눈금(N) 합을 구하면 얼마인가? (단, 중력 가속도는 10m/s² 으로 하며, 용수철 저울과 실의 질량, 모든 마찰을 무시한다)

(가) : 용수철 저울을 한쪽 벽에 실로 고정시키고 다른 쪽에 10kg의 물체를 실로 매단 경우

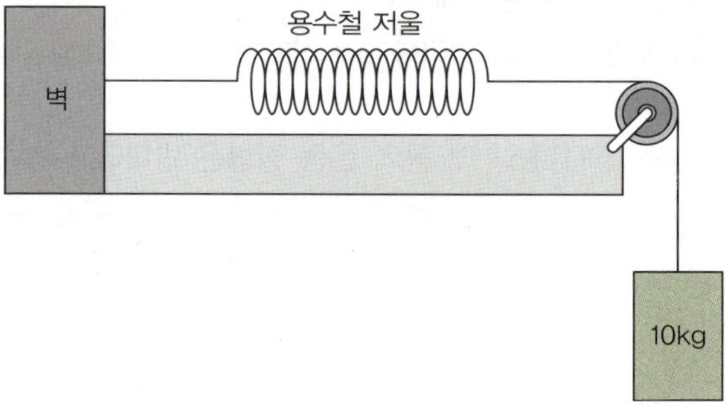

(나) : 용수철 저울의 양쪽에 실로 10kg의 질량을 매달아 정지시켜 놓은 경우

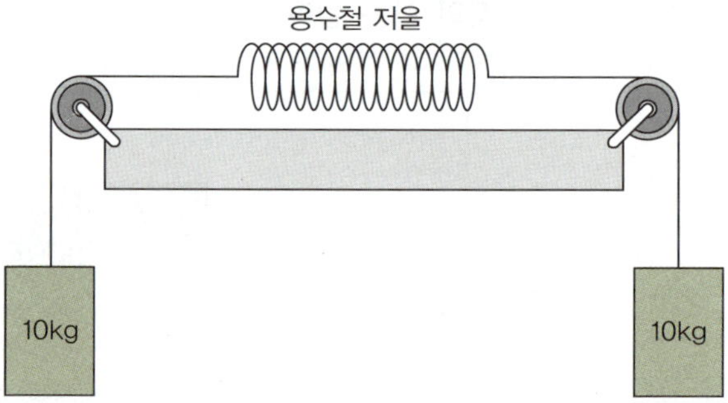

① 10N ② 15N ③ 20N
④ 25N ⑤ 30N

35. 다음 중 이온결합물질에 대한 설명으로 옳은 것을 모두 고르면?

> ㄱ. 대부분 상온에서 고체이며 힘을 가하면 쉽게 부스러진다.
> ㄴ. 고체 상태에서 전기전도성을 지닌다.
> ㄷ. 녹는점과 끓는점이 비교적 낮다.

① ㄱ　　② ㄴ　　③ ㄷ
④ ㄱ, ㄴ　　⑤ ㄴ, ㄷ

36. 다음은 지렛대의 한쪽에 150N의 힘을 가하여 지렛대의 한쪽이 0.2m 내려가 있는 상태이다. 철수는 반대쪽에 F의 힘을 가하여 지렛대가 수평이 되도록 하려 한다. 이에 대한 설명으로 옳은 것을 모두 고르면? (단, a : b = 1 : 3이다)

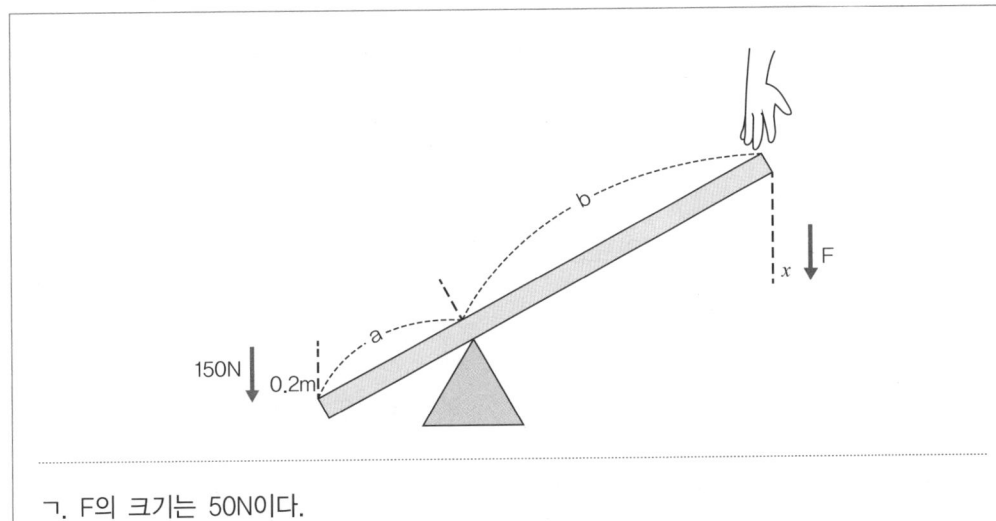

> ㄱ. F의 크기는 50N이다.
> ㄴ. 힘점에 F를 가하여 움직인 거리 x는 0.6m이다.
> ㄷ. 철수가 지레에 한 일은 40J이다.

① ㄱ　　② ㄴ　　③ ㄷ
④ ㄱ, ㄴ　　⑤ ㄱ, ㄴ, ㄷ

37. 정지한 상태의 버스에 사람 한 명이 타 있고, 헬륨풍선이 바닥에 묶여 있다. 버스가 우측으로 급격히 출발하는 경우, 헬륨풍선과 사람의 이동방향을 순서대로 바르게 나열한 것은?

① 우측, 우측
② 우측, 좌측
③ 좌측, 좌측
④ 좌측, 우측
⑤ 이동하지 않음, 좌측

38. 진동수 f가 3.5×10^{14}Hz인 광자의 운동량의 크기(kg·m/s)는 얼마인가? (단, 광속 $c = 3 \times 10^8$m/s, 플랑크 상수 $h = 6.6 \times 10^{-34}$J·s이다)

① 7.0×10^{-28}(kg·m/s)
② 7.7×10^{-28}(kg·m/s)
③ 8.1×10^{-28}(kg·m/s)
④ 8.3×10^{-28}(kg·m/s)
⑤ 9.2×10^{-28}(kg·m/s)

39. 다음 에너지 띠 구조 (가) ~ (다)는 도체, 반도체, 절연체 중 하나이다. 이를 적절하게 구분한 것은?

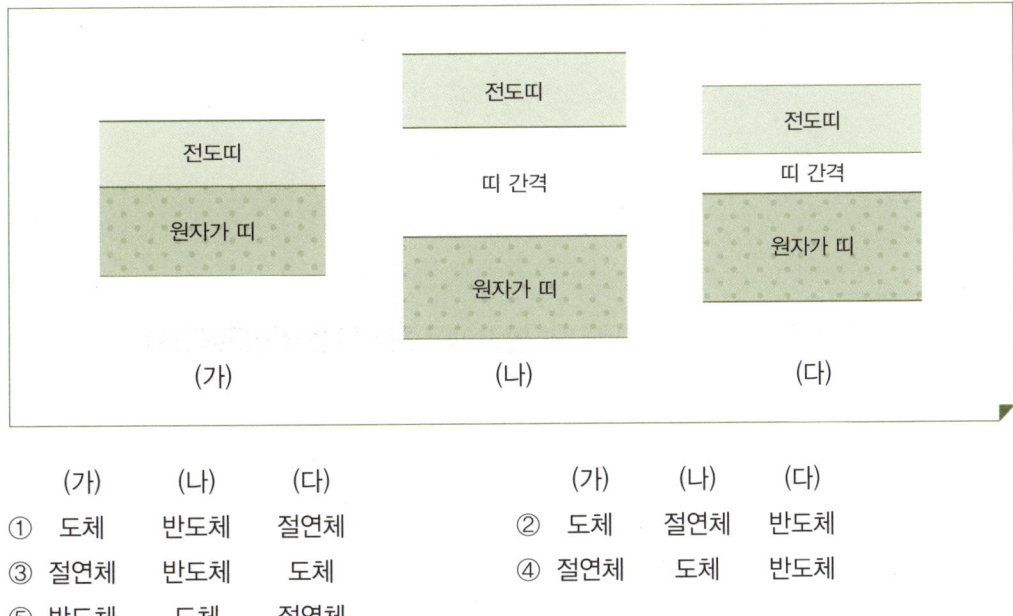

	(가)	(나)	(다)
①	도체	반도체	절연체
②	도체	절연체	반도체
③	절연체	반도체	도체
④	절연체	도체	반도체
⑤	반도체	도체	절연체

40. 다음 중 갑, 을, 병이 설명하고 있는 내용에 해당하는 열역학 법칙을 적절하게 연결한 것은?

갑 : 어떤 과학자가 열을 100% 일로 전환하는 열기관을 만들었다고 주장한다면 거짓말일 거야.
을 : A 물병과 B 물병의 물을 섞었는데 아무런 온도의 변화가 없었다면, 두 물병의 온도가 같다는 것을 알 수 있어.
병 : 고립된 계에서 에너지의 형태는 변화할 수 있지만, 그 총량은 변화하지 않아.

	갑	을	병
①	열역학 제0법칙	열역학 제1법칙	열역학 제2법칙
②	열역학 제1법칙	열역학 제0법칙	열역학 제2법칙
③	열역학 제1법칙	열역학 제2법칙	열역학 제0법칙
④	열역학 제2법칙	열역학 제0법칙	열역학 제1법칙
⑤	열역학 제2법칙	열역학 제1법칙	열역학 제0법칙

고시넷 S-OIL(에쓰오일) 생산직 온라인 필기시험 **최신기출유형모의고사**

S-OIL(에쓰오일) 생산직 온라인 필기시험

파트 2 인성검사

01 인성검사의 이해
02 인성검사 연습

01 인성검사의 이해

1 인성검사, 왜 필요한가?

채용기업은 지원자가 '직무적합성'을 지닌 사람인지를 인성검사와 직무적성검사를 통해 판단한다. 인성검사에서 말하는 인성(人性)이란 그 사람의 성품, 즉 각 개인이 가지는 사고와 태도 및 행동 특성을 의미한다. 인성은 사람의 생김새처럼 사람마다 다르기 때문에 몇 가지 유형으로 분류하고 이에 맞추어 판단한다는 것 자체가 억지스럽고 어불성설일지 모른다. 그럼에도 불구하고 기업들의 입장에서는 입사를 희망하는 사람이 어떤 성품을 가졌는지 정보가 필요하다. 그래야 해당 기업의 인재상에 적합하고 담당할 업무에 적격인 인재를 채용할 수 있기 때문이다.

지원자의 성격이 외향적인지 아니면 내향적인지, 어떤 직무와 어울리는지, 조직에서 다른 사람과 원만하게 생활할 수 있는지, 업무 수행 중 문제가 생겼을 때 어떻게 대처하고 해결할 수 있는지에 대한 전반적인 개성은 자기소개서를 통해서나 면접을 통해서도 어느 정도 파악할 수 있다. 그러나 이것들만으로 인성을 충분히 파악할 수 없기 때문에 객관화되고 정형화된 인성검사로 지원자의 성격을 판단하고 있다.

채용기업은 필기시험을 높은 점수로 통과한 지원자라 하더라도 해당 기업과 거리가 있는 성품을 가졌다면 탈락시키게 된다. 일반적으로 필기시험 통과자 중 인성검사로 탈락하는 비율이 10% 내외가 된다고 알려져 있다. 물론 인성검사를 탈락하였다 하더라도 특별히 인성에 문제가 있는 사람이 아니라면 절망할 필요는 없다. 자신을 되돌아보고 다음 기회를 대비하면 되기 때문이다. 탈락한 기업이 원하는 인재상이 아니었다면 맞는 기업을 찾으면 되고, 경쟁자가 많았기 때문이라면 자신을 다듬어 경쟁력을 높이면 될 것이다.

2 인성검사의 특징

우리나라 대다수의 채용기업은 인재개발 및 인적자원을 연구하는 한국행동과학연구소(KIRBS), 에스에이치알(SHR), 한국사회적성개발원(KSAD), 한국인재개발진흥원(KPDI) 등 전문기관에 인성검사를 의뢰하고 있다.

이 기관들의 인성검사 개발 목적은 비슷하지만 기관마다 검사 유형이나 평가 척도는 약간의 차이가 있다. 또 지원하는 기업이 어느 기관에서 개발한 검사지로 인성검사를 시행하는지는 사전에 알 수 없다. 그렇지만 공통으로 적용하는 척도와 기준에 따라 구성된 여러 형태의 인성검사지로 사전 테스트를 해 보고 자신의 인성이 어떻게 평가되는가를 미리 알아보는 것은 가능하다.

인성검사는 필기시험 당일 직무능력평가와 함께 실시하는 경우와 직무능력평가 합격자에 한하여 면접과 함께 실시하는 경우가 있다. 인성검사의 문항은 100문항 내외에서부터 최대 500문항까지 다양하다. 인성검사에 주어지는 시간은 문항 수에 비례하여 30~100분 정도가 된다.

문항 자체는 단순한 질문으로 어려울 것은 없지만 제시된 상황에서 본인의 행동을 정하는 것이 쉽지만은 않다. 문항 수가 많을 경우 이에 비례하여 시간도 길게 주어지지만 단순하고 유사하며 반복되는 질문에 방심하여 집중하지 못하고 실수하는 경우가 있으므로 컨디션 관리와 집중력 유지에 노력하여야 한다. 특히 같거나 유사한 물음에 다른 답을 하는 경우가 가장 위험하다.

3 인성검사 척도 및 구성

1 미네소타 다면적 인성검사(MMPI)

MMPI(Minnesota Multiphasic Personality Inventory)는 1943년 미국 미네소타 대학교수인 해서웨이와 매킨리가 개발한 대표적인 자기 보고형 성향 검사로서 오늘날 가장 대표적으로 사용되는 객관적 심리검사 중 하나이다. MMPI는 약 550여 개의 문항으로 구성되며 각 문항을 읽고 '예(YES)' 또는 '아니오(NO)'로 대답하게 되어 있다.

MMPI는 4개의 타당도 척도와 10개의 임상척도로 구분된다. 500개가 넘는 문항들 중 중복되는 문항들이 포함되어 있는데 내용이 똑같은 문항도 10문항 이상 포함되어 있다. 이 반복 문항들은 응시자가 얼마나 일관성 있게 검사에 임했는지를 판단하는 지표로 사용된다.

구분	척도명	약자	주요 내용
타당도 척도 (바른 태도로 임했는지, 신뢰할 수 있는 결론인지 등을 판단)	무응답 척도 (Can not say)	?	응답하지 않은 문항과 복수로 답한 문항들의 총합으로 빠진 문항을 최소한으로 줄이는 것이 중요하다.
	허구 척도 (Lie)	L	자신을 좋은 사람으로 보이게 하려고 고의적으로 정직하지 못한 답을 판단하는 척도이다. 허구 척도가 높으면 장점까지 인정받지 못하는 결과가 발생한다.
	신뢰 척도 (Frequency)	F	검사 문항에 빗나간 답을 한 경향을 평가하는 척도로 정상적인 집단의 10% 이하의 응답을 기준으로 일반적인 경향과 다른 정도를 측정한다.
	교정 척도 (Defensiveness)	K	정신적 장애가 있음에도 다른 척도에서 정상적인 면을 보이는 사람을 구별하는 척도로 허구 척도보다 높은 고차원으로 거짓 응답을 하는 경향이 나타난다.
임상척도 (정상적 행동과 그렇지 않은 행동의 종류를 구분하는 척도로, 척도마다 다른 기준으로 점수가 매겨짐)	건강염려증 (Hypochondriasis)	Hs	신체에 대한 지나친 집착이나 신경질적 혹은 병적 불안을 측정하는 척도로 이러한 건강염려증이 타인에게 어떤 영향을 미치는지도 측정한다.
	우울증 (Depression)	D	슬픔·비관 정도를 측정하는 척도로 타인과의 관계 또는 본인 상태에 대한 주관적 감정을 나타낸다.
	히스테리 (Hysteria)	Hy	갈등을 부정하는 정도를 측정하는 척도로 신체 증상을 호소하는 경우와 적대감을 부인하며 우회적인 방식으로 드러내는 경우 등이 있다.
	반사회성 (Psychopathic Deviate)	Pd	가정 및 사회에 대한 불신과 불만을 측정하는 척도로 비도덕적 혹은 반사회적 성향 등을 판단한다.
	남성-여성특성 (Masculinity-Feminity)	Mf	남녀가 보이는 흥미와 취향, 적극성과 수동성 등을 측정하는 척도로 성에 따른 유연한 사고와 융통성 등을 평가한다.

	편집증 (Paranoia)	Pa	과대 망상, 피해 망상, 의심 등 편집증에 대한 정도를 측정하는 척도로 열등감, 비사교적 행동, 타인에 대한 불만과 같은 내용을 질문한다.
	강박증 (Psychasthenia)	Pt	과대 근심, 강박관념, 죄책감, 공포, 불안감, 정리정돈 등을 측정하는 척도로 만성 불안 등을 나타낸다.
	정신분열증 (Schizophrenia)	Sc	정신적 혼란을 측정하는 척도로 자폐적 성향이나 타인과의 감정 교류, 충동 억제불능, 성적 관심, 사회적 고립 등을 평가한다.
	경조증 (Hypomania)	Ma	정신적 에너지를 측정하는 척도로 생각의 다양성 및 과장성, 행동의 불안정성, 흥분성 등을 나타낸다.
	사회적 내향성 (Social introversion)	Si	대인관계 기피, 사회적 접촉 회피, 비사회성 등의 요인을 측정하는 척도로 외향성 및 내향성을 구분한다.

2 캘리포니아 성격검사(CPI)

CPI(California Psychological Inventory)는 캘리포니아 대학의 연구팀이 개발한 성검사로 MMPI와 함께 세계에서 가장 널리 사용되고 있는 인성검사 툴이다. CPI는 다양한 인성 요인을 통해 지원자가 답변한 응답 왜곡 가능성, 조직 역량 등을 측정한다. MMPI가 주로 정서적 측면을 진단하는 특징을 보인다면, CPI는 정상적인 사람의 심리적 특성을 주로 진단한다.

CPI는 약 480개 문항으로 구성되어 있으며 다음과 같은 18개의 척도로 구분된다.

구분	척도명	주요 내용
제1군 척도 (대인관계 적절성 측정)	지배성(Do)	리더십, 통솔력, 대인관계에서의 주도권을 측정한다.
	지위능력성(Cs)	내부에 잠재되어 있는 내적 포부, 자기 확신 등을 측정한다.
	사교성(Sy)	참여 기질이 활달한 사람과 그렇지 않은 사람을 구분한다.
	사회적 자발성(Sp)	사회 안에서의 안정감, 자발성, 사교성 등을 측정한다.
	자기 수용성(Sa)	개인적 가치관, 자기 확신, 자기 수용력 등을 측정한다.
	행복감(Wb)	생활의 만족감, 행복감을 측정하며 긍정적인 사람으로 보이고자 거짓 응답하는 사람을 구분하는 용도로도 사용된다.
제2군 척도 (성격과 사회화, 책임감 측정)	책임감(Re)	법과 질서에 대한 양심, 책임감, 신뢰성 등을 측정한다.
	사회성(So)	가치 내면화 정도, 사회 이탈 행동 가능성 등을 측정한다.
	자기 통제성(Sc)	자기조절, 자기통제의 적절성, 충동 억제력 등을 측정한다.
	관용성(To)	사회적 신념, 편견과 고정관념 등에 대한 태도를 측정한다.
	호감성(Gi)	타인이 자신을 어떻게 보는지에 대한 민감도를 측정하며, 좋은 사람으로 보이고자 거짓 응답하는 사람을 구분한다.
	임의성(Cm)	사회에 보수적 태도를 보이고 생각 없이 적당히 응답한 사람을 판단하는 척도로 사용된다.

제3군 척도 (인지적, 학업적 특성 측정)	순응적 성취(Ac)	성취동기, 내면의 인식, 조직 내 성취 욕구 등을 측정한다.
	독립적 성취(Ai)	독립적 사고, 창의성, 자기실현을 위한 능력 등을 측정한다.
	지적 효율성(Le)	지적 능률, 지능과 연관이 있는 성격 특성 등을 측정한다.
제4군 척도 (제1~3군과 무관한 척도의 혼합)	심리적 예민성(Py)	타인의 감정 및 경험에 대해 공감하는 정도를 측정한다.
	융통성(Fx)	개인적 사고와 사회적 행동에 대한 유연성을 측정한다.
	여향성(Fe)	남녀 비교에 따른 흥미의 남향성 및 여향성을 측정한다.

3 SHL 직업성격검사(OPQ)

OPQ(Occupational Personality Questionnaire)는 세계적으로 많은 외국 기업에서 널리 사용하는 CEB 사의 SHL 직무능력검사에 포함된 직업성격검사이다. 4개의 질문이 한 세트로 되어 있고 총 68세트 정도 출제되고 있다. 4개의 질문 안에서 '자기에게 가장 잘 맞는 것'과 '자기에게 가장 맞지 않는 것'을 1개씩 골라 '예', '아니오'로 체크하는 방식이다. 단순하게 모든 척도가 높다고 좋은 것은 아니며, 척도가 낮은 편이 좋은 경우도 있다.

기업에 따라 척도의 평가 기준은 다르다. 희망하는 기업의 특성을 연구하고, 채용 기준을 예측하는 것이 중요하다.

척도	내용	질문 예
설득력	사람을 설득하는 것을 좋아하는 경향	- 새로운 것을 사람에게 권하는 것을 잘한다. - 교섭하는 것에 걱정이 없다. - 기획하고 판매하는 것에 자신이 있다.
지도력	사람을 지도하는 것을 좋아하는 경향	- 사람을 다루는 것을 잘한다. - 팀을 아우르는 것을 잘한다. - 사람에게 지시하는 것을 잘한다.
독자성	다른 사람의 영향을 받지 않고, 스스로 생각해서 행동하는 것을 좋아하는 경향	- 모든 것을 자신의 생각대로 하는 편이다. - 주변의 평가는 신경 쓰지 않는다. - 유혹에 강한 편이다.
외향성	외향적이고 사교적인 경향	- 다른 사람의 주목을 끄는 것을 좋아한다. - 사람들이 모인 곳에서 중심이 되는 편이다. - 담소를 나눌 때 주변을 즐겁게 해 준다.
우호성	친구가 많고, 대세의 사람이 되는 것을 좋아하는 경향	- 친구와 함께 있는 것을 좋아한다. - 무엇이라도 얘기할 수 있는 친구가 많다. - 친구와 함께 무언가를 하는 것이 많다.
사회성	세상 물정에 밝고 사람 앞에서도 낯을 가리지 않는 성격	- 자신감이 있고 유쾌하게 발표할 수 있다. - 공적인 곳에서 인사하는 것을 잘한다. - 사람들 앞에서 발표하는 것이 어렵지 않다.

겸손성	사람에 대해서 겸손하게 행동하고 누구라도 똑같이 사귀는 경향	- 자신의 성과를 그다지 내세우지 않는다. - 절제를 잘하는 편이다. - 사회적인 지위에 무관심하다.
협의성	사람들에게 의견을 물으면서 일을 진행하는 경향	- 사람들의 의견을 구하며 일하는 편이다. - 타인의 의견을 묻고 일을 진행시킨다. - 친구와 상담해서 계획을 세운다.
돌봄	측은해 하는 마음이 있고, 사람을 돌봐 주는 것을 좋아하는 경향	- 개인적인 상담에 친절하게 답해 준다. - 다른 사람의 상담을 진행하는 경우가 많다. - 후배의 어려움을 돌보는 것을 좋아한다.
구체적인 사물에 대한 관심	물건을 고치거나 만드는 것을 좋아하는 경향	- 고장 난 물건을 수리하는 것이 재미있다. - 상태가 안 좋은 기계도 잘 사용한다. - 말하기보다는 행동하기를 좋아한다.
데이터에 대한 관심	데이터를 정리해서 생각하는 것을 좋아하는 경향	- 통계 등의 데이터를 분석하는 것을 좋아한다. - 표를 만들거나 정리하는 것을 좋아한다. - 숫자를 다루는 것을 좋아한다.
미적가치에 대한 관심	미적인 것이나 예술적인 것을 좋아하는 경향	- 디자인에 관심이 있다. - 미술이나 음악을 좋아한다. - 미적인 감각에 자신이 있다.
인간에 대한 관심	사람의 행동에 동기나 배경을 분석하는 것을 좋아하는 경향	- 다른 사람을 분석하는 편이다. - 타인의 행동을 보면 동기를 알 수 있다. - 다른 사람의 행동을 잘 관찰한다.
정통성	이미 있는 가치관을 소중히 여기고, 익숙한 방법으로 사물을 대하는 것을 좋아하는 경향	- 실적이 보장되는 확실한 방법을 취한다. - 낡은 가치관을 존중하는 편이다. - 보수적인 편이다.
변화 지향	변화를 추구하고, 변화를 받아들이는 것을 좋아하는 경향	- 새로운 것을 하는 것을 좋아한다. - 해외여행을 좋아한다. - 경험이 없더라도 시도해 보는 것을 좋아한다.
개념성	지식에 대한 욕구가 있고, 논리적으로 생각하는 것을 좋아하는 경향	- 개념적인 사고가 가능하다. - 분석적인 사고를 좋아한다. - 순서를 만들고 단계에 따라 생각한다.
창조성	새로운 분야에 대한 공부를 하는 것을 좋아하는 경향	- 새로운 것을 추구한다. - 독창성이 있다. - 신선한 아이디어를 낸다.
계획성	앞을 생각해서 사물을 예상하고, 계획적으로 실행하는 것을 좋아하는 경향	- 과거를 돌이켜보며 계획을 세운다. - 앞날을 예상하며 행동한다. - 실수를 돌아보며 대책을 강구하는 편이다.

치밀함	정확한 순서를 세워 진행하는 것을 좋아하는 경향	- 사소한 실수는 거의 하지 않는다. - 정확하게 요구되는 것을 좋아한다. - 사소한 것에도 주의하는 편이다.
꼼꼼함	어떤 일이든 마지막까지 꼼꼼하게 마무리 짓는 경향	- 맡은 일을 마지막까지 해결한다. - 마감 시한은 반드시 지킨다. - 시작한 일은 중간에 그만두지 않는다.
여유	평소에 릴랙스하고, 스트레스에 잘 대처하는 경향	- 감정의 회복이 빠르다. - 분별없이 함부로 행동하지 않는다. - 스트레스에 잘 대처한다.
근심·걱정	어떤 일이 잘 진행되지 않으면 불안을 느끼고, 중요한 일을 앞두면 긴장하는 경향	- 예정대로 잘되지 않으면 근심·걱정이 많다. - 신경 쓰이는 일이 있으면 불안하다. - 중요한 만남 전에는 기분이 편하지 않다.
호방함	사람들이 자신을 어떻게 생각하는지를 신경 쓰지 않는 경향	- 사람들이 자신을 어떻게 생각하는지 그다지 신경 쓰지 않는다. - 상처받아도 동요하지 않고 아무렇지 않은 태도를 취한다. - 사람들의 비판에 크게 영향받지 않는다.
억제력	감정을 표현하지 않는 경향	- 쉽게 감정적으로 되지 않는다. - 분노를 억누른다. - 격분하지 않는다.
낙관적	사물을 낙관적으로 보는 경향	- 낙관적으로 생각하고 일을 진행시킨다. - 문제가 일어나도 낙관적으로 생각한다.
비판적	비판적으로 사물을 생각하고, 이론·문장 등의 오류에 신경 쓰는 경향	- 이론의 모순을 찾아낸다. - 계획이 갖춰지지 않은 것이 신경 쓰인다. - 누구도 신경 쓰지 않는 오류를 찾아낸다.
행동력	운동을 좋아하고, 민첩하게 행동하는 경향	- 동작이 날렵하다. - 여가를 활동적으로 보낸다. - 몸을 움직이는 것을 좋아한다.
경쟁성	지는 것을 싫어하는 경향	- 승부를 겨루게 되면 지는 것을 싫어한다. - 상대를 이기는 것을 좋아한다. - 싸워 보지 않고 포기하는 것을 싫어한다.
출세 지향	출세하는 것을 중요하게 생각하고, 야심적인 목표를 향해 노력하는 경향	- 출세 지향적인 성격이다. - 곤란한 목표도 달성할 수 있다. - 실력으로 평가받는 사회가 좋다.
결단력	빠르게 판단하는 경향	- 답을 빠르게 찾아낸다. - 문제에 대한 빠른 상황 파악이 가능하다. - 위험을 감수하고도 결단을 내리는 편이다.

4 인성검사 합격 전략

1 포장하지 않은 솔직한 답변

"다른 사람을 험담한 적이 한 번도 없다.", "물건을 훔치고 싶다고 생각해 본 적이 없다."

이 질문에 당신은 '그렇다', '아니다' 중 무엇을 선택할 것인가? 채용기업이 인성검사를 실시하는 가장 큰 이유는 '이 사람이 어떤 성향을 가진 사람인가'를 효율적으로 파악하기 위해서이다.

인성검사는 도덕적 가치가 빼어나게 높은 사람을 판별하려는 것도 아니고, 성인군자를 가려내기 위함도 아니다. 인간의 보편적 성향과 상식적 사고를 고려할 때, 도덕적 질문에 지나치게 겸손한 답변을 체크하면 오히려 솔직하지 못한 것으로 간주되거나 인성을 제대로 판단하지 못해 무효 처리가 되기도 한다. 자신의 성격을 포장하여 작위적인 답변을 하지 않도록 솔직하게 임하는 것이 예기치 않은 결과를 피하는 첫 번째 전략이 된다.

2 필터링 함정을 피하고 일관성 유지

앞서 강조한 솔직함은 일관성과 연결된다. 인성검사를 구성하는 많은 척도는 여러 형태의 문장 속에 동일한 요소를 적용해 반복되기도 한다. 예컨대 '나는 매우 활동적인 사람이다'와 '나는 운동을 매우 좋아한다'라는 질문에 '그렇다'고 체크한 사람이 '휴일에는 집에서 조용히 쉬며 독서하는 것이 좋다'에도 '그렇다'고 체크한다면 일관성이 없다고 평가될 수 있다.

그러나 일관성 있는 답변에만 매달리면 '이 사람이 같은 답변만 체크하기 위해 이 부분만 신경 썼구나'하는 필터링 함정에 빠질 수도 있다. 비슷하게 보이는 문장이 무조건 같은 내용이라고 판단하여 똑같이 답하는 것도 주의해야 한다. 일관성보다 중요한 것은 솔직함이다. 솔직함이 전제되지 않은 일관성은 허위 척도 필터링에서 드러나게 되어 있다. 유사한 질문의 응답이 터무니없이 다르거나 양극단에 치우치지 않는 정도라면 약간의 차이는 크게 문제되지 않는다. 중요한 것은 솔직함과 일관성이 하나의 연장선에 있다는 점을 명심하자.

3 지원한 직무와 연관성을 고려

다양한 분야의 많은 계열사와 큰 조직을 통솔하는 대기업은 여러 사람이 조직적으로 움직이는 만큼 각 직무에 걸맞은 능력을 갖춘 인재가 필요하다. 그래서 기업은 매년 신규채용으로 입사한 신입사원들의 젊은 패기와 참신한 능력을 성장 동력으로 활용한다.

기업은 사교성 있고 활달한 사람만을 원하지 않는다. 해당 직군과 직무에 따라 필요로 하는 사원의 능력과 개성이 다르기 때문에, 지원자가 희망하는 계열사나 부서의 직무가 무엇인지 제대로 파악하여 자신의 성향과 맞는지에 대한 고민은 반드시 필요하다. 같은 질문이라도 기업이 원하는 인재상이나 부서의 직무에 따라 판단 척도가 달라질 수 있다.

4 평상심 유지와 컨디션 관리

역시 솔직함과 연결된 내용이다. 한 질문에 오래 고민하고 신경 쓰면 불필요한 생각이 개입될 소지가 크다. 이는 직관을 떠나 이성적 판단에 따라 포장할 위험이 높아진다는 뜻이기도 하다. 긴 시간 생각하지 말고 자신의 평상시 생각과 감정대로 답하는 것이 중요하며, 가능한 건너뛰지 말고 모든 질문에 답하도록 한다. 300~400개 정도 문항을 출제하는 기업이 많기 때문에, 끝까지 집중하여 임하는 것이 중요하다.

특히 적성검사와 같은 날 실시하는 경우, 적성검사를 마친 후 연이어 보기 때문에 신체적 · 정신적으로 피로한 상태에서 자세가 흐트러질 수도 있다. 따라서 컨디션을 유지하면서 문항당 7~10초 이상 쓰지 않도록 하고, 문항 수가 많을 때는 답안지에 바로바로 표기하자.

인성검사 연습

1 S-OIL 생산직 인성검사의 특징

S-OIL 생산직 인성검사는 지원자가 S-OIL의 인재상인 '회사 vision 실행에 동참할 진취적인 사람', '국제적 감각과 자질을 가진 사람', '자율과 팀워크를 중시하는 사람', '건전한 가치관과 윤리의식을 가진 사람'에 걸맞는 인재를 평가한다. 또한 S-OIL이 추구하는 내부 기준에 따라, 응시자 개인의 사고와 태도·행동 특성을 평가하고, 유사 질문의 반복을 통한 거짓말 척도 등으로 답변의 신뢰성을 평가함으로써 생산 직무에 적합한 인재인지를 판단하게 되므로 문항에 대한 정답은 없다.

유형예시

'멀다' 또는 '가깝다' 선택형+개별 항목 체크형

3개 내외의 문항군으로 구성된 검사지에 자신이 동의하는 정도에 따라 '전혀 그렇지 않다 ~ 매우 그렇다' 중 해당되는 것을 표시한 후 자신과 가장 가까운 것과 가장 먼 것 하나를 선택하는 유형이다.

번호		문항 예시	응답 1					응답 2	
			전혀 그렇지 않다	그렇지 않다	보통이다	그렇다	매우 그렇다	멀다	가깝다
01	A	나는 운동화를 좋아한다.	①	②	③	④	⑤	○	○
	B	나는 꽃을 좋아한다.	①	②	③	④	⑤	○	○
	C	나는 비를 좋아한다.	①	②	③	④	⑤	○	○

[답안체크 예시]

응답 1					응답 2	
전혀 그렇지 않다	그렇지 않다	보통이다	그렇다	매우 그렇다	멀다	가깝다
①	②	③	④	❺	○	●
①	②	③	❹	⑤	○	○
①	❷	③	④	⑤	●	○

인성검사 Tip

1. 직관적으로 솔직하게 답한다.
2. 모든 문제를 신중하게 풀도록 한다.
3. 비교적 일관성을 유지할 수 있도록 한다.
4. 평소의 경험과 선호도를 자연스럽게 답한다.
5. 각 문항에 너무 골똘히 생각하거나 고민하지 않는다.
6. 지원한 분야와 나의 성격의 연관성을 미리 생각하고 분석해 본다.

2 모의 검사

- 본 검사는 85세트 255문항으로 구성되어 있으며 제한시간은 60분입니다.

| 주의사항 | 자신의 모습 그대로 솔직하게 응답하십시오. 솔직하고 성의 있게 응답하지 않을 경우 불이익이 있을 수 있습니다.

[01~85] 다음 문항을 읽고 자신과 가까운 정도를 '전혀 그렇지 않다' 1점부터 '매우 그렇다' 5점까지 표시하여 주십시오. 또한 자신의 모습과 '멀다'고 생각되는 문항과 '가깝다'고 생각되는 문항을 각각 1개씩 표시하여 주십시오.

문항군_225문항   시험시간_60분

번호		문항 예시	응답 1					응답 2	
			전혀 그렇지 않다	그렇지 않다	보통 이다	그렇다	매우 그렇다	멀다	가깝다
01	A	나는 활동적인 것을 좋아한다.	①	②	③	④	⑤	○	○
	B	나는 예술을 좋아한다.	①	②	③	④	⑤	○	○
	C	숫자를 잘 못 외우는 편이다.	①	②	③	④	⑤	○	○
02	A	음악 감상을 즐긴다.	①	②	③	④	⑤	○	○
	B	미술관을 자주 찾는 편이다.	①	②	③	④	⑤	○	○
	C	정적인 활동보다는 몸을 움직이는 것을 좋아한다.	①	②	③	④	⑤	○	○
03	A	평소 이미지 관리에 신경을 많이 쓴다.	①	②	③	④	⑤	○	○
	B	내가 세운 공은 남에게 절대 넘길 수 없다.	①	②	③	④	⑤	○	○
	C	해야 할 일을 나중으로 미루지 않는다.	①	②	③	④	⑤	○	○
04	A	논리적으로 자신의 의견을 말할 수 있다.	①	②	③	④	⑤	○	○
	B	남의 눈치를 보며 나의 성격을 포장할 때가 있다.	①	②	③	④	⑤	○	○
	C	사람들 앞에 나서는 것을 좋아하지 않는다.	①	②	③	④	⑤	○	○
05	A	나의 이득을 위해서라면 부정행위도 할 수 있다.	①	②	③	④	⑤	○	○
	B	조원들의 과오를 감싸 줄 수 있다.	①	②	③	④	⑤	○	○
	C	개인의 목표보다는 공동체의 목표가 더 중요하다.	①	②	③	④	⑤	○	○
06	A	손해 보는 일은 하지 않는다.	①	②	③	④	⑤	○	○
	B	자유롭게 행동하는 것이 좋다.	①	②	③	④	⑤	○	○
	C	기분 변화가 심하다.	①	②	③	④	⑤	○	○
07	A	나는 타인의 의견을 존중한다.	①	②	③	④	⑤	○	○
	B	리더십이 있다.	①	②	③	④	⑤	○	○
	C	팀 활동을 좋아한다.	①	②	③	④	⑤	○	○

번호		문항 예시	응답 1					응답 2	
			전혀 그렇지 않다	그렇지 않다	보통 이다	그렇다	매우 그렇다	멀다	가깝다
08	A	수치로 나타내는 것을 좋아한다.	①	②	③	④	⑤	○	○
	B	준법정신이 뛰어나다.	①	②	③	④	⑤	○	○
	C	현재보다 미래가 중요하다.	①	②	③	④	⑤	○	○
09	A	나는 어떤 일을 할 때 항상 계획해서 행동한다.	①	②	③	④	⑤	○	○
	B	나는 그릇된 일을 한 번도 한 적이 없다.	①	②	③	④	⑤	○	○
	C	의사결정을 할 때에는 사람들과 의논한다.	①	②	③	④	⑤	○	○
10	A	나는 모임을 좋아한다.	①	②	③	④	⑤	○	○
	B	다른 사람의 충고를 기분 좋게 받아들이는 편이다.	①	②	③	④	⑤	○	○
	C	팀에서 사람들과의 화합이 중요하다고 생각한다.	①	②	③	④	⑤	○	○
11	A	나는 언제나 새로운 계획이 있다.	①	②	③	④	⑤	○	○
	B	실수한 일을 절대로 잊지 않는다.	①	②	③	④	⑤	○	○
	C	오늘 할 일을 내일로 미루지 않는다.	①	②	③	④	⑤	○	○
12	A	나는 어떤 경우에라도 법을 준수한다.	①	②	③	④	⑤	○	○
	B	양보하는 것을 좋아한다.	①	②	③	④	⑤	○	○
	C	사람들에게 선을 긋는 편이다	①	②	③	④	⑤	○	○
13	A	처음 만난 사람 앞에서도 자신감이 있다.	①	②	③	④	⑤	○	○
	B	나는 미리 계획하는 편이다.	①	②	③	④	⑤	○	○
	C	나는 문제를 신속하게 해결한다.	①	②	③	④	⑤	○	○
14	A	나는 공식이나 법칙을 다루는 것이 좋다.	①	②	③	④	⑤	○	○
	B	동료와 쉽게 유대관계를 형성한다.	①	②	③	④	⑤	○	○
	C	여러 사람의 의견을 종합하여 결론을 이끌어낸다.	①	②	③	④	⑤	○	○
15	A	다른 사람이 한 행동의 이유를 잘 파악하는 편이다.	①	②	③	④	⑤	○	○
	B	일상생활에서 새로운 것을 즐긴다.	①	②	③	④	⑤	○	○
	C	책임감이 강하다는 말을 자주 듣는다.	①	②	③	④	⑤	○	○
16	A	나는 질문을 체계적으로 잘하는 사람이다.	①	②	③	④	⑤	○	○
	B	조용하고 차분하다는 말을 자주 듣는다.	①	②	③	④	⑤	○	○
	C	빨리 결정하고 과감히 행동하는 사람이다.	①	②	③	④	⑤	○	○
17	A	나는 신속하게 의사결정을 한다.	①	②	③	④	⑤	○	○
	B	나는 회의에서 리더역할을 잘한다.	①	②	③	④	⑤	○	○
	C	기발한 아이디어를 많이 생각하고 제안한다.	①	②	③	④	⑤	○	○

번호		문항 예시	응답 1					응답 2	
			전혀 그렇지 않다	그렇지 않다	보통 이다	그렇다	매우 그렇다	멀다	가깝다
18	A	다른 사람들보다 체계적으로 일을 처리하는 편이다.	①	②	③	④	⑤	○	○
	B	남들이 나를 비난해도 쉽게 동요하지 않는다.	①	②	③	④	⑤	○	○
	C	다른 사람들의 기분과 느낌을 잘 파악한다.	①	②	③	④	⑤	○	○
19	A	모임을 주선하게 되는 경우가 자주 있다.	①	②	③	④	⑤	○	○
	B	나는 학창시절부터 리더역할을 많이 해 왔다.	①	②	③	④	⑤	○	○
	C	변화를 즐기는 편이다.	①	②	③	④	⑤	○	○
20	A	혼자서 생활해도 밥은 잘 챙겨 먹고 생활리듬이 많이 깨지지 않는 편이다.	①	②	③	④	⑤	○	○
	B	다른 나라의 음식을 시도해 보는 것이 즐겁다.	①	②	③	④	⑤	○	○
	C	나 스스로에 대해서 높은 기준을 제시하는 편이다.	①	②	③	④	⑤	○	○
21	A	대화를 주도한다.	①	②	③	④	⑤	○	○
	B	나 스스로에 대해서 높은 기준을 세우고 시도해 보는 것을 즐긴다.	①	②	③	④	⑤	○	○
	C	나와 다른 분야에 종사하는 사람들을 만나도 쉽게 공통점을 찾을 수 있다.	①	②	③	④	⑤	○	○
22	A	나는 설득을 잘하는 사람이다.	①	②	③	④	⑤	○	○
	B	현상에 대한 새로운 해석을 알게 되는 것이 즐겁다.	①	②	③	④	⑤	○	○
	C	새로운 기회를 만들기 위해서 다방면으로 노력을 기울인다.	①	②	③	④	⑤	○	○
23	A	한 달 동안 필요한 돈이 얼마인지 파악하고 있다.	①	②	③	④	⑤	○	○
	B	어디 가서든 친구들 중에서 내가 제일 적응을 잘 하는 편이다.	①	②	③	④	⑤	○	○
	C	대개 어떤 모임이든 나가다 보면 중심 멤버가 돼 있는 경우가 많다.	①	②	③	④	⑤	○	○
24	A	극복하지 못할 장애물은 없다고 생각한다.	①	②	③	④	⑤	○	○
	B	생활패턴이 규칙적인 편이다.	①	②	③	④	⑤	○	○
	C	내 분야에서 전문가가 되기 위한 구체적인 계획을 가지고 있다.	①	②	③	④	⑤	○	○
25	A	누구보다 앞장서서 일하는 편이다.	①	②	③	④	⑤	○	○
	B	일어날 일에 대해서 미리 예상하고 준비하는 편이다.	①	②	③	④	⑤	○	○
	C	동문회에 나가는 것이 즐겁다.	①	②	③	④	⑤	○	○

번호		문항 예시	응답 1					응답 2	
			전혀 그렇지 않다	그렇지 않다	보통이다	그렇다	매우 그렇다	멀다	가깝다
26	A	같은 과 친구들을 만나면 행동만으로도 기분을 눈치챌 수 있다.	①	②	③	④	⑤	○	○
	B	혼자서 일하는 것보다 팀을 이루어서 일하는 것이 더 좋다.	①	②	③	④	⑤	○	○
	C	예상외의 일이 생겨도 상황에 적응하고 즐기는 편이다.	①	②	③	④	⑤	○	○
27	A	내 분야에 관한 한 전문가가 되기 위해 따로 시간 투자를 한다.	①	②	③	④	⑤	○	○
	B	일단 마음먹은 일은 맘껏 해 봐야 직성이 풀리는 편이다.	①	②	③	④	⑤	○	○
	C	위기는 기회라는 말에 동의한다.	①	②	③	④	⑤	○	○
28	A	팀 내에서 업무적인 대화만큼 개인적인 고민에 대한 대화 역시 필요하다.	①	②	③	④	⑤	○	○
	B	컨디션이 좋지 않아도 계획한 일은 예정대로 하는 편이다.	①	②	③	④	⑤	○	○
	C	내 몸의 컨디션에 대해서 잘 파악하는 편이다.	①	②	③	④	⑤	○	○
29	A	교통질서를 잘 지킨다.	①	②	③	④	⑤	○	○
	B	내가 무엇을 하면 즐거워지는지 정확하게 알고 있다.	①	②	③	④	⑤	○	○
	C	다른 나라의 문화에 대해서 알게 되는 것은 즐거운 일이다.	①	②	③	④	⑤	○	○
30	A	자기개발에 도움이 되는 것들을 꾸준히 찾아서 한다.	①	②	③	④	⑤	○	○
	B	모임에서 새로운 사람들과 잘 어울린다.	①	②	③	④	⑤	○	○
	C	친구의 고민 상담을 잘해 주는 편이다.	①	②	③	④	⑤	○	○
31	A	처음 경험하는 일이라도 빠르게 파악하고 적응하는 편이다.	①	②	③	④	⑤	○	○
	B	새로운 모임에 가도 잘 적응하는 편이다.	①	②	③	④	⑤	○	○
	C	새로운 정보나 지식을 팀원들과 공유한다.	①	②	③	④	⑤	○	○
32	A	다양한 문화를 인정하는 것은 중요하다.	①	②	③	④	⑤	○	○
	B	친구를 사귀는 것은 어렵지 않다.	①	②	③	④	⑤	○	○
	C	적응을 잘하는 편이다.	①	②	③	④	⑤	○	○

번호		문항 예시	응답 1					응답 2	
			전혀 그렇지 않다	그렇지 않다	보통 이다	그렇다	매우 그렇다	멀다	가깝다
33	A	꾸준하다는 평가를 받는다.	①	②	③	④	⑤	○	○
	B	의리가 나에게는 매우 중요한 덕목이다.	①	②	③	④	⑤	○	○
	C	내 분야에서 최고가 되기 위해서 노력한다.	①	②	③	④	⑤	○	○
34	A	기분 나쁜 말을 전해야 할 때는 상대방의 기분을 고려하여 부드러운 말로 바꾸어 표현하는 편이다.	①	②	③	④	⑤	○	○
	B	나와 다른 관점이 있다는 것을 인정한다.	①	②	③	④	⑤	○	○
	C	규칙을 잘 지킨다.	①	②	③	④	⑤	○	○
35	A	내 성과로 직결되지 않는 일이라도 조직에 필요한 일은 묵묵히 하는 편이다.	①	②	③	④	⑤	○	○
	B	팀을 이루어 성취한 후 느끼는 쾌감이 크다.	①	②	③	④	⑤	○	○
	C	우리 회사(학교, 동아리) 사람들은 나를 좋아한다.	①	②	③	④	⑤	○	○
36	A	친절하다는 말을 많이 듣는다.	①	②	③	④	⑤	○	○
	B	사람들과 어울리는 것이 좋다.	①	②	③	④	⑤	○	○
	C	내가 공금을 맡으면 사람들이 안심하고 맡기는 편이다.	①	②	③	④	⑤	○	○
37	A	팀원들과의 관계는 늘 좋았던 편이다.	①	②	③	④	⑤	○	○
	B	나는 실패를 극복할 만한 의지를 가진 사람이라고 생각한다.	①	②	③	④	⑤	○	○
	C	다양한 가치를 존중받을 수 있는 사회가 바람직하다고 생각한다.	①	②	③	④	⑤	○	○
38	A	회의를 할 때 독특한 아이디어를 많이 내놓는 편이다.	①	②	③	④	⑤	○	○
	B	어느 집단에 소속되면 주로 리더의 역할을 맡는다.	①	②	③	④	⑤	○	○
	C	나는 돈 관리를 잘하는 편이어서 적자가 나는 법이 없다.	①	②	③	④	⑤	○	○
39	A	학창시절 반장이나 동아리 회장 등을 하곤 했다.	①	②	③	④	⑤	○	○
	B	무언가를 새롭게 창조하는 것을 좋아한다.	①	②	③	④	⑤	○	○
	C	어떤 환경에서 집중이 잘되는지 알고 있으며 되도록 그 시간대는 공부를 위해서 비워 놓으려고 노력한다.	①	②	③	④	⑤	○	○
40	A	목표를 세우면 거기에 모든 것을 거는 편이다.	①	②	③	④	⑤	○	○
	B	상황에 대한 내 감정을 잘 설명한다.	①	②	③	④	⑤	○	○
	C	주변사람들은 나를 개방적이라고 평가한다.	①	②	③	④	⑤	○	○

번호		문항 예시	응답 1					응답 2	
			전혀 그렇지 않다	그렇지 않다	보통 이다	그렇다	매우 그렇다	멀다	가깝다
41	A	갑작스럽게 일이 생겨도 해결할 수 있도록 미리 준비하는 편이다.	①	②	③	④	⑤	○	○
	B	내가 하고자 하는 일이 있으면 잠을 못 잘 정도로 몰두한다.	①	②	③	④	⑤	○	○
	C	상대방의 표정이나 몸짓(비언어적 요소들)만으로 상대방 마음을 잘 알아차린다.	①	②	③	④	⑤	○	○
42	A	어떻게 하면 내 화가 풀리는지 알고 있다.	①	②	③	④	⑤	○	○
	B	일을 성취하기 위해서 공식적인 활동 이외의 노력도 기울인다.	①	②	③	④	⑤	○	○
	C	나는 목표를 달성하기 위해 방식을 현실적으로 조정해 가면서 일을 한다.	①	②	③	④	⑤	○	○
43	A	나는 호기심이 풍부한 사람이다.	①	②	③	④	⑤	○	○
	B	하나의 사안에 대해서 다양한 관점이 있다는 것을 흥미롭게 생각한다.	①	②	③	④	⑤	○	○
	C	일을 마치기 위해 즐거움을 잠시 미루는 것이 어렵지 않다.	①	②	③	④	⑤	○	○
44	A	아이디어가 풍부하다.	①	②	③	④	⑤	○	○
	B	한 가지에 빠지면 주변의 악조건에는 상관없이 몰두하는 편이다.	①	②	③	④	⑤	○	○
	C	외국인 친구와 교류하면서 외국문화를 알게 되는 것이 즐겁다.	①	②	③	④	⑤	○	○
45	A	나는 책임감이 강한 사람이다.	①	②	③	④	⑤	○	○
	B	현상의 원인에 대해서 궁금해 한다.	①	②	③	④	⑤	○	○
	C	나는 감정 조절을 잘하는 편이다.	①	②	③	④	⑤	○	○
46	A	기분이 우울하거나 화가 날 때 스스로를 달래는 방법을 알고 있다.	①	②	③	④	⑤	○	○
	B	믿을 수 있는 사람이 되고 싶다.	①	②	③	④	⑤	○	○
	C	나는 에너지가 넘친다.	①	②	③	④	⑤	○	○
47	A	굳이 말로 하지 않아도 행동을 보면 그 사람의 기분을 잘 파악할 수 있다.	①	②	③	④	⑤	○	○
	B	의리를 지키는 것은 중요하다고 생각한다.	①	②	③	④	⑤	○	○
	C	다른 나라에 가서 새로운 경험을 하는 것은 즐거운 일이다.	①	②	③	④	⑤	○	○
48	A	사람들 사이의 신의를 지키기 위해서 노력한다.	①	②	③	④	⑤	○	○
	B	일을 성취하기 위해서 최대한의 방법을 동원한다.	①	②	③	④	⑤	○	○
	C	비난보다는 칭찬을 많이 하는 편이다.	①	②	③	④	⑤	○	○

번호		문항 예시	응답 1					응답 2	
			전혀 그렇지 않다	그렇지 않다	보통 이다	그렇다	매우 그렇다	멀다	가깝다
49	A	나는 늘 책임감이 강한 편에 속했다.	①	②	③	④	⑤	○	○
	B	나 스스로의 한계에 도전하는 일을 좋아한다.	①	②	③	④	⑤	○	○
	C	실력을 쌓을 수 있는 기회면 일이 어려워도 자원해서 한다.	①	②	③	④	⑤	○	○
50	A	상대방이 편안하게 느낄 수 있도록 배려해야 마음이 놓인다.	①	②	③	④	⑤	○	○
	B	문제를 해결하는 데에는 다양한 가능성이 있다고 생각한다.	①	②	③	④	⑤	○	○
	C	내 실수에 대해서는 스스로 책임을 진다.	①	②	③	④	⑤	○	○
51	A	나는 상대방을 잘 배려하는 사람이다.	①	②	③	④	⑤	○	○
	B	나의 장점은 성실함이다.	①	②	③	④	⑤	○	○
	C	내가 신세 진 사람에게는 꼭 은혜를 갚는다.	①	②	③	④	⑤	○	○
52	A	일단 맡은 일은 책임지고 해낸다.	①	②	③	④	⑤	○	○
	B	어떤 조직이든 신뢰는 매우 중요한 가치라고 생각한다.	①	②	③	④	⑤	○	○
	C	외국 문화에 흥미를 가지고 있다.	①	②	③	④	⑤	○	○
53	A	국제단체에서 일하게 되면 재미있게 일할 수 있을 거 같다.	①	②	③	④	⑤	○	○
	B	내가 목표로 잡은 일은 여러 번 도전을 해서라도 해내야 직성이 풀린다.	①	②	③	④	⑤	○	○
	C	난 참 괜찮은 사람 같다.	①	②	③	④	⑤	○	○
54	A	나는 신뢰감을 주는 사람이다.	①	②	③	④	⑤	○	○
	B	상냥하다는 말을 많이 듣는다.	①	②	③	④	⑤	○	○
	C	나는 스스로 세운 목표는 끝까지 잘 달성한다.	①	②	③	④	⑤	○	○
55	A	나와 다른 의견을 가진 사람과 대화를 나누는 일은 흥미롭다.	①	②	③	④	⑤	○	○
	B	다른 사람의 입장을 이해하려고 노력한다.	①	②	③	④	⑤	○	○
	C	줄을 설 때 새치기를 하지 않는 편이다.	①	②	③	④	⑤	○	○
56	A	현장에서 닥치면 잘 해결하는 편이라서 긴 준비를 선호하지 않는다.	①	②	③	④	⑤	○	○
	B	스케줄에 맞추기 위해서 무리하게라도 일을 진행하는 편이다.	①	②	③	④	⑤	○	○
	C	학창시절 내가 기획했던 공연이나 행사를 치러 본 적이 있다.	①	②	③	④	⑤	○	○

번호		문항 예시	응답 1					응답 2	
			전혀 그렇지 않다	그렇지 않다	보통 이다	그렇다	매우 그렇다	멀다	가깝다
57	A	앞으로 유행할 물건이나 경향에 대해 빨리 파악하는 편이다.	①	②	③	④	⑤	○	○
	B	자료를 찾는 시간에 사람을 만나 물어보는 방식이 더 잘 맞는다.	①	②	③	④	⑤	○	○
	C	신문에서 나오는 기사들이 나와 내가 소속한 집단(가족, 학교, 회사) 등에 어떤 영향을 미칠지 적절하게 파악할 수 있다.	①	②	③	④	⑤	○	○
58	A	정보가 많아도 중요한 몇 가지에만 집중해서 처리한다.	①	②	③	④	⑤	○	○
	B	주변 사람들로부터 논리적이라는 평가를 듣는 편이다.	①	②	③	④	⑤	○	○
	C	정리정돈을 좋아한다.	①	②	③	④	⑤	○	○
59	A	사무실에서 조사하는 것보다 현장에서 파악하는 것이 편하다.	①	②	③	④	⑤	○	○
	B	문제가 생기면 상대방 마음부터 챙기면서 일을 풀어 가는 타입이다.	①	②	③	④	⑤	○	○
	C	주변 사람들로부터 꼼꼼한 성격이라는 평가를 받는다.	①	②	③	④	⑤	○	○
60	A	당장 눈앞의 일을 하기 보다는 일의 추이에 대한 예상을 하고 방향성을 가지고 일을 한다.	①	②	③	④	⑤	○	○
	B	필요한 일들을 미리 체크하고 준비한다.	①	②	③	④	⑤	○	○
	C	메일을 보내는 것보다 만나서 말로 설득하는 것을 선호한다.	①	②	③	④	⑤	○	○
61	A	일을 처리할 때 웬만하면 직접 사람을 만나 얘기하는 것을 선택한다.	①	②	③	④	⑤	○	○
	B	나에게 정확한 일 처리는 중요하다.	①	②	③	④	⑤	○	○
	C	약속 장소에 가기 위한 가장 빠른 교통수단을 미리 알아보고 출발하는 편이다.	①	②	③	④	⑤	○	○
62	A	내가 한 행동에 대해 절대 후회하지 않는다.	①	②	③	④	⑤	○	○
	B	내 기분이 나쁘더라도 모임의 분위기에 맞춰 행동하려고 노력한다.	①	②	③	④	⑤	○	○
	C	나보다 사정이 급한 사람이 있을 때는 순서를 양보해 준다.	①	②	③	④	⑤	○	○
63	A	내가 가진 지식을 다른 분야의 아이디어와 연결하여 활용한다.	①	②	③	④	⑤	○	○
	B	절실해 보이는 사람에게 내가 가진 것을 양보할 수 있다.	①	②	③	④	⑤	○	○
	C	어차피 누군가가 해야 할 일이라면 내가 먼저 한다.	①	②	③	④	⑤	○	○

번호		문항 예시	응답 1					응답 2	
			전혀 그렇지 않다	그렇지 않다	보통이다	그렇다	매우 그렇다	멀다	가깝다
64	A	사소한 절차를 어기더라도 일을 빨리 진행하는 것이 우선이다.	①	②	③	④	⑤	○	○
	B	사회적 관습이 잘 지켜져야 바람직한 사회이다.	①	②	③	④	⑤	○	○
	C	나는 항상 상대방의 말을 끝까지 집중해서 듣는다.	①	②	③	④	⑤	○	○
65	A	나는 상황의 변화를 빠르게 인지한다.	①	②	③	④	⑤	○	○
	B	정해진 원칙과 계획대로만 일을 진행해야 실수를 하지 않는다.	①	②	③	④	⑤	○	○
	C	나는 여러 사람들과 함께 일하는 것이 좋다.	①	②	③	④	⑤	○	○
66	A	나는 누구의 지시를 받는 것보다 스스로 해야 할 일을 찾아서 해야 한다.	①	②	③	④	⑤	○	○
	B	나는 어떤 사람에게든 똑같이 대한다.	①	②	③	④	⑤	○	○
	C	나는 언제나 모두의 이익을 생각하면서 일한다.	①	②	③	④	⑤	○	○
67	A	친구가 평소와는 다른 행동을 하면 바로 알아챈다.	①	②	③	④	⑤	○	○
	B	나는 누구와도 어렵지 않게 어울릴 수 있다.	①	②	③	④	⑤	○	○
	C	나의 부족한 점을 남들에게 숨기지 않는다.	①	②	③	④	⑤	○	○
68	A	비록 나와 관계없는 사람일지라도 도움을 요청하면 도와준다.	①	②	③	④	⑤	○	○
	B	여러 사람들과 가깝게 지내는 것은 불편하다.	①	②	③	④	⑤	○	○
	C	나는 사람들의 감정 상태를 잘 알아차린다.	①	②	③	④	⑤	○	○
69	A	나는 상대방이 나보다 먼저 하고 싶어 하는 말이 있는지 살핀다.	①	②	③	④	⑤	○	○
	B	궁금했던 내용을 잘 알기 위해 공부하는 것은 즐거운 일이다.	①	②	③	④	⑤	○	○
	C	팀 활동을 할 때 나의 일보다 팀의 일이 우선순위에 있다.	①	②	③	④	⑤	○	○
70	A	나는 팀 과제에서 팀원들이 문제를 해결하도록 이끌 수 있다.	①	②	③	④	⑤	○	○
	B	문제 해결에 필요한 시간이 어느 정도인지를 생각하고 계획을 세운다.	①	②	③	④	⑤	○	○
	C	필요하다면 편법을 사용할 수 있는 융통성이 필요하다.	①	②	③	④	⑤	○	○
71	A	다른 사람들은 나에게 도움을 많이 요청한다.	①	②	③	④	⑤	○	○
	B	나는 아무리 힘들어도 해야 할 일을 미루지 않는다.	①	②	③	④	⑤	○	○
	C	나는 이루고자 하는 명확한 목표가 있다.	①	②	③	④	⑤	○	○

번호		문항 예시	응답 1					응답 2	
			전혀 그렇지 않다	그렇지 않다	보통 이다	그렇다	매우 그렇다	멀다	가깝다
72	A	나는 가족, 친구들과 사이가 아주 가깝다.	①	②	③	④	⑤	○	○
	B	아무리 어려운 일이 있더라도 약속은 반드시 지킨다.	①	②	③	④	⑤	○	○
	C	상대방의 행동이 내 마음에 들지 않더라도 어느 정도 참을 수 있다.	①	②	③	④	⑤	○	○
73	A	나는 복잡한 문제의 핵심을 잘 파악한다.	①	②	③	④	⑤	○	○
	B	나의 실수나 잘못을 순순히 인정한다.	①	②	③	④	⑤	○	○
	C	나는 새로운 시도를 해 보는 것을 좋아한다.	①	②	③	④	⑤	○	○
74	A	하기 싫은 일을 맡아도 막상 시작하면 그 일에 몰두한다.	①	②	③	④	⑤	○	○
	B	내가 알게 된 새로운 정보나 노하우를 남에게 공유하고 싶지 않다.	①	②	③	④	⑤	○	○
	C	나는 상대방의 행동의 의도나 이유를 잘 파악한다.	①	②	③	④	⑤	○	○
75	A	나는 혼자 하는 일을 더 좋아한다.	①	②	③	④	⑤	○	○
	B	내가 생각해 낸 아이디어가 현실로 바뀌는 것은 매우 흥미로운 일이다	①	②	③	④	⑤	○	○
	C	나는 불규칙한 것보다 규칙적인 것을 좋아한다.	①	②	③	④	⑤	○	○
76	A	나는 어떤 일이든 할 때는 최선을 다한다.	①	②	③	④	⑤	○	○
	B	나는 실수나 잘못을 잘 인정한다.	①	②	③	④	⑤	○	○
	C	나는 결과가 어떨지 정확히 알 수 없어도 성공 가능성이 있다면 시작해 본다.	①	②	③	④	⑤	○	○
77	A	나는 대화할 때 상대방이 이해하기 쉽게 설명할 수 있다.	①	②	③	④	⑤	○	○
	B	나는 내 주변의 모든 사람들을 좋아한다.	①	②	③	④	⑤	○	○
	C	나는 배우겠다고 결심한 것이 있으면 아무리 바쁘더라도 시간을 낼 수 있다.	①	②	③	④	⑤	○	○
78	A	나 자신에게는 엄격하지만 다른 사람에게는 너그럽다.	①	②	③	④	⑤	○	○
	B	나는 질서와 규율을 너무 강조하는 조직을 싫어한다.	①	②	③	④	⑤	○	○
	C	나는 내 자신의 능력을 믿는다.	①	②	③	④	⑤	○	○
79	A	나는 매사에 행동을 조심하기 때문에 다른 사람들에게 나쁘게 평가받지 않는다.	①	②	③	④	⑤	○	○
	B	다른 사람들 앞에서 내 자랑을 쉽게 할 수 있다.	①	②	③	④	⑤	○	○
	C	나는 나의 개인적인 감정이 일에 영향을 주지 않도록 한다.	①	②	③	④	⑤	○	○

번호		문항 예시	응답 1					응답 2	
			전혀 그렇지 않다	그렇지 않다	보통 이다	그렇다	매우 그렇다	멀다	가깝다
80	A	나는 문제의 원인을 단정하기에 앞서 다양한 가능성을 더 생각한다.	①	②	③	④	⑤	○	○
	B	나는 아무리 화가 나도 평정심을 유지하려 노력한다.	①	②	③	④	⑤	○	○
	C	나는 바쁘더라도 할 일이 많은 것이 좋다.	①	②	③	④	⑤	○	○
81	A	무엇이든 노력하면 해낼 수 있다고 믿는다.	①	②	③	④	⑤	○	○
	B	나의 가치관을 남에게 내세우지 않는다.	①	②	③	④	⑤	○	○
	C	나는 스스로 한 약속을 무슨 일이 있어도 지킨다.	①	②	③	④	⑤	○	○
82	A	나와 다른 의견도 있는 그대로 받아들인다.	①	②	③	④	⑤	○	○
	B	나는 남들보다 뛰어난 능력이 있다.	①	②	③	④	⑤	○	○
	C	다양한 분야에 관심을 갖기보다 특정 분야에 집중하고 싶다.	①	②	③	④	⑤	○	○
83	A	보수는 각자가 기여한 정도에 따라 달리 받아야 한다.	①	②	③	④	⑤	○	○
	B	경험해보지 못한 다양한 문화와 언어를 익히길 좋아한다.	①	②	③	④	⑤	○	○
	C	언제나 계획한 대로 실천한다.	①	②	③	④	⑤	○	○
84	A	사람을 감동시키는 재주가 있다.	①	②	③	④	⑤	○	○
	B	도전적인 분야보다 비교적 검증되고 안정된 분야를 선호한다.	①	②	③	④	⑤	○	○
	C	충동구매를 잘하는 편이다.	①	②	③	④	⑤	○	○
85	A	여러 사람이 협동해서 하는 일이 혼자 하는 일보다 좋다.	①	②	③	④	⑤	○	○
	B	해보고 싶은 일이 있으면 바로 추진한다.	①	②	③	④	⑤	○	○
	C	현실적 환경보다는 미래의 삶에 대해 더 많이 고민한다.	①	②	③	④	⑤	○	○

Memo

미래를 창조하기에 꿈만큼 좋은 것은 없다.
오늘의 유토피아가 내일 현실이 될 수 있다.
**There is nothing like dream to create the future.
Utopia today, flesh and blood tomorrow.**
빅토르 위고 Victor Hugo

고시넷 S-OIL(에쓰오일) 생산직 온라인 필기시험 **최신기출유형모의고사**

S-OIL(에쓰오일) 생산직 온라인 필기시험

파트 3 면접가이드

- **01** 면접의 이해
- **02** 구조화 면접 기법
- **03** 면접 최신 기출 주제

면접의 이해

※ 능력중심 채용에서는 타당도가 높은 구조화 면접을 적용한다.

1 면접이란?

일을 하는 데 필요한 능력(직무역량, 직무지식, 인재상 등)을 지원자가 보유하고 있는지를 다양한 면접기법을 활용하여 확인하는 절차이다. 자신의 환경, 성취, 관심사, 경험 등에 대해 이야기하여 본인이 적합하다는 것을 보여 줄 기회를 제공하고, 면접관은 평가에 필요한 정보를 수집하고 평가하는 것이다.

- 지원자의 태도, 적성, 능력에 대한 정보를 심층적으로 파악하기 위한 선발 방법
- 선발의 최종 의사결정에 주로 사용되는 선발 방법
- 전 세계적으로 선발에서 가장 많이 사용되는 핵심적이고 중요한 방법

2 면접의 특징

서류전형이나 인적성검사에서 드러나지 않는 것들을 볼 수 있는 기회를 제공한다.

- 직무수행과 관련된 다양한 지원자 행동에 대한 관찰이 가능하다.
- 면접관이 알고자 하는 정보를 심층적으로 파악할 수 있다.
- 서류상의 미비한 사항과 의심스러운 부분을 확인할 수 있다.
- 커뮤니케이션, 대인관계행동 등 행동·언어적 정보도 얻을 수 있다.

3 면접의 평가요소

1 인재적합도

해당 기관이나 기업별 인재상에 대한 인성 평가

2 조직적합도

조직에 대한 이해와 관련 상황에 대한 평가

3 직무적합도

직무에 대한 지식과 기술, 태도에 대한 평가

4 면접의 유형

구조화된 정도에 따른 분류

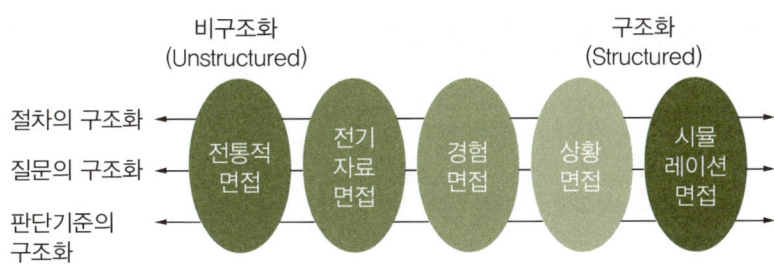

1 구조화 면접(Structured Interview)

사전에 계획을 세워 질문의 내용과 방법, 지원자의 답변 유형에 따른 추가 질문과 그에 대한 평가역량이 정해져 있는 면접 방식(표준화 면접)

- 표준화된 질문이나 평가요소가 면접 전 확정되며, 지원자는 편성된 조나 면접관에 영향을 받지 않고 동일한 질문과 시간을 부여받을 수 있음.
- 조직 또는 직무별로 주요하게 도출된 역량을 기반으로 평가요소가 구성되어, 조직 또는 직무에서 필요한 역량을 가진 지원자를 선발할 수 있음.
- 표준화된 형식을 사용하는 특성 때문에 비구조화 면접에 비해 신뢰성과 타당성, 객관성이 높음.

2 비구조화 면접(Unstructured Interview)

면접 계획을 세울 때 면접 목적만 명시하고 내용이나 방법은 면접관에게 전적으로 일임하는 방식(비표준화 면접)

- 표준화된 질문이나 평가요소 없이 면접이 진행되며, 편성된 조나 면접관에 따라 지원자에게 주어지는 질문이나 시간이 다름.
- 면접관의 주관적인 판단에 따라 평가가 이루어져 평가 오류가 빈번히 일어남.
- 상황 대처나 언변이 뛰어난 지원자에게 유리한 면접이 될 수 있음.

구조화 면접 기법

※ 능력중심 채용에서는 타당도가 높은 구조화 면접을 적용한다.

1 경험면접(Behavioral Event Interview)

면접 프로세스

안내 ▸ 지원자는 입실 후, 면접관을 통해 인사말과 면접에 대한 간단한 안내를 받음.

질문 ▸ 지원자는 면접관에게 평가요소(직업기초능력, 직무수행능력 등)와 관련된 주요 질문을 받게 되며, 질문에서 의도하는 평가요소를 고려하여 응답할 수 있도록 함.

세부질문 ▸
- 지원자가 응답한 내용을 토대로 해당 평가기준들을 충족시키는지 파악하기 위한 세부질문이 이루어짐.
- 구체적인 행동·생각 등에 대해 응답할수록 높은 점수를 얻을 수 있음.

- **방식**
  해당 역량의 발휘가 요구되는 일반적인 상황을 제시하고, 그러한 상황에서 어떻게 행동했었는지(과거경험)를 이야기하도록 함.

- **판단기준**
  해당 역량의 수준, 경험 자체의 구체성, 진실성 등

- **특징**
  추상적인 생각이나 의견 제시가 아닌 과거 경험 및 행동 중심의 질의가 이루어지므로 지원자는 사전에 본인의 과거 경험 및 사례를 정리하여 면접에 대비할 수 있음.

- **예시**

지원분야		지원자		면접관		(인)
경영자원관리 조직이 보유한 인적자원을 효율적으로 활용하여, 조직 내 유·무형 자산 및 재무자원을 효율적으로 관리한다.							
주질문							
A. 어떤 과제를 처리할 때 기존에 팀이 사용했던 방식의 문제점을 찾아내 이를 보완하여 과제를 더욱 효율적으로 처리했던 경험에 대해 이야기해 주시기 바랍니다.							
세부질문							
[상황 및 과제] 사례와 관련해 당시 상황에 대해 이야기해 주시기 바랍니다. [역할] 당시 지원자께서 맡았던 역할은 무엇이었습니까? [행동] 사례와 관련해 구성원들의 설득을 이끌어 내기 위해 어떤 노력을 하였습니까? [결과] 결과는 어땠습니까?							

기대행동	평점
업무진행에 있어 한정된 자원을 효율적으로 활용한다.	① - ② - ③ - ④ - ⑤
구성원들의 능력과 성향을 파악해 효율적으로 업무를 배분한다.	① - ② - ③ - ④ - ⑤
효과적 인적/물적 자원관리를 통해 맡은 일을 무리 없이 잘 마무리한다.	① - ② - ③ - ④ - ⑤

척도해설

1 : 행동증거가 거의 드러나지 않음	2 : 행동증거가 미약하게 드러남	3 : 행동증거가 어느 정도 드러남	4 : 행동증거가 명확하게 드러남	5 : 뛰어난 수준의 행동증거가 드러남

관찰기록 :

총평 :

※ 실제 적용되는 평가지는 기업/기관마다 다름.

2 상황면접(Situational Interview)

면접 프로세스

안내 — 지원자는 입실 후, 면접관을 통해 인사말과 면접에 대한 간단한 안내를 받음.

질문
- 지원자는 상황질문지를 검토하거나 면접관을 통해 상황 및 질문을 제공받음.
- 면접관의 질문이나 질문지의 의도를 파악하여 응답할 수 있도록 함.

세부질문
- 지원자가 응답한 내용을 토대로 해당 평가기준들을 충족시키는지 파악하기 위한 세부질문이 이루어짐.
- 구체적인 행동·생각 등에 대해 응답할수록 높은 점수를 얻을 수 있음.

- 방식
  직무 수행 시 접할 수 있는 상황들을 제시하고, 그러한 상황에서 어떻게 행동할 것인지(행동의도)를 이야기하도록 함.
- 판단기준
  해당 상황에 맞는 해당 역량의 구체적 행동지표
- 특징
  지원자의 가치관, 태도, 사고방식 등의 요소를 평가하는 데 용이함.

- 예시

지원분야		지원자		면접관	(인)

유관부서협업
타 부서의 업무협조요청 등에 적극적으로 협력하고 갈등 상황이 발생하지 않도록 이해관계를 조율하며 관련 부서의 협업을 효과적으로 이끌어 낸다.

주질문
당신은 생산관리팀의 팀원으로, 2개월 뒤에 제품 A를 출시하기 위해 생산팀의 생산 계획을 수립한 상황입니다. 그러나 원가가 곧 실적으로 이어지는 구매팀에서는 최대한 원가를 줄여 전반적 단가를 낮추려고 원가절감을 위한 제안을 하였으나, 연구개발팀에서는 구매팀이 제안한 방식으로 제품을 생산할 경우 대부분이 구매팀의 실적으로 산정될 것이므로 제대로 확인도 해보지 않은 채 적합하지 않은 방식이라고 판단하고 있습니다. 당신은 어떻게 하겠습니까?

세부질문
[상황 및 과제] 이 상황의 핵심적인 이슈는 무엇이라고 생각합니까?
[역할] 당신의 역할을 더 잘 수행하기 위해서는 어떤 점을 고려해야 하겠습니까? 왜 그렇게 생각합니까?
[행동] 당면한 과제를 해결하기 위해서 구체적으로 어떤 조치를 취하겠습니까? 그 이유는 무엇입니까?
[결과] 그 결과는 어떻게 될 것이라고 생각합니까? 그 이유는 무엇입니까?

척도해설

1 : 행동증거가 거의 드러나지 않음	2 : 행동증거가 미약하게 드러남	3 : 행동증거가 어느 정도 드러남	4 : 행동증거가 명확하게 드러남	5 : 뛰어난 수준의 행동증거가 드러남

관찰기록 :

총평 :

※ 실제 적용되는 평가지는 기업/기관마다 다름.

3 발표면접(Presentation)

면접 프로세스

안내
- 입실 후 지원자는 면접관으로부터 인사말과 발표면접에 대해 간략히 안내받음.
- 면접 전 지원자는 과제 검토 및 발표 준비시간을 가짐.

발표
- 지원자들이 과제 주제와 관련하여 정해진 시간 동안 발표를 실시함.
- 면접관은 발표내용 중 평가요소와 관련해 나타난 가점 및 감점요소들을 평가하게 됨.

질문응답
- 발표 종료 후 면접관은 정해진 시간 동안 지원자의 발표내용과 관련해 구체적인 내용을 확인하기 위한 질문을 함.
- 지원자는 면접관의 질문의도를 정확히 파악하여 적절히 응답할 수 있도록 함.
- 응답 시 명확하고 자신있게 전달할 수 있도록 함.

- 방식
  지원자가 특정 주제와 관련된 자료(신문기사, 그래프 등)를 검토하고, 그에 대한 자신의 생각을 면접관 앞에서 발표하며, 추가 질의응답이 이루어짐.
- 판단기준
  지원자의 사고력, 논리력, 문제해결능력 등
- 특징
  과제를 부여한 후, 지원자들이 과제를 수행하는 과정과 결과를 관찰·평가함. 과제수행의 결과뿐 아니라 과제수행 과정에서의 행동을 모두 평가함.

4 토론면접(Group Discussion)

면접 프로세스

안내
- 입실 후, 지원자들은 면접관으로부터 토론 면접의 전반적인 과정에 대해 안내받음.
- 지원자는 정해진 자리에 착석함.

토론
- 지원자들이 과제 주제와 관련하여 정해진 시간 동안 토론을 실시함(시간은 기관별 상이).
- 지원자들은 면접 전 과제 검토 및 토론 준비시간을 가짐.
- 토론이 진행되는 동안, 지원자들은 다른 토론자들의 발언을 경청하여 적절히 본인의 의사를 전달할 수 있도록 함. 더불어 적극적인 태도로 토론면접에 임하는 것도 중요함.

마무리 (5분 이내)
- 면접 종료 전, 지원자들은 토론을 통해 도출한 결론에 대해 첨언하고 적절히 마무리 지음.
- 본인의 의견을 전달하는 것과 동시에 다른 토론자를 배려하는 모습도 중요함.

- 방식
  상호갈등적 요소를 가진 과제 또는 공통의 과제를 해결하는 내용의 토론 과제(신문기사, 그래프 등)를 제시하고, 그 과정에서의 개인 간의 상호작용 행동을 관찰함.
- 판단기준
  팀워크, 갈등 조정, 의사소통능력 등
- 특징
  면접에서 최종안을 도출하는 것도 중요하나 주장의 옳고 그름이 아닌 결론을 도출하는 과정과 말하는 자세 등도 중요함.

5 역할연기면접(Role Play Interview)

- 방식
  기업 내 발생 가능한 상황에서 부딪히게 되는 문제와 역할을 가상적으로 설정하여 특정 역할을 맡은 사람과 상호작용하고 문제를 해결해 나가도록 함.
- 판단기준
  대처능력, 대인관계능력, 의사소통능력 등
- 특징
  실제 상황과 유사한 가상 상황에서 지원자의 성격이나 대처 행동 등을 관찰할 수 있음.

6 집단면접(Group Activity)

- 방식
  지원자들이 팀(집단)으로 협력하여 정해진 시간 안에 활동 또는 게임을 하며 면접관들은 지원자들의 행동을 관찰함.
- 판단기준
  대인관계능력, 팀워크, 창의성 등
- 특징
  기존 면접보다 오랜 시간 관찰을 하여 지원자들의 평소 습관이나 행동들을 관찰하려는 데 목적이 있음.

면접 최신 기출 주제

S-OIL의 생산직 면접

S-OIL의 생산직 면접은 크게 1차 면접과 2차 면접으로 진행된다. 1차 면접은 인성+전공 면접, 2차 면접은 인성면접을 중점으로 진행된다.

- 1차 면접에서는 지원자의 자기소개서, AI 역량검사 결과, 이력 등을 바탕으로 지원자의 생각과 경험 등을 파악하기 위한 질의응답이 이루어진다. 또한 지원자의 전공, 자격증을 바탕으로 관련 내용을 질문하여 전공지식에 대한 성취 수준을 평가하게 된다. S-OIL 생산직 전공 질문의 경우 갑작스럽게 질문을 받으면 어렵게 느껴질 수 있다. 따라서 전공, 자격증과 관련된 필수 개념 및 지식 등을 충분히 숙지한 후 핵심적인 내용을 중점으로 답변할 수 있도록 준비하는 것이 유리하다.
- 2차 면접의 경우 임원 면접으로 진행되며, 지원자의 이력, 가치관, 생각 등에 대한 보다 심층적인 질문을 받게 되므로 자신의 생각과 경험 등을 미리 정리하여 논리적으로 답변할 수 있도록 하는 것이 필요하다.

1 2024년 S-OIL 생산직 면접 기출 질문

- 우리 회사를 지원하게 된 계기가 무엇인가?
- 1분 동안 자기소개를 해 보시오.
- 아르바이트를 통해 경험하고 얻은 것은 무엇인가?
- 입사하였을 때 나이가 많은 직원들과 잘 지낼 수 있겠는가?
- 본인의 가치관이 회사의 비전과 어떻게 일치하는지 말해 보시오.
- 평소에 체력관리는 어떻게 하는 편인가?
- 샤힌 프로젝트란 무엇인지 설명해 보시오.
- 울산에서 근무할 수 있겠는가?
- 공정의 효율성과 안정성 중 고른다면? 그 이유는?
- 자사에서 사용하는 장치는 무엇이 있는지 말해 보시오.
- NPSHa와 NPSHr에 대해 말해 보시오.

2 2023년 S-OIL 생산직 면접 기출 질문

1 인성 관련 기출 질문

전 직장에서 맡았던 일을 하루 일과를 통해 설명해 보시오.

학점이 좋은 편인데 자신만의 노하우가 있는가?

학점이 낮은 편인데 그 이유가 무엇인가?

평소 술자리를 많이 가지는 편인가?

지방 근무에 잘 적응할 수 있겠는가?

일하면서 힘들었던 경험을 말해 보시오.

자신에게 친구가 몇 명 있다고 생각하는가?

친구들의 성향은 어떠한 편인가? 본인도 비슷한 편인가?

대학과 고향 모두 사업장과 거리가 먼데 굳이 일하고 싶은 이유가 무엇인가?

타 정유사가 아닌 S-OIL에 지원한 이유는 무엇인가?

다른 회사에 대한 지원 경험이 있는가?

이전에 맡은 업무와 거리가 먼 분야인데 지원한 이유가 무엇인가?

2 전공 관련 기출 질문

정유 공정 과정에 대하여 알고 있는 것을 말해 보시오.

섭씨와 화씨의 차이는 무엇인가?

게이트 밸브와 체크 밸브의 차이점은 무엇인가?

포화 화합물과 불포화 화합물이 무엇인지 설명해 보시오.

열의 이동에 대하여 설명해 보시오.

이슬점이 무엇인지 설명해 보시오.

레이놀즈수의 정의와 의미를 설명해 보시오.

열역학 법칙에 관하여 말해 보시오.

열전달의 형태 세 가지를 말해 보시오.

전류, 전압, 저항에 대하여 설명해 보시오.

아날로그와 디지털의 차이는 무엇인가?

전선의 종류를 말해 보시오.

3 면접 기출 예상 질문

인성

지원자의 주변인들은 지원자를 어떤 사람이라고 말하는 편인가?
인턴 및 실습을 통해 배운 점을 말해 보시오.
워라밸에 대한 본인의 생각은 어떠한가?
자신보다 나이가 적은 선임에 대한 생각은 어떠한가?
현장에서 자신이 해결하지 못하는 상황이 생겼다면 어떻게 대처하겠는가?
조직이나 모임 등에 새롭게 들어가 적응했던 경험을 말해 보시오.
사람들과 친해지는 본인만의 노하우가 있다면 말해 보시오.
살면서 경험한 가장 큰 실패와 이를 극복한 방법을 말해 보시오.
조직 내에서 경험한 갈등과 이에 대한 본인의 해결책을 말해 보시오.
S-OIL에 입사하기 위하여 한 노력을 말해 보시오.
S-OIL에 입사 후 포부를 말해 보시오.
직장을 선택함에 있어 중요시 여기는 것은 무엇인가?
선임이 만일 부당한 요구를 한다면 어떻게 대처하겠는가?
리더십을 발휘해본 경험을 말해 보시오.
창의력을 발휘하여 문제를 해결해 본 경험을 말해 보시오.
본인만의 스트레스 해소 방법을 말해 보시오.
공동의 목표를 위해 희생해 본 경험을 말해 보시오.
개인 휴식 시간에는 주로 무엇을 하는가?
노조에 대한 본인의 생각을 말해 보시오.
원칙과 효율성 중 무엇이 더 중요하다고 생각하는가?
우리 회사의 장점은 무엇이라 생각하는가
본인이 추구하는 가장 중요한 가치는 무엇인가
면접을 보러 오면서 이 건물에서 보았던 것 중 가장 기억에 남는 것은 무엇인가?
평소 체력 관리를 위해 하는 것이 있는가?
평소 꾸준히 하는 자기 개발 활동이 있는가?

온라인 필기시험

전공/직무

정유 공정 중 자신이 가장 관심을 가지고 있는 공정을 설명해 보시오.

정유와 석유화학의 차이점을 말해 보시오.

옥탄가란 무엇인가?

저장탱크의 종류와 특징을 말해 보시오.

열교환기의 원리를 설명해 보시오.

원유 정제 원리를 온도의 측면에서 설명해 보시오.

가솔린과 디젤의 용도에 대해서 설명해 보시오.

상압증류에 대하여 설명해 보시오.

감압증류에 대하여 설명해 보시오.

정유 산업에서의 '안전'에 대해서 알고 있는 내용을 말해 보시오.

용접의 기초에 대하여 설명해 보시오.

탈황 공정에 대해서 설명해 보시오.

S-OIL의 석유화학 제품 중 알고 있는 것을 말해 보시오.

S-OIL이 진행하고 있는 사업 중 알고 있는 것을 말해 보시오.

현장 근무를 함에 있어 가장 중요한 것이 무엇이라고 생각하는가?

정유 산업에서 사용되는 다양한 장치 중 알고 있는 것을 말해 보시오.

원유에서 정제되는 기름의 종류와 그 용도를 설명해 보시오.

○○자격증을 취득한 이유와 해당 자격증이 업무에 유리한 점을 말해 보시오.

다이오드, 파워서플라이가 무엇인가?

공정 자동화에 관하여 어떻게 생각하는가?

ESS란 무엇인가?

친환경과 관련하여 정유사가 나아갈 방향에 관한 본인의 생각을 말해 보시오.

S-OIL 생산직 1회 기출유형문제

S-OIL 생산직

2회 기출유형문제

문번	답란					문번	답란				
1	①	②	③	④	⑤	21	①	②	③	④	⑤
2	①	②	③	④	⑤	22	①	②	③	④	⑤
3	①	②	③	④	⑤	23	①	②	③	④	⑤
4	①	②	③	④	⑤	24	①	②	③	④	⑤
5	①	②	③	④	⑤	25	①	②	③	④	⑤
6	①	②	③	④	⑤	26	①	②	③	④	⑤
7	①	②	③	④	⑤	27	①	②	③	④	⑤
8	①	②	③	④	⑤	28	①	②	③	④	⑤
9	①	②	③	④	⑤	29	①	②	③	④	⑤
10	①	②	③	④	⑤	30	①	②	③	④	⑤
11	①	②	③	④	⑤	31	①	②	③	④	⑤
12	①	②	③	④	⑤	32	①	②	③	④	⑤
13	①	②	③	④	⑤	33	①	②	③	④	⑤
14	①	②	③	④	⑤	34	①	②	③	④	⑤
15	①	②	③	④	⑤	35	①	②	③	④	⑤
16	①	②	③	④	⑤	36	①	②	③	④	⑤
17	①	②	③	④	⑤	37	①	②	③	④	⑤
18	①	②	③	④	⑤	38	①	②	③	④	⑤
19	①	②	③	④	⑤	39	①	②	③	④	⑤
20	①	②	③	④	⑤	40	①	②	③	④	⑤
기초과학						기초과학					

S-OIL 생산직
3회 기출유형문제

문번	답란	문번	답란
1	① ② ③ ④ ⑤	21	① ② ③ ④ ⑤
2	① ② ③ ④ ⑤	22	① ② ③ ④ ⑤
3	① ② ③ ④ ⑤	23	① ② ③ ④ ⑤
4	① ② ③ ④ ⑤	24	① ② ③ ④ ⑤
5	① ② ③ ④ ⑤	25	① ② ③ ④ ⑤
6	① ② ③ ④ ⑤	26	① ② ③ ④ ⑤
7	① ② ③ ④ ⑤	27	① ② ③ ④ ⑤
8	① ② ③ ④ ⑤	28	① ② ③ ④ ⑤
9	① ② ③ ④ ⑤	29	① ② ③ ④ ⑤
10	① ② ③ ④ ⑤	30	① ② ③ ④ ⑤
11	① ② ③ ④ ⑤	31	① ② ③ ④ ⑤
12	① ② ③ ④ ⑤	32	① ② ③ ④ ⑤
13	① ② ③ ④ ⑤	33	① ② ③ ④ ⑤
14	① ② ③ ④ ⑤	34	① ② ③ ④ ⑤
15	① ② ③ ④ ⑤	35	① ② ③ ④ ⑤
16	① ② ③ ④ ⑤	36	① ② ③ ④ ⑤
17	① ② ③ ④ ⑤	37	① ② ③ ④ ⑤
18	① ② ③ ④ ⑤	38	① ② ③ ④ ⑤
19	① ② ③ ④ ⑤	39	① ② ③ ④ ⑤
20	① ② ③ ④ ⑤	40	① ② ③ ④ ⑤

기초과학

대기업·금융

   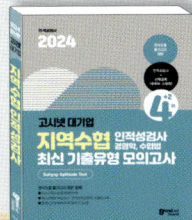 

저마다의 일생에는,
특히 그 일생이 동터 오르는 여명기에는
모든 것을 결정짓는 한 순간이 있다.
그 순간을 다시 찾아내는 것은 어렵다.
그것은 다른 수많은 순간들의 퇴적 속에
깊이 묻혀있다.

- 장 그르니에, 섬 LES ILES

인·적성검사

2025
고시넷
대기업

최신 S-OIL
생산직
기출유형

실제 시험과
동일한 구성의
모의고사

S-OIL 생산직
온라인 필기시험
최신 기출유형 모의고사

정답과 해설

동영상강의 WWW.GOSINET.CO.KR

gosinet
(주)고시넷

최신 대기업 인적성검사

20대기업
온·오프라인 인적성검사
통합기본서

핵심정리_핸드북 제공

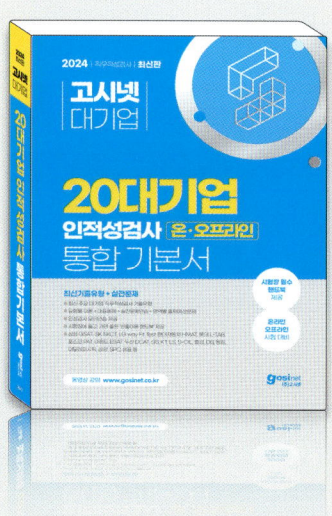

최신기출유형+실전문제

파트 1 언어능력

파트 2 수리능력

파트 3 추리능력

파트 4 공간지각능력

파트 5 사무지각능력

파트 6 인성검사

• 핵심정리[핸드북]

인·적성검사

2025
고시넷
대기업

최신 S-OIL
생산직
기출유형

실제 시험과
동일한 구성의
모의고사

S-OIL 생산직
온라인 필기시험
최신 기출유형 모의고사

정답과 해설

gosinet
(주)고시넷

권두부록 최신기출유형

유형 1 언어력

▶ 문제 14쪽

01	①	02	⑤	03	②	04	①	05	④
06	①	07	③	08	④	09	①	10	③
11	①	12	⑤	13	②	14	③	15	③
16	④	17	②	18	①	19	②	20	③
21	③	22	①	23	①	24	⑤	25	③
26	②	27	④	28	①	29	④	30	④
31	④	32	⑤	33	④	34	④	35	⑤
36	③	37	⑤	38	⑤	39	④	40	①

01

| 정답 | ①

| 해설 | 집산지로써 → 집산지로서 : '~로서'는 지위나 신분, 자격을 나타낼 때, '~로써'는 재료나 원료, 수단이나 도구, 방법을 나타낼 때 사용한다. 제시된 글에서는 '부산은 수산물의 집산지이다'와 같이 문맥상 '부산'의 자격을 뜻하고 있으므로 격조사 '~로서'를 붙이는 것이 옳다.

| 오답풀이 |

② 어문규정 제31항을 보면 두 말이 어울릴 적에 'ㅂ' 소리나 'ㅎ' 소리가 덧나는 것은 소리대로 적는다고 하였다. '살'과 '고기'가 결합할 때 [살고기]가 아니라 [살코기]가 되는데 이때도 소리 나는 대로 '살코기'로 적는다.

③ '조리다'와 '졸이다'는 구별하여 사용해야 한다. '조리다'는 '고기, 생선 등을 양념하여 바특하게 바짝 끓이다'의 뜻이고, '졸이다'는 '물이 증발하여 분량이 적어지다' 또는 '속을 태우다시피 마음을 초조하게 먹다'의 뜻이다.

02

| 정답 | ⑤

| 해설 | 단보는 백성을 해치지 않기 위해 오랑캐에게 땅을 내주었으므로, 돈이나 물질보다 사람의 생명이 가장 소중하다는 뜻의 속담인 ⑤가 가장 적절하다.

| 오답풀이 |

① 백성의 소리가 곧 하늘의 소리이므로, 지도자는 백성의 마음에 귀를 기울여야 함을 뜻한다.

② 개인뿐 아니라 나라조차도 남의 가난한 살림을 돕는 데는 끝이 없다는 뜻이다.

③ 말 못 하는 사람이 가뜩이나 말이 안 통하는 오랑캐와 만났다는 뜻으로, 말을 하지 않는 경우를 이른다.

④ 사또가 길을 떠날 때 일을 돕는 비장은 그 준비를 갖추느라 바쁘다는 뜻으로, 윗사람의 일 때문에 고된 일을 하게 됨을 이른다.

03

| 정답 | ②

| 해설 | 제시된 글에서 연고에 대한 집착이 강하면 연고주의라는 비판을 받는다고 하였는데, 연고주의란 혈연·지연·학연으로 이루어진 관계를 다른 사회적 관계보다 우선시하는 태도를 뜻한다. 따라서 ②가 가장 적절하다.

| 오답풀이 |

① 인연(因緣)

③ 연고(緣故)의 뜻이기도 하지만 ㉠에서 쓰인 연고의 의미와 부합하지 않는다. 유의어로는 사유(事由)가 있다.

④ 연로(年老)

⑤ 연분(緣分)

04

| 정답 | ①

| 해설 | 직원 채용 시 가장 중요한 평가 포인트는 '성실'이며, 이러한 인성적인 부분을 가꾸기 위해서는 오랜 시간

가꾸고 정성을 쏟아야 그 결실이 나온다고 하였다. 이와 관련된 사자성어는 우공이산(愚公移山)으로, 쉬지 않고 끝까지 노력하면 언젠가는 목적을 이룰 수 있음을 의미한다.

| 오답풀이 |
② 칠전팔기(七顚八起) : 여러 번 실패해도 포기하지 않고 꾸준히 노력한다는 뜻으로 강한 정신력을 나타내는 말
③ 괄목상대(刮目相對) : 상대방의 학식이나 재주가 갑자기 몰라볼 정도로 나아졌음을 이르는 말
④ 교학상장(教學相長) : 가르치는 일과 배우는 일이 모두 자신의 학업을 성장시킴.
⑤ 청출어람(靑出於藍) : 제자가 스승보다 더 나음을 비유하는 말

05

| 정답 | ④

| 해설 | 밑줄 친 ㉠의 문맥적 의미는 '한때의 허상'이다. 따라서 ④의 '신화'가 가장 유사한 의미로 사용되었다.

| 오답풀이 |
① 신비스러운 이야기를 의미한다.
②, ③ 절대적이고 획기적인 업적을 의미한다.
⑤ 신격 존재를 중심으로 한 하나의 전승적인 설화, 민족의 기원, 영웅의 사적 등에 대해 고대인의 사유나 표상이 반영된 신성한 이야기를 의미한다.

06

| 정답 | ①

| 해설 | 제시된 문장과 ①의 '묻다'는 '일을 드러내지 아니하고 속 깊이 숨기어 감추다'는 의미로 쓰였다.

| 오답풀이 |
② '무엇을 밝히거나 알아내기 위하여 상대편의 대답이나 설명을 요구하는 내용으로 말함'의 의미로 쓰였다.
③ '가루, 풀, 물 따위가 그보다 큰 다른 물체에 들러붙거나 흔적이 남게 됨'의 의미로 쓰였다.
④ '어떠한 일에 대한 책임을 따짐'의 의미로 쓰였다.
⑤ '얼굴을 수그려 손으로 감싸거나 다른 물체에 가리듯 기댐'의 의미로 쓰였다.

07

| 정답 | ③

| 해설 | ㉠ '나오셨습니다'의 주체는 '음료'이므로 주체높임 선어말 어미 '-시-'를 사용하면 안 된다.
㉢ 주체가 '요금'이므로 '-이세요'는 잘못된 높임표현이다. 따라서 어법에 어긋난 문장의 개수는 총 2개이다.

| 오답풀이 |
㉡, ㉣ 높여야 할 대상과 관련된 신체부분, 소유물, 생각 등과 관련된 말에 '-시-'를 결합하여 간접적으로 높이는 표현으로 어법에 맞는 표현이다.

08

| 정답 | ④

| 해설 | '곡필(曲筆)'은 '사실을 바른대로 쓰지 아니하고 왜곡하여 씀. 또는 그런 글'을 의미하므로 반의어는 '무엇에도 영향을 받지 아니하고 사실을 그대로 적음. 또는 그렇게 적은 글'을 의미하는 '직필(直筆)'이다.

| 오답풀이 |
① 자필(自筆) : 자기가 직접 글씨를 씀. 또는 그 글씨
② 대서(代書) : 남을 대신하여 글씨나 글을 씀. 또는 그 글씨나 글
③ 수필(隨筆) : 일정한 형식을 따르지 않고 인생이나 자연 또는 일상생활에서의 느낌이나 체험을 생각나는 대로 쓴 산문 형식의 글
⑤ 육필(肉筆) : 손으로 직접 쓴 글씨

09

| 정답 | ①

| 해설 | 문장의 빈칸에 들어가는 단어는 다음과 같다.
- 그 스님은 궁극적인 진리를 <u>개안</u>하신 분이다.
- 생활한복은 현대인이 편리하게 생활할 수 있도록 <u>고안</u>하여 만들어졌다.
- 시험에 합격하기 위해 <u>고간</u>으로 기도하고 있다.
- 집안이 <u>간고</u>하여 아르바이트로 학비를 충당하고 있다.
- 나는 <u>간고</u>를 이겨내고 이 분야 최고의 인물이 될 것이다.

'개간(開墾)'은 '거친 땅이나 버려둔 땅을 일구어 논밭이나 쓸모 있는 땅으로 만듦'을 의미한다.

10

| 정답 | ③

| 해설 | '꺼림하다'는 '마음에 걸려 언짢은 느낌이 있음'을 의미하며 '기분이나 몸이 상쾌하고 가뜬하다'라는 뜻의 '개운하다'와 반의어 관계이다.

| 오답풀이 |

① 저해되다 : 방해가 되거나 못 하게 해를 받다.
② 미심쩍다 : 분명하지 못하여 마음이 놓이지 않다.
④ 활달하다 : 생기 있고 활발하며 의젓하다.
⑤ 동정하다 : 남의 어려운 처지를 자기 일처럼 딱하고 가엾게 여기다.

11

| 정답 | ①

| 해설 | '국한(局限)'은 '범위를 일정한 부분에 한정함'을 의미하므로 ㉠과 바꿔 쓸 수 있다.

| 오답풀이 |

② 제어(制御) : 감정, 충동, 생각 등을 막거나 누름.
③ 규정(規定) : 규칙으로 정함.
④ 개입(介入) : 자신과 직접적 관계가 없는 일에 끼어듦.
⑤ 무산(霧散) : 안개가 걷히듯 흩어져 없어짐.

12

| 정답 | ⑤

| 해설 | 제시된 문장과 ⑤의 '길'의 의미는 '사람이 삶을 살아가거나 사회가 발전해 가는 데에 지향하는 방향, 지침, 목적이나 전문 분야'이다.

| 오답풀이 |

① '어떠한 일을 하는 도중이나 기회'라는 의미로 사용된 '길'이다.
② '사람이나 동물 또는 자동차 따위가 지나갈 수 있게 땅 위에 낸 일정한 너비의 공간'이라는 의미로 사용된 '길'이다.
③ '시간의 흐름에 따라 개인의 삶이나 사회적·역사적 발전 따위가 전개되는 과정'이라는 의미로 사용된 '길'이다.
④ '어떤 자격이나 신분으로서 주어진 도리나 임무'라는 의미로 사용된 '길'이다.

13

| 정답 | ②

| 해설 | 의존 명사 '시'는 '사용 시'와 같이 앞말과 띄어 적어야 한다. 다만 '비상시(非常時), 유사시(有事時), 평상시(平常時), 필요시(必要時)'와 같이 합성어로 인정된 경우는 '시'를 앞말과 띄어 적지 않는다.

14

| 정답 | ③

| 해설 | '그럼 다음 주 수요일에 뵈어요' 혹은 '그럼 다음 주 수요일에 봬요'로 고쳐야 한다. '봬'는 '뵈+어'로, '뵈어요'의 준말은 '봬요'로 쓴다.

| 오답풀이 |

① '-적'은 '동작이 진행되거나 그 상태가 나타나 있는 때, 또는 지나간 어떤 때'를 나타낼 때 쓰이는 의존명사이다. 따라서 앞말과 띄어 써야 한다.
② 두 개의 형태소 또는 단어가 합쳐져 합성 명사를 이룰 때 앞말의 음운과 상관없이 뒷말이 모음 'ㅣ'나 반모음 'ㅣ[j]'로 시작할 때, 'ㄴㄴ' 소리가 덧나는 것은 사잇소리를 적는다. (나무 + 잎 → 나뭇잎)
④ '-ㄹ지'는 추측에 대한 막연한 의문이 있는 채로 그것을 뒤 절의 사실이나 판단과 관련시키는 데 쓰이는 연결 어미이다. 따라서 앞말과 붙여서 써야 한다.
⑤ '틀리다'와 '다르다'는 혼동하기 쉽지만, '틀리다'는 '셈이나 사실 따위가 어긋나다'는 뜻이고, '다르다'는 '비교가 되는 두 대상이 서로 같지 아니하다'는 의미이다.

이 선택지에서는 두 대상을 서로 비교하고 있고, 그 둘이 같지 않다는 뜻을 나타내므로 '다르다'를 써야 한다.

15

| 정답 | ③

| 해설 | 고기배 : 고기의 배 / 고깃배 : 고기잡이 배

16

| 정답 | ④

| 해설 | B와 D의 발언이 서로 상충하므로 B가 거짓을 말하는 경우와 D가 거짓을 말하는 경우로 나누어 생각해 본다.
- B가 거짓말을 하는 경우 : A는 E 바로 다음으로 휴가를 간다. C는 D보다 늦게 휴가를 가고, D는 B, C보다 늦게 휴가를 가므로 C와 D의 휴가 계획이 서로 상충한다.
- D가 거짓말을 하는 경우 : A는 E 바로 다음으로 휴가를 간다. B는 마지막으로 휴가를 가고, C는 D보다 늦게, E는 가장 먼저 휴가를 가므로 E-A-D-C-B 순으로 휴가를 감을 알 수 있다.

따라서 거짓말을 한 사람은 D이다.

17

| 정답 | ②

| 해설 | 두 번째 명제와 첫 번째 명제의 대우의 삼단논법을 통해 '노준이가 바위 → ~채원이가 가위 → ~민형이가 보'가 성립한다. 따라서 노준이가 바위를 내면 민형이는 보를 내지 않는다.

| 오답풀이 |
① 두 번째 명제의 대우에 의해 채원이가 가위를 내면 노준이는 바위를 내지 않는다.
③ 첫 번째 명제와 두 번째 명제의 대우에 의해 민형이가 보를 내면 노준이는 바위를 내지 않는다.
④ 첫 번째 명제의 역에 해당하므로 항상 참이 되는 것은 아니다.
⑤ 제시된 명제를 통해 알 수 없다.

18

| 정답 | ①

| 해설 | 만약 A의 발언이 진실이라면 A는 어제와 오늘 이틀 연속으로 진실을 말한 것이고, 만약 A의 발언이 거짓이라면 A는 어제와 오늘 이틀 연속으로 거짓을 말한 것이다. 조건에 따르면 이틀 연속 거짓을 말하는 경우는 발생할 수 없으나 이틀 연속 진실을 말하는 경우는 (토, 일) 또는 (일, 월)로 발생할 수 있다. 따라서 A의 발언은 진실임을 알 수 있다.

이때 A가 거짓말을 하는 요일이 월, 수, 금요일이라면 제시된 발언은 일요일에 한 것이고, A가 거짓말을 하는 요일이 화, 목, 토요일이라면 제시된 발언은 월요일에 한 것이다. 따라서 오늘은 일요일 또는 월요일이며 두 경우 모두 B의 발언은 거짓임을 알 수 있다.

그런데 오늘이 만약 진실만을 말하는 일요일이라면 B의 발언이 거짓이라는 추론과 상충하므로 오늘은 월요일이 된다.

19

| 정답 | ②

| 해설 | 불을 무서워하는 사람은 고소공포증이 있는데 그중 어떤 사람은 겁이 있어 귀신을 무서워하므로, 불을 무서워하는 모든 사람이 귀신을 무서워한다는 것은 반드시 참이라고 할 수 없다.

| 오답풀이 |
① 두 번째 명제의 대우이므로 반드시 참이다.
③ 첫 번째 명제의 대우이므로 반드시 참이다.
④ 두 번째 명제와 세 번째 명제에 따라 반드시 참이다.
⑤ 세 번째 명제의 대우이므로 반드시 참이다.

20

| 정답 | ③

| 해설 | 명제가 참이면 대우도 참이라는 것과 명제의 삼단논법 관계를 이용한다.

- 두 번째 명제 : 헤드폰을 쓴다. → 소리가 크게 들린다.
- 세 번째 명제의 대우 : 소리가 크게 들린다. → 안경을 쓰지 않는다.

따라서 '헤드폰을 쓰면 안경을 쓰지 않은 것이다'가 성립하므로 ③은 참인 문장이다.

| 오답풀이 |
① 세 번째 명제와 두 번째 명제의 대우를 통해 '안경을 쓰면 헤드폰을 쓰지 않은 것이다'가 성립하므로 주어진 문장은 틀린 문장이다.
② 두 번째 명제의 역에 해당하므로 반드시 참이라고 할 수는 없다.
④ 첫 번째 명제의 역에 해당하므로 반드시 참이라고 할 수는 없다.
⑤ 주어진 문장이 성립하려면 첫 번째 명제를 이용하여 '소리가 작게 들리면 안경을 쓴다'가 성립되어야 하는데, 이는 세 번째 명제의 역에 해당하므로 반드시 참인 문장이 아니다.

21

| 정답 | ③

| 해설 | 제시된 글은 농업 투자 설명회를 활성화해야 한다고 주장한다. (나)에서는 이러한 주장을 위한 대략적인 방안으로 '다양한 정보 전달'을 해결책으로 제시한다. (가)에서는 농업 경영체나 예비 창업농이 투자에 필요한 설명 자료를 효과적으로 전달할 줄 알아야 한다고 언급했다. (다)에서는 (나)와 (가)에서 언급한 바를 실행하기 위한 구체적인 방안으로 투자 설명회를 제시하였다. 따라서 (나)-(가)-(다) 순이 가장 적절하다.

22

| 정답 | ①

| 해설 | 빈칸의 앞에서 삼림면적이 줄어들었음을 설명하고 이에 더하여 빈칸의 뒤에서는 삼림의 질까지 저하되었음을 기술하고 있으므로, 빈칸에는 첨가의 접속어인 '게다가'가 들어가는 것이 적절하다.

23

| 정답 | ①

| 해설 | '예상'은 '어떤 일을 직접 당하기 전에 미리 생각하여 둠. 또는 그런 내용'을 뜻하는 명사이다. 노인 인구는 이미 존재하는 수치이므로 앞으로 일어날 일을 미리 생각하여 둔다는 시간적 개념이 포함된 '예상'은 적절하지 않은 단어이다.

24

| 정답 | ⑤

| 해설 | 모든 선택지가 (라)로 시작하고 있으므로 (라)의 내용을 먼저 살펴보면 19세기 일부 인류학자들의 주장에 대한 설명임을 알 수 있다. (마)에서는 '그들'이라는 단어로 19세기 일부 인류학자들을 포괄하며 (라)의 주장에 대해 구체적으로 설명하고 있다. 따라서 (라)-(마)로 이어짐을 알 수 있다. (다)에서는 역접의 접속어 '그러나'를 사용하여 (라), (마)에서 언급한 일부 인류학자의 주장이 비판을 받게 되었다고 내용을 전환하고 있으며, (가)에서는 비판을 받은 이유를, (나)에서는 비판을 받은 이후 20세기 인류학자들의 변화에 대해 설명하고 있으므로 (다)-(가)-(나)로 이어지게 된다. 따라서 (라)-(마)-(다)-(가)-(나) 순이 적절하다.

25

| 정답 | ③

| 해설 | (마)에서 멜라민이 주로 공업용에서 쓰이는 화학물질이라는 일반적 용도를 언급하였고, (가)는 멜라민이 인체에 들어왔을 때 초래하는 악영향을 설명하였다. 이를 이어받아 (다)에서는 미국 FDA가 멜라민 제한섭취량을 권고한 것을 부연하고 있으며, (나)와 (라)는 그러한 권고에도 불구하고 기준치를 넘은 멜라민을 사용하여 인명 사고를 일으킨 중국의 사례를 소개하고 있다. 따라서 (마)-(가)-(다)-(나)-(라) 순이 적절하다.

26

|정답| ②

|해설| 접속어와 지시어로 시작하는 문장은 첫 문장이 될 수 없으므로 첫 문장이 될 수 있는 것은 (나)뿐이다. (가)의 '그러나'는 역접의 접속어이므로 (나)의 뒤에 올 수 있다. 또한 (다)의 '그런'은 '인문적 교양을 갖추지 못한'을 의미하므로 (가)의 뒤에 오는 것이 바람직하다. 따라서 (나)-(가)-(다)의 순서가 적절하다.

27

|정답| ②

|해설| 제시된 글은 현대의 물신주의에 따른 무한정한 속도 경쟁의 현실을 인간 중심의 사고로 돌이켜보고자 하는 내용이다. 글에서 궁극적으로 말하고자 하는 바는 느림의 즐거움, 즉 정신적 여유를 되찾아야 한다는 내용이므로 ②가 주제로 적절하다.

28

|정답| ①

|해설| 세 번째 문장에서 소비자는 같은 제품이라도 겉모습이 화려한 것을 구입하려고 한다고 제시되어 있다.

|오답풀이|
② 마지막 문장에서 자본주의 사회에서는 인간까지 상품미를 추구하는 대상으로 보고 있다는 내용이 나오지만, 그것이 비난받을 일이라는 언급은 나와 있지 않다.
③ 제시된 글을 통해 알 수 없다.
④ 두 번째 문장에서 상품미는 이윤을 얻기 위한 것임을 알 수 있으므로 상품미가 이익과 관련이 없다는 설명은 잘못되었다.
⑤ 네 번째 문장에서 우리가 주위에서 보는 거의 모든 상품은 상품미를 추구하고 있다고 하였으므로 그런 상품을 보기 어렵다는 설명은 잘못되었다.

29

|정답| ④

|해설| 마지막 문단을 보면 '바이오시밀러는 고가의 오리지널 바이오의약품에 비해 상대적으로 저렴한 장점이 있으며'라고 하였으나 바이오시밀러와 제네릭의 개발 비용을 비교한 내용은 찾을 수 없다.

30

|정답| ③

|해설| 두 번째 문단에 따르면 바이오시밀러는 오리지널 바이오의약품과 동등한 품목·품질을 지니며, 비임상·임상적 비교동등성이 입증된 의약품이라고 하였다. 따라서 바이오의약품 이상으로 좋은 품질이라는 설명은 적절하지 않다.

31

|정답| ④

|해설| 〈보기〉의 문장은 글쓴이가 바라는 세상의 모습을 드러내고 있다. 또한 '그리고'로 시작하고 있으므로 앞 문장 역시 글쓴이가 바라는 세상의 모습을 얘기하고 있을 것임을 유추할 수 있다. (ㄹ)의 앞 문장에서 그러한 바람이 나타나고 있으며, (ㄹ)의 뒷 문장은 '그런 세상들'로 시작하고 있으므로 〈보기〉의 문장이 들어가기에 가장 적절하다.

32

|정답| ⑤

|해설| 첫 문단에서 자연 현상에 대한 의문을 나열하며 대상을 이해하는 것이 어떤 식으로 이뤄지는지에 대해 설명하고 있다. 이후 두 번째 문단에서 무언가를 이해한다는 것의 진정한 의미를 체스 게임으로 설명하고 있다. 따라서 낯설고 익숙하지 않은 '이해'에 대한 개념을 친숙한 대상인 '체스 게임'에 빗대어 설명하고 있는 것이 제시된 글의 전개 방식이다.

33

| 정답 | ③

| 해설 | 영국에서 사회주의 혁명이 일어나지 않았던 배경에 대한 설명이 들어가야 한다. 그 이유는 영국의 청교도 정신과 신자들의 사례에서 알 수 있듯이 높은 윤리의식으로 사회적 책무를 감당한 사람이 많았기 때문이다.

| 오답풀이 |

①, ② 영국은 마르크스 이론을 무르익게 한 현장이었으므로 사회주의의 사회적 배경이 형성되지 않았거나 사회주의 혁명이 일어났던 러시아와 사회적 배경이 다르다고 보기 어렵다.

④, ⑤ 제시된 글에 언급되지 않은 내용이다.

34

| 정답 | ③

| 해설 | 첫 번째 문단에서는 『박씨전』과 『시장과 전장』을 예로 들며 실재했던 전쟁을 배경으로 한 소설들의 허구화에 관해 이야기하고 있다. 『박씨전』에서는 병자호란 당시의 슬픔을 위로하기 위해, 『시장과 전장』에서는 한국 전쟁에 좌절하지 않기 위해 각각 허구적 인물과 이야기를 다루었다고 설명하고 있다. 두 번째 문단에서는 이러한 소설 작품에 나타난 전쟁을 새롭게 조명함으로써 폭력성·비극성과 같은 전쟁의 성격을 탐색하는 등 전쟁에 대한 새로운 인식을 제공한다는 내용이 제시되어 있다. 따라서 글의 주제로 ③이 적절하다.

| 오답풀이 |

② 문학작품에 나타난 전쟁에 종류에 대한 내용은 이 글의 주제로 볼 수 없다.

④ 소설에 나타난 전쟁의 비극성이 아니라 소설을 통해 새롭게 인식되는 전쟁의 의미에 관해 설명하고 있다.

35

| 정답 | ⑤

| 해설 | 도시의 존재를 지탱하는 기본적인 힘은 공동체에 대한 의향과 화폐에 대한 욕망이며 이는 모순된다. 두 번째 문단에 따르면 공동체는 개인의 존재를 그 유한함 속에서 취급하고, 화폐나 자본의 작용은 개인의 윤곽을 일반화하고 추상화한다고 하였다. 따라서 ⑤는 글의 내용과 일치한다.

| 오답풀이 |

① 도시가 공동체의 역학에서 화폐의 욕망을 내포하게 되면 얼핏 속박에서 해방된 것 같이 보이지만, 세 번째 문단의 '하지만'에 이어지는 내용을 보면 '새로운 규율 훈련의 메커니즘'이 부가된다고 하였다.

② '화폐나 자본의 작용'에 의해 개인 존재의 무게가 버려지게 되고, '새로운 규율 훈련의 메커니즘'은 그것으로부터 생겨난 것이므로 여전히 개인 존재의 무게는 버려진 상태이다.

③ '화폐나 자본에 사로잡힌 개인'은 배제의 대상이 되기는 하지만, 교외로 쫓겨난다고는 하지 않았다. 또한 '외부로부터의 시선'이란 '도시에서 외부의 시선을 끊임없이 내면화하는 것'을 말하므로 이 역시 적절하지 않다.

④ '자본의 역학과 개인의 욕망이 일치'하는 것에 대해서는 언급하고 있지 않으며, 그것이 도시를 '매력적인 게임의 영역으로서' 열고 있다고도 언급하지 않았다.

36

| 정답 | ③

| 해설 | 제시된 글에서는 우리나라의 소재·부품 부문 대일 의존도가 역대 최저를 기록하고 일본과의 교역 비중 역시 상당히 줄었는데도, 소재·부품 핵심 분야를 아직도 일본에 의존하고 있기 때문에 엔저현상에 따라 대일 무역수지 적자가 심화되고 있음을 설명하고 있다. 따라서 자동차 생산을 중심으로 하는 M 그룹으로서는 다양한 방식의 연구와 투자를 통해 장기적으로 소재·부품의 국산화를 이룩하는 방향으로 가는 것이 바람직하다. ③에서 언급한 '빠른 시일 내에 성과를 낼 수 있는 부품의 개발에 집중 투자하여 장기적인 대일 무역수지 흑자를 달성한다'에 해당하는 소재는 부품 및 완성차를 생산하기 위한 재료에 해당한다. 무역수지 흑자를 위해서 부품 개발에만 집중한다면 장기적으로 독자적인 자동차 생산 산업 발전에 도움이 되지 않는다.

37

| 정답 | ⑤

| 해설 | 계면은 서로 다른 물질이 접하는 경계를 말한다. 내부 물분자는 주위가 모두 물분자들로 이루어져 있으므로 계면이 존재하지 않는다.

| 오답풀이 |

① 첫 번째 문단에 따르면 내부 물분자는 상하좌우 모두 물분자들로 둘러싸여 있기 때문에 최외곽층 물분자와는 달리 결합을 완전하게 하고 있다.
② 첫 번째 문단에 따르면 최외각층의 분자들은 더 결합할 가능성이 있으므로 에너지가 높고 반응성이 크다고 나와 있다. 따라서 내부 분자들은 그와 반대일 것임을 추론할 수 있다.
③ 두 번째 문단에 따르면 내부 물분자들의 분자력은 0으로 안정되어 있다고 나와 있다. 반면 최외곽층 분자들은 안정이 깨진 상태에 있으므로 0이 아님을 알 수 있다.
④ 두 번째 문단에서 물방울은 물분자를 최소로 노출시켜야 최대로 안정한 상태를 유지할 수 있다고 제시되어 있다. 따라서 세 번째 문단에서 물방울이 표면적을 최소로 하기 위해 구 모양을 띠는 원인은 공기에 노출되는 물분자 수를 최소로 하기 위함임을 알 수 있다.

38

| 정답 | ⑤

| 해설 | 단순한 이익추구가 문제되는 것이 아니라 배타적 권리를 주장하고 사적 이익만을 추구하는 것이 사회적 공동체의 원리와 대립하여 문제되는 것이다.

| 오답풀이 |

① 두 번째 문단의 '한국 특유의 배타적 가족주의와 ~'에서 알 수 있다.
② 세 번째 문단의 '가족은 더 이상 전체 사회에 유익한 일차 집단이 될 수 없다'에서 알 수 있다.
③ 세 번째 문단의 '그럼에도 불구하고 가족에 대한 비판을 금기시하고 신성화하는 이데올로기를 고집한다면 ~'에서 알 수 있다.
④ 제시된 글에서는 '불균등한 분배 → 계층 간 격차 확대 → 다음 세대로 전승'으로 불평등 구조가 재생산되고 있다고 말하고 있으며 이 재생산 구조가 배타적 가족주의와 만나 다른 가족의 경제적 빈곤을 악화시키는 현상을 확대한다고 설명한다.

39

| 정답 | ④

| 해설 | 정부의 감축 계획은 언급하고 있지만, 구체적인 규제 방법에 대해서는 제시하고 있지 않다.

| 오답풀이 |

① NOAA의 기후현황보고서, 기상청 자료 등을 통해 지구온난화가 심화되고 있다는 주장의 근거 내용을 제시하고 있다.
② '무엇이 있을까?'와 같은 질문을 던져 주의를 환기시키고 있다.
③ 글의 앞 부분에 제시되어 있다.
⑤ 유엔기후변화협약, 교토의정서, 파리협약 등에 대해 소개하고 있다.

40

| 정답 | ①

| 해설 | 제시된 글의 중심이 되는 소재는 지구온난화와 온실가스 배출 감소 등의 대책 마련이다. 따라서 화력발전량의 일정비율을 신재생에너지로 공급하는 기관에서 회의 자료로 사용하기에 가장 적절하다.

유형 2 수리력

▶ 문제 36쪽

01	⑤	02	②	03	③	04	①	05	②
06	④	07	①	08	④	09	④	10	④
11	③	12	③	13	②	14	③	15	④
16	④	17	③	18	④	19	①	20	④
21	④	22	⑤	23	②	24	③	25	①
26	②	27	④	28	②	29	③	30	④
31	④	32	①	33	①	34	③	35	②
36	②	37	④	38	③	39	②	40	③

01

|정답| ⑤

|해설| $15△8=(15+8)-(15-8)=23-7=16$

|별해| 먼저 연산을 정리하면 간단하게 풀 수 있다.
$A△B=(A+B)-(A-B)=A+B-A+B=2B$
$15△8=2×8=16$

02

|정답| ②

|해설| $(6△11)△(13●22)$
$=\{(6+11)-(6-11)\}△(13-22)^2=22△81$
$=(22+81)-(22-81)=162$

|별해| 01 해설에서 정리한 식에 대입하면 다음과 같다.
$(6△11)△(13●22)=(2×11)△(13-22)^2=22△81=2×81$
$=162$

03

|정답| ③

|해설| 전체 응시자 수에서 행정직렬에 지원한 사람의 수와 행정직렬과 기술직렬을 제외한 나머지 직렬에 지원한 사람의 수를 빼면 6,400-5,200-710=490(명)이므로 기술직렬에 지원한 사람의 수는 490명임을 알 수 있다. 기술직렬은 490명 중 35명을 선발한다고 하였으므로 경쟁률은 490 : 35, 즉 14 : 1이다.

04

|정답| ①

|해설| B가 한 시간 만에 A를 따라잡았으므로 A가 75분 동안 이동한 거리와 B가 60분 동안 이동한 거리는 서로 같다. B의 속력을 x라고 하면 다음 식이 성립한다.

$6×\dfrac{75}{60}=x×1$

$∴ x=7.5(\text{km/h})$

따라서 B의 속력은 7.5km/h이다.

05

|정답| ②

|해설| 서로 다른 톱니 수를 가진 A, B, C는 각각 24의 배수, 54의 배수, 36의 배수만큼 움직이며 한 바퀴씩 제각기 회전하다가 동일한 공배수에서 처음의 상태로 돌아오게 된다. 세 톱니바퀴의 최소공배수는 216이므로, 세 톱니바퀴는 톱니바퀴 A가 $\dfrac{216}{24}=9$(번) 회전한 후 처음의 상태로 돌아오게 된다.

06

|정답| ④

|해설|

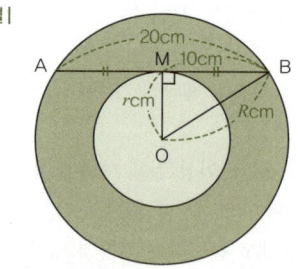

위 그림과 같이 원의 중심 O에서 $\overline{AB}$에 수선을 그리고 점 O와 점 B를 연결하여 직각삼각형 OBM을 만든다. 바깥 원의 반지름을 Rcm, 안쪽 원의 반지름을 $r$cm로 두고 피타고라스의 정리를 적용하면 다음과 같다.

$\overline{OB}^2 = \overline{OM}^2 + \overline{MB}^2$

$R^2 = r^2 + 10^2$

$R^2 - r^2 = 10^2$ ·············· ㉠

이때 색칠된 영역의 넓이는 바깥 원의 넓이에서 안쪽 원의 넓이를 뺀 것이므로

$\pi R^2 - \pi r^2$ ·············· ㉡

㉠을 ㉡에 대입하면 다음과 같다.

$\pi R^2 - \pi r^2 = (R^2 - r^2)\pi = 10^2\pi = 100 \times 3.14 = 314(\text{cm}^2)$

따라서 색칠된 영역의 넓이는 314cm²이다.

07

|정답| ①

|해설| 10년 전 3형제의 나이를 각각 A, B, C세라 하면, 처음 받은 상금 1억 4천만 원을 나이에 비례하게 나누어 첫째가 6천만 원을 받았다.

$\dfrac{6,000}{14,000} = \dfrac{A}{A+B+C}$ ··· ㉠

10년 후 받은 상금 1억 4천만 원 역시 나이에 비례하게 나누어 첫째가 5천6백만 원을 받았다.

$\dfrac{5,600}{14,000} = \dfrac{A+10}{(A+10)+(B+10)+(C+10)}$ ··· ㉡

㉠을 정리하면 $\dfrac{6,000}{14,000} = \dfrac{3}{7} = \dfrac{A}{A+B+C}$

$A+B+C = \dfrac{7}{3}A$ ··· ㉠'

㉡을 정리하면 $\dfrac{5,600}{14,000} = \dfrac{2}{5} = \dfrac{A+10}{A+B+C+30}$ ··· ㉡'

㉡'에 ㉠'을 대입하면 다음과 같다.

$\dfrac{2}{5}\left(\dfrac{7}{3}A + 30\right) = A + 10$

$\dfrac{14}{15}A + 12 = A + 10$

$\dfrac{1}{15}A = 2$

∴ $A = 30$(세)

따라서 10년이 지난 현재 첫째의 나이는 40세이다.

08

|정답| ④

|해설| '판매가-원가=이익'의 식을 만든다. 구하고자 하는 원가를 x원이라 할 때 원가의 40%를 이익으로 얻을 수 있도록 가격을 책정하였으므로 정가는 $(1+0.4)x$이다. 판매가는 20% 할인하였으므로 $1.4x \times 0.8$(원)이다.

$(1.4x \times 0.8) - x = 90$, $1.12x - x = 90$

$0.12x = 90$

따라서 원가 x는 $90 \div 0.12 = 750$(원)이다.

09

|정답| ④

|해설| 〈규칙〉을 보면 A◎B는 A부터 연속한 B개의 숫자의 합이다. 따라서 $5◎5 = 5+6+7+8+9 = 35$, $6◎3 = 6+7+8 = 21$이며 식을 정리하면 다음과 같다.

$35 □ (3□2) □ 7 □ 21 = 28$

위 식에 선택지의 사칙연산기호를 넣어 계산한다.

① $35 - (3 \times 2) \div 7 + 21 = 35 - 6 \div 7 + 21 \neq 28$

② $35 \div (3-2) \times 7 + 21 = 35 \div 1 \times 7 + 21 \neq 28$

③ $35 - (3 \div 2) + 7 \times 21 \neq 28$

④ $35 \div (3+2) \times 7 - 21 = 49 - 21 = 28$

⑤ $35 - (3+2) \div 7 \times 21 \neq 28$

따라서 ④가 적절하다.

10

|정답| ④

|해설| 정사면체를 두 번 던졌을 때 바닥에 깔리는 두 숫자의 합이 0이 될 수 있는 숫자 조합은 (1, -1), (-1, 1), (0, 0) 세 가지이다.

• (1, -1)이 될 확률: $\dfrac{2}{4} \times \dfrac{1}{4} = \dfrac{1}{8}$

• (-1, 1)이 될 확률: $\dfrac{1}{4} \times \dfrac{2}{4} = \dfrac{1}{8}$

• (0, 0)이 될 확률: $\dfrac{1}{4} \times \dfrac{1}{4} = \dfrac{1}{16}$

따라서 바닥에 깔리는 두 숫자의 합이 0이 될 확률은
$\frac{1}{8}+\frac{1}{8}+\frac{1}{16}=\frac{5}{16}$이다.

11

|정답| ③

|해설| 부부가 서로의 옆자리에 앉아야 하므로 한 쌍씩 묶어 나열하면 앉을 수 있는 경우의 수는 $(4-1)!=3!=3\times2\times1=6$(가지)이다. 각 부부의 남편과 아내가 서로 자리를 바꾸는 경우의 수는 $2!=2$(가지)이므로 경우의 수는 총 $6\times2\times2\times2\times2=96$(가지)이다.

12

|정답| ③

|해설| 일단 남자와 여자로 나누어 가장 왼쪽에 남자가 서며, 남자끼리는 서로 인접해 서지 않는 경우를 구하면 다음과 같다.

경우 1	남자	여자	남자	여자	여자	남자
경우 2	남자	여자	여자	남자	여자	남자
경우 3	남자	여자	남자	여자	남자	여자

남자가 설 수 있는 자리는 3개 중 하나를 고르는 것이므로 $_3P_3=3\times2\times1=6$(가지), 여자가 설 수 있는 자리는 3개 중 하나를 고르는 것이므로 $_3P_3=3\times2\times1=6$(가지)로 총 $6\times6=36$(가지)이다.
따라서 가능한 경우의 수는 $3\times36=108$(가지)이다.

13

|정답| ②

|해설| (승호가 꺼낸 숫자, 정민이 꺼낸 숫자, 선우가 꺼낸 숫자)로 나열할 때 선우가 가장 큰 숫자를 꺼낸 경우는 (1, 2, 3), (1, 2, 4), (1, 2, 6), (5, 2, 6)의 4가지이다. 전체 경우의 수는 $3\times3\times3=27$(가지)이므로 확률은 $\frac{4}{27}$이다.

14

|정답| ③

|해설| 전체 일의 양을 1로 두면, 1시간에 A 사원이 하는 일의 양은 $\frac{1}{4}$, B 사원이 하는 일의 양은 $\frac{1}{6}$이다. A 사원과 B 사원이 함께 일을 하면 1시간에 $\frac{1}{4}+\frac{1}{6}=\frac{5}{12}$ 만큼의 일을 하므로 $1\div\frac{5}{12}=\frac{12}{5}$(시간), 즉 2시간 24분이 걸린다.

15

|정답| ④

|해설| 기차의 속력을 초속 xm, 터널의 길이를 ym라고 하면 다음과 같은 식이 성립한다.
$30x=y+300$ ······ ㉠
$55x=2y+300$ ······ ㉡
㉠을 ㉡에 대입하면
$55x=2(30x-300)+300$
$55x=60x-600+300$
$5x=300$
$\therefore x=60$(m/s), $y=1,500$(m)
따라서 터널의 길이는 1,500m이다.

16

|정답| ④

|해설| 넣어야 할 소금의 양을 xg으로 놓고 식을 세우면 다음과 같다.
$\frac{x}{500+x}\times100=20$
$100x=20(500+x)$
$100x=10,000+20x$
$80x=10,000$
$\therefore x=125$(g)

17

|정답| ③

|해설| 첨가된 12% 소금물의 양을 xg이라 하면 다음과 같은 식이 성립한다.

$$\frac{8}{100}\times(400-x)+\frac{12}{100}x=\frac{7}{100}\times 600$$

$3,200-8x+12x=4,200$

$4x=1,000 \quad x=250(\text{g})$

따라서 첨가된 12% 소금물은 250g이다.

18

| 정답 | ③

| 해설 | 시간당 최대 25페이지의 책을 읽을 수 있으므로 X시간 동안 최대 25X페이지를 읽을 수 있다. 또한 읽은 페이지 수는 (250−Y)페이지이므로 다음과 같은 식이 성립한다.

$Y \geq 250-25X$

$250-Y \leq 25X$

19

| 정답 | ①

| 해설 | 준비되었던 아파트의 전체 분양 가구 수를 x라 하면 식은 다음과 같다.

$x-\left(\frac{1}{5}x+\frac{1}{12}x+\frac{1}{4}x\right)=560$

$60x-(12x+5x+15x)=33,600$

$28x=33,600$

$\therefore x=1,200(\text{가구})$

따라서 1,200가구가 준비되어 있었다.

20

| 정답 | ④

| 해설 | A 제품을 x개, B 제품을 $(x+8)$개 구매한다고 하면 다음과 같은 식이 성립한다.

$4,500x+3,500(x+8) \leq 100,000$

$4,500x+3,500x+28,000 \leq 100,000$

$8,000x \leq 72,000$

$x \leq 9$

따라서 김 대리가 구매할 수 있는 A 제품은 최대 9개이다.

21

| 정답 | ④

| 해설 |

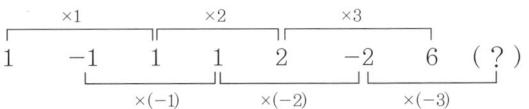

따라서 "?"에 들어갈 숫자는 $-2\times(-3)=6$이다.

22

| 정답 | ⑤

| 해설 |

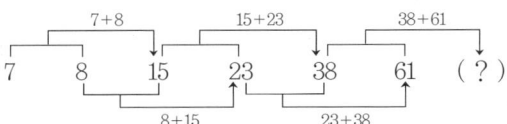

따라서 "?"에 들어갈 숫자는 $38+61=99$이다.

23

| 정답 | ②

| 해설 |

```
        +0.3      +0.6      +0.3      +0.6
     ┌──────┐  ┌──────┐  ┌──────┐  ┌──────┐
  1.2    2   1.5    5   2.1   11   2.4   14  ( ? )  20
         └──────┘  └──────┘  └──────┘
           +3        +6        +3        +6
```

따라서 "?"에 들어갈 숫자는 $2.4+0.6=3$이다.

24

| 정답 | ③

| 해설 |

$2 \xrightarrow{\times 2-1} 3 \xrightarrow{\times 2+1} 7 \xrightarrow{\times 2-1} 13 \xrightarrow{\times 2+1} 27 \xrightarrow{\times 2-1} (\ ?\ ) \xrightarrow{\times 2+1} 107 \xrightarrow{\times 2-1} 213$

따라서 "?"에 들어갈 숫자는 $27\times 2-1=53$이다.

25

| 정답 | ①

| 해설 |

$20 \xrightarrow{+1} 21 \xrightarrow{-2} 19 \xrightarrow{+3} 22 \xrightarrow{-4} 18 \xrightarrow{+5} 23 \xrightarrow{-6} (\ ?\ )$

따라서 '?'에 들어갈 숫자는 $23-6=17$이다.

26

| 정답 | ②

| 해설 |

$2 \xrightarrow{\times \frac{1}{2}} 1 \xrightarrow{+2} 3 \xrightarrow{\times \frac{1}{2}} \frac{3}{2} \xrightarrow{+2} \frac{7}{2} \xrightarrow{\times \frac{1}{2}} \frac{7}{4} \xrightarrow{+2} \frac{15}{4} \xrightarrow{\times \frac{1}{2}} (\ ?\ )$

따라서 '?'에 들어갈 숫자는 $\frac{15}{4} \times \frac{1}{2} = \frac{15}{8}$이다.

27

| 정답 | ④

| 해설 |

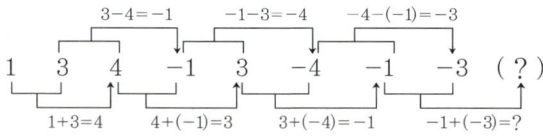

따라서 '?'에 들어갈 숫자는 $-1+(-3)=-4$이다.

28

| 정답 | ④

| 해설 | ㉮에 의해 대구는 ㉠과 ㉡ 중 한 곳이며, 대전은 ㉢과 ㉣ 중 한 곳임을 알 수 있다.
㉯에 의해 관광산업 사업체 수는 '부산>광주+대전>대구'이므로 부산이 대구보다 관광산업 사업체 수가 많음을 알 수 있다. 결국 ㉠이 부산, ㉡이 대구가 되며 ㉢과 ㉣은 광주와 대전 중 각각 한 곳이 된다.

㉰에서 언급된 비율은
$\frac{12{,}050 + \text{대전의 예술산업 사업체 수}}{48{,}562} \times 100 ≒ 38.6(\%)$라
는 의미가 되므로 계산해 보면 대전은 ㉣이 되고 광주가 ㉢이 됨을 알 수 있다.

29

| 정답 | ②

| 해설 | (다) 2008년의 이산가족 상봉 수가 598가족으로 가장 많다.

| 오답풀이 |

(가) 2011년과 2020년에는 전년에 비해 전체 인원수가 증가하였다.

(나) 2020년에는 전체 인원수와 가족 수 모두 증가하였다.

30

| 정답 | ④

| 해설 | ㄴ. 전체 매출 중 동민이 차지하는 비중은 $40 \times 0.25 = 10(\%)$로 10% 이상이다.
ㄹ. 전체 매출 중 성수가 차지하는 비중은 $40 \times 0.4 = 16(\%)$로 13%인 대구보다 많다.

| 오답풀이 |

ㄱ. 전체 매출 중 광현이 차지하는 비중은 $40 \times 0.35 = 14(\%)$로 13% 이상이다.

ㄷ. 전체 매출 중 광현과 동민이 차지하는 비중은 $40 \times (0.35+0.25) = 24(\%)$로 대구와 대전의 매출 비중 합인 $13+11=24(\%)$와 같다.

31

| 정답 | ④

| 해설 | E 병원의 의사 1인당 의료이익은 $\frac{399}{830} ≒ 0.48$(억 원)으로 A 병원의 의사 1인당 의료이익인 $\frac{825}{1{,}625} ≒ 0.51$(억 원)보다 적다.

32

| 정답 | ①

| 해설 | 20X1년 중소도시는 농촌으로의 인구 순유입이 음수인데, 이것은 중소도시에서 '농촌 → 도시'의 인구가 '도시 → 농촌'의 인구수보다 더 많았다는 것을 의미한다.

| 오답풀이 |

② 농촌으로 순유입된 총인구수는 20X0년에 -16,438명, 20X1년에 9,617명, 20X2년에 41,300명으로 20X0년<20X1년<20X2년 순이다.

④ '도시 → 농촌'보다 '농촌 → 도시'의 인구수가 더 큰 해는 20X0년으로, 다른 연도와 다르게 농촌으로의 전입보다 도시로의 전출 인구수가 더 많아 순유출이 일어났다.

33

| 정답 | ①

| 해설 | ⓐ 한국의 1인당 알코올음료 소비량은 20X0 ~ 20X4년 내내 다른 여섯 국가보다 많았다.

ⓑ 중국의 1인당 알코올음료 소비량은 20X0 ~ 20X4년 내내 인도네시아와 이스라엘의 1인당 알코올음료 소비량의 합보다 더 많다.

ⓒ 일본의 알코올음료 소비량은 20X0 ~ 20X4년 내내 중국의 알코올음료 소비량보다 많다.

| 오답풀이 |

ⓓ 제시된 자료를 통해서는 증류주 소비량을 비교할 수 없다.

ⓔ 이스라엘의 1인당 알코올음료 소비량은 20X0 ~ 20X1년에 튀르키예의 1인당 알코올음료 소비량의 2배보다 적다.

34

| 정답 | ③

| 해설 | 한국의 25 ~ 29세의 고용률은 2005년에 증가한 이후 계속 감소하였다. 이와 같은 고용률 변동 추이는 프랑스에서 나타나고 있다.

한국의 30 ~ 34세의 고용률은 계속 감소하다가 2020년에 증가하였다. 이와 같은 고용률 변동 추이는 일본에서 나타나고 있다.

35

| 정답 | ②

| 해설 | ㉠ A 기업과 국내기업 평균을 나타내는 점의 위치가 노동시장 이용성 부문에서는 같고 복지 부문에서는 한 칸보다 조금 더 떨어져 있으므로 옳은 설명이다.

㉢ 12개 부문 중 A 기업을 나타내는 점이 가장 안쪽에 위치하는 것은 혁신이므로 옳은 설명이다.

| 오답풀이 |

㉡ 7단계가 가장 높다고 하였으므로 점이 바깥쪽일수록 수준이 높은 것이다. 시장확보 부문에서는 A 기업의 점이 더 바깥쪽에 있으므로 옳지 않은 설명이다.

㉣ 시설 부문에서는 국내기업 평균이 더 바깥쪽에 위치하며, 기초교육과 노동시장 이용성 부문은 동일한 수준이므로 옳지 않은 설명이다.

36

| 정답 | ②

| 해설 | 사교육비 총액은 20X5년부터 점점 감소하는 추세인데 20X9년에 유일하게 증가하였다. 그러므로 20X9년에 전년 대비 최고 증가폭을 보였음을 알 수 있다.

| 오답풀이 |

① 20X6 ~ 20X8년에는 중학교가 가장 크고 20X9년에는 고등학교가 가장 크다.

③ 20X8년 대비 20X9년에 중학교 학생 수가 줄어들었으므로 사교육비 감소를 비용의 순수 경감 효과라고 볼 수 없다.

④ 20X9년에는 중학교를 제외하고 사교육비가 증가하였다. 그러므로 시간의 흐름에 따라 사교육비가 감소했다고 볼 수 없다.

⑤ 20X9년 초등학교 사교육비는 총 77,438억 원이고, 20X7년 초등학교 사교육비는 총 75,948억 원이다. 따라서, 20X9년 초등학교 사교육비 총액은 20X7년 대비 $\frac{77,438-75,948}{75,948} ≒ 2.0(\%)$ 증가하였다.

37

|정답| ④

|해설| c의 사교육비가 4월 전체 사교육비에서 차지하는 비중은 2019년에 $\frac{23.0}{73.2}\times100≒31.4(\%)$, 2022년에 $\frac{28.4}{82.8}\times100≒34.3(\%)$로 2019년 대비 2022년에 약 2.9%p 증가하였다.

38

|정답| ③

|해설| 2014년의 위암 수검자 비율은 $\frac{2,085}{5,749}\times100≒36.3(\%)$이며, 2023년의 위암 수검자 비율은 $\frac{3,255}{10,703}\times100≒30.4(\%)$이다. 따라서 36.3-30.4=5.9(%p)의 차이가 난다.

39

|정답| ②

|해설| 남성과 여성 환자 수의 차이가 가장 큰 연령대는 6천 명의 차이를 보인 70~79세이다.

|오답풀이|

④ 60~69세 남성 환자 수는 25천 명, 80세 이상 남성 환자 수는 7천 명으로 $\frac{25}{7}≒3.57$(배)이다.

⑤ 10~19세 남성과 여성 환자 수는 9천 명으로 동일하며, 20~29세부터 남성 환자 수보다 여성 환자 수가 많아진다.

40

|정답| ③

|해설| ㉠ 자료를 통하여 학년이 높아질수록 장학금을 받는 학생들의 1인당 평균 교내 특별활동 수가 증가한다는 사실은 알 수 있지만, 장학금을 받는 학생 수에 대한 정보는 알 수 없다.

㉡ 장학금을 받지 못하는 4학년생이 참가한 1인당 평균 교내 특별활동 수는 약 0.5개이고, 장학금을 받는 4학년생이 참가한 1인당 평균 교내 특별활동 수는 2.5개 이상이므로 5배 이상이다.

㉢ 자료는 각각 장학금을 받는 학생과 받지 못하는 학생의 1인당 평균 교내 특별활동 수를 비교하고 있으므로 각 학년 전체의 1인당 평균 교내 특별활동 수는 알 수 없다.

|오답풀이|

㉣ 그래프를 통해 쉽게 확인할 수 있다.

유형 3 기초과학

▶ 문제 54쪽

01	③	02	④	03	②	04	④	05	③
06	④	07	③	08	④	09	④	10	①
11	④	12	⑤	13	③	14	④	15	③
16	②	17	④	18	④	19	③	20	①
21	④	22	②	23	③	24	④	25	③
26	④	27	②	28	④	29	③	30	④
31	④	32	④	33	①	34	③	35	③
36	③	37	⑤	38	①	39	①	40	①

01

|정답| ③

|해설| 베르누이 법칙이란 유체의 위치 에너지와 운동 에너지의 합은 항상 일정하여, 유체가 빠르게 흐르면 압력이 감소하고, 느리게 흐르면 압력이 증가한다는 이론이다. 제시된 치약 관련 사례는 밀폐된 유체의 일부에 압력을 가하면 그 압력이 유체 내의 모든 곳에 같은 크기로 전달된다는 파스칼 법칙과 관련이 있다. 치약은 유체 형태이므로 튜브에 압력을 가하면 모든 방향으로 같은 압력이 가해져 입구 쪽으로 치약이 밀려나오는 것이다.

|오답풀이|

① 비행기 날개 위쪽은 곡선으로 되어 있기 때문에 공기의 흐름이 빠르고, 날개 아래쪽은 거의 평평하기 때문에 공기의 흐름이 느리다. 이에 따라 비행기의 날개 윗면 압력이 아랫면 압력보다 낮아 위쪽으로 힘을 받게 되면서 비행기가 위로 뜨게 된다.

② 두 개의 탁구공 가운데 부분의 공기 흐름이 입김 때문에 빨라지면 바깥쪽보다 압력이 작아지기 때문에 두 공이 서로 가까워진다.
④ 공이 날아갈 때 공의 회전 방향으로 공의 운동 방향이 휘어지는 효과는 베르누이 법칙을 이론적 기초로 하는 마그누스의 힘과 관련이 있다.

〈마그누스 효과의 원리〉

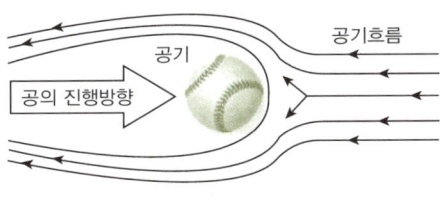

(a) 직구

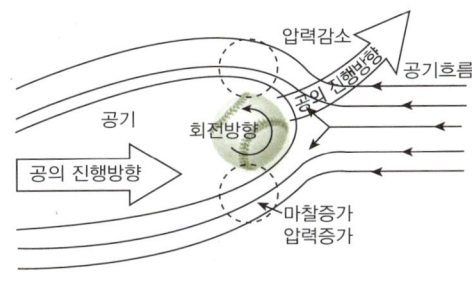

(b) 변화구

⑤ 샤워기에서 물이 빠르게 흐르면서 공기도 함께 움직이게 되고 샤워기 주변의 공기 속도가 증가하면 그 주변의 공기 압력이 감소한다. 반면에 샤워기 바깥쪽의 공기 속도는 상대적으로 느리기 때문에 압력이 높아져 이때 발생하는 압력 차이로 인해 샤워 커튼이 압력이 낮은 안쪽으로 빨려 들어가게 된다.

02

|정답| ④

|해설| 비행기의 날개 윗면의 압력은 아랫면의 압력보다 낮기 때문에 위쪽으로 힘을 받게 되면서 위로 뜨게 되는데, 이때 위쪽으로 작용하는 힘을 양력이라고 한다.

|오답풀이|
② 비중은 어떤 물질의 밀도를 4℃ 물의 밀도로 나눈 값이고, 부력은 물체의 표면에 작용하는 유체의 압력 때문에 물체 전체가 받는 수직 상향의 힘이다. 물체의 비중이 유체의 비중보다 크면 물체는 가라앉고, 물체의 비중이 유체의 비중보다 작으면 물체는 뜬다.

03

|정답| ②

|해설| ㉠ a=5, b=3이므로 a+b=8이다.
㉢ C의 원자량이 12, H의 원자량이 1이므로 프로페인(C_3H_8)의 분자량=$12 \times 3 + 1 \times 8 = 44$인데, 프로페인이 11g이므로 몰수=$\frac{질량}{분자량} = \frac{11}{44} = \frac{1}{4}$이 된다. 화학 반응식을 보면 프로페인 1몰이 완전 연소될 때 4몰의 H_2O가 생성되는데, $\frac{1}{4}$몰만 반응하였으므로 1몰의 H_2O만 생성되며, 이에 따라 $1 \times 2 + 1 \times 16 = 18(g)$의 물이 생성된다.

|오답풀이|
㉡ 1몰의 프로페인이 완전 연소하면 3몰의 이산화탄소(CO_2)가 생성된다.

04

|정답| ④

|해설| 0℃, 1기압에서 22.4L인 염화수소 1몰이 생성되기 위해서 반응해야 하는 염소분자의 몰수는 0.5몰이므로 반응하는 염소의 질량은 35.5g이다.

|오답풀이|
② 같은 온도와 압력 조건에서 몰수비와 부피비는 동일하며, 그 비율은 $H_2 : Cl_2 : HCl = 1 : 1 : 2$이다. 따라서 0.5L의 수소가 반응하면 염화수소의 부피는 그 2배인 1.0L이다.
③ 아보가드로수에 따르면 1몰의 물질은 6.02×10^{23}개의 분자를 가진다. 그러므로 수소분자 3.01×10^{23}개 즉, 0.5몰이 반응하여 염화수소 1몰이 발생하므로, 그 질량은 $1 + 35.5 = 36.5(g)$이다.

05

|정답| ③

|해설| 화학반응식의 계수비는 분자수비이고 몰수비이다. 또한, 기체의 경우에는 부피비도 해당한다. 한편, 각 물질의 화학식량(분자량)이 일치하지 않으므로 질량비는 몰수비와 같지 않다.

06

|정답| ④

|해설| 생성물의 Na 개수가 2이므로 $x=2$가 되며, 탄산수소나트륨을 가열하여 열분해하면 탄산나트륨(Na_2CO_3), 물(H_2O), 이산화탄소(CO_2)가 생성된다.

07

|정답| ③

|해설| 물체에 작용하는 중력 $F=mg$이고 중력 가속도(g)는 평균 $9.8m/s^2$으로 거의 일정하므로 (가)에서 철수에게 작용하는 중력의 크기와 (나)에서 철수에게 작용하는 중력의 크기는 같다.

08

|정답| ④

|해설| 기체의 경우 부피의 비는 분자수의 비와 같게 된다. 따라서 연소반응하는 메테인과 산소의 부피는 1 : 2이다.

|오답풀이|

① 모든 화학반응에서 반응 전과 후에 원자는 보존된다. 또한, 메테인 1분자가 산소 2분자와 반응하여 이산화탄소 1분자와 물 2분자가 되므로 반응 전과 후에 분자 개수도 같다.

② 반응 전과 후에 질량이 보존된다. 이를 질량 보존의 법칙이라 한다.

③ 메테인, 산소, 이산화탄소는 기체이지만 물은 액체이기 때문에 기체 상태 물질의 계수만 따졌을 때 반응 전 기체 3분자가 반응 후 기체 1분자가 되므로 기체의 부피는 감소한다.

⑤ 제시된 연소반응을 화학반응식으로 나타내면 $CH_4+2O_2 \rightarrow CO_2+2H_2O$이다. 화학반응식의 분자수비는 계수비와 같으므로 메테인과 산소의 분자수비는 1 : 2이다.

09

|정답| ④

|해설| ㉡ 공기 저항에 의해 등속도로 내려오는 빗방울은 등속 직선 운동으로 알짜힘이 0이 된다.

㉢ 지구의 중력권을 벗어난 후 엔진을 끈 우주 탐사선은 무중력 상태로 알짜힘이 0이 된다.

㉣ 정지한 물건(상태)의 경우 알짜힘이 0이 된다.

이 외에도 힘의 방향과 이동 방향이 수직인 경우 알짜힘이 0이 된다.

|오답풀이|

㉠ 속력은 일정하나 방향이 계속 바뀌므로 알짜힘이 0이 되지 않는다.

10

|정답| ①

|해설| 행성은 태양의 만유인력 때문에 타원 궤도를 그리면서 공전한다. 그중 근일점에서 만유인력과 공전 속도가 최대가 된다.

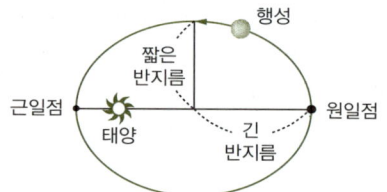

〈케플러의 제1법칙〉
행성은 태양을 하나의 초점으로 하는 타원 궤도를 그리며 공전한다.

11

|정답| ④

|해설| 모든 마찰과 공기 저항이 무시되므로 역학적 에너지가 보존된다. 즉, A, B, C에서의 역학적 에너지는 모두 같다. 따라서 $E_A = E_B = E_C$이다.

12

| 정답 | ⑤

| 해설 | ㉠ HCN은 H_2O에게 H^+를 내주므로 브뢴스테드-로우리의 산이다.
㉡ NH_3는 비공유 전자쌍을 H^+에 제공하므로 루이스의 염기이다.
㉢ H_2O는 HCN과의 반응에서는 염기로, NH_3와의 반응에서는 산으로 작용하였다. 따라서 H_2O는 양쪽성 물질이다.

13

| 정답 | ③

| 해설 | (나)에서 SO_2는 자신은 환원시키고, H_2S를 산화시키는 산화제이다.

| 오답풀이 |
① (가)에서는 SO_2가 산화하거나 환원되지 않는다.
② (나)에서는 a=2, b=3이므로 a+b=5이다.
④, ⑤ (다)에서 SO_2가 Cl_2를 환원시킨다. 그러므로 SO_2는 환원제이다.

14

| 정답 | ④

| 해설 | 원거리 송전에는 일반적으로 전압을 높이고 전류를 작게 함으로써 송전선에서의 열손실을 줄여 일정한 전력을 수송하도록 하고 있다.

15

| 정답 | ③

| 해설 | 양공은 전자가 전도띠로 전이할 때 원자가띠에 생기는 구멍으로 (+)전하의 성질을 띤다. 양공은 전기적 특성과 관련되며 고체 물질의 화학 결합과는 관계가 없다.

| 오답풀이 |
① 공유 결합은 원자와 원자 사이에 전자를 함께 공유하는 결합 방식이다.
② 이온 결합은 양이온과 음이온이 전기적인 인력으로 결합하는 방식이다.
④ 금속 결합은 원자들이 서로 잡아당겨 금속 결정을 이루는 화학 결합이다.
⑤ 배위 결합은 결합 원자 중 한쪽만 가전자를 제공하고 다른 한쪽은 가전자를 일방적으로 제공받아서 형성되는 결합이다.

16

| 정답 | ②

| 해설 | (가) ~ (라)는 각각 '밀도', '비중', '유체', '압력'에 대한 설명이다. 따라서 ㉠ ~ ㉣에 들어갈 내용은 차례대로 '밀도', '비중', '유체', '압력'이다.

| 오답풀이 |
• 부력 : 중력이 작용할 때 유체 속에 있는 물체가 유체로부터 받는 중력과 반대 방향의 힘이다. 이 힘의 크기는 유체 속에 떠 있는 물체와 같은 부피를 갖는 그 유체의 무게와 같다.
• 강체 : 외부의 힘을 받아도 그 크기와 모양이 변하지 않는 물체를 의미한다. 대부분의 고체는 강체로 간주된다.
• 무게 : 물체에 작용하는 중력의 크기를 말한다. 물체의 질량과 물체에 가해지는 중력가속도의 곱으로 나타낸다.

17

| 정답 | ④

| 해설 | 구리가 은보다 반응성이 크므로 구리는 산화되어 수용액 속에 구리 이온으로 녹아 들어가고, 은 이온은 환원되어 금속 은으로 석출된다. 따라서 은 이온은 자신은 환원되고 다른 물질을 산화시키는 산화제의 역할을 한다. 구리 이온은 점차 증가하므로 수용액은 점차 푸른색으로 변한다.

18

| 정답 | ④

| 해설 | 산화수 HNO_3 : $0=+1+N-6 \Rightarrow N=+5$
산화수 NO_3 : $0=N-2 \Rightarrow N=+2$

19

| 정답 | ③

| 해설 | (가)는 음극화 보호에 대한 설명이다. 음극화 보호란 철(Fe)로 만들어진 구조물에 철보다 반응성이 큰 마그네슘(Mg)이나 아연(Zn) 등의 금속을 도금하거나 연결하여 철보다 먼저 산화되도록 함으로써 철에 전자를 보충해 주어 철의 부식을 막는 방법이다. 음극화 보호는 주로 땅 속에 매장된 철제 수도관, 송유관, 주유소의 기름 탱크, 선박 등에 이용되고 있으며, ㉢, ㉣이 이에 해당한다.

| 오답풀이 |
㉠ 철과 주석을 합금하는 것은 화학적 보호를 통해 산화를 방지하는 방법으로 물리적 차단 방식인 (나)에 해당하지 않고, 주석(Sn)은 철(Fe)보다 반응성이 작으므로 (가)에도 해당하지 않는다.
㉡ (나)에 해당하는 방식으로, 기름칠을 하면 철 표면에 얇은 기름막이 형성되어 공기나 물의 접촉을 막아 산화를 물리적으로 막을 수 있다.
㉢ (나)에 해당하는 방식으로, 아연(Zn)을 도금하는 것은 철 표면을 물리적으로 보호하는 층을 형성시키는 방법이다.

20

| 정답 | ①

| 해설 | ㉠ 작용, 반작용의 법칙에 의해 A와 B가 충돌 시 받는 충격량의 크기는 서로 같다.
㉡ A의 속도 변화는 $-1m/s$, B의 속도 변화는 $4m/s$이다. 충돌 후 충격량(운동량)이 같으므로 속도 차이의 비가 $1:4$가 된다면, 질량은 $4:1$이 된다.

| 오답풀이 |
㉢ A와 B의 운동 에너지의 총합은 충돌 전에 비하여 손실되었다.
- 충돌 전
$$E_K = \left(\frac{1}{2} \times 4m \times 2^2\right) + \left(\frac{1}{2} \times m \times 1^2\right) = \frac{17}{2}m$$
- 충돌 후
$$E_K = \left(\frac{1}{2} \times 4m \times 1^2\right) + \left(\frac{1}{2} \times m \times 3^2\right) = \frac{13}{2}m$$

21

| 정답 | ④

| 해설 | 금속 표면에 빛을 비추면 광전자가 튀어나오는 현상을 광전효과라 한다. 또한, X선을 물질에 비추면 입사 X선보다 작은 진동수를 가진 전자파가 산란되는 현상을 콤프턴 효과라 한다. 따라서 콤프턴 효과는 광전효과와 함께 빛의 입자성을 증명하는 대표적인 현상이다.

22

| 정답 | ②

| 해설 | Pb의 산화수는 $+2 \to 0$으로 감소하였다. 즉, 환원되었다.

| 오답풀이 |
① N의 산화수는 $-3 \to 0$으로 증가하였다. 즉, 산화되었다.
③ NH_3에서 N의 산화수는 -3이다.
④ PbO는 자신은 환원하면서 NH_3를 산화시킨 산화제이다.
⑤ NH_3는 자신은 산화하면서 PbO를 환원시킨 환원제이다.

23

| 정답 | ③

| 해설 | 탄화수소 화합물의 특징은 다음과 같다.
- 공유 결합 물질이며, 화합물의 종류가 대단히 많다.
- 무극성이므로 물에 잘 녹지 않고, 유기 용매(알코올, 벤젠 등)에 잘 녹는다.
- 녹는점·끓는점이 낮으며, 전기 전도성이 없다.
- 반응 속도가 일반적으로 느리다.
- 이성질체의 수가 많다.
- 연소시키면 CO_2와 H_2O가 발생한다.

24

| 정답 | ④

| 해설 | $F\Delta t = m(v - v_0)$

$F \times 0.5 = 10 \times (20-0)$

$\therefore F = 400(N)$

25

|정답| ③

|해설| 물체에 주어진 충격량은 운동량의 변화와 같으나 같은 운동량의 변화를 물체에 줄 때 힘이 작용하는 시간이 많이 걸릴수록 힘의 크기가 작아져서 피해가 적다. 총신이 길 경우 힘은 그대로이지만 탄알이 힘을 받는 시간이 길어져 충격량이 커지고 탄알의 속력이 더 커지게 되어 더 멀리 날아가게 된다. 즉, 충격의 분산 또는 완화와는 관련이 없다.

26

|정답| ④

|해설| ㉠ 전기력은 전하 사이에 작용하는 힘으로, 그 단위는 뉴턴(N)을 사용한다.
㉡ 같은 종류끼리의 전하 사이에서 서로 밀어내는 힘을 척력이라 하고, 다른 종류의 전하 사이에서 서로 잡아당기는 힘을 인력이라 한다.
㉢ 전기력은 전하량의 곱에 비례한다.

|오답풀이|
㉣ 두 전하 사이의 거리의 제곱에 반비례한다. 이것을 쿨롱 법칙이라고 한다.

27

|정답| ②

|해설| 실험식은 화합물을 구성하는 성분 원소의 원자 수의 비를 가장 간단한 정수비로 나타낸 화학식이다. 따라서 벤젠은 CH이다. 또한, 아세트산과 폼알데하이드는 실험식이 같다.

28

|정답| ④

|해설| 주기율표에서 왼쪽 아래로 갈 때, 원자 반지름, 금속성 등은 증가하고 이온화 에너지, 전자 친화도, 전기 음성도는 작아지며, 산화되거나 전자를 잃기도 쉽다.

29

|정답| ③

|해설| 1986년 처음으로 30K 이상의 온도에서도 초전도성을 보이는 고온 초전도체가 발견되었지만 지금까지 발견된 고온 초전도체의 임계 온도는 상온(약 300K)보다는 훨씬 낮은 온도이다.

|오답풀이|
①, ④ 극저온의 특수한 온도에서 전기 저항이 0이 되는 상태를 초전도 상태라고 하며, 이러한 특성을 가진 물질을 초전도체라고 한다. 현재 초전도체를 이용하여 자기 부상열차가 개발되어 있다.
②, ⑤ 초전도 현상이 발생하기 시작하는 온도를 임계 온도라고 하고, 임계 온도 이하에서 초전도체 내부의 자기장이 0이 되는 현상을 '마이스너 효과'라고 한다.

30

|정답| ④

|해설| 구조물이 정지해 있을 때는 언제나 힘의 평형 상태이다.

|오답풀이|
①, ② 구조물이 안정 상태를 유지하려면 힘의 평형, 돌림힘의 평형을 이루어야 한다.
③ 안정된 상태를 유지하기 위해서는 약간 기울어졌을 때 원상태로 돌아오려는 복원력이 필요하다.
⑤ 무게 중심의 위치가 낮을수록 안정성이 커져 힘의 평형이 이루어진다.

31

|정답| ④

|해설| 아르곤(Ar)은 홑원소 물질이다. 홑원소 물질에는 금(Au), 철(Fe), 구리(Cu), 산소(O_2), 오존(O_3), 다이아몬드(C), 수소(H_2), 질소(N_2) 등이 있다.

| 오답풀이 |
①, ②, ③, ⑤ 물(H_2O), 암모니아(NH_3), 염화나트륨(NaCl), 이산화탄소(CO_2)는 화합물이다. 화합물에는 에탄올(C_2H_5OH), 포도당($C_6H_{12}O_6$), 황화구리(CuS) 등이 있다.

32

| 정답 | ④

| 해설 | 결합각은 (가)가 109.5°, (나)가 120°, (다)가 180°, (라)가 120°로, (다) > (나) = (라) > (가)이다.
| 오답풀이 |
① (가)는 탄소-탄소의 모든 결합이 단일 결합이므로 포화탄화수소이다.
② 사슬 모양 탄화수소는 (가), (나), (다) 3가지이다. (라)는 고리 모양 탄화수소이다.
③ (라)는 벤젠의 구조로, 벤젠 고리를 형성하는 6개의 탄소 원자들 사이의 결합 길이와 결합각이 모두 같다.
⑤ 불포화 탄화수소는 첨가 반응을 잘하므로 브롬(BR_2)을 반응시키면 적갈색이 없어져 무색이 된다.

33

| 정답 | ①

| 해설 | 물체가 유체 속에 잠기면 물체의 부피만큼 유체를 밀어낸다.
| 오답풀이 |
③ 유체 속에 잠긴 물체에 작용하는 부력이 중력보다 클 때 떠오르고, 중력보다 작을 때 가라앉는다.
④, ⑤ 비중이 물과 같은 물체는 부력이 물체의 무게와 같아 평형을 이루기 때문에 물속에 정지해 있고, 비중이 물보다 큰 물체는 부력이 물체의 무게보다 작으므로 가라앉으며, 비중이 물보다 작은 물체는 부력이 물체의 무게와 같아질 때까지 위로 떠올라 물체의 일부분만 잠긴다.

34

| 정답 | ③

| 해설 | 용액 속 이온의 농도가 변화하면 전기전도도가 변하므로, 용액에 흐르는 전류의 세기를 측정하면 중화 반응의 진행 여부를 알 수 있다. 산과 염기가 만나 중화 반응하여 생성된 염이 물에 녹지 않고 앙금을 만드는 경우, 중화점에 이를 때까지 이온의 수가 줄어들고 용액의 부피는 늘어나므로 전류의 세기가 급격하게 약해진다. 중화점에서는 이온이 존재하지 않으므로 전류가 거의 흐르지 않다가 중화점을 지나면 다시 전류의 세기가 증가한다.

35

| 정답 | ③

| 해설 | 결합의 종류를 구분하기 위한 방법은 금속과 비금속을 찾는 방법이다. 공유 결합은 비금속과 비금속 간에 이루어진다. 따라서 ③은 모두 공유 결합이다.
| 오답풀이 |
① 모두 이온 결합
② CaO : 이온 결합, NO : 공유 결합, H_2SO_4 : 공유 배위 결합
④ CH_4 : 공유 결합, NaCl : 이온 결합, NH_4Cl : 이온 결합
⑤ NaCl, MgO : 이온 결합

36

| 정답 | ③

| 해설 | 물체가 운동 상태의 변화 없이 안정적으로 정지해 있는 상태를 역학적 평형이라고 한다.
| 오답풀이 |
① 돌림힘에서 회전 운동의 중심을 회전축이라 하고, 회전축으로부터 힘이 작용하는 점까지의 거리를 지레의 팔이라 한다.
② 지레와 같은 도구를 사용하여 일을 할 때 작용해야 하는 힘의 크기가 줄어드는 대신 힘을 작용해야 하는 거리가 늘어나므로 일에서는 이득이 없게 된다. 이것을 일의 원리라고 한다.

37

| 정답 | ⑤

| 해설 | 이온 결합력(쿨롱의 힘)은 두 이온의 전하량(이온가)

이 크고 이온 사이의 거리가 짧을수록 커지는데, 이온 결합력이 클수록 끓는점도 높아진다.

CaO, MgO는 모두 +2가이나 MgO가 이온 반지름이 더 작기 때문에 끓는점이 더 높다(①, ②, ③은 +1가).
구체적으로 각 물질의 끓는점을 비교하면 $MgO(3,600℃) > CaO(2,850℃) > LiF(1,676℃) > NaCl(1,413℃) > KI(1,330℃)$이다.

38

| 정답 | ①

| 해설 | ㉠ 반사의 법칙에 따라 입사각과 반사각은 항상 크기가 같다.

| 오답풀이 |

㉡ 파동이 장애물을 만나면 전부 반사되는 경우도 있지만(전반사), 반사와 투과가 모두 일어나는 경우도 있다.

㉢ 고정단 반사일 경우는 위상이 180° 변하지만, 자유단 반사의 경우는 위상 변화가 없다.

39

| 정답 | ①

| 해설 | 이상 기체가 단열 팽창하면 부피를 늘리는 데 필요한 열을 내부 에너지로부터 얻기 때문에 이상 기체의 온도와 내부 에너지가 감소한다.

| 오답풀이 |

② 이상 기체의 부피가 늘어나므로 압력은 감소한다.

③ 단열 팽창이란 외부와 열교환 없이 물체의 부피가 늘어나는 현상이므로 외부로 일을 한 것이 된다.

④, ⑤ 이상 기체가 단열 팽창하면 부피를 늘리는 데 필요한 열을 내부 에너지로부터 얻기 때문에 이상 기체의 온도와 내부 에너지가 감소한다.

40

| 정답 | ①

| 해설 | 비활성 기체, 즉 18족 원소들은 안정하여 화학적 반응이 거의 없다.

파트1 기출유형모의고사

1회 언어력

▶ 문제 70쪽

01	④	02	②	03	④	04	①	05	③
06	⑤	07	②	08	④	09	②	10	③
11	①	12	②	13	④	14	⑤	15	②
16	③	17	④	18	⑤	19	②	20	②
21	①	22	①	23	②	24	②	25	②
26	①	27	③	28	④	29	⑤	30	⑤
31	⑤	32	③	33	①	34	⑤	35	⑤
36	⑤	37	③	38	③	39	④	40	④

01

| 정답 | ④

| 해설 | 제시된 문장에서 '당기다'는 원래 정해진 시간이 있었으나 그것을 앞으로 옮김을 의미한다. 따라서 원래 월급을 받는 날보다 미리 받기를 부탁한 ④가 정답이다.

| 오답풀이 |

① 입맛이 돋우어지다. 먹고 싶은 마음이 생기다.

② 물건이나 사람 등에 힘을 주어 끌어서 자기 쪽이나 일정한 방향으로 가까이 오게 하다.

③, ⑤ 마음이 끌리어 움직이다. 좋아하는 마음이 일어나 저절로 끌리다.

02

| 정답 | ②

| 해설 | • 자원(資源) : 인간 생활 및 경제 생산에 이용되는 원료로서의 광물, 산림, 수산물 따위를 통틀어 이르는 말

• 개선(改善) : 잘못된 것이나 부족한 것, 나쁜 것 등을 고쳐 더 좋게 만듦.

• 규제(規制) : 규칙이나 규정에 의하여 일정한 한도를 정하거나 정한 한도를 넘지 못하게 막음.

• 진행(進行) : 일 등을 처리하여 나감.

따라서 단어의 의미를 토대로 빈칸에 들어갈 알맞은 말은 '자원-개선-규제-진행'이다.

03

| 정답 | ④

| 해설 | '강조(強調)'는 '어떤 부분을 특별히 강하게 주장하거나 두드러지게 함'이라는 의미이다.

| 오답풀이 |
① 강세(強勢) : 강한 세력이나 기세
② 모색(摸索) : 일이나 사건 따위를 해결할 수 있는 방법이나 실마리를 더듬어 찾음.
③ 약조(弱調) : 여린 음조
⑤ 정곡(正鵠) : 과녁의 한가운데가 되는 점. 가장 중요한 요점 또는 핵심

04

| 정답 | ①

| 해설 | 나머지 선택지의 뜻에 해당하는 단어는 다음과 같다.
② 굴종(屈從) ③ 공손(恭遜) ④ 유순(柔順) ⑤ 유심(唯心)

05

| 정답 | ③

| 해설 | ⓒ의 주어인 '회사'는 사무실을 빌려주는 입장이 아니라 빌리는 입장이므로 '임대하였다'를 '임차하였다'로 수정하는 것이 옳다.
ⓒ의 경우 '일요일'이 연휴를 '얻을' 수는 없으므로 '연휴인 일요일이라' 등으로 수정하는 것이 자연스럽다.
따라서 ⓒ, ⓒ이 적절하지 않다.

06

| 정답 | ⑤

| 해설 | '경질(更迭)'은 어떤 직위에 있는 사람을 다른 사람으로 바꾸는 것을 의미하며, '비서실장의 경질 사유를 밝힌다'와 같이 쓰인다.

| 오답풀이 |
① '강등(降等)'에 대한 뜻으로 '지난번 사고 이후 책임자는 한 계급 강등되었다'와 같이 쓰인다.
② '좌천(左遷)'에 대한 뜻으로 '서기들한테는 책임을 물어 지방으로 좌천시켰다'와 같이 쓰인다.
③ '이전(移轉)'에 대한 뜻으로 '소유권 이전을 받다'와 같이 쓰인다.
④ '퇴진(退陣)'에 대한 뜻으로 '경영진 퇴진 운동을 전개하다'와 같이 쓰인다.

07

| 정답 | ②

| 해설 | ㉠에 들어갈 관용 표현은 '업은 아이 삼 년을 찾는다'이며, 무엇을 몸에 지니거나 가까이 두고도 까맣게 잊어버리고 엉뚱한 데에 가서 오래도록 찾아 헤매는 경우를 비유적으로 이르는 말이다.

| 오답풀이 |
① 자기 눈으로는 자기 눈을 못 본다는 뜻으로, 누구나 자신의 결함에 대해서는 잘 알지 못함을 비유적으로 이르는 말이다.
③ 얕은 수로 남을 속이려 한다는 말이다.
④ 흔히 사람은 자신이 잘 알고 가까이 있는 것보다는 잘 모르고 멀리 있는 것을 더 좋은 것인 줄 안다는 말이다.
⑤ 전체를 보지 못하고 자기가 알고 있는 부분만 가지고 고집한다는 말이다.

08

| 정답 | ④

| 해설 | 밑줄 친 '보다'는 '앞날을 헤아려 내다보다. 넓고 먼 곳을 멀리 바라보다'의 의미로 사용되었으므로 '전망하다'와 문맥적으로 가장 유사하다.

| 오답풀이 |
① 관찰하다 : 사물이나 현상을 주의하여 자세히 살펴보다.
② 소망하다 : 어떤 일을 바라다.

③ 간주하다 : 상태, 모양, 성질 따위가 그와 같다고 보거나 그렇다고 여기다.
⑤ 관망하다 : 한발 물러나서 어떤 일이 되어 가는 형편을 바라보다.

09

|정답| ②

|해설| '다기망양(多岐亡羊)'은 갈림길이 많은 탓에 잃어버린 양을 찾지 못한다는 뜻으로, 계획이나 방침이 너무 많아 도리어 어찌할 바를 모른다는 말이다.

|오답풀이|
① 곡학아세(曲學阿世) : 바른 길에서 벗어난 학문으로 세상 사람에게 아첨함.
③ 입신양명(立身揚名) : 출세하여 이름을 세상에 떨침.
④ 읍참마속(泣斬馬謖) : 큰 목적을 위하여 자기가 아끼는 사람을 버림.
⑤ 망양지탄(望洋之嘆) : 자신보다 뛰어난 인물을 보면서 자신의 부족함을 탄식하는 모습.

10

|정답| ③

|해설| ①, ②, ④, ⑤의 '싸다'는 「1」의 '물건을 안에 넣고 보이지 않게 씌워 가리거나 둘러 말다'라는 의미로 사용되었다. 반면 ③은 「2」의 '어떤 물체의 주위를 가리거나 막다'라는 의미로 사용되었다.

11

|정답| ①

|해설| (가) '흐리거나 궂은 날씨가 맑아지다'의 의미를 갖는 어휘는 '개다'이며, 활용형은 '갤'이다.
(나) '그해에 새로 난 쌀'은 '햅쌀'이다.
(다) '청하는 일을 이해하거나 동의하여 들어줌'의 의미를 갖는 어휘는 '승낙'이다.
(라) '누워 있거나 앉아 있다가 슬그머니 일어나는 모양을 나타내는 말은 '부스스'이며 유의어로 '푸시시'가 있다. '부시시'는 비표준어이다.

12

|정답| ②

|해설| 주어진 문장의 '사이'와 ②의 '사이'는 '한때로부터 다른 때까지의 동안'을 의미한다.

|오답풀이|
①, ③ (주로 '없다'와 함께 쓰여) '어떤 일에 들이는 시간이나 여유나 겨를'을 의미하는 '사이'로 쓰였다.
④ '서로 맺은 관계. 또는 사귀는 정분'을 의미하는 '사이'로 쓰였다.
⑤ '한 물체에서 다른 물체까지의 거리'를 의미하는 '사이'로 쓰였다.

13

|정답| ④

|해설| 제시된 단어의 뜻은 다음과 같다.
• 모사(模寫) : 어떤 그림을 보고 그대로 본떠서 그림. 또는 그런 그림
• 묘사(描寫) : 어떤 대상이나 사물, 현상 따위를 언어로 서술하거나 그림을 그려서 표현함.
• 참조(參照) : 관련 사항을 참고로 비교하고 대조하여 살펴봄.
• 참고(參考) : 어떤 자료를 살펴서 도움이 될 만한 재료로 삼음.
따라서 '모사', '묘사', '참조', '참고' 순이 적절하다.

14

|정답| ⑤

|해설| '묘사되다'는 '어떤 대상이나 사물, 현상 따위가 언어로 서술되거나 그림으로 그려져 표현되다'라는 의미를 가지는 동사로 '묘사되+어'로 활용될 때는 '묘사돼'로 축약해 쓸 수 있다.

| 오답풀이 |
① 우주에 존재하는 모든 물체, 즉 항성, 행성, 위성, 혜성, 성단, 성운, 성간 물질, 인공위성 따위를 통틀어 뜻하는 단어는 '천체'로 써야 한다.
② 황금과 같이 광택이 나는 누런빛을 뜻하는 단어는 '금빛'으로 써야 한다.
③ 산의 비탈이 끝나는 아랫부분을 뜻하는 단어는 '산기슭'으로 써야 한다.
④ 지붕을 기와로 인 집을 뜻하는 단어는 '기와집'으로 써야 한다. '기와집'은 발음의 변화가 생기지 않으므로 사이시옷을 적지 않는다.

15

| 정답 | ②

| 해설 | B의 말이 거짓이므로 C는 검사가 아니다. A와 B 둘 중 한 명이 검사인데, 만약 A가 검사라면 A는 진실만 말한다는 문제의 조건과 검사는 거짓말을 한다는 A의 진술이 상충된다. 따라서 검사는 B이고, B가 변호사라고 한 C의 진술은 거짓이다.
그리고 이때 가능한 경우는 다음 2가지이다.

판사	검사	변호사
A	B	C
C	B	A

| 오답풀이 |
① 검사는 B이다.
③ 변호사가 A라면 진실을 말하고 있고 C라면 거짓을 말하고 있다.
④ 모든 경우의 수는 두 가지이다.
⑤ 판사가 A라면 진실을 말하고 있고 C라면 거짓을 말하고 있다.

16

| 정답 | ③

| 해설 | 제시된 조건에서 C와 E가 다른 팀이어야 한다는 것과 A, B 또는 B, F가 반드시 같은 팀이어야 한다는 것을 명시하고 있다.

③의 A, E, F 조합은 B가 속한 팀에 A 또는 F가 반드시 속해야 한다는 조건에 상충하므로 적절하지 않은 팀 구성이다.

17

| 정답 | ④

| 해설 | 해미는 부정청탁을 받은 사실이 없어 제외되므로 유결, 문영, 기현 중 부정청탁을 받은 사람이 있다. 만약 유결이 부정청탁을 받았다면, 문영이나 기현 중 한 명도 부정청탁을 받은 것이 되는데, 이때 문영이 부정청탁을 받았다면 다른 두 명도 받은 것이므로 기현도 부정청탁을 받은 것이 된다. 만약 기현이 부정청탁을 받았다면 기현 이외에는 부정청탁을 받은 사람을 확실히 알 수 없다. 따라서 반드시 부정청탁을 받은 사람은 기현이다.

18

| 정답 | ⑤

| 해설 | A와 D의 증언이 상충하므로 A의 증언이 거짓말인 경우와 D의 증언이 거짓말인 경우로 나누어 생각해 본다.
• A의 증언이 거짓인 경우 : B, C, D의 증언이 참이 된다. 그러나 B의 증언 '원료 분류 작업에서 불량이 나온다'와 D의 증언 '포장 작업에서 불량이 나온다'에 의해 불량의 원인이 되는 작업을 담당한 직원이 2명이 되어 조건에 맞지 않는다. 따라서 A의 증언은 참이다.
• D의 증언이 거짓인 경우 : A, B, C의 증언이 참이 되며 이들의 증언은 서로 상충하지 않는다. 따라서 B의 증언에 따라 불량의 원인이 되는 작업을 담당한 직원은 원료 분류를 담당한 D이며, 거짓 증언을 한 사람도 D이다.

19

| 정답 | ②

| 해설 | 제시된 명제를 p ~ r로 정리하면 다음과 같다.
p : 김 대리가 빨리 온다.
q : 박 차장이 빨리 온다.
r : 황 주임이 빨리 온다.

(가) p → ~q or ~r(q and r → ~p)
(나) ~q → p(~p → q)
(다) ~r → ~q(q → r)
q → r은 성립하나, 그 역인 r → q가 반드시 성립한다고는 할 수 없다.

| 오답풀이 |
① ~p → q이므로 참이다.
③ q → r에서 q와 r이 동시에 성립함을 알 수 있고, q and r → ~p이므로 참이다.
④ ~r → ~q → p이므로 참이다.
⑤ ~p → q → r이므로 참이다.

20

| 정답 | ②

| 해설 | '전지전능'과 '깨뜨릴 수 없음'은 모순되는 특성이다. 따라서 〈제시문〉은 앞뒤의 주장이나 전제와 결론 사이에 모순이 발생하여 일관된 논점을 갖지 못하는 '자가당착의 오류'에 해당한다. 〈보기〉 중 이에 해당하는 것은 ㉠과 ㉢이다.

| 오답풀이 |
㉡ 부적합한 권위에 호소하는 오류
㉣ 허수아비 공격의 오류
㉤ 잘못된 유추의 오류

21

| 정답 | ①

| 해설 | 제시된 글의 전체적인 내용을 살펴보면 문학 작품은 언어에 큰 영향을 미치는데, 이러한 문학 작품은 작가에 의해 산출되므로 언어에 있어서 작가의 역할이 중요함을 강조하고 있다.

22

| 정답 | ①

| 해설 | 파놉티콘은 중앙에 존재하는 감시탑의 주위를 독방들이 원형으로 둘러싸도록 배치된 구조로, 독방에 있는 죄수들은 간수 또는 감시자의 관찰에 노출되지만 죄수는 감시자를 볼 수 없는 '권력에 따른 시선의 불균형'을 확인시켜 주는 장치이다.

| 오답풀이 |
② 파놉티콘은 타자로부터 감시당할 수도 있지만 감시 권력이 보이지 않는다. 때문에 언제, 어디서든 감시당하고 있을지도 모른다는 생각이 지속적인 통제를 가능하게 해 주어 스스로 자신을 감시하는 '주체'가 되도록 한다.
③ 벤담은 파놉티콘이 사회 개혁을 가능하게 해 주는 효율적인 수단이라고 생각했고 이는 결국 받아들여지지 않았다고 설명되어 있지만, 파놉티콘의 원리가 다른 사회 부문에 적용될 수 없다는 언급은 찾을 수 없다.
④ 파놉티콘의 가장 큰 장점은 스스로를 감시하는 주체적 통제에 의해 최소한의 비용, 최소한의 감시로 최대의 효과를 누릴 수 있다는 점이다.
⑤ 파놉티콘은 감시 권력을 비가시화함으로써 죄수들에게 언제, 어디서든 감시받고 있을지도 모른다는 불안감을 조성한다.

23

| 정답 | ②

| 해설 | 제시된 글에서는 상품과 경제 법칙은 그것을 만든 인간의 손을 떠나는 순간 자립성을 띠게 되며, 인간이 오히려 이러한 상품과 경제 법칙에 지배받기 시작하면서 인간 소외 현상이 나타난다고 하였다.

24

| 정답 | ③

| 해설 | 제시된 글은 음료를 통해 카페인을 섭취하고자 할 때 커피보다 녹차가 더 나은 선택임을 설명하는 내용이다. 녹차에 들어 있는 성분들에 대해 설명하면서 녹차에 함유된 카페인이 커피에 함유된 카페인보다 신체에 유익한 이유를 여러 근거를 들어 서술하고 있다. 따라서 주제로는 ③이 적절하다.

25

|정답| ②

|해설| 첫 번째 문단의 다섯 번째 줄에서 녹차는 커피에 비해 낮은 온도의 물에서 우려내므로 카페인 성분이 60~70%만 용출된다고 설명하고 있다.

|오답풀이|

①, ④ 첫 번째 문단 첫 번째 줄에 나와 있다.

③ 두 번째 문단의 두 번째 줄에 나와 있다.

⑤ 두 번째 문단의 네 번째 줄에 나와 있다.

26

|정답| ①

|해설| ㉠ 이후의 문장에서 '소득 불평등 해소를 위한 구체적 정책 방향을 모색해야 한다'고 하였으므로 ㉠이 포함된 문장에서는 구체적이지 않은 이해 수준에서 벗어나야 한다고 언급하는 것이 가장 매끄럽다. 따라서 '구체적'과 가장 반대되는 뜻인 '관념적'이 적절하다.

27

|정답| ③

|해설| 고령화를 방치할 경우 경제성장률이 추락할 수 있다고 언급했지만, 고령화가 경제성장률 하락의 주요 원인이라는 것을 기사에서는 시사하고 있지 않다.

|오답풀이|

① '4차 산업혁명은 ~ 충족시킬 수 있는 역량이 중요하며 ~ 여성기술인력이 두각을 나타낼 전망이다'라는 문장을 통해 알 수 있다.

② '여성의 경제활동참가율을 OECD평균수준까지 올릴 경우 성장률 하락을 20년에 걸쳐 연평균 0.3~0.4%p까지 방어할 수 있는 것으로 나타났다'라는 문장을 통해 알 수 있다.

④ '한국의 경우 58% 수준으로 OECD 평균에 미치지 못한 것으로 나타났다'를 통해 알 수 있다.

⑤ '한국의 여성 과학기술원은 21.3%에 불과하다'를 통해 알 수 있다.

28

|정답| ④

|해설| 빈칸 앞부분에서 '집을 사랑한다는 것은 또 우리의 정체성이 스스로 결정되는 것이 아님을 인정하는 것이다'라고 했고, 뒷부분에서는 '우리의 약한 면을 보상하기 위해서다'라고 했다. 따라서 빈칸에 들어갈 말로 ④가 가장 적절하다.

29

|정답| ⑤

|해설| 간접세는 물건 가격에 세금이 포함돼 있어 세원 파악이 쉽고, 조세부담자의 저항이 거의 없어 쉽게 징수할 수 있으나 직접세는 조세부담자가 직접적으로 느끼는 세금 부담이므로 조세 저항이 더 심할 것이다.

|오답풀이|

① 간접세는 납세의무자와 조세부담자가 다르고, 대개는 생산자가 소비세를 소비자에게 전가한다고 하였으므로 납세의무자는 소비자가 아닌 생산자이다.

② 비례세는 같은 금액을 내는 세금이 아니라 소득에서 같은 비율로 부과되는 세금이다.

③ 누진세 강화는 소득이 높은 사람에게 더 많은 세금을 부과하므로 부의 재분배의 기능을 강화한다.

④ 부가가치세는 물품에 일률적으로 부과하는 것이므로 누진세가 아니라 간접세이다.

30

|정답| ⑤

|해설| 글의 전체적인 내용은 주택과 아동의 건강이 가지는 상관관계이다. ⑤는 이와 관련 없는 성인 남성의 질환에 대해 언급하고 있으므로 적절하지 않다.

31

|정답| ⑤

|해설| 우선 (마)에서 원하는 것을 이루기 위한 핵심비결로 명확한 목표 세우기를 말하고 있으므로 (마) 다음에는 목표

설정을 이야기하는 (라)가 와야 한다. 그다음으로는 꿈에 대한 이야기를 이어받아 더 자세히 설명하는 (다)가 올 수 있다. 이어서 꿈이 있는 사람과 없는 사람에 대한 이야기를 이어받은 (나), 마지막으로 글을 아우르며 자기 성찰로 마무리하는 (가)로 연결된다. 따라서 (마)-(라)-(다)-(나)-(가) 순이 가장 적절하다.

32

|정답| ②

|해설| 제시된 글은 이분법적 사고와 부분만을 보고 전체를 판단하는 것의 위험성을 예시로 들어 설명하고 있다. 세 번째 문단에서는 '으스댔다', '우겼다', '푸념했다', '넋두리했다', '뇌까렸다', '잡아뗐다', '말해서 빈축을 사고 있다' 등의 서술어를 열거해 주관적 서술로 감정적 심리 반응을 유발하는 것이 극단적인 이분법적 사고로 이어질 수 있음을 강조하고 있다.

33

|정답| ①

|해설| ㉢에서는 농촌의 고령화라는 화두를 던지며 나머지 문장이 언급할 논점의 방향을 제시한다. 고령화의 현상을 ㉠에서 언급하며, 고령화가 지속되는 중요한 원인을 ㉡에서 설명하고 있다. ㉣에서는 앞의 내용과 반전을 이루며 농촌 청년들에 대한 고무적인 현상을 부각시키고 있다.
따라서 ㉢-㉠-㉡-㉣이 가장 자연스럽다.

34

|정답| ⑤

|해설| 진화 초기 단계에서는 산소가 많은 육지로 올라오기 이전 단계이므로 산소 농도가 낮아 물갈퀴가 존재했을 것이라고 추론하는 것이 적절하다.

35

|정답| ④

|해설| 제시된 기사의 내용은 청소년 흡연에 대한 경각심이 높아지고 있는 데 반해 미질병통제예방센터의 보고서에 따르면 미국의 청소년 흡연율이 증가하고 있다고 말하고 있다. 그리고 낮은 담배 구입 연령 제한이 청소년 흡연율과 연관성 있다는 주장이 지속적으로 제기됨에 따라 다수의 주에서 21세로 담배 구입 연령을 상향하고 있다고 말하고 있다. 따라서 '미국, 심각한 청소년 흡연율에 다수의 주들 담배 구입 연령 21세로 상향 조정'이 제목으로 적절하다.

36

|정답| ⑤

|해설| 첫 번째 문단에서는 현재 하나의 사건이나 이슈에 대해 수많은 뉴스 생산 주체들이 다르게 보도하고 있음을 말한다. 이후 두 번째 문단에서는 미디어 환경 및 뉴스 산업 구조로 인해 뉴스 생산환경이 급속하게 변화했으며 기자, 블로거, 시민기자, 팟캐스터 등 다양한 사람들이 뉴스 생산에 기여한다고 이야기하고 있다. 그리고 마지막 문장에서는 '뉴스를 바르게 이해하기 위해서는 뉴스 생산자의 역할과 임무에 대한 이해가 선행되어야 한다'고 말하고 있다. 이를 모두 종합하면 올바른 뉴스를 소비하기 위해서는 뉴스 생산자의 역할과 임무에 대해 소비자가 능동적으로 판단하고 이해해야 한다는 것을 알 수 있다.

37

|정답| ③

|해설| 세 번째 문단을 보면 품질이 낮은 석유는 밀도와 점성 그리고 황의 함유량이 높고, 온갖 불순물이 함유되어 있다고 하였다. 따라서 품질이 높은 석유일수록 밀도와 점성이 낮다.
|오답풀이|
① 첫 번째 문단의 첫 번째 문장에 나와 있다.
② 세 번째 문단을 보면 중질원유를 정제하기 위해서는 세계에서 가장 발달한 산업시설을 갖춰야 하는데, 미국의 정유시설은 최고의 기술력을 갖추고 있기 때문에 가장 무거운 원유까지도 휘발유로 변모시킨다고 나와 있다.

④ 다섯 번째 문단을 보면 미국인들은 담배에 불을 붙이거나 뒷마당에서 바비큐를 할 때 프로판, 부탄, 펜탄 등을 가장 많이 쓴다고 하였다.

⑤ 마지막 문단을 보면 천연가스라고 불리는 메탄과 에탄은 담아 두기가 매우 어려우며 기체이기 때문에 이것을 다루는 기간시설이 필요하다고 하였다.

38

| 정답 | ③

| 해설 | 무색무취의 가스는 기계적인 방법을 동원하여 감지할 수 있고, 가스에 부취제를 첨가하여 냄새로 가스 유출을 파악할 수도 있다.

| 오답풀이 |

① 가스 사업자는 관련 법규에 따라 부취제 종류별로 적정 유지 농도를 정하여 가스에 첨가해야 한다고 하였다.

② 사람의 후각으로 연료가스 누출 여부를 인지할 수 있게 연료가스에 혼합하는 것이 부취제라고 하였다.

④ 부취제는 ppm 단위의 미량의 농도로 주입하여 배관 및 용기에 흡착될 수 있다고 하였다.

⑤ 가스분석기 등의 시험 장비로 부취제의 농도를 확인할 수 있다고 하였다.

39

| 정답 | ④

| 해설 | 〈보기〉의 '일어난 일에 대한 묘사는 본 사람이 무엇을 중요하게 판단하고, 무엇에 흥미를 가졌느냐에 따라 크게 다르다'는 내용의 예시가 (라) 뒤에 있으므로 (라)에 들어가는 것이 적절하다.

40

| 정답 | ④

| 해설 | 접속어는 주로 문장과 문장을 연결하는 데 쓰이므로 '그럼에도 불구하고'로 시작하는 (다)와 '즉'으로 시작하는 (라)는 첫 문장이 될 수 없다. '그럼에도 불구하고'는 앞 문장과 뒤 문장을 역접의 관계로 연결하는 접속어이므로 과학과 기술이 제휴한다는 (다)의 내용과 상반되는 (나) 또는 (라) 뒤에 오게 된다. 반대로 '즉'은 앞 문장을 다시 한 번 설명하는 접속어이므로 문장의 내용이 서로 일치하는 (나)의 뒤에 오는 것이 바람직하다. 따라서 (나) − (라) − (다)의 순서가 되며, 문맥상 (가)는 가장 마지막에 오는 것이 적절하다.

1회 수리력

▶ 문제 93쪽

01	④	02	②	03	④	04	②	05	⑤
06	②	07	①	08	②	09	⑤	10	④
11	③	12	③	13	④	14	④	15	②
16	③	17	①	18	②	19	④	20	②
21	④	22	⑤	23	④	24	④	25	②
26	②	27	②	28	①	29	②	30	④
31	④	32	③	33	④	34	③	35	④
36	③	37	③	38	④	39	③	40	①

01

| 정답 | ④

| 해설 | $(\sqrt{27}+4\sqrt{3})\times 2\sqrt{2}$
$=(\sqrt{3^3}+4\sqrt{3})\times 2\sqrt{2}$
$=(3\sqrt{3}+4\sqrt{3})\times 2\sqrt{2}$
$=7\sqrt{3}\times 2\sqrt{2}=14\sqrt{6}$

02

| 정답 | ②

| 해설 | $230+280-36=510-36=474$

| 오답풀이 |

① $180+270-25=450-25=425$

③ $830-420+53=410+53=463$

④ $750-510+194=240+194=434$

⑤ $405+210-212=615-212=403$

03

| 정답 | ④

| 해설 | $(5*6) ◎ (3*2) = \{(5×6)-5+6\} ◎ \{(3×2)-3+2\}$
$= 31 ◎ 5 = (31×5)+31+5 = 191$

04

| 정답 | ②

| 해설 | 수영장의 물을 가득 채우는 일을 1이라 하면 두 수도꼭지가 1시간당 하는 일의 양은 각각 $\frac{1}{6}$, $\frac{1}{4}$이다. 두 수도꼭지를 함께 사용하면 1시간당 하는 일은 $\frac{1}{6}+\frac{1}{4}=\frac{5}{12}$이므로 A와 B 수도꼭지를 모두 틀어 수영장 물을 다 채우는 데 걸리는 시간은 $1÷\frac{5}{12}=2.4$(시간)이다.

05

| 정답 | ⑤

| 해설 | 전체 일의 양을 1이라 하면 A는 1시간 동안 $\frac{1}{5}$만큼 일을 하고, B는 1시간 동안 $\frac{1}{7}$만큼 일을 한다.

따라서 두 사람이 함께 구슬을 꿰는 데 걸리는 시간은 $1÷\left(\frac{1}{5}+\frac{1}{7}\right)=1×\frac{35}{12}=\frac{35}{12}$(시간), 즉 2시간 55분이다.

06

| 정답 | ②

| 해설 | 전체 업무의 양을 1이라고 하면 수영이는 하루에 $\frac{1}{6}$만큼, 형식이는 하루에 $\frac{1}{10}$만큼 업무를 하는 것이다. 이 둘이 함께 업무를 진행하는 데 x일이 걸린다고 하면 다음과 같은 식이 성립한다.

$x\left(\frac{1}{6}+\frac{1}{10}\right)=1$

$x=\frac{30}{8}=3.75$(일)

따라서 4일 만에 업무가 끝난다.

07

| 정답 | ①

| 해설 | 직육면체의 부피=가로×세로×높이이므로 세로의 길이를 x cm라고 하면 다음과 같은 식이 성립한다.
$8×x×6=192$
$\therefore x=4$(cm)
따라서 세로의 길이는 4cm이다.

08

| 정답 | ②

| 해설 | 정가는 $2,000+(2,000×0.5)=3,000$(원)이고, 할인 판매가는 $2,000+(2,000×0.3)=2,600$(원)이므로 할인한 금액은 400원이다.

09

| 정답 | ⑤

| 해설 | 어떤 반 학생들의 수를 x명이라고 하면 다음과 같은 식이 성립한다.
$2x+8=3x-15$
$\therefore x=23$(명)
따라서 사탕은 $2×23+8=54$(개)이다.

10

| 정답 | ④

| 해설 | 속력=$\frac{거리}{시간}$이므로, 우선 기차가 36초 동안 이동한 거리를 구한다. 기차의 앞부분이 터널 입구로 들어가서 마지막 칸까지 모두 통과하는 지점까지의 길이이므로 기차가 이동한 거리는 터널의 길이+기차의 길이=800+100=900(m)가 된다.

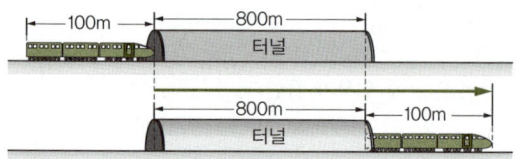

기차가 36초 동안 900m를 이동했으므로 선택지의 단위에 따라 이를 시속으로 변환한다.

∴ 기차의 속력 $= \dfrac{900m}{36s} \times \dfrac{1km}{10^3 m} \times \left(\dfrac{60s}{1min} \times \dfrac{60min}{1h} \right)$

$= \dfrac{900m}{36s} \times \dfrac{1km}{1,000m} \times \dfrac{3,600s}{1h}$

$= 90(km/h)$

11

|정답| ③

|해설| n명 중 직책이 같은 2명을 뽑는 경우의 수는 $\dfrac{n \times (n-1)}{2}$로 구한다. 따라서 5명 중 대표 2명을 뽑는 경우의 수는 $\dfrac{5 \times (5-1)}{2} = \dfrac{5 \times 4}{2} = 10$(가지)이다.

12

|정답| ③

|해설| 해외 파견 주재원의 수는 총 120명이다. 이 중 해외 근무 무경험자와 해외 근무 경험자의 비가 2 : 1이므로 각각 $120 \times \dfrac{2}{3} = 80$(명)과 $120 \times \dfrac{1}{3} = 40$(명)이 된다. 이 40명 중 과장급 이하와 차장급 이상의 비가 2 : 3이므로 과장급 이하 주재원은 $40 \times \dfrac{2}{5} = 16$(명), 차장급 이상 주재원은 $40 \times \dfrac{3}{5} = 24$(명)이 된다.

13

|정답| ④

|해설| 이음매의 수는 테이프의 수보다 1이 적다. 연결한 테이프의 수를 x개라 하면, 풀칠하는 부분 길이의 합은 $3(x-1)$cm가 되므로 전체 길이에 대한 식을 세우면 다음과 같다.

$20x - 3(x-1) = 224$

$20x - 3x + 3 = 224$

$17x = 221$

∴ $x = 13$(개)

14

|정답| ④

|해설| 현재 갑 도시에서 신문을 구독하고 있는 전체 가구 수를 x가구라 하면, A 신문을 구독하는 가구는 $\dfrac{1}{2}x$가구, A 신문이 아닌 타 신문을 구독하는 가구는 $\dfrac{1}{2}x$가구이다. 매년 같은 비율로 구독 상황에 변동이 생긴다고 하였으므로, 이를 적용하면 다음과 같다.

• 1년 뒤의 구독 가구 상황 : A 신문을 구독하는 가구는 $\left(\dfrac{1}{2}x \times \dfrac{80}{100} + \dfrac{1}{2}x \times \dfrac{30}{100} \right)$가구, 타 신문을 구독하는 가구는 $\left(\dfrac{1}{2}x \times \dfrac{70}{100} + \dfrac{1}{2}x \times \dfrac{20}{100} \right)$가구이다. 이를 정리하면 A 신문을 구독하는 가구는 $0.55x$가구, 타 신문을 구독하는 가구는 $0.45x$가구이다.

• 2년 뒤의 구독 가구 상황 : A 신문을 구독하는 가구는 $\left(\dfrac{55}{100}x \times \dfrac{80}{100} + \dfrac{45}{100}x \times \dfrac{30}{100} \right)$가구, 타 신문을 구독하는 가구는 $\left(\dfrac{45}{100}x \times \dfrac{70}{100} + \dfrac{55}{100}x \times \dfrac{20}{100} \right)$가구이다. 이를 정리하면 A 신문을 구독하는 가구는 $0.575x$가구, 타 신문을 구독하는 가구는 $0.425x$가구이다.

따라서 2년 뒤 A 신문을 구독하는 가구는 전체 신문 구독 가구의 57.5%이다.

15

|정답| ②

|해설| 네 번째 정류장에서 하차하고 남은 직원이 3명이므로 오늘 퇴근 버스를 탄 직원을 x명이라 하면 다음과 같은 식이 성립한다.

$$x \times \frac{2}{3} \times \frac{3}{4} \times \frac{1}{2} \times \frac{1}{3} = 3$$

$$\frac{1}{12}x = 3$$

$$\therefore x = 36(명)$$

따라서 퇴근 버스를 탄 직원은 총 36명이다.

16

|정답| ③

|해설| A 등산로의 편도 거리를 $x$km라 하면 '시간=$\frac{거리}{속력}$'이므로 다음의 식이 성립한다.

$$\frac{x}{2} + \frac{x}{4} = 4.5$$

$$\frac{3x}{4} = 4.5$$

$$x = 6(km)$$

따라서 내려올 때 소요된 시간은 $\frac{6}{4} = 1.5(h)$, 즉 1시간 30분이다.

17

|정답| ①

|해설| 세 개의 정원이 정사각형 모양이므로 정원 한 변의 길이는 각각 3m, 4m, 5m이다. 다음 그림과 같이 합쳐진 정원의 둘레는 가로 길이가 12m, 세로 길이가 5m인 직사각형의 둘레의 길이로 구할 수 있다.

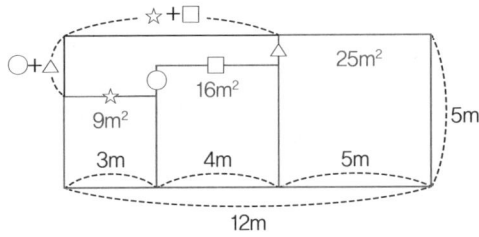

따라서 합쳐진 정원의 둘레는 $(12+5) \times 2 = 34(m)$이다.

18

|정답| ②

|해설| A가 처음에 뽑는 구슬의 색에 따라 A가 이기는 경우를 정리하면 다음과 같다.

• A가 처음에 빨간 구슬을 뽑는 경우 : $\frac{1}{3}$ 확률

• A가 처음에 하얀 구슬을 뽑는 경우
A 하얀색 $\frac{1}{3}$ → B 파란색 $\frac{1}{2}$ → A 빨간색 : $\frac{1}{6}$ 확률

• A가 처음에 파란 구슬을 뽑는 경우
A 파란색 $\frac{1}{3}$ → B 하얀색 $\frac{1}{2}$ → A 빨간색 $\frac{1}{2}$: $\frac{1}{12}$ 확률

따라서 A가 이길 확률은 $\frac{1}{3} + \frac{1}{6} + \frac{1}{12} = \frac{7}{12}$이다.

19

|정답| ④

|해설| A가 뽑은 카드의 숫자가 가장 큰 수가 되는 경우는 다음과 같다.

A	5	5	9	9	9	9	9	9	9	9	9
B	1	1	1	1	1	7	7	7	8	8	8
C	3	4	3	4	6	3	4	5	3	4	6

따라서 경우의 수는 총 11가지이다.

20

|정답| ②

|해설| 정면에서 본 모양이 삼각형, 위에서 본 모양이 원이므로 해당 입체도형은 반지름이 3cm인 원을 밑면으로 하는 원뿔이다.

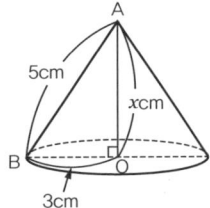

높이를 $x$cm라 하고, 피타고라스의 정리에 따르면
$$5^2 = 3^2 + x^2$$
$$25 = 9 + x^2$$
$$x^2 = 16$$
$$\therefore x = 4(cm)$$

따라서 원뿔의 높이는 4cm이다.

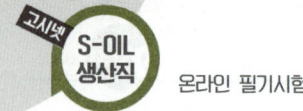

21

|정답| ④

|해설| $3 \bigstar (15 \blacklozenge 4) = 3 \bigstar \{15(15+4)\} = 3 \bigstar 285$
$= 3 \times 285 + \dfrac{285-3}{2} = 855 + 141 = 996$

22

|정답| ⑤

|해설| '거리=속력×시간'이므로 A 지역에서 출발한 독수리와 B 지역에서 출발한 기차가 만나는 데 걸리는 시간을 t시간이라 하면 다음과 같은 식이 성립한다.
$120t + 80t = 540$
$200t = 540$
$t = 2.7$(시간)

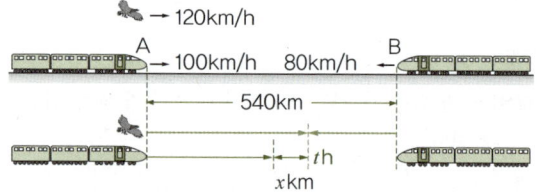

- A 지역에서 출발한 기차가 2.7시간 동안 달린 거리 : $100 \times 2.7 = 270$(km)
- B 지역에서 출발한 기차가 2.7시간 동안 달린 거리 : $80 \times 2.7 = 216$(km)

독수리가 B 지역에서 출발한 기차와 만났을 시점에 두 기차 사이의 거리를 $x$km라 하면 $540 = 270 + 216 + x$이므로 $x = 540 - 486 = 54$(km)이다.

23

|정답| ④

|해설|

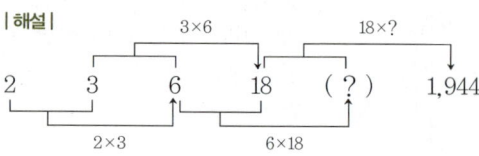

따라서 '?'에 들어갈 숫자는 $6 \times 18 = 108$이다.

24

|정답| ④

|해설|
$2 \xrightarrow{\times 5} 10 \xrightarrow{-3} 7 \xrightarrow{\times 5} 35 \xrightarrow{-3} 32 \xrightarrow{\times 5} 160 \xrightarrow{-3} (\ ?\ )$

따라서 '?'에 들어갈 숫자는 $160 - 3 = 157$이다.

25

|정답| ②

|해설|
$13 \xrightarrow{+2} 15 \xrightarrow{+3} 18 \xrightarrow{+4} 22 \xrightarrow{+5} 27 \xrightarrow{+6} (\ ?\ )$

따라서 '?'에 들어갈 숫자는 $27 + 6 = 33$이다.

26

|정답| ②

|해설|
$12 \xrightarrow{-3} 9 \xrightarrow{+4} 13 \xrightarrow{-3} 10 \xrightarrow{+4} 14 \xrightarrow{-3} 11 \xrightarrow{+4} 15 \xrightarrow{-3} (\ ?\ )$

따라서 '?'에 들어갈 숫자는 $15 - 3 = 12$이다.

27

|정답| ④

|해설| 각 칸의 세 숫자의 합은 다음과 같다.
$10 + 9 + 8 = 27$ / $3 + 7 + 17 = 27$ / $6 + 16 + 5 = 27$
$5 + 13 + ? = 27$

따라서 '?'에 들어갈 숫자는 $27 - 5 - 13 = 9$이다.

28

|정답| ①

|해설| 아랫줄 왼쪽 칸의 숫자는 아랫줄 오른쪽 칸의 숫자에서 윗줄의 숫자를 빼고 2로 나눈 값이다.

- $(36 - 2) \div 2 = 17$
- $(55 - 9) \div 2 = 23$

- (?−13)÷2=39

따라서 '?'에 들어갈 숫자는 39×2+13=91이다.

29

| 정답 | ②

| 해설 | ㉠ 근로자당 평균 노동시간은 $\frac{36,000}{700}$ ≒51.4(시간)이므로 50시간 이상이다.

㉢ 50 ~ 54시간, 55 ~ 60시간을 일하는 근로자의 수가 총 250+150=400(명)이므로 절반 이상의 근로자들이 50시간 이상 일한다고 할 수 있다.

| 오답풀이 |

㉡ 55 ~ 60시간 일하는 근로자의 수가 150명이지만, 58시간 이상 일하는 근로자 수는 알 수 없다.

㉣ 40 ~ 44시간, 45 ~ 49시간을 일하는 근로자의 수가 총 50+250=300(명)이므로 50시간 미만 일하는 근로자의 비율은 전체의 50%를 넘지 않는다.

30

| 정답 | ④

| 해설 | 모든 주택형태에서 도시가스가 가장 많이 소비되고 있다.

| 오답풀이 |

① 단독주택 전체 에너지 소비량의 30%는 7,354×0.3=2,206.2(천 TOE)로 단독주택에서 소비한 전력 에너지량인 2,118천 TOE보다 많다.

② 모든 주택형태에서 소비되는 에너지 유형은 석유, 도시가스, 전력으로 3가지이다.

③ 가구 수는 나와 있지 않으므로 가구당 에너지 소비량은 알 수 없다.

⑤ 제시된 표를 통해서는 알 수 없다.

31

| 정답 | ④

| 해설 | A에서 B로 변동된 수치의 증가율은 '$\frac{B-A}{A} \times 100$'으로 계산할 수 있다. 따라서 신용대출 증가율은 $\frac{768-678}{678} \times 100$ ≒ 13.3(%)가 되어 증가율이 10%가 넘는다.

| 오답풀이 |

① 부채 항목의 2022년 대비 2023년 증가율은 $\frac{7,531-7,099}{7,099} \times 100$ ≒ 6.1(%)이다.

② 금융부채(전체) 항목의 2022년 대비 2023년 증가율은 $\frac{5,447-5,041}{5,041} \times 100$ ≒ 8.1(%)이다.

③ 담보대출 항목의 2022년 대비 2023년 증가율은 $\frac{4,332-4,070}{4,070} \times 100$ ≒ 6.4(%)이다.

⑤ 신용카드 관련 대출 항목의 2022년 대비 2023년 증가율은 $\frac{58-57}{57} \times 100$ ≒ 1.8(%)이다.

32

| 정답 | ③

| 해설 | 연령계층별로 인원수를 알 수 없기 때문에 20 ~ 39세 전체 청년의 자가 거주 비중은 알 수 없다.

| 오답풀이 |

① 20 ~ 24세 청년 중 62.7%가 보증부월세, 15.4%가 순수월세로, 약 78.1%가 월세 형태로 거주하고 있으며 자가 비율은 5.1%이다.

② 20 ~ 24세 청년을 제외한 연령계층은 모두 무상 거주 비율이 순수월세 비율보다 높지만 20 ~ 24세 청년은 순수월세 비율이 15.4%로 무상 거주 비율인 4.9%보다 높다.

④ 연령계층이 높아질수록 자가 거주 비율은 5.1 → 13.6 → 31.9 → 45.0으로 높아지고 있으나 월세 비중은 78.1 → 54.2 → 31.6 → 25.2로 작아지고 있다.

⑤ 25 ~ 29세 청년의 자가 거주 비중은 13.6%로 5.1%인 20 ~ 24세 보다 높다. 25 ~ 29세 청년 중 임차 형태로 거주하는 비중은 24.7+47.7+6.5=78.9(%)이며, 월세로 거주하는 비중은 47.7+6.5=54.2(%)이다.

33

| 정답 | ④

| 해설 | 2013 ~ 2022년까지의 원자력 소비량을 보면 증감을 거듭하고 있다.

36.7 →(+) 37.2 →(−) 30.7 →(+) 32.4 →(−) 31.8 →(+) 31.9 →(+) 33.3 →(−) 31.7 →(−) 29.3 →(+) 33.0

| 오답풀이 |
① 모든 해에서 석유 소비량이 나머지 에너지 소비량의 합보다 적다.
② 석탄 소비량은 2013 ~ 2019년까지는 증가세를 띠고 있으며 2020년에 감소되었다가 다시 2022년까지 증가세를 보이고 있다.
③ 기타 에너지는 2013 ~ 2022년까지 한 해도 감소하지 않고 지속적으로 증가하고 있다.
⑤ 2021년과 2022년을 비교해 보면 LNG 소비량이 감소하였다.

34

| 정답 | ③

| 해설 | 북한은 2023년에 석탄 생산량이 감소하였으며, 남한은 증가와 감소한 해가 모두 섞여 있다.

| 오답풀이 |
① 매년 생산량 차이가 10배가 넘는다.
② 2021년부터 생산량이 지속적으로 감소하고 있다.
④ 북한은 매년 석탄 생산량이 철광석 생산량의 4 ~ 5배 정도이다.
⑤ 북한은 매년 철광석 생산량이 증가와 감소를 반복하고 있다.

35

| 정답 | ④

| 해설 | 20X1 ~ 20X4년 동안 비료와 농약 부분의 영농비 절감액은 1,562+1,924+1,550+356+1,443+272+1,100+53=8,260(억 원)이다.

| 오답풀이 |
① 20X4년에는 총 1,562+1,924+184+145+247=4,062(억 원)의 영농비를 절감했다.
② 20X3년 영농비 총절감액은 1,550+356+176+145+174=2,401(억 원), 20X2년 영농비 총절감액은 1,443+272+125+98+120=2,058(억 원)이므로 20X3년 영농비 총절감액은 전년 대비 2,401−2,058=343(억 원) 증가했다.
③ 20X1년 영농비 총절감액은 1,100+53+38+47+65=1,303(억 원)이므로 20X1 ~ 20X4년 동안의 절감액은 총 1,303+2,058+2,401+4,062=9,824(억 원)이다.
⑤ 필름 항목의 경우 20X3년과 20X4년의 영농비 절감액이 동일하다. 이외의 항목들은 영농비 절감액이 매해 증가한다.

36

| 정답 | ③

| 해설 | 60대와 70대 이상의 저축률은 모두 증가 → 감소 → 감소의 동일한 변화를 보인다.

| 오답풀이 |
① 40대 : 증가 → 증가 → 감소 / 50대 : 감소 → 증가 → 감소
② 40대 : 증가 → 증가 → 감소 / 60대 : 증가 → 감소 → 감소
④ 30대 이하 : 감소 → 증가 → 감소 / 70대 이상 : 증가 → 감소 → 감소
⑤ 50대 : 감소 → 증가 → 감소 / 70대 이상 : 증가 → 감소 → 감소

37

| 정답 | ③

| 해설 | ○○시의 세입 중 가장 큰 비중을 차지하는 것은 지방세로, 20X0년에 31%, 20X1년에 28%, 20X2년에 25%를 차지하였다.

| 오답풀이 |

①, ⑤ 세외수입의 액수는 20X1년에 감소하였다가 20X2년에 증가하였다.

② 전년 대비 세입 증가액은 20X1년이 466,597−381,989=84,608(억 원), 20X2년이 540,435−466,597=73,838(억 원)으로 20X1년이 20X2년보다 많다.

④ 20X1년 지방교부세의 전년 대비 증가액은 70,000−52,000=18,000(억 원)으로 20X1년 국고보조금의 전년 대비 증가액인 109,430−93,514=15,916(억 원)보다 많다.

38

| 정답 | ④

| 해설 | 가정양육과 아이돌봄 서비스를 동시에 받는 혼합형의 보육형태는 20X0년에 13,056명(1.4%)에서 20X1년에 8,485명(0.9%)으로 감소하였다.

39

| 정답 | ③

| 해설 | 중소기업 CEO 400명 중 경공업 분야의 해외경기가 부진하다고 응답한 CEO는 37%이므로 $400 \times \frac{37}{100} = 148$(명)이다.

40

| 정답 | ①

| 해설 | 먼저 농수산물 분야의 해외경기가 부진하다고 응답한 CEO의 수를 구하면 $400 \times \frac{31}{100} = 124$(명)이다. 이 중에서 7%가 중남미 지역이라 응답했으므로 $124 \times \frac{7}{100} ≒ 9$(명)이다.

1회 기초과학

▶ 문제 109쪽

01	③	02	②	03	③	04	④	05	④
06	⑤	07	④	08	③	09	⑤	10	③
11	⑤	12	⑤	13	⑤	14	③	15	②
16	②	17	③	18	⑤	19	④	20	④
21	⑤	22	①	23	⑤	24	⑤	25	③
26	④	27	②	28	③	29	④	30	①
31	②	32	⑤	33	⑤	34	⑤	35	④
36	①	37	④	38	④	39	⑤	40	④

01

| 정답 | ③

| 해설 | 탄화수소는 탄소와 수소로만 이루어진 탄소 화합물을 말한다. 탄화수소에 해당하는 것은 메테인, 프로페인, 뷰테인, 사이클로프로페인, 벤젠, 톨루엔, 자일렌, 나프탈렌으로 총 8개이다.

02

| 정답 | ②

| 해설 | 염화나트륨은 이온 결합 화합물, 다이아몬드는 탄소가 결정 구조를 이룬 것으로서 분자가 아니다.

03

| 정답 | ③

| 해설 | 산소 5몰에는 산소 원자 10몰이 있다. 산소 원자 10몰의 질량은 160g이다. 에탄올 20몰에는 수소 원자 120몰이 있다. 수소 원자 120몰의 질량은 120g이다. 따라서 그 합은 280g이 된다.

04

| 정답 | ④

| 해설 | 몰 농도는 용액 1L에 녹아 있는 용질의 양(몰)을 나타낸다.

05

| 정답 | ④

| 해설 | ㄴ. 일산화탄소 2몰로부터 이산화탄소 2몰, 즉 같은 몰수만큼이 생성되므로 이산화탄소 100몰이 생성되려면 일산화탄소 역시 100몰이 필요하다.
ㄷ. 이산화탄소 2몰이 생성되려면 산소 분자 1몰이 필요하므로 산소 분자 32g이 필요하다.

| 오답풀이 |
ㄱ. 일산화탄소 2몰과 산소 분자 1몰이 반응해야 이산화탄소 2몰이 생성된다.

06

| 정답 | ⑤

| 해설 | 제시된 원소의 양성자수는 17, 질량수는 35이다. 질량수는 '양성자수+중성자수'이므로 중성자수는 18이다. 동위원소는 양성자수가 같고, 중성자수가 다른 원소이므로 동위원소의 중성자수가 20이라면 질량수는 37이다.
따라서 17(A)+18(B)+35(C)+37(D)=107이다.

07

| 정답 | ④

| 해설 | $_8O : 1s^2 2s^2 2p^4$가 적절한 배치이다. 산소의 원자 번호가 8인데, 오비탈에 들어있는 전자수가 9이므로 원자의 바닥상태 전자 배치로 적절하지 않다.

08

| 정답 | ③

| 해설 | • 같은 주기에서 원자 번호 증가 시 원자 반지름은 대체로 (A) 감소한다.
• 같은 족에서 원자 번호 증가 시 원자 반지름은 대체로 (B) 증가한다.

09

| 정답 | ⑤

| 해설 | 분자 구조 모형을 통해 탄소 원자가 2개이며 2중 결합이라는 것을 알 수 있다. 이에 해당하는 탄화수소는 에텐(C_2H_4)이다.

10

| 정답 | ③

| 해설 | $pH = \log \dfrac{1}{[H^+]} = -\log[H^+]$이다. 즉 pH가 2인 용액의 수소이온농도는 0.01이며, pH가 4인 용액의 수소이온농도는 0.0001이다. 따라서 100배에 해당한다.

11

| 정답 | ⑤

| 해설 | O의 산화수는 −2이고, 산화수 총합이 −1이므로, N의 산화수는 +5이다.

| 오답풀이 |
① K의 산화수는 +1이고, O의 산화수는 −2이며, 산화수 총합이 0이므로 N의 산화수는 +5이다.
② H의 산화수는 +1이고, 산화수 총합이 0이므로 N의 산화수는 −3이다.
③ F의 산화수가 −1이고, 산화수 총합이 0이므로 O의 산화수는 +2이다.
④ K의 산화수가 +1이며, O의 산화수는 −2이고, 산화수 총합이 0이므로 Mn의 산화수는 +7이다.

12

| 정답 | ⑤

| 해설 | 가. A 반응식에서 HCl은 H^+을 내놓으므로 산이고, H_2O는 받으므로 염기이다.

나. B 반응식에서 H_2O는 H^+을 내놓으므로 산이고, H^+을 내놓으면 OH^-이 되므로 짝염기는 OH^-이다.

다. 양쪽성 물질은 반응에 따라 산으로 작용하기도 하고, 염기로 작용하기도 하는 물질을 말한다. H_2O는 A에서 염기로, B에서 산으로 작용하므로 양쪽성 물질임을 알 수 있다.

13

| 정답 | ⑤

| 해설 | 완전히 중화되려면 산이 내놓은 H^+과 염기가 내놓은 OH^-의 몰수가 같아야 하며 H^+이 OH^-보다 많다면 이는 산성이다. 반면, OH^-이 H^+보다 많다면 이는 염기성이다.

14

| 정답 | ③

| 해설 | 원유는 다양한 탄소화합물의 혼합물로서, 이를 분별 증류하여 용도에 맞게 혼합물을 분리하게 된다. 그중 나프타는 35 ~ 220°C의 끓는점 범위에서 유출(溜出)되는 탄화수소의 혼합물로서 고온 분해하여 에틸렌, 프로필렌 등을 생산하게 되며 이는 플라스틱의 기초 원료가 된다.

15

| 정답 | ②

| 해설 | ㉠ 두 원자가 전자를 각각 내놓아, 전자쌍을 공유하여 형성되는 결합은 공유 결합이다.

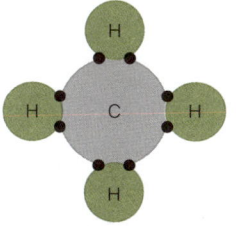

예) 탄화수소의 공유 결합

㉡ 금속 양이온과 비금속 음이온 사이의 정전기적 인력으로 형성되는 결합은 이온 결합이다.

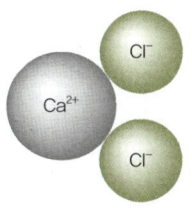

예) 염화칼슘의 이온 결합

㉢ 금속 양이온과 자유 전자 사이의 정전기적 인력으로 형성되는 결합은 금속 결합이다.

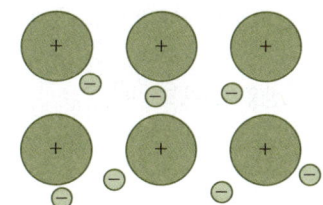

16

| 정답 | ②

| 해설 | (가)는 메테인이고 (나)는 프로페인이다.

b. 사슬형 포화 탄화수소에서 끓는점은 탄소의 수가 많을수록 높으므로 (나)가 더 높다.

c. (가)는 정사면체 구조를 이루며 이때 HCH의 결합각은 109.5°이다.

| 오답풀이 |

a. (가)에서 탄소는 수소 네 개와 결합하고 있으며, (나)에서 수소 원자 3개와 결합한 탄소 원자의 개수는 2개이다.

d. (나)는 입체 구조를 이루고 있다.

e. (가)는 네 쌍의 공유 전자쌍을 가진다.

17

| 정답 | ③

| 해설 | 가역 반응은 반응 조건에 따라 정반응과 역반응이 모두 일어날 수 있는 반응을 말하며, 비가역 반응은 정반응만 일어나거나 역반응이 거의 일어나지 않는 반응을 말한다. ㄱ~ㅁ 중 비가역 반응에 해당하는 것은 ㄱ, ㄴ이다.
ㄱ. 메탄이 연소되어 이산화탄소와 물이 생성되지만, 메탄으로 돌아가지는 않는다.
ㄴ. 산과 염기가 만나 중화되지만, 이전 상태로 돌아가지는 않는다.

18

| 정답 | ⑤

| 해설 | 활성화에너지는 반응을 일으키는 데 필요한 최소한의 에너지이다.

| 오답풀이 |
③ 촉매는 활성화에너지를 작게 만들어 반응속도를 높이는 역할을 한다.
④ 활성화에너지가 크면 반응속도가 느리다.

19

| 정답 | ④

| 해설 | 반응물과 생성물의 원소의 개수가 동일해야 하는데 반응물과 생성물의 수소 원자, 산소 원자의 개수가 맞지 않는다. 따라서 $2BaO_2 + 2H_2O \rightarrow 2Ba(OH)_2 + O_2$가 옳다.

20

| 정답 | ④

| 해설 |

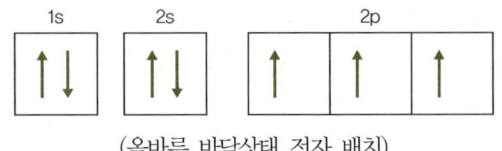

(올바른 바닥상태 전자 배치)

• 훈트 규칙 : 에너지 준위가 같은 오비탈에 전자가 배치될 때 전자는 최대한 같은 스핀을 가지도록 배치된다.

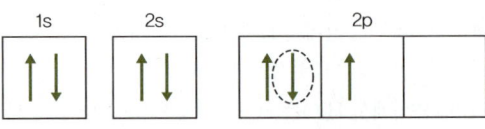

(훈트 규칙에 어긋난 경우)

• 파울리 배타 원리 : 전자는 한 오비탈에 최대 2개까지 들어갈 수 있으며, 한 오비탈에 들어가는 두 전자의 스핀 방향은 반대이다.

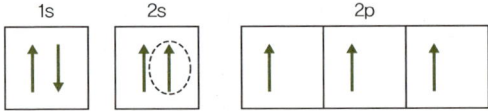

(파울리 배타 원리에 어긋난 경우)

• 쌓음 원리 : 원자에 전자가 채워질 때, 에너지 준위가 낮은 오비탈부터 차례대로 채워진다.

(쌓음 원리에 어긋난 경우)

21

| 정답 | ⑤

| 해설 | 광전자의 최대 운동 에너지는 빛의 세기가 아닌 진동수 그리고 일함수와 관련이 있다.

22

| 정답 | ①

| 해설 | 가. 지상에 대한 A와 B의 운동 방향은 모두 우측 방향, 즉 전철의 운동 방향으로 같다.

| 오답풀이 |
나. 지상에 대한 A의 속력은 전철의 운동 속도(+5m/s)와 A의 운동 속도(+1m/s)를 합성한 값인 6m/s이다. 그리고 지상에 대한 B의 속력은 전철의 운동 속도(+5m/s)와 B의 운동 속도(-2m/s)를 합성한 값인 3m/s이므로 같지 않다.

다. 전철 안에서의 A의 속도는 +1m/s이고, B의 속도는 −2m/s이다. 따라서 A에 대한 B의 속력은 B의 속도를 반대 방향으로 하여 합성한 값인 3m/s이다.

23

|정답| ⑤

|해설| 물질파 파장 $\lambda = \dfrac{h}{mv}$ 이므로, 이 물체의 물질파 파장은 다음과 같다.

$$\lambda = \dfrac{6.6 \times 10^{-34}(\text{J} \cdot \text{s})}{0.1(\text{kg}) \times 52(\text{m/s})} \approx 1.27 \times 10^{-34}(\text{m})$$

24

|정답| ⑤

|해설| 가. 가속도는 속도−시간 그래프의 기울기이다. 따라서 1초일 때 가속도는 1.5m/s^2이다.

나. 0초부터 6초까지 이동한 거리는 그래프 아래의 면적에 해당한다. 따라서 이동한 거리는 $\dfrac{6 \times 6}{2} = 18(\text{m})$이다.

다. 6초 동안 18m를 이동하였으므로 평균 속력은 3m/s이다.

25

|정답| ③

|해설| 갑 : 운동량은 물체의 질량과 속도를 곱한 값이다.
병 : 충격력은 충격량을 시간으로 나눈 값이므로 충격력을 줄이기 위해서는 충돌 시간을 늘려야 한다.

26

|정답| ④

|해설| 속도는 변위를 걸린 시간으로 나눈 값이다. 사례 1과 사례 2에서 변위는 동일하므로 걸린 시간이 같다면 속도의 크기는 같다.

|오답풀이|
① 사례 1에서 김 대리의 이동 거리는 480m이고 변위는 50m이다.
② 사례 1에서와 사례 2에서 변위는 50m로 동일하다.
③ 김 대리의 이동 거리는 사례 1에서는 480m, 사례 2에서는 50m이다.
⑤ 속력은 이동 거리를 걸린 시간으로 나눈 값이다. 따라서 이동 시간이 같았다면 속력은 사례 1이 9.6배 더 크다.

27

|정답| ②

|해설| 을이 수영을 하며 벽을 미는 힘과 벽이 을을 미는 힘에는 작용과 반작용 관계가 성립한다.

|오답풀이|
갑. 작용과 반작용이 아닌 힘의 평형관계의 예이다.
병. 작용과 반작용, 힘의 평형관계 모두 해당하지 않는다.

28

|정답| ③

|해설| 알짜힘의 방향이 y이고 알짜힘의 크기는 $4-2 = 2(\text{N})$이다. 따라서 가속도의 방향은 y이며, 가속도의 크기는 $\dfrac{2}{2} = 1(\text{m/s}^2)$이다.

29

|정답| ④

|해설| • 물체의 (A) 퍼텐셜 에너지와 (B) 운동 에너지의 합을 역학적 에너지라고 한다.
• 질량이 m인 물체가 v의 속력으로 운동할 때 운동 에너지는 (C) $\dfrac{1}{2}mv^2$이고, 이때 단위는 (D) J(줄)이다.
• 힘−이동 거리 그래프에서 아래 부분의 넓이는 (E) 일의 양을 나타낸다.

30

|정답| ①

|해설| 운동량 보존법칙에 따라 다음과 같은 식이 성립한다.
$60(kg) \times 10(m/s) + 70(kg) \times 2(m/s) = 60(kg) \times v(m/s) + 70(kg) \times 8(m/s)$
이때 v 값은 3m/s이다.

31

|정답| ②

|해설| A와 B는 같은 가속도로 운동할 것이며 운동 방향은 반대일 것이다. 그리고 A와 B에는 모두 중력(g)과 장력(T)이 작용한다. 각각의 물체에 작용하는 힘에 대한 식을 세우면 다음과 같다.
- A 물체 : $T - 3g = 3a$
- B 물체 : $T - 8g = -8a$

두 식을 연립하면 $5g = 11a$이다. 따라서 $a = \frac{5}{11} \times 10 = \frac{50}{11}$ (m/s²)다.

32

|정답| ⑤

|해설| 등적 과정에서 기체의 부피가 일정하므로 기체가 외부에 하는 일은 0이다. 기체에 공급된 열은 내부 에너지 증가로 이어지지만 일은 하지 않는다.

33

|정답| ⑤

|해설| 나. 빗면에서의 중력 가속도는 $g\sin\theta$이다. 따라서 A, B, C에서 가속도는 모두 같다.
다. 가속도가 동일하므로 바닥에 도착할 때의 속도는 B > C > A 순으로 크다.

|오답풀이|
가. 가속도가 동일하므로 바닥까지의 거리가 짧을수록 도착이 빠르다. 따라서 A, C, B 순으로 바닥에 도착한다.

34

|정답| ⑤

|해설| • 기차 밖에서 측정하였으므로 그 측정값은 기차와 화살의 속력을 더한 (ㄱ) 250km/h이다.
• 광속 불변 원리에 따라 광속은 (ㄴ) 1c로 일정하다.
따라서 빈칸에 들어갈 숫자의 합은 251이다.

35

|정답| ④

|해설| • 입사면상에 있는 법선(경계면에 수직)과 경계면을 통과한 굴절광선 사이의 각도를 굴절각이라고 하며, 굴절각은 A가 B보다 크다.
• 굴절률이 클수록 굴절각은 작아지므로 굴절률은 B가 더 크다.
• 파동이 굴절할 때 속력과 파장은 변하지만, 파동의 진동수는 변하지 않는다.
• A와 B 모두 굴절각이 입사각보다 작으므로 속력과 파장이 줄어들었을 것이다.
따라서 옳은 것은 병을 제외한 갑, 을, 정, 무이다.

36

|정답| ①

|해설| d. 위치−시간 그래프에서 접선의 기울기는 순간속도인데 1분일 때 접선의 기울기는 2분일 때 접선의 기울기보다 크다. 따라서 열기구의 이동시간이 1분일 때 순간속력은 2분일 때 순간속력보다 크다.

|오답풀이|
a. 열기구의 이동시간이 4분일 때 열기구는 상승하고 있었으며, 10분일 때는 하강하고 있었다. 따라서 운동방향은 다르다.
b. 열기구는 6분에서 7분 사이에 가장 높은 위치에 도달했다.
c. 열기구는 이동시간이 8분일 때 하강하고 있었다.
e. 열기구는 15분 동안 약 40m(상승 20m, 하강 20m) 이동하였다.

37

|정답| ④

|해설| 자유 낙하 운동에서 $v=gt$이다. 이 속도 식을 t에 대해서 적분하면 변위 $h=\frac{1}{2}gt^2$이며, 이를 t에 대해서 정리하면 $t=\sqrt{\frac{2h}{g}}$이다. 각각의 공이 바닥에 도달하는 시간 t를 t_1, t_2로 두고 식을 구하면 다음과 같다.

• 첫 번째 공 : $t_1=\sqrt{\frac{90}{10}}=3$

• 두 번째 공 : $t_2=\sqrt{\frac{10}{10}}=1$

따라서 첫 번째 공을 떨어트리고 2초 후 두 번째 공을 떨어뜨리면 두 개의 공이 동시에 바닥에 닿는다.

38

|정답| ④

|해설| $F=ma$이고, F가 10kg의 추에 작용하는 중력이다. 따라서 수레에 실린 추의 개수를 x로 두고 힘에 대한 식을 세우면 다음과 같다.

$(2x+1+10)\times 4=10\times 10(\text{kg}\cdot\text{m/s}^2)$

따라서 x는 7이다.

39

|정답| ⑤

|해설| 카트를 끄는 힘의 크기는 카트와 쌀을 합한 무게인 7kg에 가속도 1m/s^2을 곱한 7N이고, 카트에 작용하는 알짜힘의 크기는 카트의 무게인 5kg에 가속도 1m/s^2을 곱한 5N이다. 쌀 포대에 작용하는 알짜힘의 크기는 쌀 포대의 무게인 2kg에 가속도 1m/s^2을 곱한 2N이다. 그리고 쌀 포대가 카트를 누르는 힘과 카트가 쌀 포대를 받치는 힘(수직항력)의 크기는 작용-반작용에 의하여 같으므로 그 차이는 0이다. 따라서 빈칸에 들어갈 숫자의 합은 7(A)+5(B)+2(C)+0(D)=14이다.

40

|정답| ④

|해설| 등속 운동을 하고 있으므로 물체에 작용하는 합력은 0이다. 물체에 작용하는 중력의 크기는 일정하며 그 크기는 $mg=5(\text{kg})\times 10(\text{m/s}^2)=50\text{N}$이다. 이때, 힘의 평형이 이루어지기 위해서는 줄을 당기는 힘의 크기 역시 50N이 되어야 한다.

2회 언어력

▶ 문제 126쪽

01	⑤	02	①	03	②	04	④	05	③
06	③	07	③	08	①	09	②	10	②
11	⑤	12	②	13	②	14	④	15	④
16	④	17	④	18	②	19	②	20	④
21	④	22	①	23	④	24	②	25	④
26	②	27	①	28	④	29	⑤	30	①
31	②	32	②	33	②	34	②	35	③
36	③	37	①	38	⑤	39	①	40	③

01

|정답| ⑤

|해설| 밑줄 친 '쥐다'와 ⑤ '쥐다'의 의미는 '제 뜻대로 다루거나 움직일 수 있는 상태에 두다'이다.

|오답풀이|

① '증거 따위를 얻거나 가지다'의 의미로 사용된 '쥐다'이다.

② '어떤 물건을 손바닥에 들게 하거나 손가락 사이에 낀 채로 손가락을 오므려 힘 있게 잡다'의 의미로 사용된 '쥐다'이다.

③ '재물 따위를 벌거나 가지다'의 의미로 사용된 '쥐다'이다.

④ '손가락을 다 오므려 엄지손가락과 다른 네 손가락을 겹쳐지게 하다'의 의미로 사용된 '쥐다'이다.

02

|정답| ①

|해설| '금식(禁食)'은 '치료나 종교 또는 그 밖의 이유로 일정 기간 동안 음식을 먹지 못하게 금해짐'이라는 뜻으로 빈칸에 들어갈 수 없다.

|오답풀이|
글의 흐름상 빈칸에 들어갈 단어는 순서대로 '제한, 특징, 초래, 병행'이다.
- 제한(制限) : 일정한 한도를 정하거나 그 한도를 넘지 못하게 막음. 또는 그렇게 정한 단계
- 특징(特徵) : 다른 것에 비하여 특별히 눈에 뜨이는 점
- 초래(招來) : 어떤 결과를 가져오게 함.
- 병행(竝行) : 둘 이상의 일을 한꺼번에 행함.

03

|정답| ②

|해설| '전개(展開)'는 '내용을 진전시켜 펴 나감'이라는 의미이다.

|오답풀이|
① 전통(傳統) : 어떤 집단이나 공동체에서, 지난 시대에 이미 이루어져 계통을 이루며 전하여 내려오는 사상·관습·행동 등의 양식
③ 점진(漸進) : 조금씩 앞으로 나아감. 점점 발전함.
④ 전부(全部) : 어떤 대상을 이루는 낱낱을 모두 합친 것
⑤ 개별(個別) : 여럿 중에서 하나씩 따로 나뉘어 있는 상태

04

|정답| ④

|해설| '끼우다'는 '벌어진 사이에 무엇을 넣고 죄어서 빠지지 않게 하다'의 의미를 지니고 있으므로 '채우다'의 유의어가 아니다.

|오답풀이|
① 메우다 : 뚫려 있거나 비어 있는 곳을 막거나 채우다.
② 충원하다 : 인원수를 채우다.
③ 충족시키다 : 욕구나 원하는 조건을 충분히 채우게 하다.
⑤ 보완하다 : 모자라거나 부족한 것을 보충하여 완전하게 하다.

05

|정답| ③

|해설| 짐짓 : 마음으로는 그렇지 않으나 일부러 그렇게

|오답풀이|
① 모르쇠 : 아는 것이나 모르는 것이나 다 모른다고 잡아떼는 것
② 지레 : 어떤 일이 일어나기 전 또는 어떤 기회나 때가 무르익기 전에 미리
④ 드레 : 사람 됨됨이로서의 점잖은 무게
⑤ 헤살 : 남의 일을 짓궂게 훼방하는 짓

06

|정답| ③

|해설| '소관(所管)'은 '맡아 관리하거나 관할하는 바 또는 그 범위'를 의미한다.

07

|정답| ③

|해설| '불러일으키다'는 '사건을 일어나게 하다'라는 의미이므로 '일이나 사건 등을 끌어 일으키다'라는 뜻의 '야기(惹起)하다'와 의미가 유사하다

|오답풀이|
① 상기(想起)하다 : 지난 일을 돌이켜 생각하여 내다.
② 봉기(蜂起)하다 : 벌 떼처럼 떼 지어 세차게 일어나다.
④ 분기(奮起)하다 : 분발하여 일어나다.
⑤ 궐기(蹶起)하다 : 벌떡 일어나다. 어떤 목적을 이루기 위하여 마음을 돋우고 기운을 내서 힘차게 일어나다.

08

| 정답 | ①

| 해설 | ㄱ. 선별하다 : 가려서 따로 나누다.
ㄴ. 구별하다 : 성질이나 종류에 따라 갈라놓다.

| 오답풀이 |
ㄷ. 추궁하다 : 잘못한 일에 대하여 엄하게 따져서 밝히다.
ㄹ. 갈음하다 : 다른 것으로 바꾸어 대신하다.
ㅁ. 자중하다 : 말이나 행동, 몸가짐 등을 신중하게 하다. 자기를 소중히 하다.

09

| 정답 | ②

| 해설 | A 시는 사업운영으로 일자리 창출과 함께 산림자원도 증대시키는 결과를 얻었다. 이러한 내용과 가장 관련 있는 사자성어는 일거양득(一擧兩得)으로 '한 가지 일로 두 가지 이득을 얻는다'는 의미를 가진다.

| 오답풀이 |
① 지록위마(指鹿爲馬) : 윗사람을 농락하여 권세를 휘두름을 이르는 말
③ 유비무환(有備無患) : 미리 준비가 되어 있으면 걱정할 것이 없음.
④ 건곤일척(乾坤一擲) : 운명과 흥망·승패를 걸고 단판 승부를 겨루는 것
⑤ 동량지재(棟梁之材) : 기둥과 들보로 쓸 만한 재목이라는 뜻으로, 집안이나 나라를 떠받치는 중대한 일을 맡을 만한 인재를 이르는 말

10

| 정답 | ②

| 해설 | '走馬看山(주마간산)'은 말을 타고 달리며 산천을 구경한다는 뜻으로, 자세히 살펴보지 아니하고 대충대충 보고 지나감을 이르는 말이다. 이는 사물의 속 내용은 모르고 겉만 건드리는 일을 비유적으로 이르는 속담인 '수박 겉 핥기'와 의미가 비슷하다.

| 오답풀이 |
① 아닌 밤중에 홍두깨 : 별안간 엉뚱한 말이나 행동을 함을 비유적으로 이르는 말
③ 귀신이 곡할 노릇이다 : 어떤 일이 하도 묘하고 신통하여서 도무지 이해할 수 없음을 이르는 말
④ 소 잃고 외양간 고친다 : 일이 이미 잘못된 뒤에는 손을 써도 소용이 없음을 비꼬는 말
⑤ 달리는 말에 채찍질 : 기세가 한창 좋을 때 더 힘을 가한다는 말

11

| 정답 | ⑤

| 해설 | '운용'은 '무엇을 움직이게 하거나 부리어 씀'의 의미를 갖는 단어로 적절하게 사용되었으며 문장의 호응관계도 적절하다.

| 오답풀이 |
① 부사 '여간'은 '그 상태가 보통으로 보아 넘길 만한 것'의 의미를 지니는 단어로 '않다'와 같이 부정의 의미를 지니는 단어와 함께 쓰여야 한다.
② 문장의 호응이 맞지 않으므로 '불가피할 것으로 전망된다'로 써야 한다.
③ 김 과장이 관련 부서 담당자와 함께 협력업체 실무자를 방문한 것인지 관련 부서담당자와 협력업체 실무자를 동시에 방문한 것인지 알 수 없는 문장이다.
④ '판매하다'는 상품 따위를 팔 때 쓰는 단어이므로 '신제품의 기능을 홍보하고 제품을 판매할 예정이다'로 써야 한다.

12

| 정답 | ②

| 해설 | '-대'는 직접 경험한 사실이 아닌 남이 말한 내용을 간접적으로 전달할 때 쓰이고, '-데'는 직접 경험한 사실을 나중에 보고하듯이 말할 때 쓰인다. 김 사원이 지난주에 결혼했다는 소식을 남에게 듣고 오 팀장에게 전달하는 상황이므로 '했대요'라고 쓰는 것이 적절하다. 따라서 수정할 필요가 없다.

| 오답풀이 |
① '돼야'는 '되어야'의 준말이다.
③ '바라요'는 마음속으로 기대하다는 뜻의 '바라다'에 종결어미 '-아요'가 붙은 말이며, '바래요'는 볕이나 습기를 받아 색이 변한다는 뜻의 '바래다'에 종결어미 '-어요'가 붙은 말이다. 문맥상 '바라요'로 수정하는 것이 적절하다.
④ '금세'는 지금 바로라는 뜻의 '금시에'가 줄어든 말이다.
⑤ 관형사 '몇'이 명사 '시(時)'를 수식하는 구조로 '몇 시'로 띄어 쓴다.

13

| 정답 | ②

| 해설 | ㉢ '걸맞다'는 '두 편을 견주어 볼 때 서로 어울릴 만큼 비슷하다'는 의미의 형용사이다. 따라서 '걸맞는'이 아닌 '걸맞은'이 되어야 한다.

| 오답풀이 |
㉠ '-던지'는 과거에 한 행동에 대하여 생각하거나 추측할 때 사용하며, '-든지'는 어느 것이든 선택될 수 있음을 나타낼 때 사용하므로 '얼마든지'가 적절하다.
㉡ '대가'는 '일을 하고 그에 대한 값으로 받는 보수'를 의미하므로 적절하다.
㉣ '내로라하다'는 '어디에 내놓아도 손색이 없다'를 의미하므로 적절하다.

14

| 정답 | ④

| 해설 | 밑줄 친 '부정'은 '옳지 아니하다고 반대함'의 의미로 쓰였으며, '否定'으로 표기한다.

| 오답풀이 |
① 不正 : 올바르지 아니하거나 옳지 못함.
② 不定 : 일정하지 않거나 정해지지 않음.
③ 不貞 : 부부가 서로의 정조를 지키지 아니함.
⑤ 不淨 : 깨끗하지 않음.

15

| 정답 | ④

| 해설 | 각 조건에 기호를 붙여 정리하면 다음과 같다.
- p : 나무를 좋아한다.
- q : 새를 좋아한다.
- r : 하늘을 좋아한다.
- s : 꽃을 좋아한다.
- t : 숲을 좋아한다.

이에 따라 제시된 조건과 그 대우를 정리하면 다음과 같다.
- $p \to q(\sim q \to \sim p)$
- $r \to s \cap t (\sim s \cup \sim t \to \sim r)$
- $t \to p(\sim p \to \sim t)$

따라서 '$r \to s \cap t$', '$t \to p$', '$p \to q$' 세 명제의 삼단논법에 따라 '$r \to q$'가 성립한다. 즉, '하늘을 좋아하는 사람은 새를 좋아한다'는 참이다.

| 오답풀이 |
①, ②, ③ 주어진 명제로 알 수 없다.
⑤ 첫 번째 명제의 이($\sim p \to \sim q$)에 해당하므로 반드시 참은 아니다.

16

| 정답 | ④

| 해설 | 모임은 모든 모임원이 도착해야 시작되는데 민아와 천호가 모임원의 전부인지는 언급되지 않았으므로 천호가 도착하면 모임이 시작되는지 알 수 없다.

| 오답풀이 |
① 모임에 참가하는 사람은 민아, 천호를 포함하여 최소 2명이다.
② 민아는 벌금을 내므로 19시까지 약속장소에 도착하지 못했다.
③ 천호는 벌금을 내는 민아보다 늦게 도착하므로 벌금을 내야 한다.
⑤ 민아나 천호는 3시간이 소요되는 모임에 19시 이후에 도착하였으므로 22시가 넘어서야 끝날 것이다.

17

| 정답 | ④

| 해설 | e는 세 번째 입주자이고 b가 바로 그다음인 네 번째로 입주하며, c가 b보다 먼저 입주하므로 c는 첫 번째 또는 두 번째 입주자임을 알 수 있다. a와 d 사이에는 두 명의 입주자가 있으므로 a나 d가 두 번째 또는 다섯 번째 입주자가 되어 'a-e-b-d' 또는 'd-e-b-a' 순서로 입주하게 되는데, d와 e가 연달아 입주하지 않으므로 'c-a-e-b-d' 순서대로 입주하게 된다. 따라서 a는 두 번째 입주자이다.

18

| 정답 | ②

| 해설 | 'p : 하얀 옷을 입는다', 'q : 깔끔하다', 'r : 안경을 쓴다'로 두고 제시된 명제와 그 대우를 정리하면 다음과 같다.

- p → q(~q → ~p)
- q → r(~r → ~q)

'~r → ~q'와 '~q → ~p'의 삼단논법에 의해 '~r → ~q → ~p'가 성립한다. 따라서 결론을 이끌어내기 위해서는 수인이가 안경을 쓰지 않고 깔끔하지 않아야 하므로 ②가 적절하다.

19

| 정답 | ②

| 해설 | 광수가 '함께 점심을 먹은 친구들(두영, 칠선) 외에 한 명을 더해 축구를 했다'고 하였으므로 함께 점심을 먹지 않은 친구들의 일정을 살펴보아야 한다. 점심을 먹지 않은 석훈·용현·정신 중 석훈과 용현은 함께 영화 보기와 커피 마시기를 하였으므로, 커피 마시기만 한 정신이 축구를 한 나머지 멤버가 된다. 따라서 축구를 한 사람은 두영·칠선·광수·정신이 되며, 축구를 하지 않은 석훈, 용현 중 선택지에 있는 용현이 답이 된다.

20

| 정답 | ⑤

| 해설 |
- C : (가)와 (다)가 참이라면 청팀은 적어도 세 종목은 이긴 것이 되므로 (라)는 항상 참이다.
- D : (나)와 (마)가 참이라면 청팀은 박 터뜨리기와 줄다리기를 제외한 나머지 종목에서 이긴 것이 되므로 (가)는 항상 참이다.

| 오답풀이 |
- A : 청팀이 이긴 경기를 알 수 없으므로 (나)가 참일 때 (마)가 항상 참인 것은 아니다.
- B : 청팀이 적어도 세 종목에서 이겼다고 했으므로 네 종목, 다섯 종목에서 이겼을 수도 있다. 따라서 (라)가 참일 때 (마)가 항상 참인 것은 아니다.

21

| 정답 | ④

| 해설 | 이 글은 화이트가 주목한 역사의 이야기식 서술에 관한 내용이며, 세 번째 문단이 전체 내용을 정리하여 포괄하고 있다. 글을 요약하면 이야기식 서술은 역사에 문학적 형식을 부여하여 역사의 흐름을 인위적으로 구분할 뿐만 아니라 의미도 함께 부여한다는 것이다.

22

| 정답 | ①

| 해설 | (A)의 앞 문장을 보면 구멍가게의 주인은 손님을 예외 없이 맞이하고 있다는 내용이, 뒤 문장을 보면 손님은 무엇을 살지 확실히 정하고 들어가야 한다는 내용이 나와 있다. 앞 문장이 뒤 문장의 원인이 되고 있으므로 '따라서' 또는 '그러므로'가 들어가야 한다.

(B)의 앞부분에는 손님을 맞이하는 구멍가게에 대해 설명하고, 뒷부분에는 손님에게 무관심한 편의점에 대해 설명하고 있다. 앞뒤 내용이 상반되므로 '그러나', '그런데', '하지만'이 들어가야 한다.

(C)의 앞 문장을 보면 편의점의 점원은 손님에게 '무관심'한 배려를 건넨다는 내용이, 뒤 문장을 보면 손님은 특별히 살 물건이 없어도 부담 없이 매장을 둘러볼 수 있다는 내용이

나와 있다. 앞 문장이 뒤 문장의 원인이 되고 있으므로 '그래서' 또는 '그러므로'가 들어가야 한다.

(D)의 앞 문단을 보면 손님에 대해 무관심한 배려를 건네는 편의점의 특징에 대해 설명하고 있고, 뒤 문단을 보면 역설적으로 고객의 정보를 상세하게 입수하고 있는 편의점에 대해 설명하고 있다. 앞뒤 내용이 상반되므로 '그런데', '하지만'이 들어가야 한다.

따라서 (A) ~ (D)에 들어갈 접속어로 가장 적절한 것은 ① 이다.

23

|정답| ④

|해설| 첫 번째 문단을 보면 구멍가게는 손님들에게 무관심한 편의점과는 달리 단순히 물건을 사고파는 장소가 아닌 주민들의 교류를 이끄는 허브 역할을 하며, 주인은 손님들을 예외 없이 맞이한다고 나와 있다.

|오답풀이|

① 첫 번째 문단을 보면 '편의점은 인간관계의 번거로움을 꺼려하는 도시인들에게 잘 어울리는 상업 공간'이라고 나와 있다.
② 두 번째 문단을 보면 편의점 천장에 붙어 있는 CCTV는 도난 방지 용도만이 아니며, 그 외에 고객의 연령대와 성별 등을 모니터링하려는 목적도 있다고 하였다.
③ 두 번째 문단을 보면 편의점 본사는 일부 지점에서 입력한 구매자들에 대한 정보와 CCTV로 녹화된 자료를 주기적으로 받아 이를 토대로 영업 전략을 세우는 데 활용한다고 나와 있다.
⑤ 두 번째 문단을 보면 편의점에는 본사의 영업 전략에 활용하기 위해 계산기의 버튼, CCTV 등 소비자의 정보를 입수하기 위한 장치들이 설치되어 있다고 나와 있다.

24

|정답| ②

|해설| 해외에서는 사양방식을 기본으로 하되 필요에 따라 일부 층이나 특정 공간에서 성능방식을 채택할 수 있도록 규정하고 있다고 했을 뿐 건물의 규모에 따라 사양방식과 성능방식을 달리 적용한다는 내용은 언급되어 있지 않다.

|오답풀이|

① 우리나라는 사양방식을 채택하고 있으므로 옳은 내용이다.
③ 해외에서는 사양방식을 기본으로 하되 필요에 따라 일부 층이나 특정 공간에서 성능방식을 채택할 수 있도록 규정하고 있으므로 옳은 내용이다.
④ 피난규정과 방화규정은 엄격히 구분되지 않고 있는데, 이는 피난이 건축물의 화재상황을 염두에 두고 검토되며 대피 관련 규정의 상당부분을 화재상황으로 상정하고 있기 때문이다.
⑤ 건축물에서의 피난 관련 사항은 건축허가 요건을 이루는 중요한 규정이다.

25

|정답| ④

|해설| 먼저, 얼마 전 화제가 된 사건에 대해 제시하는 ⓒ이 맨 처음에 온다. 그 기사에 대해 부연하여 설명하는 ㉣이 이어지고, 이 사건에 대해 필자의 견해를 밝히는 ⓛ이 와야 한다. 마지막으로 '때문이다'라는 말로 결론에 대해 마무리하는 ㉠이 온다. 따라서 ⓒ-㉣-ⓛ-㉠ 순이 적절하다.

26

|정답| ②

|해설| 제시된 글의 전반적인 내용은 인공지능으로 인해 다양한 인간의 노동 활동이 제약을 받고 있으며, 이를 극복하기 위해 인간만이 할 수 있는 역할에 대해 고찰해 봐야 한다는 것이다. 따라서 인공지능의 영역 침범 및 확대에 대한 걱정을 기우라고 판단하는 내용은 문맥상 적절하지 않다.

27

|정답| ①

|해설| 경제 성장에 따라 소득 수준이 향상되고 교육 기회가 확대되면서 지식정보사회에서 문화는 생활 그 자체가 되었다. 또한 정보 통신의 발달이 문화적 욕구와 소비를

가속화시킴으로써 문화와 경제의 공생 시대가 시작되었다는 것이 이 글의 내용이다. 따라서 '문화'와 '경제', '상생'이 모두 포함된 ①이 가장 적절하다.

28
|정답| ④

|해설| 생각과 같은 정신적 요소는 육체적 요소와 달리 인간에게서 떼어낼 수 없으며 인간이라는 존재를 규정한다고 하였다. 즉 생각함이 곧 존재의 증명임을 나타내는 "나는 생각한다. 고로 존재한다."가 적절하다.

29
|정답| ⑤

|해설| (나)에서 설명하는 기계적 이원론은 인간과 자연을 분리하여 인식하고, 객체인 자연은 주체인 인간에게 관찰되고 이용되는 대상으로 인식한다. 따라서 환경보호단체의 입장에서 이를 비판하기 위해서는 인간과 자연은 하나이며, 자연은 인간에게 이용되어야 하는 대상이 아님을 주장하는 것이 가장 적절하다.

|오답풀이|
② 자연은 후손에게 빌려 쓰고 있는 것임을 주장하는 내용은 자연을 인간의 소유와 관리의 대상으로 바라보는 기계적 이원론적 관점과 유사하다.

30
|정답| ①

|해설| 네 번째 항목을 통해 알 수 있는 내용이다.

|오답풀이|
② 내장형 동물등록이 의무인 것이 아니라 주택·준주택에서 기르거나, 반려 목적으로 기르는 월령 2개월 이상의 개에 대한 동물등록이 의무이며, 외장 인식표 사용이 금지된 것도 아니다.
③ P 시 소재 800여 개 동물병원 중 600여 개 동물병원이 참여하고 있으므로, 어디든 가까운 곳으로 가면 되는 것은 아니다.
④ 펫숍에서 반려견을 구매(입양)할 때 판매 업소는 반드시 구매자 명의로 동물등록을 신청한 후 분양해야 하지만, 구매자의 내장 인식표 등록은 권장이지 의무가 아니다.
⑤ P 시 시민이 기르는 반려견이 지원대상이다.

31
|정답| ②

|해설| 마지막 문장에서 그린 잡의 경우 계절과 주기에 따라 인력을 필요로 해 계약직이 많은 편이라고 제시되어 있다. 이는 그린 잡의 경우 정규직이 아닌 계약직이 많기 때문에 고용 상태가 비교적 안정적이지 못하다는 것이므로 고용 상태가 비교적 안정적이라는 것은 그린 잡의 특징으로 적절하지 않다.

32
|정답| ③

|해설| (나)에서 '그는'이라고 시작되므로 인물에 대해 이야기하는 (라)가 (나) 앞에 나와야 한다. (가)에서 자신의 이름을 따서 도시명을 정했다고 말하므로 (나)에 나온 도시건설에 대한 부연설명임을 알 수 있다. 그러므로 (라)-(나)-(가)의 순서대로 문단이 배치된다. 다음으로 (마)에서 '이 도시는'이 나오므로 상트페테르부르크에 대해 말하는 (가) 뒤에 배치된다. (마)에서 이후 발전 상황에 대해 이야기하고 있고 (다)는 이러한 위상이 지금까지 이어진다고 했으므로 (마)-(다)로 배치된다. 따라서 글의 순서는 (라)-(나)-(가)-(마)-(다)가 된다.

33
|정답| ④

|해설| 제시된 글에서는 뇌 속 신경세포와 자폐증과 관련된 CHD8 유전자 돌연변이에 대응하는 유전적 발현이 성별에 따라 차이를 보임에 주목하고 있다.

34

|정답| ②

|해설| 빈칸의 앞에서는 보는 놀이가 주체적이고 능동적인 생각을 촉진하지 않음을 말하고 있고 빈칸 이후에는 책의 문화가 읽는 일과 직결되며, 이는 생각하는 사회를 만드는 지름길이라고 언급한다. 따라서 그 사이에는 읽는 문화가 사라지면 생각 없는 사회가 될 수 있다는 우려를 나타내는 내용이 들어가는 것이 자연스럽다.

35

|정답| ③

|해설|
- 전용면적 : 아파트의 방이나 거실, 주방, 화장실 등을 모두 포함한 면적으로, 개별 세대 현관문 안쪽의 전용 생활공간, 단 발코니 면적은 제외
- 공용면적
  - 주거공용면적 : 세대가 거주를 위하여 공유하는 면적으로 세대가 속한 건물의 공용계단, 공용복도 등의 면적을 더한 것
  - 기타공용면적 : 주거공용면적을 제외한 지하층, 관리사무소, 노인정 등의 면적을 더한 것
- 공급면적 : 전용면적+주거공용면적
- 계약면적 : 공급면적+기타공용면적=(전용면적+주거공용면적)+기타공용면적
- 서비스면적 : 발코니 같은 공간의 면적으로 전용면적과 공용면적에서 제외

|오답풀이|
① '계약면적=공급면적+기타공용면적=(전용면적+주거공용면적)+기타공용면적'인데, 발코니 면적은 서비스면적으로 전용면적과 기타공용면적에서 제외되므로, 계약면적에 포함되지 않는다.
②, ④ '공급면적=전용면적+주거공용면적'인데, 관리사무소 면적은 기타공용면적으로 들어가므로 공급면적에 포함되지 않으며, 공용계단과 공용복도의 면적은 주거공용면적으로 들어가므로 공급면적에 포함된다.
⑤ 개별 세대 내 거실과 주방의 면적은 전용면적에 포함된다. 주거공용면적은 세대가 속한 건물의 공용계단, 공용복도 등의 면적을 더한 것을 말한다.

36

|정답| ③

|해설| 제시된 글은 도시공원의 역할과 중요성에 관해 설명하고 있으며 현재 도시공원의 문제점에 대해 언급하고 있다. 또한 도시공원의 문제점을 개선하여 모두가 동등하게 이용할 수 있게 해야 한다는 점을 강조하고 있다. 따라서 글의 제목으로 가장 적절한 것은 ③이다.

37

|정답| ①

|해설| ㉠은 도시공원은 사람들이 선호하는 도시 시설 가운데 하나이지만 사회적 약자들은 이용하기 어려운 상황을 설명하고 있다. 따라서 '아무리 마음에 들어도 이용할 수 없거나 차지할 수 없는 경우를 이르는 말'인 '그림의 떡'이 ㉡에 들어가기에 가장 적절하다.

38

|정답| ⑤

|해설| 먼저 (다)에서는 예전의 과학자들이 태양 에너지를 무엇이라 생각했는지에 대해 소개한 뒤, 시간이 흐르며 밝혀진 정설에 대해 설명한다. 그리고 (나)에서는 어떤 현상을 거치며 태양의 에너지를 생성하는지에 대해 정설대로 설명한다. 마지막으로 화두에 제시했던 태양이 공급하는 에너지가 어떻게 끊임없이 생산될 수 있는지에 대한 결론을 (가)에서 제시한다.
각각의 글이 담고 있는 내용의 맥락 외에도 각 문단의 처음과 끝을 통해 순서를 유추해 볼 수 있다. (나)의 '시간이 더 지난 후'로 시작되는 문단은 시간이 더 지나기 전에 관한 내용 뒤로 이어지는 것이 자연스럽다. (가)의 마지막 문장은 글의 주제에 대한 답을 제시하고 있기 때문에 가장 마지막에 놓이는 것이 자연스럽다. 따라서 (다)-(나)-(가) 순이 가장 적절하다.

39

|정답| ①

|해설| (다) 문단을 살펴보면 방사능 물질은 핵융합이 아닌 핵분열 과정에서 생겨나는 것임을 알 수 있다. 또한 태양의 스펙트럼에서는 방사능 물질이 아닌 수소와 헬륨이 발견되었다고 하였으므로 핵융합 과정에서는 방사능 물질이 나오지 않음을 추론할 수 있다.

|오답풀이|

② (다) 문단의 '하지만 태양의 스펙트럼을 분석해 본 결과 방사능은 태양의 에너지원이 아니라는 사실을 발견하였다'라는 문장을 통해 광선의 스펙트럼을 분석하면 광선을 발산하는 물체의 구성 성분을 어느 정도 알 수 있음을 추론할 수 있다.

③ (나) 문단의 '즉, 원자들이 자체적으로 가지는 반발력보다 운동 에너지가 더 높아져 비교적 낮은 온도일 때보다 더 가까워짐으로 인해 핵융합이 가능해진다'라는 문장을 통해 원자들이 자체적으로 반발력을 가지고는 있지만 높은 운동 에너지가 반발력을 무력화시킬 수 있음을 추론할 수 있다.

④ (나) 문단의 '이때 수소와 헬륨의 핵융합으로 줄어드는 질량은 질량-에너지보존법칙에 따라 에너지로 바뀐다'라는 문장을 통해 핵융합이 일어나면서 수소와 헬륨의 질량이 줄어든다는 것을 추론할 수 있다.

⑤ (나) 문단의 '태양의 중심부로 갈수록 온도가 점점 더 높아지고 수소와 헬륨의 핵융합이 일어난다'라는 문장을 통해 태양이 수소와 헬륨으로 이루어졌으며 핵융합이 일어나고 있음을 추론할 수 있다.

40

|정답| ③

|해설| 우선 (나)에는 '이에 따라'라는 지시어가 나오므로, (나)는 '자기 자신의 아이덴티티를 형성한다'라는 글이 포함되는 (라) 뒤에 오게 된다. 또한, (라)의 '그 문화적 풍토'는 (마)의 '각각의 형태를 갖고 있다'와 연결되기 때문에 (마)-(라)-(나)가 된다. 그리고 (가)와 (바)는 '가치의 상대성이 발생하는 함정'에 대해 논하고 있는데, (가)는 '그런데'라는 역접 관계의 접속사로 시작하기 때문에 (바) 뒤에 (가)가 올 수 없으므로 (가)-(바)가 되어야 한다. 마지막으로 '따라서'에 이어 결론을 제시하는 (다)가 온다. 그러므로 (마)-(라)-(나)-(가)-(바)-(다) 순이 적절하다.

2회 수리력

▶ 문제 148쪽

01	②	02	②	03	④	04	③	05	③
06	②	07	③	08	⑤	09	④	10	④
11	①	12	③	13	②	14	④	15	④
16	②	17	③	18	②	19	⑤	20	④
21	③	22	④	23	④	24	③	25	③
26	②	27	③	28	①	29	③	30	④
31	②	32	②	33	②	34	④	35	②
36	④	37	①	38	④	39	⑤	40	③

01

|정답| ②

|해설| $2.84 + 7.72 - 6.09 = 10.56 - 6.09 = 4.47$

02

|정답| ②

|해설| $720 \times 0.3 = 216$

03

|정답| ④

|해설| $3☆(6☆4) = 3☆(6 + 4 \times 2) = 3☆14 = 3 \times 14 + 2 = 44$

04

|정답| ③

|해설|
• 10%의 소금물 250g에 녹아 있는 소금의 양
 : $250 \times \dfrac{10}{100} = 25(g)$

• 8%의 소금물 200g에 녹아 있는 소금의 양
 : $200 \times \dfrac{8}{100} = 16(g)$

추가로 넣은 소금의 양을 xg이라 하면 다음과 같은 식이 성립한다.

$\dfrac{25+16+x}{250+200+x} \times 100 = 12$

$\dfrac{41+x}{450+x} \times 100 = 12$

$4,100 + 100x = 5,400 + 12x$

$88x = 1,300$

$x = 14.77\cdots ≒ 15(g)$

05

|정답| ③

|해설|

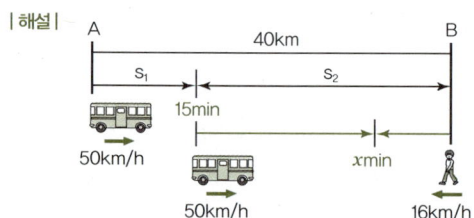

B가 출발하기 전 A가 50km/h로 15분 동안 간 거리(S_1)는 $50(\text{km/h}) \times \dfrac{15}{60}(\text{h}) = 12.5(\text{km})$이다. 따라서 15분 뒤부터 A와 B가 이동한 거리(S_2)는 총 $40-12.5=27.5(\text{km})$이다. 이 거리를 각자의 속력으로 이동하여 서로 만나는 데까지 걸리는 시간을 x분이라고 하면 다음과 같다.

$50(\text{km/h}) \times \dfrac{x}{60}(\text{h}) + 16(\text{km/h}) \times \dfrac{x}{60}(\text{h}) = 27.5(\text{km})$

$(50+16)x = 27.5 \times 60$

$\therefore x = \dfrac{27.5 \times 60}{66} = \dfrac{275}{11} = 25(\text{min})$

따라서 25분이 걸린다.

06

|정답| ②

|해설| 적어도 한 명이 합격하는 확률을 구하기 위해서는 전체 확률 1에서 모두 합격하지 못할 확률을 빼야 한다. 먼저 승아, 재연, 윤수가 합격하지 못할 확률은 각각 $\dfrac{2}{3}$, $\dfrac{3}{4}$, $\dfrac{5}{6}$이고, 전체 확률 1에서 모두 합격하지 못할 확률을 빼야 하므로 다음과 같이 계산한다.

$1 - \left(\dfrac{2}{3} \times \dfrac{3}{4} \times \dfrac{5}{6} \right) = \dfrac{7}{12}$

따라서 적어도 한 명이 신입사원에 합격할 확률은 $\dfrac{7}{12}$이다.

07

|정답| ③

|해설| 양 끝에도 나무를 심을 때의 나무의 수는 '간격의 수 +1'이다. 따라서 $250 \div 5 + 1 = 51$(그루)가 필요하다.

08

|정답| ⑤

|해설| 4명의 수학 점수 평균이 75점이므로 총점은 $75 \times 4 = 300$(점)이다. 여기에 서진이의 점수를 합한 평균이 80점이므로 서진이의 점수를 x라 하면 다음과 같은 식이 성립한다.

$\dfrac{300+x}{5} = 80$

$300 + x = 400$

$\therefore x = 100$(점)

09

|정답| ④

|해설| 닭의 다리는 2개, 소의 다리는 4개이므로 닭의 수를 x, 소의 수를 y라고 하면 다음과 같은 식이 성립한다.

$x + y = 34$ ·············· ㉠

$2x + 4y = 92$ ·············· ㉡

㉠을 ㉡에 대입하면

$2x + 4(34-x) = 92$, $-2x = -44$

$\therefore x = 22$(마리), $y = 12$(마리)

10

| 정답 | ④

| 해설 | 명수가 나아간 거리 : $4.5 \times 5 = 22.5$(km)
준희가 나아간 거리 : $3 \times 5 = 15$(km)
따라서 5시간 후 두 사람 사이의 간격은 $22.5 - 15 = 7.5$(km)이다.

11

| 정답 | ①

| 해설 | 어떤 사람이 시약을 사용하여 A 질병의 양성 반응이 나왔을 때 실제 이 질병에 걸렸을 확률은
$\dfrac{(질병\bigcirc,\ 양성)}{(질병\bigcirc,\ 양성)+(질병\times,\ 양성)}$ 으로 구할 수 있다.

- A 질병을 앓고 있는 사람이 양성 반응이 나올 확률 : $0.1 \times 0.9 = 0.09$
- A 질병을 앓고 있지 않은 사람이 양성 반응이 나올 확률 : $0.9 \times (1-0.9) = 0.09$

따라서 $\dfrac{0.09}{0.09+0.09} = \dfrac{1}{2}$, 즉 50%이다.

12

| 정답 | ③

| 해설 | 가장 많은 제품을 생산한 제2공장의 생산량을 x만 개라고 하면, 제1공장의 생산량은 $(x-6)$만 개, 제3공장의 생산량은 $(x-10)$만 개이다. 전체 생산량은 $x+(x-6)+(x-10)=3x-16=44$(만 개)이므로 $x=20$(만 개)이다. 따라서 가장 적게 생산한 공장인 제3공장의 생산량은 10만 개이다.

13

| 정답 | ④

| 해설 | 조건이 모두 '분'으로 제시되었으므로 1분당 작업량을 계산해 본다. A ~ D의 1분당 작업량은 각각 $\dfrac{1}{3}$, $\dfrac{1}{9}$, $\dfrac{1}{6}$, $\dfrac{1}{12}$이다. 수조 전체 물의 양을 1이라 하고 수조에 물이 가득 찰 때까지 걸리는 시간을 x분이라 할 때, 이미 절반의 물이 채워져 있으므로 더 채워야 할 물의 양은 $\dfrac{1}{2}$이 되며 다음 식이 성립한다.

$\left(\dfrac{1}{3} + \dfrac{1}{9} - \dfrac{1}{6} - \dfrac{1}{12}\right) \times x = \dfrac{1}{2}$

$\left(\dfrac{4}{9} - \dfrac{3}{12}\right) \times x = \dfrac{1}{2}$ ∴ $x = \dfrac{18}{7}$(분)

따라서 수조에 물이 가득 차는 데까지 걸리는 시간은 $\dfrac{18}{7}$분이다.

14

| 정답 | ④

| 해설 | 순서를 생각하지 않고 뽑으므로 조합을 사용하면 된다.

$\dfrac{{}_3C_1 \times {}_5C_1}{{}_8C_2} = \dfrac{3 \times 5}{\dfrac{8 \times 7}{2 \times 1}} = \dfrac{15}{28}$

15

| 정답 | ④

| 해설 | 4월 10일 이후 세 가지 화초에 동시에 물을 주는 날은 6, 8, 9의 최소공배수인 72일이 지난 후이다. 4월은 30일, 5월은 31일까지 있으므로 $20(4월)+31(5월)+x(6월)=72$(일)의 조건을 충족해야 한다. 따라서 $x=21$이므로 세 가지 화초에 동시에 물을 주는 날은 6월 21일이다.

16

| 정답 | ②

| 해설 | 혼동을 막기 위해 +는 □, -는 △로 바꾸어 생각한다.
㉠ $5+7=35$ → $5□7=35$, $5\times 7=35$이므로 □ = ×이다.
㉡ $4-2=6$ → $4△2=6$, $4+2=6$이므로 △ = +이다.
㉢ $4+(3-7)=?$ → $4□(3△7)=?$

□=×, △=+를 대입하면 다음과 같다.
$4 \times (3+7) = 40$ ∴ '?'=40

17

|정답| ③

|해설| 전체 일의 양을 1로 생각하면, 선진이와 수연이의 하루 일의 양은 다음과 같다.

- 선진이가 하루에 하는 일의 양: $\frac{1}{8}$
- 수연이가 하루에 하는 일의 양: $\frac{1}{12}$

따라서 둘이 함께 한다면
$1 \div \left(\frac{1}{8} + \frac{1}{12}\right) = 1 \div \left(\frac{3}{24} + \frac{2}{24}\right) = \frac{24}{5} = 4.8$, 즉 5일이 걸린다.

18

|정답| ②

|해설| A 버스는 30분마다, B 버스는 60분마다, C 버스는 80분마다 출발한다. 따라서 7시에 동시에 출발한 후 처음으로 다시 동시에 출발하는 시간은 30, 60, 80의 최소공배수인 240분(4시간) 후로, 11시이다.

19

|정답| ⑤

|해설| A 비커에 더 넣어야 하는 소금의 양을 xg이라 하면, 농도가 20%가 되는 식은 다음과 같다.

$300 \times \frac{16}{100} + x = (300+x) \times \frac{20}{100}$

$48 + x = 60 + 0.2x$ $0.8x = 12$ ∴ $x = 15(g)$

B 비커에서 증발시켜야 하는 물의 양을 yg이라 하면, 농도가 20%가 되는 식은 다음과 같다.

$500 \times \frac{16}{100} = (500-y) \times \frac{20}{100}$

$80 = 100 - 0.2y$

$0.2y = 20$ ∴ $y = 100(g)$

따라서 A 비커에는 15g의 소금을 더 넣고 B 비커에서 100g의 물을 증발시켜야 한다.

20

|정답| ④

|해설| 세 음료수 모두 맛있다고 투표한 사람의 수를 x명이라 하면,

$n(A \cup B \cup C)$
$= n(A) + n(B) + n(C) - n(A \cap B) - n(A \cap C) - n(B \cap C)$
$\quad + n(A \cap B \cap C)$

$30 - 6 = 15 + 17 + 16 - 11 - 13 - 7 + x$

$24 = 17 + x$

∴ $x = 7$

21

|정답| ③

|해설|

$15 \xrightarrow{+20} 35 \xrightarrow{+28} 63 \xrightarrow{+36} 99 \xrightarrow{+44} 143 \xrightarrow{+52} (\ ?\ )$

$\quad\quad +8\quad\quad +8\quad\quad +8\quad\quad +8$

따라서 '?'에 들어갈 숫자는 $143 + 52 = 195$이다.

보충 플러스+

다음 규칙으로도 풀이될 수 있다.

15	→	35	→	63	→	99	→	143	→	?
↑		↑		↑		↑		↑		↑
3×5		5×7		7×9		9×11		11×13		13×15

22

| 정답 | ④

| 해설 | 삼각형 안의 숫자는 위 꼭짓점 숫자와 왼쪽 꼭짓점 숫자를 곱한 후 오른쪽 꼭짓점 숫자를 더한 값이다.
- $4 \times 8 + 6 = 38$
- $2 \times 9 + 4 = 22$
- $4 \times 4 + 8 = (\ ? \ )$

따라서 '?'에 들어갈 숫자는 $4 \times 4 + 8 = 24$이다.

23

| 정답 | ④

| 해설 | $4 \xrightarrow{\times 3} 12 \xrightarrow{-3} 9 \xrightarrow{\times 3} 27 \xrightarrow{-3} 24 \xrightarrow{\times 3} (\ ? \ )$

따라서 '?'에 들어갈 숫자는 $24 \times 3 = 72$이다.

24

| 정답 | ②

| 해설 | $7 \xrightarrow{+7} 14 \xrightarrow{+6} 20 \xrightarrow{+5} 25 \xrightarrow{+4} 29 \xrightarrow{+3} (\ ? \ )$

따라서 '?'에 들어갈 숫자는 $29 + 3 = 32$이다.

25

| 정답 | ③

| 해설 | $4 \xrightarrow{+2^1} 6 \xrightarrow{+2^2} 10 \xrightarrow{+2^3} 18 \xrightarrow{+2^4} 34 \xrightarrow{+2^5} (\ ? \ )$

따라서 '?'에 들어갈 숫자는 $34 + 2^5 = 66$이다.

26

| 정답 | ②

| 해설 |

$48 \xrightarrow{-1} 47 \xrightarrow{-3} 44 \xrightarrow{-5} 39 \xrightarrow{-7} 32 \xrightarrow{-9} (\ ? \ ) \xrightarrow{-11} 12$

따라서 '?'에 들어갈 숫자는 $32 - 9 = 23$이다.

27

| 정답 | ③

| 해설 | 1. 원뿔의 부피를 구하는 공식은 '$\frac{1}{3} \times 밑넓이 \times 높이$'이므로 밑넓이를 먼저 구한다.

밑넓이 : $\pi r^2 = \pi \times 2^2 = 4\pi \, (\text{cm}^2)$

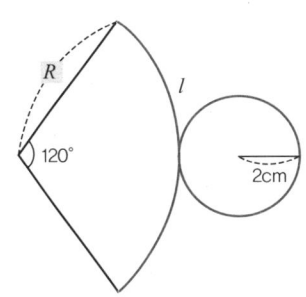

2. 다음으로 원뿔의 높이를 알기 위해서는 모선의 길이(R)를 구해야 한다.
부채꼴의 호의 길이는 밑면인 원의 둘레 길이와 같으므로

$2\pi R \times \dfrac{120}{360} = 4\pi$

$\dfrac{2\pi R}{3} = 4\pi$

$\therefore R = 6 \, (\text{cm})$

3. $(높이)^2 = 6^2 - 2^2 = 32$이므로 높이는 $4\sqrt{2}$ cm이다.

4. 따라서 원뿔의 부피는 $\dfrac{1}{3} \times 4\pi \times 4\sqrt{2} = \dfrac{16\sqrt{2}}{3}\pi$ (cm^3)이다.

28

| 정답 | ①

| 해설 | 잘라낸 부분을 다시 붙였다고 가정하면, 본래의 직육면체와 일부를 잘라낸 입체도형의 겉넓이가 동일하다는 것을 알 수 있다.

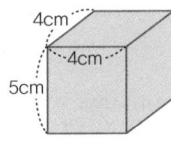

$2\{(4 \times 5) + (4 \times 4) + (4 \times 5)\}$
$= 2(20 + 16 + 20)$
$= 112 \, (\text{cm}^2)$

따라서 겉넓이는 $112 \, \text{cm}^2$이다.

29

| 정답 | ④

| 해설 | 전년 대비 20X9년 보이스피싱 피해신고 건수의 증가율은 $\frac{8,244-5,455}{5,455}\times100≒51.12(\%)$로 50% 이상이다.

| 오답풀이 |

① 보이스피싱 피해신고 건수 및 금액은 20X5년에서 20X6년 사이에 증가하였다가 20X8년까지 감소한 후, 20X9년에 다시 증가하였다.

② 보이스피싱 피해신고 건수 및 금액이 가장 적었던 해는 20X5년으로 동일하나, 피해신고 건수가 가장 많았던 해는 20X6년, 금액이 가장 높았던 해는 20X9년이다.

③ 20X5 ~ 20X9년 보이스피싱 피해신고 금액의 평균은 $\frac{434+877+621+554+1,109}{5}=719$(억 원)이다.

⑤ 20X5년과 20X9년 보이스피싱 피해신고 금액은 각각 434억 원, 1,109억 원으로 약 2.6배 증가하였다.

30

| 정답 | ④

| 해설 | 금요일에 방문한 총인원수(2,500명)에 40대 고객이 차지하는 비율(36%)을 곱하면 2,500×0.36=900(명)이다.

31

| 정답 | ②

| 해설 | 금요일에 방문 비율이 가장 낮은 연령대는 10대로 2,500×0.08=200(명)이고, 토요일에 방문 비율이 세 번째로 낮은 연령대는 30대로 1,500×0.21=315(명)이고, 일요일에 방문 비율이 가장 낮은 연령대는 50세 이상으로 2,000×0.01=20(명)이다. 따라서 이를 모두 합하면 200+315+20=535(명)이다.

32

| 정답 | ②

| 해설 | 2023년의 평균 시급은 2019년의 $\frac{9,100}{6,210}≒1.47$(배)이다.

| 오답풀이 |

① 2021년, 2023년에는 월 평균 소득이 감소하였다.

③ 2021년 주간 평균 근로시간은 22시간이므로 월 평균 근로시간은 22×4=88(시간) 정도이다.

④ 2021년에서 2022년 사이에 월 평균 소득은 증가하지만 평균 시급은 감소한다.

⑤ 평균 시급은 꾸준히 증가하지 않았다. 2021년에는 7,100원이지만 2022년에는 6,900원으로 감소하였다.

33

| 정답 | ②

| 해설 | 평일 여가시간대와 휴일 여가시간대의 비중과 그 차이를 표로 만들면 다음과 같다.

구분	3시간 미만	3~5 시간	5~7 시간	7~9 시간	9시간 이상
평일(%)	41.4	42.1	12.4	3.0	1.2
휴일(%)	9.7	38.2	31.9	12.4	7.8
평일과 휴일의 비중 차이(%p)	31.7	3.9	19.5	9.4	6.6

따라서 평일과 휴일의 비중 차이가 가장 큰 시간대는 '3시간 미만'이고, 평일에 3시간 미만의 여가시간을 가지는 남성의 비중은 45.6%이다.

34

| 정답 | ④

| 해설 | ㉠ 20X3년 입국자 수가 20X2년에 비해 늘어난 곳은 중국과 미국, 캐나다이다. 중국은 20X2년에 비해 14.2% 증가하였고 미국은 13.5%, 캐나다는 7.4% 증가하였기 때문에 가장 많이 늘어난 국가는 중국이다.

㉢ 중국인 입국자 수는 20X2년에 비해 20X3년에 증가했지만 20X4년도 자료가 없기 때문에 확인할 수 없다.

㉣ 매년 입국자 수가 꾸준히 늘어난 국가는 중국, 미국, 캐나다로 총 3곳이다.

| 오답풀이 |

ⓒ 각 해별로 일본과 중국의 입국자 수를 합하면 다음과 같다.
- 20X1년 : 201,489+517,031=718,520(명)
- 20X2년 : 188,420+618,083=806,503(명)
- 20X3년 : 178,735+705,844=884,579(명)

따라서 매년 아시아주의 50% 이상을 차지한다.

35

| 정답 | ②

| 해설 | 20X9년 노년부양인구비가 18.6%, 65세 이상 인구가 100만 명이므로 구하고자 하는 생산 가능 인구를 x명이라 하면

$$\frac{1,000,000}{x} \times 100 = 18.6$$

$100,000,000 = 18.6x$

∴ x ≒ 538(만 명)이다.

36

| 정답 | ④

| 해설 | 중학교 졸업자 수는 1,830×0.28=512.4(만 명), 중학교 입학자 수는 1,730×0.25=432.5(만 명)이다. 따라서 중학교 졸업자 수가 입학자 수보다 많다.

| 오답풀이 |

① 초등학교 학생 수는 6,600×0.4=2,640(만 명)이고, 학급 수는 250×0.4=100(만 개)이다. 따라서 학급당 학생 수는 $\frac{2,640}{100}=26.4$로 약 26명이다.

② 교원 1명당 학생 수는 중학교가 가장 많다.
- 유치원 : $\frac{6,600 \times 0.1}{460 \times 0.1}$ ≒ 14.3
- 초등학교 : $\frac{6,600 \times 0.4}{460 \times 0.4}$ ≒ 14.3

- 중학교 : $\frac{6,600 \times 0.24}{460 \times 0.2}$ ≒ 17.2
- 고등학교 : $\frac{6,600 \times 0.26}{460 \times 0.3}$ ≒ 12.4

③ 〈자료 1〉을 보면 입학자 수와 졸업자 수의 경우 고등학교의 비율이 가장 높다.

⑤ 전체 고등학교 학생 수는 6,600×0.26=1,716(만 명), 고등학교 졸업자 수는 1,830×0.32=585.6(만 명)이다. 따라서 전체 고등학교 학생 중 졸업자의 비율은 $\frac{585.6}{1,716} \times 100$ ≒ 34.1(%)이다.

37

| 정답 | ①

| 해설 | 제시된 자료를 통해 유턴 시도 중 교통사고 사망자 수는 약 5일에 1명, 부상자 수는 하루에 약 35명임을 유추할 수 있다. 그러나 유턴 시도 중 교통사고 발생유형별 사망자 수에 대한 자료는 제시되어 있지 않다.

38

| 정답 | ④

| 해설 | $\frac{74.0-66.0}{66.0} \times 100$ ≒ 12(%)

따라서 2023년 손해보험 자산은 2022년에 비해 약 12% 증가했다.

39

| 정답 | ⑤

| 해설 |
- 2019년 대비 2020년의 법인세 실효세율 증감률 : $\frac{16.80-16.65}{16.65} \times 100$ ≒ 0.9(%)
- 2019년 대비 2020년의 근로소득세 실효세율 증감률 : $\frac{11.14-11.00}{11.00} \times 100$ ≒ 1.27(%)

따라서 법인세보다 근로소득세의 증감률이 높다.

40

|정답| ③

|해설| ㉠ 그래프에 따르면 2017년 이후 국내에 체류하고 있는 전체 외국인 수는 점점 증가하고 있다.

㉢ 2017년 대비 2021년 장기체류자 수는
$\frac{1,583,099 - 1,219,192}{1,219,192} \times 100 ≒ 29.8(\%)$ 증가했다.

따라서 옳은 설명은 2개이다.

|오답풀이|

㉡ 단기체류자 대비 장기체류자 수의 배율은 2018년이 $\frac{1,377,945}{419,673} ≒ 3.3$(배), 2020년이 $\frac{1,530,539}{518,902} ≒ 2.9$(배)로, 2018년에 더 높았다.

㉣ 2020년 장기체류자의 전년 대비 증가량은 $1,530,539 - 1,467,873 = 62,666$(명)이고, 2019년의 전년 대비 증가량은 $1,467,873 - 1,377,945 = 89,928$(명)이다.

2회 기초과학

▶ 문제 165쪽

01	⑤	02	⑤	03	④	04	③	05	①
06	②	07	④	08	③	09	③	10	⑤
11	④	12	④	13	②	14	③	15	⑤
16	②	17	④	18	③	19	④	20	⑤
21	③	22	④	23	④	24	③	25	④
26	⑤	27	③	28	③	29	②	30	⑤
31	③	32	⑤	33	③	34	①	35	④
36	⑤	37	⑤	38	①	39	⑤	40	④

01

|정답| ⑤

|해설| • 1몰의 수소(H_2)에는 2몰의 수소 원자가 있으므로 수소 5몰에는 (A) 10몰의 수소 원자가 있다.

• 물(H_2O)은 수소 원자 둘과 산소 원자 하나로 구성되어 있다. 수소의 원자량은 1, 산소의 원자량은 16이므로 물의 몰 질량은 (B) 18g/mol이다.

• 물(H_2O) 2몰에는 16g/mol인 산소 원자가 2몰이 있으므로 총 (C) 32g이다.

• 아보가드로 수는 6.02×10^{23}개로 이는 1몰에 들어 있는 입자의 수와 같다. 수소 원자 1몰에 들어 있는 수소 원자의 수 역시 이와 같으므로 둘을 나눈 값은 (D) 1이다.

• NH_3 1몰은 N 1몰과 H 3몰로 구성되므로 몰수의 합은 (E) 4이다.

따라서 가장 큰 값은 32, 가장 작은 값은 1이며, 두 값의 합은 33이다.

02

|정답| ⑤

|해설| 질소 1몰과 수소 3몰이 반응하여 암모니아 2몰이 생성되며 이는 부피에도 적용된다. 따라서 암모니아 100L가 생성되려면 질소는 $100 \times \frac{1}{2} = 50(L)$가 필요하다.

03

|정답| ④

|해설| X^{1+}는 X가 전자를 1개 잃은 상태이며, Y^{2-}는 Y가 전자를 2개 얻은 상태이다. 따라서 X와 Y의 바닥상태 전자배치는 X : $1s^2 2s^2 2p^6 3s^1$, Y : $1s^2 2s^2 2p^4$이다.

그리고 이때 홀전자 수는 X는 3s 오비탈 1개, Y는 2p 오비탈에서 2개이므로 홀전자 수를 합하면 3이다.

04

|정답| ③

|해설| • 주기율표에서 같은 족인 경우 원자가 전자의 개수가 같고, 원자가 전자의 개수는 화학적 성질을 결정하기 때문에 같은 족인 경우 화학적 성질이 유사하다.

• 각 원소의 바닥상태 전자배치와 전자가 들어 있는 p 오비탈 수를 정리하면 다음과 같다.

A(Li) : $1s^2 2s^1$ → 0개

B(O) : $1s^2 2s^2 2p^4 \rightarrow 2p_x, 2p_y, 2p_z$ 3개
C(F) : $1s^2 2s^2 2p^5 \rightarrow 2p_x, 2p_y, 2p_z$ 3개
D(Na) : $1s^2 2s^2 2p^6 3s^1 \rightarrow 2p_x, 2p_y, 2p_z$ 3개
E(S) : $1s^2 2s^2 2p^6 3s^2 3p^4 \rightarrow 2p_x, 2p_y, 2p_z, 3p_x, 3p_y, 3p_z$ 6개
F(Cl) : $1s^2 2s^2 2p^6 3s^2 3p^5 \rightarrow 2p_x, 2p_y, 2p_z, 3p_x, 3p_y, 3p_z$ 6개

바닥상태에서 E의 전자가 들어 있는 p 오비탈 수는 6개이고, 마찬가지로 바닥상태에서 F의 전자가 들어 있는 p 오비탈 수는 6개이다.

따라서 질문에 적절하게 답한 사람은 '을', '병', '무'이다.

05

| 정답 | ①

| 해설 | 용해도란 포화용액에서 용매 100g에 용해되는 용질의 g수이다. 따라서 물 500g에 90g이 녹을 때, 물 100g에는 18g이 녹는다. 따라서 설탕의 용해도는 18이다.

06

| 정답 | ②

| 해설 | 브뢴스테드-로우리의 산·염기 개념에서 수소이온을 흡수하면 염기, 방출하면 산이다. 따라서 수소이온을 흡수하는 NH_3는 염기이며, 수소이온을 방출하는 H_2O는 산이다. 그리고 수산화이온 OH^-는 수소이온을 흡수할 수 있으므로 염기이며, NH_4^+는 수소이온을 방출할 수 있으므로 산이다.

07

| 정답 | ④

| 해설 | 나, 다. 수면의 높이가 일정하게 유지되는 것은 동적 평형 상태에 도달하였기 때문이다. 동적 평형 상태에서 물의 증발 속도는 수증기의 응축 속도와 같기 때문에 시간이 지나도 물의 질량은 변하지 않을 것이다.

| 오답풀이 |
가. 물의 증발과 수증기의 응축은 계속 일어나고 있다.

08

| 정답 | ③

| 해설 |

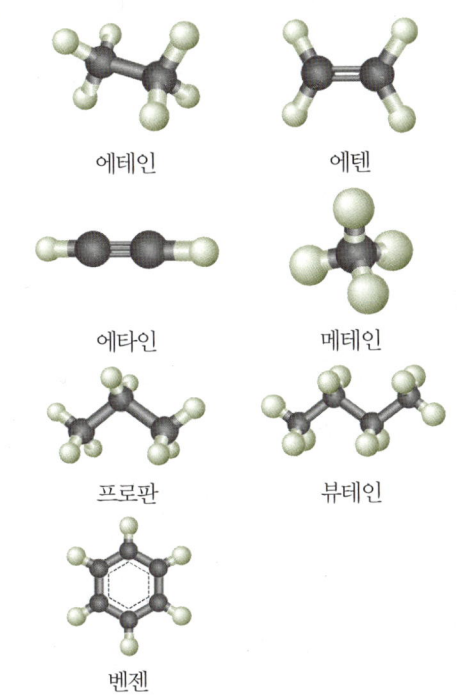

에텐(C_2H_4)는 결합각이 120도인 평면 삼각형 구조, 에타인(C_2H_2)는 결합각이 180도인 직선형 구조, 벤젠(C_6H_6)은 육각형 모양으로 결합되어 있는 탄소원자에 수소원자가 한 개씩 결합되어 있는 평면 정육각형 구조이다.

| 오답풀이 |
• 에테인(C_2H_6)은 단일 결합을 이루고 있는 탄소 원자에 수소 원자가 3개씩 결합되어 있는 입체 구조이다.
• 메테인(CH_4)은 탄소 원자 1개를 중심으로 수소 원자가 정사면체로 결합되어 있는 입체 구조이다.
• 프로판(C_3H_8)은 탄소 원자 3개를 기준으로 수소 원자가 3개, 2개, 3개씩 연결되어 있는 입체 구조이다.
• 뷰테인(C_4H_{10})은 탄소 원자 4개를 기준으로 수소 원자가 3개, 2개, 2개, 3개씩 연결되어 있는 입체 구조이다.

09

|정답| ③

|해설| 탄화수소가 완전 연소되면 이산화탄소와 물이 생성된다.
예를 들어 메탄(CH_4)의 연소식은 다음과 같다.
$CH_4 + 2O_2 \rightarrow CO_2 + 2H_2O$

10

|정답| ⑤

|해설| 표준 상태에서 기체 1몰의 부피는 22.4L이다. 따라서 암모니아 112L는 5몰이다. 5몰의 암모니아에는 질소 5몰이 있으므로 질소는 70g이다.

11

|정답| ④

|해설|
- CH_4 : 비공유 전자쌍이 없다.
- NH_3 : 비공유 전자쌍 1개를 가진다.
- H_2O : 비공유 전자쌍 2개를 가진다.
- CO_2 : 비공유 전자쌍 4개를 가진다.
- CH_3OH : 비공유 전자쌍 2개를 가진다.

12

|정답| ④

|해설| ㉠은 중력, ㉡은 전자기력이다. 전자기력은 두 전하 사이의 거리의 제곱에 반비례한다.

13

|정답| ②

|해설| 힘의 평형의 예로는 등속 직선 운동, 정지 상태 등을 들 수 있다.

14

|정답| ③

|해설| 전자기파의 에너지는 진동수에 비례하고 파장에 반비례한다. 따라서 진동수가 클수록 크다.

15

|정답| ⑤

|해설| 제시된 그림은 벤젠이다. 벤젠은 공명 혼성구조로 안정한 방향족 화합물이나 치환반응이 잘 일어난다.

16

|정답| ②

|해설| 기체의 압력을 P, 부피를 V, 온도를 T라고 할 때, 이상기체에 대하여 $\dfrac{P_1 V_1}{T_1} = \dfrac{P_2 V_2}{T_2}$ 가 성립한다. 문제에서 1기압에서 4기압으로 높아진 이후에도 온도는 일정하다고 하였으므로 $T_1 = T_2$, 1기압에서의 이상기체의 부피 $V_1 = 48(L)$, 압력이 1기압에서 4기압으로 높아졌으므로 $P_2 = 4P_1$이다. 이를 정리하면 $48P_1 = 4P_1 V_2$이므로 $V_2 = 12(L)$이다.

17

|정답| ④

|해설| 몰 생성열은 1몰의 생성물에 주어진 열량이다.
b 식의 경우 SO_2 2몰이 생성되므로 이를 1몰에 맞게 정리하면 다음과 같다.
$SO_2(s) + 0.5O_2(g) \rightarrow SO_3(g) \; \triangle H° = -23.5kcal$
즉 a 식에 따라 S에서 SO_3가 생성되기 위한 몰 생성열은 $-94.5kcal$이고, 위 식에 따라 SO_3에서 SO_2가 생성되기 위한 몰 생성열이 $-(-23.5)kcal$ 즉 $23.5kcal$이다. 따라서 $SO_2(g)$의 몰 생성열은 $-94.5 + 23.5 = -71(kcal)$이다.

18

|정답| ③

|해설| 혼성오비탈은 원자가 결합 이론에서 원자 오비탈의 겹침만으로는 설명하기 어려운 분자의 결합 구조를 설명하기 위하여 제안된 것으로, 원래의 원자 궤도함수들이 혼합되어 형성하는 새로운 궤도함수를 혼성오비탈이라고 한다.

sp^3 혼성오비탈로 설명되는 대표적인 분자가 CH_4이다. 탄소원자의 바닥상태 전자배치는 $1s^2 2s^2 2p_x^1 2p_y^1$이다. 그런데 탄소 원자의 채워진 오비탈의 전자 하나가 비어 있는 오비탈로 올라간다고 가정하면 전자배치는 $1s^2 2s^1 2p_x^1 2p_y^1 2p_z^1$가 되는데, 이때 2s 오비탈 1개와 2p 오비탈 3개가 혼합하여 sp^3 오비탈 4개를 형성한다고 설명한다.

|오답풀이|

①, ② sp 혼성오비탈로 설명된다.

④, ⑤ sp^2 혼성오비탈로 설명된다.

19

|정답| ④

|해설| 가. 무극성 분자인 아이오딘과 섞이는 벤젠, 사염화탄소는 무극성 분자이며, 섞이지 않은 물은 극성 분자이다. 따라서 벤젠과 사염화탄소는 무극성 분자이므로 쌍극자 모멘트가 0이다.

다. 무극성 분자인 사염화탄소는 극성이 없으므로 전기장에서 무질서하게 배열되어 있을 것이다.

|오답풀이|

나. 물은 극성이고, 벤젠은 무극성이므로 잘 섞이지 않는다.

20

|정답| ⑤

|해설| 극성 공유 결합은 전기 음성도가 다른 두 원자 사이의 공유 결합이다. 그리고 무극성 공유 결합은 같은 종류의 두 원자 사이의 공유 결합으로서 결합한 두 원자의 전기 음성도가 같으므로 부분적인 전하가 생기지 않는다. ⑤는 같은 염소 원자가 결합한 분자로 무극성 공유 결합에 해당한다.

21

|정답| ③

|해설| 가속도와 속도의 방향이 같을 때 속도의 크기는 증가한다.

22

|정답| ④

|해설| 평균가속도는 속도의 변화량을 전체 걸린 시간으로 나눈 값이다. d 구간에서 물체는 일정한 속도로 움직이다가 정지한다. 따라서 속도의 변화량은 0이 될 수 없으므로 평균가속도는 0이 아니다.

|오답풀이|

① 기울기가 계속 감소하고 있으므로 순간속력은 계속 감소하고 있다.

② 기울기가 일정하므로 물체는 일정한 속도로 운동하고 있다.

③ 위치가 일정한 속도로 증가하다가 감소하였으므로 운동 방향은 1번 변하였다.

⑤ 위치가 일정하므로 정지한 상태다.

23

|정답| ④

|해설| 0초부터 5초의 평균 속력은 36m/s이고, 5초부터 10초의 평균 속력은 28m/s, 10초에서 15초의 평균 속력은 20m/s이다. 따라서 자동차는 5초마다 8m/s씩 속도가 감소했으므로 가속도는 $-\frac{8}{5} = -1.6(m/s^2)$이다.

24

|정답| ④

|해설| A. 운동량은 질량과 속력의 곱이다. 질량이 m이고 속력이 $2v$이므로 운동량의 크기는 $2mv$이다.

B. 충격량은 운동량의 변화량이다. 축구공의 충돌 전 운동량은 mv이고, 충돌 후 운동량은 $2mv$이다. 따라서 운동 방향이 반대인 점을 감안한다면 충격량은 $3mv$이다.
C. 충격력은 충격량을 시간으로 나눈것과 같다. 따라서 공에 작용한 충격력(평균 힘)의 크기는 $\dfrac{3mv}{t}$이다.

25

|정답| ④

|해설| d의 높이는 a 높이의 절반이므로 위치 에너지 또한 절반이다. 그런데 a의 위치 에너지는 역학적 에너지와 동일하므로, d의 위치 에너지는 역학적 에너지의 절반이다. 따라서 d에서의 운동 에너지는 a에서의 위치 에너지의 절반 즉 역학적 에너지의 절반이 된다.

|오답풀이|
① a에서 역학적 에너지와 위치 에너지가 동일하다.
② 역학적 에너지는 보존되고, b에서의 위치 에너지가 c에서의 위치 에너지보다 크므로 운동 에너지는 반대로 b보다 c에서 더 크다.
③ 역학적 에너지는 보존되므로 모든 점에서 동일하다.
⑤ e의 높이가 a의 높이의 60%이므로, e에서의 위치 에너지가 a에서의 역학적 에너지의 60%이다.

26

|정답| ⑤

|해설| 단열 과정에서 기체와 외부의 열 출입은 없다.

|오답풀이|
①, ③ 단열 과정은 기체와 외부의 열 출입 없이 외부에 일을 하거나 외부로부터 일을 받아 압력과 부피를 변화시키는 과정이다.
② 기체가 외부에 일을 할 때 내부 에너지는 감소한다.
④ 기체가 외부로부터 일을 받을 때 기체의 내부 에너지는 증가한다.

27

|정답| ③

|해설| 열역학 제1법칙에 따르면 $Q = \triangle U + W$이다. 즉 Ⅰ의 내부 에너지 변화와 Ⅰ의 기체가 한 일의 합이 Q이다. 즉 Ⅰ의 내부 에너지 변화와 Ⅰ가 Ⅱ에 한 일의 합이 Q이다. 따라서 Ⅱ의 기체가 Ⅰ 기체로부터 받은 일(= Ⅰ 기체가 Ⅱ 기체에 한 일)은 Q에서 Ⅰ의 내부 에너지 변화를 뺀 값이므로 더 작다.

|오답풀이|
④ $Q = \triangle U + W$인데, 단열이므로 Ⅰ의 기체가 한 일 (W)은 모두 Ⅱ 기체의 내부 에너지의 변화가 된다. 따라서 Ⅰ의 내부 에너지 변화와 Ⅱ의 내부 에너지 변화량의 합은 Q이다.

28

|정답| ③

|해설| 특수상대성이론에 따르면 물체가 빠르게 움직일 때 상대론적 질량은 속력이 커질수록 커진다. 따라서 측정 3, 측정 2, 측정 1의 순서대로 측정한 입자의 질량이 크다. 그리고 질량·에너지 동등성에 따라 질량은 에너지로, 에너지는 질량으로 변할 수 있다. 따라서 에너지 역시 측정 3, 측정 2, 측정 1의 순서대로 크다.

29

|정답| ②

|해설| • $Cr_2O_7^{2-}$: O의 산화수가 -2이고 산화수의 총합이 -2이므로, Cr의 산화수는 (A) $+6$이다.
• H_2SO_4 : H의 산화수가 $+1$, O의 산화수가 -2, 산화수의 총합이 0이므로 S의 산화수는 (B) $+6$이다.
• H_2O_2 : H의 산화수가 $+1$, 산화수의 총합이 0이므로 O의 산화수는 (C) -1이다.

따라서 빈칸에 들어갈 숫자의 합은 11이다.

30

| 정답 | ⑤

| 해설 | 가. 물체에 작용하는 중력은 60×10=600(N), 물체에 작용하는 장력은 아래와 같이 총 3F이다.

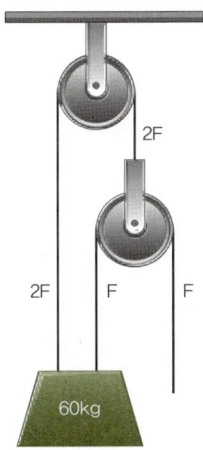

따라서 3F=600N이므로 F는 200N이다.

나. 물체를 3m 올렸을 때 위치 에너지의 변화량은 1,800J이다. 따라서 잡아당긴 줄의 길이는 1,800(J)÷200(N)=9(m)이다.

다. 도르래가 한 일과 줄을 잡아당긴 사람이 한 일은 물체의 위치 에너지의 변화량으로 같다. '나.'에서의 경우를 예로 들 때, 줄을 잡아당긴 사람이 한 일은 200(N)×9(m)=1,800(J)이다. 그리고 도르래가 한 일은 600(N)×3(m)=1,800(J)이므로 동일하다.

31

| 정답 | ③

| 해설 | 제시된 반응식을 통해 흡열반응임을 알 수 있다. 따라서 온도를 높일 경우 흡열반응 쪽으로 반응이 진행되므로 평형이 오른쪽으로 이동한다.

| 오답풀이 |

①, ② 반응식의 좌, 우의 몰수가 2몰로 같으므로 압력의 변화는 평형을 이동시키지 않는다.

④ 온도를 낮출 경우 발열반응 쪽으로 반응이 진행되므로 평형을 오른쪽으로 이동시키지 않는다.

⑤ 부피를 낮출 경우 압력이 증가하며, 제시된 반응에서 압력의 변화는 평형을 이동시키지 않는다.

32

| 정답 | ⑤

| 해설 | 출발 후 5초 시점에서 A와 B가 충돌하였는데 그래프를 보면 충돌 시점에서 A의 위치는 15m이므로 충돌 전 A의 속력은 3m/s이다. 그리고 10m 앞서서 출발한 B는 5초 동안 5m 이동한 것이므로 충돌 전 B의 속력은 1m/s이다. 그래프를 보면 충돌 후 A의 속력은 4초 동안 4m를 이동하였으므로 1m/s이다. 그러므로 운동량 보존 법칙에 따라 충돌 후 B의 속력은 3m/s이다.

33

| 정답 | ③

| 해설 | 원판이 모두 정지해 있으므로(알짜힘이 0이므로) 줄이 원판을 당기는 힘은 두 원판에 작용하는 중력의 합과 같다. 따라서 $10(m/s^2) \times 15(kg) = 150(N)$이다.

34

| 정답 | ①

| 해설 | 작용-반작용에 의해 5kg 원판이 10kg 원판에 작용하는 힘과 10kg 원판이 5kg 원판에 작용하는 힘의 크기는 같다. 따라서 10kg 원판이 5kg 원판에 작용하는 힘은 $10(m/s^2) \times 5(kg) = 50(N)$이다.

35

| 정답 | ②

| 해설 | 자기력선의 간격이 좁을수록 자기장의 세기가 강하다.

36

| 정답 | ⑤

| 해설 | 솔레노이드 내부의 자기장의 세기는 단위 길이 당 코일을 감은 수와 전류에 비례한다. 단위 길이 당 코일을

감은 수의 경우 코일을 감은 수는 동일하고 A의 길이가 B의 3배이므로 A는 B의 $\frac{1}{3}$이다. 그리고 전류의 경우 A가 B의 4배이다. 따라서 A 솔레노이드 내부의 자기장의 세기는 B 솔레노이드 내부의 자기장의 세기의 $\frac{4}{3}$배이다.

37

|정답| ⑤

|해설| 비열은 물질 1g을 온도 1℃ 높이는데 필요한 열량이다. 이에 근거하여 각각의 경우에 필요한 열량을 구할 수 있다.

① 철 50g을 2℃ 올린다. → $0.45 \times 50 \times 2 = 45(J)$
② 구리 10g을 4℃ 올린다. → $0.39 \times 10 \times 4 = 15.6(J)$
③ 아스팔트 100g을 1℃ 올린다. → $0.92 \times 100 \times 1 = 92(J)$
④ 모래 20g을 4℃ 올린다. → $0.84 \times 20 \times 4 = 67.2(J)$
⑤ 물(액체) 5g을 5℃ 올린다. → $4.18 \times 5 \times 5 = 104.5(J)$

따라서 필요한 열량이 가장 큰 것은 ⑤이다.

38

|정답| ①

|해설| • 우선 $F=ma$에서 질량 m은 X와 Y의 무게의 합인 $9+3=12(kg)$이다. 그리고 물체 X와 Y에 작용하는 힘은 9kg의 X에 작용하는 중력이므로 $F=mg$(g는 중력가속도)에 따라서 $F_1=9g$가 된다. 따라서 X와 Y의 위치를 바꾸기 전의 가속도를 a_1이라고 할 때, $9g=12a_1$, $a_1=\frac{3}{4}g$가 된다.

• X와 Y의 위치를 바꾼 이후에는 질량 m은 그대로 12(kg)이며, 물체 X와 Y에 작용하는 힘은 3kg인 Y에 작용하는 중력이므로 $F_2=3g$가 된다. 따라서 X와 Y의 위치를 바꾼 이후의 가속도 a_2에 대해 $3g=12a_2$, $a_2=\frac{1}{4}g$이므로 $a_2=\frac{1}{3}a_1$이다.

• X와 Y는 등가속도 운동을 하므로, X와 Y의 속도 $v=v_0+at$이고, 이동거리 $d=v_0t+\frac{1}{2}at^2$이다. 이때 $v_0=0$이므로 $d=\frac{1}{2}at^2$이고, 이를 a에 대해 정리하면 $a=\frac{2d}{t^2}$, 다시 t에 대해 정리하면 $t=\sqrt{\frac{2d}{a}}$가 된다.

• X와 Y의 위치를 바꾸기 전의 가속도 a_1에 대해 $t_1=5$, $d=1$이므로 $a_1=\frac{2}{25}$, $a_2=\frac{1}{3}\times\frac{2}{25}=\frac{2}{75}$이다. 따라서 X와 Y의 위치를 바꾼 이후의 이동시간 $t_2=\sqrt{\frac{2d}{a_2}}=\sqrt{75}=5\sqrt{3}$이다.

39

|정답| ⑤

|해설| • 횡파 : 매질의 진동 방향과 파동의 진행 방향이 수직인 파동으로, 물결파, 전파, 빛, X선, 지진파의 S파 등이 있다.
• 종파 : 매질의 진동 방향과 파동의 진행 방향이 나란한 파동으로, 음파, 초음파, 지진파의 P파 등이 있다.

40

|정답| ④

|해설| 속도-시간 그래프에서 기울기는 가속도(a)이다. 이를 바탕으로 각 구간에서의 물체에 작용하는 힘 F를 구할 수 있다.

• 마찰이 없는 면 : $a=3(m/s^2)$, $F=9(N)$
• 가 : $a=0(m/s^2)$, $F=0(N)$
• 나 : $a=-2(m/s^2)$, $F=-6(N)$

따라서 (가), (나) 구간에서 작용하는 마찰력의 크기는 각각 9N, 15N이다.

3회 언어력

▶ 문제 182쪽

01	⑤	02	②	03	⑤	04	②	05	④
06	③	07	③	08	③	09	④	10	①
11	③	12	③	13	④	14	④	15	④
16	②	17	④	18	④	19	⑤	20	③
21	①	22	④	23	④	24	④	25	②
26	①	27	⑤	28	②	29	②	30	④
31	③	32	③	33	④	34	⑤	35	③
36	③	37	②	38	③	39	④	40	①

01

| 정답 | ⑤

| 해설 | 제시된 문장과 ⑤의 '오르다'는 '(움직이는 물체가) 위쪽으로 움직이다'의 의미로 사용되었다.
| 오답풀이 |
① (독이나 병균이) 사람의 몸에 옮다.
② (사람이 높은 등수나 단계에) 이르거나 들게 되다.
③ (살이) 몸에 많아지다.
④ (음식이나 식재료가 밥상에) 놓이게 되다.

02

| 정답 | ②

| 해설 | ⓒ의 우공이산(愚公移山)은 우공이 산을 옮긴다는 말로, 남이 보기엔 어리석은 일처럼 보이지만 한 가지 일을 끝까지 밀고 나가면 언젠가는 목적을 달성할 수 있다는 뜻이다.
| 오답풀이 |
㉠ 풍전등화(風前燈火) : 바람 앞의 등불이라는 뜻으로, 존망이 달린 매우 위급한 처지를 비유한 말이다.
㉡ 초미지급(焦眉之急) : 눈썹이 타게 될 만큼 위급한 상태란 뜻으로, 그대로 방치할 수 없는 매우 다급한 일이나 경우를 비유한 말이다.
㉢ 위기일발(危機一髮) : 머리털 하나로 천균(千鈞)이나 되는 물건을 끌어당긴다는 뜻으로, 당장에라도 끊어질 듯한 위험한 순간을 비유해 이르는 말이다.

㉣ 누란지세(累卵之勢) : 포개어 놓은 알의 형세라는 뜻으로, 몹시 위험한 형세를 비유적으로 이르는 말이다.
㉤ 백척간두(百尺竿頭) : 백 자나 되는 높은 장대 위에 올라섰다는 뜻으로, 위태로움이 극도에 달하는 것을 나타낸다.

03

| 정답 | ⑤

| 해설 | ㉤에서 쓰인 '잡다'는 '실마리, 요점, 단점 따위를 찾아내거나 알아내다'의 의미로 쓰였다. 따라서 '정하다'의 뜻으로 '잡다'가 사용된 예문으로 적절하지 않다.

04

| 정답 | ②

| 해설 | • 편재(偏在) : 한 곳에 치우쳐 있음.
• 혼재(混在) : 뒤섞이어 있음.
• 산재(散在) : 여기저기 흩어져 있음.

05

| 정답 | ④

| 해설 | 쾌재 : 일이나 계획 등이 마음먹은 대로 잘되어 만족스럽게 여김. 또는 그럴 때 나는 소리
| 오답풀이 |
① 자기의 감정이나 욕망을 스스로 억제함.
② 어떤 사물이나 범위의 안에 들어 있음. 또는 그런 존재
③ 손아래 누이의 남편을 이르는 말
⑤ 동물의 가죽을 곱게 벗기고 썩지 아니하도록 한 뒤에 솜이나 대팻밥 따위를 넣어 살아 있을 때와 같은 모양으로 만듦.

06

| 정답 | ③

| 해설 | '쓰다'는 다음과 같이 나머지 선택지를 포괄하는 뜻을 지닌다.

① 이용하다 : 대상을 필요에 따라 이롭게 쓰다.
　예문) 그는 못을 박기 위하여 망치를 썼다.
② 부리다 : 사람에게 일정한 돈을 주고 어떤 일을 하도록 하게 하다.
　예문) 그는 공사를 위하여 인부를 썼다.
④ 덮다 : 얼굴이나 머리에 모자 따위를 덮다.
　예문) 그는 야구 모자를 썼다.
⑤ 적다 : 장부나 일기 따위를 작성하다.
　예문) 그는 일기를 썼다.

07

|정답| ③

|해설| '접촉(接觸)'은 '서로 맞닿음'을 의미한다.

|오답풀이|
① 접선(接線) : 어떤 목적을 위하여 비밀리에 만남.
② 접착(接着) : 두 물체의 표면이 접촉하여 떨어지지 아니하게 됨.
④ 접합(接合) : 한데 대어 붙임.
⑤ 접목(接木) : 둘 이상의 다른 현상 등을 알맞게 조화하게 함.

08

|정답| ③

|해설| '편성'은 엮어 모아서 책, 신문, 영화 따위를 만들거나, 예산, 조직, 대오 따위를 짜서 이룬다는 의미로, 숲이나 연못을 이룬다는 의미로 쓰이기엔 적절하지 않다. ㉢에는 무엇을 만들어서 이룬다는 의미인 '조성'이 더 적절하다.

09

|정답| ④

|해설| '암탉이 울면 집안이 망한다'는 속담은 날이 샜다고 울어야 할 수탉이 제구실을 못해 암탉이 울면 집안이 망한다는 뜻으로, 가정에서 아내가 남편을 제쳐 놓고 떠들며 간섭하면 집안일이 잘 안 된다는 말이다. 이 외에 침묵의 가치를 높게 표현하는 속담으로는 '눈은 크게 뜨고 입은 다물어야 한다', '가만히 있으면 중간이라도 간다' 등이 있다.

|오답풀이|
① 내막을 잘 알고 덤비는 상대는 이길 수 없음을 이르는 말이다.
② 어떤 일이든 가장 급하고 필요한 사람이 그 일을 서둘러 하게 되어 있다는 말이다.
③ 천성이 어질고 착한 사람은 주변의 악한 것에 물들지 않음을 비유적으로 이르는 말이다.
⑤ 겉모양은 보잘것없으나 내용은 매우 좋음을 이르는 말이다.

10

|정답| ①

|해설| (가) '안치다'는 '음식을 만들기 위하여 그 재료를 솥이나 냄비 따위에 넣고 불 위에 올리다'라는 뜻을 나타내며, '앉히다'는 '앉다'의 사동사로 쓰이거나, '문서에 줄거리를 따로 적어 놓다', '버릇을 가르치다'라는 뜻으로 쓰인다. 따라서 '안쳐서'가 들어가야 한다.
(나) '깊숙이'는 '위에서 밑바닥까지, 또는 겉에서 속까지의 거리가 멀고 으슥하게'의 뜻을 가지는 단어로 '깊숙이'라고 적어야 한다.
(다) '알은체'는 '사람을 보고 인사하는 표정을 지음'이란 뜻으로 '알은체'라고 적어야 한다.
(라) '체'는 '그럴듯하게 꾸미는 거짓 태도나 모양'이란 뜻을 지닌 의존명사로 '체'라고 써야 한다.

11

|정답| ③

|해설| 새말간→샛말간으로 써야 한다. '말간'의 어두음이 'ㅁ'으로 유성자음이고, 어간의 첫음절 모음이 'ㅏ'로 양성모음이므로 '샛말간'이 적절한 표현이다.

12

|정답| ③

|해설| '눈살을 찌푸리다'가 올바른 표현이며, '눈쌀'은 비표준어이다.

13

| 정답 | ④

| 해설 | '달변'은 '능숙하여 막힘이 없는 말'을 의미하고, '눌변'은 '더듬거리는 서툰 말솜씨'를 의미하므로 두 단어는 반의 관계이다.

| 오답풀이 |
① 능변(能辯) : 말을 능숙하게 잘함. 또는 그 말
② 배변(排便) : 대변을 몸 밖으로 내보냄.
③ 강변(強辯) : 이치에 닿지 아니한 것을 끝까지 굽히지 않고 주장하거나 변명함.
⑤ 재변(才辯) : 재치있는 말솜씨

14

| 정답 | ④

| 해설 | '새옹지마'는 '세상만사는 변화가 많아 어느 것이 화가 되고 어느 것이 복이 될지 예측하기 어려워 재앙도 슬퍼할 게 못 되고 복도 기뻐할 것이 아님'을 이르는 말이다.

| 오답풀이 |
① 남가일몽 : '남쪽 나뭇가지의 꿈이라는 뜻으로, 인생이나 부귀영화의 덧없음'을 이르는 말이다.
② 가담항설 : '거리나 항간에 떠도는 소문'을 이르는 말이다.
③ 곡학아세 : '학문을 굽혀 세상에 아첨한다'라는 뜻으로 자신의 뜻을 굽혀 가면서까지 세상에 아부하여 출세하려는 태도나 행동'을 이르는 말이다.
⑤ 낙화유수 : '떨어지는 꽃과 흐르는 물'이라는 뜻으로 가는 봄의 경치를 이르는 말이다.

15

| 정답 | ④

| 해설 | ㉠은 무지에 호소하는 오류를 범하고 있다. 이와 동일한 오류를 범하고 있는 것은 ④이다.

| 오답풀이 |
① 성급한 일반화의 오류
② 잘못된 유추의 오류
③ 결합(합성)의 오류
⑤ 근시안적 귀납의 오류

16

| 정답 | ②

| 해설 | 4명 중 1명이 노트북을 고장냈으므로 각 경우를 가정해 진실을 말한 사람을 정리하면 다음과 같다.

노트북을 고장낸 사람	진실을 말한 사람
석희	정문, 현수, 재선
정문	석희, 현수
현수	정문
재선	정문, 현수

진실을 말한 사람은 4명 중 한 명뿐이라고 하였으므로 노트북을 고장낸 사람은 현수, 진실을 말한 사람은 정문이 된다.

17

| 정답 | ④

| 해설 | A만 사실을 말하고 있으므로 A는 미국인이다. 나머지는 모두 거짓을 말하고 있으므로 B는 한국인 또는 미국인이 되고, C와 D는 각각 일본인과 한국인이 될 수 없다. 따라서 B는 한국인, C는 영국인, D는 일본인임을 알 수 있다. 이를 표로 정리하면 다음과 같다.

구분	A	B	C	D
한국	×	○	×	×
미국	○	×	×	×
영국	×	×	○	×
일본	×	×	×	○

18

| 정답 | ④

| 해설 | 직원 A ~ D의 진술을 보면, 직원 B와 직원 D 둘 다 본인이 8시에 출근하였다고 진술하고 있다. 하지만 문제에서 네 명의 직원은 모두 각기 다른 시간에 출근했다고 했으므로 이 두 명 중 한 명이 거짓을 말하고 있음을 알 수 있다. 따라서 직원 B와 직원 D가 각각 거짓을 말하는 경우로 나누어 생각해 본다.

ⅰ) 직원 B가 거짓을 말하는 경우 : 직원 D의 진술에 따라

직원 D는 8시, 직원 A는 9시에 출근하게 된다. 직원 C의 진술에 따라 직원 C는 11시, 직원 B는 10시에 출근하게 되는데, 이 경우 직원 A의 진술이 성립되지 않으므로 직원 B는 진실을 말하고 있음을 알 수 있다.

ii) 직원 D가 거짓을 말하는 경우 : 직원 B의 진술에 따라 직원 B는 8시, 직원 C는 9시에 출근하게 된다. 직원 A의 진술에 따라 직원 A는 직원 D보다 늦게 출근해야 하므로 직원 D는 10시, 직원 A는 11시에 출근함을 알 수 있다.

따라서 거짓을 말한 직원은 D이며, 오전 11시에 출근한 직원은 A이다.

19

| 정답 | ⑤

| 해설 | 제시된 명제와 각각의 대우를 정리하면 다음과 같다.

장갑 ○ → 운동화 ×		운동화 ○ → 장갑 ×
양말 ○ → 운동화 ○	대우	운동화 × → 양말 ×
운동화 ○ → 모자 ○	⇔	모자 × → 운동화 ×
장갑 × → 목도리 ×		목도리 ○ → 장갑 ○

(가) 첫 번째 명제에서 장갑을 낀 사람은 운동화를 신지 않고, 두 번째 명제의 대우에서 운동화를 신지 않은 사람은 양말을 신지 않는다고 하였으므로 '장갑을 낀 사람은 양말을 신지 않는다'는 참이다.

(다) 두 번째 명제에서 양말을 신은 사람은 운동화를 신고, 첫 번째 명제의 대우에서 운동화를 신은 사람은 장갑을 끼지 않으며, 네 번째 명제에서 장갑을 끼지 않은 사람은 목도리를 하지 않는다고 하였으므로, '양말을 신은 사람은 목도리를 하지 않는다'는 참이다.

따라서 (가), (다) 모두 항상 옳다.

| 오답풀이 |

(나) 마지막 명제에서 수민이는 목도리를 하고 있고, 네 번째 명제의 대우에서 목도리를 한 사람은 장갑을 끼며, 첫 번째 명제에서 장갑을 낀 사람은 운동화를 신지 않는다고 하였으므로 '수민이는 운동화를 신고 있다'는 거짓이다.

20

| 정답 | ③

| 해설 | D는 반드시 파견되며, D가 파견되면 E도 같이 파견되므로 E 또한 파견된다. 또, A가 파견되면 D는 파견될 수 없고 이것의 대우도 참이므로 D가 파견되면 A는 파견될 수 없다. 따라서 A는 파견되지 않는다. 그리고 E가 파견되면 A 혹은 C가 파견이 되는데, A는 파견되지 않으므로 C가 파견된다. 마지막으로 C가 파견되면 B가 파견될 수 없으므로 B는 파견되지 않는다. 따라서 파견되는 팀원은 C, D, E이다.

21

| 정답 | ①

| 해설 | 괴테의 일화와 마지막 문장의 '일정한 주제의식이나 문제의식을 가지고 독서를 할 때, 보다 창조적이고 주체적인 독서 행위가 성립될 것이다'를 통해 제시된 글이 목적이나 문제의식을 가지고 하는 독서의 효율성에 관한 내용임을 알 수 있다.

22

| 정답 | ②

| 해설 | 제시된 글은 이웃이 전보다 인접해 있으나 가까이 사귀지 못하는 도시의 생활 모습에 대하여 설명하고 있다. 따라서 글의 중심내용이 되는 빈칸에는 이로 인한 도시 생활의 문제점인 '가구의 고립화'가 들어가는 것이 적절하다.

| 오답풀이 |

⑤ 도시가 전통적 이웃 형태에 비해 더 가깝고, 더 많은 이웃을 갖게 되었다고 언급하였을 뿐 전반적인 내용은 가구의 고립화에 초점이 맞추어져 있다.

23

| 정답 | ④

| 해설 | 비서술 정보는 자극의 횟수에 의해 기억 여부가 결정된다는 설명은 제시된 글을 통해 추론할 수 없다.

|오답풀이|
① 서술 정보는 말로 표현할 수 있는 정보를 말하고 비서술 정보는 말로 표현할 수 없는 정보를 말한다.
② 많은 학자들이 서술 정보가 오랫동안 저장되는 곳으로 대뇌피질을 들고 있다.
③ 뇌가 받아들인 기억 정보는 그 유형에 따라 해마, 대뇌피질, 대뇌의 선조체나 소뇌 등 각각 다른 장소에 저장된다.
⑤ 첫 번째 문단에 교통사고로 해마 부위가 손상된 이후 서술 기억 능력이 손상된 사람의 예가 나온다.

24
|정답| ④
|해설| 자유방임형이나 상담형의 리더십이 상황에 따라 더 유효하게 기능하는 경우도 있다고 했을 뿐 글쓴이는 조직의 특성, 환경에 따라 유효한 리더십의 형태가 달라질 수 있다고 주장하므로 ④는 글쓴이의 견해와 어긋난다.

25
|정답| ②
|해설| 철학자들이 내세운 다양한 신 존재 증명이론 중 목적론적 신 존재 증명의 개념에 대해 서술하고 있다. 따라서 '목적론적 신 존재 증명이론의 개념'이 글의 주제로 적절하다.

26
|정답| ①
|해설| 원시공동체에서는 사냥감을 저장할 수 없어 탐할 수 있는 이익이 많이 없었기 때문에 탐욕을 절제하는 생활을 할 수밖에 없었다. 하지만 신석기시대에 이르러 저장 가능한 가축과 곡물의 생산이 시작되고 잉여 생산물이 생겨나면서 약탈로부터 얻는 이익이 커졌고 이에 따라 착취와 전쟁이 본격적으로 시작되었다. 따라서 제시된 글은 식량의 저장과 잉여생산물의 탄생으로 인한 약탈의 본격화로 요약될 수 있다.

27
|정답| ⑤
|해설| 제시된 글은 셰익스피어의 4대 비극 중 하나인 〈맥베스〉의 줄거리를 바탕으로 그 의미를 해석하고 있다. 따라서 브래들리를 인용하여 4대 비극 중 하나인 〈맥베스〉를 소개한 (라)가 가장 먼저 오고, 〈맥베스〉의 처음 줄거리를 설명한 (나)가 다음에 오는 것이 적절하다. (나)는 맥베스가 마녀의 예언을 들었다는 내용이므로, '마녀들의 예언을 들은 후'라는 표현이 나오는 (가)가 다음으로 위치하게 된다. 또한, (가) 마지막 문장의 '결국 맥베스는 아내의 재촉으로 인해 칼을 들게 된다'는 문장과 (다) 첫 문장인 '덩컨 왕의 시해 이후'가 같은 의미이므로, (가) 바로 뒤에 (다)가 와야 한다. 따라서 (라)-(나)-(가)-(다) 순이 적절하다.

28
|정답| ②
|해설| 활의 사거리와 관통력을 결정하는 것은 복원력으로, 복원력은 물리학적 에너지 전환 과정, 즉 위치 에너지가 운동 에너지로 전환되는 힘이라 볼 수 있다.
|오답풀이|
① 고려 시대에 한 가지 재료만으로 활을 제작했는지는 알 수 없다.
③ 활대가 많이 휘면 휠수록 복원력이 커지는 것은 맞지만 그로 인해 가격이 비싸지는 것은 제시된 글을 통해 추론할 수 없다.
④ 다양한 재료의 조합으로 만들어진 각궁이 탄력이 좋아서 시위를 풀었을 때 활이 반대 방향으로 굽는 것이 맞지만 이는 탄력이 좋아서 생긴 현상일 뿐이다.
⑤ 시위를 당길 때 발생하는 것은 위치 에너지이다.

29
|정답| ②
|해설| 자신만의 고착화된 논리나 기준에 매몰되어 다른 의견을 수용하지 못하는 자세를 비유적으로 표현하는 것이 '프로크루스테스의 침대'이다. 이와 가장 부합하는 상황은 ②이다.

30

|정답| ④

|해설| 빈칸의 앞뒤 문장인 '겉으로는 동작이 거의 없는 듯하면서도 그 속에 잠겨 흐르는 미묘한 움직임이 있다는 것이다'와 '가장 간소한 형태로 가장 많은 의미를 담아내고 ~'를 통해, 빈칸에 들어갈 내용은 간결한 동작의 춤인 정중동에 대한 설명이라는 것을 알 수 있다. 따라서 ④가 가장 적절하다.

31

|정답| ③

|해설| 제시된 글에서는 무조건적인 자유가 오히려 타인의 자유를 해치기 때문에 제한되는 경우가 많으나 사람들이 타인의 자유를 해치지만 않는다면 최대한의 자유를 보장해야 한다고 주장하고 있다.

32

|정답| ③

|해설| 제시된 글은 김치의 향신료인 고추의 역사에 대한 내용으로, 먼저 고추가 생각만큼 오랜 역사를 지니지 않았음을 언급하는 (다)가 첫 문장으로 오고, 고추가 어떻게 전래되어 김치에 쓰이게 되었는지를 설명하는 (가)가 그 뒤를 잇는다. 그리고 조선 전기의 향신료에 대해 설명하면서, 19세기에 고추가 향신료로서 우위를 차지하게 되어 다른 향신료들의 대우나 쓰임이 변하게 되었다는 내용의 (마)-(나)-(라)가 순서대로 연결되는 것이 자연스럽다. 따라서 (다)-(가)-(마)-(나)-(라) 순이 적절하다.

33

|정답| ④

|해설| 제시된 글은 평균값이 모든 상황에서 정확한 결론을 제시하지 않는다는 것을 시사하고 있다. 따라서 평균값을 활용하기에 적절한 상황과 적절하지 않은 상황을 구분해야 한다는 내용을 전달하고 있다.

34

|정답| ⑤

|해설| 오프라 윈프리는 출연자의 마음을 이해하는 데 있어 뛰어났으며 상대방을 설득하기 위한 방법으로 이해와 공감을 제시했다. 따라서 ⑤가 적절하다.

35

|정답| ③

|해설| (나)를 제외한 문장들은 '예를 들어', '이', '그럼에도 불구하고', '마찬가지로'로 시작하고 있으므로 (나)를 제일 첫 문장으로 놓고 이어지는 문장들을 살펴본다. (가)는 (나)에서 설명하는 '도박사의 오류'의 예시에 해당하며, (마)의 '마찬가지로' 다음에 이어지는 내용은 (가)의 내용과 유사하므로 (나)-(가)-(마)의 순서가 된다. 또한 (라)의 '그럼에도 불구하고'에서 '그럼'이 가리키는 것이 (가)-(마)의 내용이고, (다)의 '이 오류'에서 '이'가 가리키는 것이 (라)의 내용이다. 따라서 (나)-(가)-(마)-(라)-(다) 순이 적절하다.

36

|정답| ③

|해설| 실업률은 경제활동인구 중 실업자가 차지하는 비중을 의미한다. 그런데 구직단념자는 비경제활동인구에 속하므로 구직단념자가 늘어나도 실업률은 높아지지 않는다.

|오답풀이|

① 노동가능인구는 경제활동인구와 비경제활동인구를 합한 것이며, 경제활동인구는 취업자와 실업자를 합한 것이므로 노동가능인구는 취업자, 실업자, 비경제활동인구를 포함하는 개념이 된다.

② 군인은 15세 이상 인구에 포함되나, 노동가능인구에 포함되지 않아 경제활동인구에도 포함되지 않는다.

④ 실업자와 취업자 간 인구수에 상호 증감이 있어도 이들을 모두 포함하는 경제활동인구 전체의 수는 변화이 없는 것이므로 경제활동참가율은 변하지 않는다.

⑤ 직장 생활을 하던 근로자가 갑작스런 심신장애로 사회생활이 어려워진다는 것은 일할 능력이 없어지는 것이므로 비경제활동인구가 되는 것을 의미한다. 그리고 비경제활동인구도 노동가능인구에는 포함된다고 설명되어 있으므로 노동가능인구의 수에는 변화이 없게 된다.

37

|정답| ②

|해설| A, C, D, E는 모두 '아이들이 읽기에 좋은 책은 어떤 책인가' 혹은 '아이들에게 좋은 책은 어떤 책인가'에 대해서 이야기한다. A는 재미가 있고 독자가 공감할 수 있는 책이 좋은 책이라고 생각하며, 아이들에게는 자신들과 관련이 있는 이야기가 그렇다고 말한다. C는 많은 사람들이 읽는 책, 즉 많이 팔리는 책이 좋은 책이라고 말한다. D는 유명한 사람이 쓴 책이, E는 아이들의 수준에 맞는 책이 좋은 책이라고 말한다. 반면, B는 재미가 없더라도 좋은 책을 읽는 것이 중요하다며 주제와 다른 이야기를 하고 있다.

38

|정답| ③

|해설| 스마트 팩토리는 생산설비에 지능을 부여해 공정별 자동화 과정에 유기성을 확보하고, 공정별 문제를 실시간으로 발견하는 등 지능화된 장비들이 서로 연결되어 거시적인 생산 공정 환경으로 변화하게 된다고 나와 있다. 따라서 제시된 글에서 강조한 스마트 팩토리의 특징으로 가장 적절한 것은 '공정별 설비의 연결성 확보'이다.

39

|정답| ④

|해설| 〈보기〉에서는 마찰 항력과 압력 항력의 개념에 대해 간략하게 설명하고 있다. 두 항력에 대한 설명은 둘을 아우르는 개념인 '항력'에 대한 내용이 언급된 후 제시되고, 그 뒤에는 두 항력에 대한 구체적 설명이 나오는 것이 자연스럽다. 따라서 〈보기〉가 들어가기에 적합한 곳은 전체 항력의 개념에 대한 설명이 언급된 세 번째 문단과 마찰·압력 항력의 구체적 개념 설명이 제시된 네 번째 문단의 사이인 ㉣이다.

40

|정답| ①

|해설| 땀이 난 손과 병뚜껑 사이의 마찰력은 마른 손일 때보다 마찰력이 작다. 땀이 마찰력을 작게 하기 때문에 마른 손으로 병뚜껑을 열 때보다 더 힘들어진다.

|오답풀이|
② 얼음은 마찰력이 작아서 미끄러지기 쉽고 울퉁불퉁한 흙은 마찰력이 커서 신발을 신고 걷거나 뛰는 데 불편함이 없다.
③ 유리는 도화지보다 마찰력이 작아서 그림을 그릴 때 도화지보다 그리기 쉽지 않다.
④ 운동화 바닥을 울퉁불퉁하게 하면 지면과의 마찰력이 높아져 잘 미끄러지지 않는다.
⑤ 자기부상열차는 열차의 바닥과 레일이 직접 맞닿지 않고 떠 있으므로 마찰력이 거의 없어 빠른 속도로 달릴 수 있다.

3회 수리력

01	④	02	④	03	③	04	⑤	05	③
06	①	07	⑤	08	⑤	09	②	10	②
11	②	12	①	13	④	14	②	15	②
16	④	17	③	18	③	19	②	20	②
21	⑤	22	②	23	②	24	②	25	①
26	①	27	③	28	②	29	②	30	④
31	⑤	32	⑤	33	③	34	⑤	35	④
36	④	37	⑤	38	②	39	②	40	①

01

|정답| ④

|해설| $7.6 + 2.4 \times \dfrac{3}{10} = 7.6 + 0.72 = 8.32$

02

|정답| ④

|해설| $A = \left(\dfrac{189}{21} + 2.8 \right) \times 10$

$= (9+2.8) \times 10 = 11.8 \times 10 = 118$

$B = (11^2 + 18) - 4^2$
$= (121 + 18) - 16 = 139 - 16 = 123$

$C = (15 - 32 + 1)^2 \div 2$
$= (-16)^2 \div 2 = 256 \div 2 = 128$

따라서 C>B>A이다.

03

| 정답 | ③

| 해설 | 설탕물을 섞기 전 A에 들어 있는 설탕의 양은 16g, B에 들어 있는 설탕의 양은 26g이다. A에서 덜어 낸 25g의 설탕물에 들어 있는 설탕의 양은 $25 \times 0.16 = 4(g)$이므로 이를 B에 넣으면 $\frac{26+4}{100+25} \times 100 = 24(\%)$의 설탕물이 만들어진다. 새로 만들어진 B에서 덜어 낸 25g의 설탕물에 들어 있는 설탕의 양은 $25 \times 0.24 = 6(g)$이므로 이를 A에 넣으면 $\frac{16-4+6}{100-25+25} \times 100 = 18(\%)$의 설탕물이 만들어진다.

04

| 정답 | ⑤

| 해설 | 책 전체 페이지 수를 x장이라 하면 다음과 같은 식이 성립한다.

$\left(x \times \frac{1}{3}\right) + \left(x \times \frac{1}{4}\right) + 100 + 200 = x$

$\frac{7}{12}x + 300 = x \qquad 7x + 3,600 = 12x$

$\therefore x = 720(장)$

05

| 정답 | ③

| 해설 | $(8 \diamond 7) \bigstar 3 = (2 \times 8 + 7) \bigstar 3 = 23 \bigstar 3$
$= 23 \times 3 - 23 = 69 - 23 = 46$

06

| 정답 | ①

| 해설 | 직사각형의 세로 길이를 xm라고 한다면 가로 길이는 $2x$m이므로 다음과 같은 식이 성립한다.
$(2 \times x) + (2 \times 2x) = 3$
$2x + 4x = 3$
$\therefore x = 0.5(m)$
즉 세로 길이는 0.5m, 가로 길이는 1m이므로 이 직사각형의 넓이는 $0.5 \times 1 = 0.5(m^2)$이다.

07

| 정답 | ⑤

| 해설 | x년 후 어머니의 나이가 진우와 형진이의 나이를 합한 것의 두 배가 된다고 하면 다음과 같은 식이 성립한다.
$48 + x = 2\{(8+x) + (13+x)\}$
$48 + x = 42 + 4x \qquad \therefore x = 2$
따라서 2년 후이다.

08

| 정답 | ③

| 해설 |
• 처음 판매가 : $100,000 + (100,000 \times 0.3)$
$= 130,000(원)$
• 할인가 : $130,000 - (130,000 \times 0.15) = 110,500(원)$

09

| 정답 | ②

| 해설 | 갑과 을이 서로 인접한 자리에 앉을 확률은
$\frac{갑, 을이 인접한 자리에 앉는 경우의 수}{5명이 한 줄로 앉는 경우의 수}$

이므로, $\frac{{}_4P_4 \times 2}{{}_5P_5} = \frac{(4 \times 3 \times 2 \times 1) \times 2}{5 \times 4 \times 3 \times 2 \times 1} = \frac{2}{5}$ 이다.

10

|정답| ②

|해설| 유람선이 36km를 내려가는 데 2시간이 걸렸으므로 18km를 내려가는 데에는 1시간이 걸린다. 그러므로 유람선의 속력은 강물의 속력을 뺀 18-3=15(km/h)가 된다. 그러나 유람선이 강을 거슬러 올라갈 때는 강의 흐름에 영향을 받게 되므로 올라갈 때의 유람선 속력은 15-3=12(km/h)가 된다. 따라서 유람선이 18km를 올라가는 데 소요되는 시간은 $\frac{18}{12}$=1.5(시간), 즉 1시간 30분이다.

11

|정답| ②

|해설| 늘어난 길이를 x라 하면 가로는 $(10+x)$cm가 되고 세로는 $(14+x)$cm가 된다. 이를 바탕으로 다음과 같은 식이 성립한다.

$(10+x) \times (14+x) = 10 \times 14 \times 1.8$

$x^2 + 24x + 140 = 252$

$x^2 + 24x - 112 = 0$

$(x-4) \times (x+28) = 0$

∴ $x=4$ or $x=-28$

늘어난 길이는 양수이므로 x는 4cm이다.
따라서 새로운 직사각형의 가로 길이는 10+4=14(cm)이다.

12

|정답| ①

|해설| A가 가진 짐의 개수를 x개, B가 가진 짐의 개수를 y개로 놓고 식을 세운다.

$\begin{cases} 3(x-1) = y+1 & \cdots\cdots \text{㉠} \\ x+1 = y-1 & \cdots\cdots \text{㉡} \end{cases}$

㉡을 정리하여 ㉠에 대입하면

$3(y-3) = y+1$

$3y-9 = y+1$ $2y=10$

∴ $y=5$(개), $x=3$(개)

따라서 A와 B가 가지고 있는 짐은 총 8개이다.

13

|정답| ④

|해설| x개월 후에 A가 모은 금액은 $(200+20x)$만 원이고 B가 모은 금액은 $(100+50x)$만 원이다. B가 모은 돈이 A가 모은 돈의 두 배가 넘는 시기를 구해야 하므로 식은 다음과 같다.

$2(200+20x) < 100+50x$

$10x > 300$ ∴ $x > 30$

따라서 지금부터 31개월 후부터 B가 모은 돈이 A가 모은 돈의 두 배가 넘는다.

14

|정답| ②

|해설| 3과목 모두 싫어하는 학생의 수를 x명으로 두고 제시된 조건을 토대로 벤다이어그램을 그리면 다음과 같다.

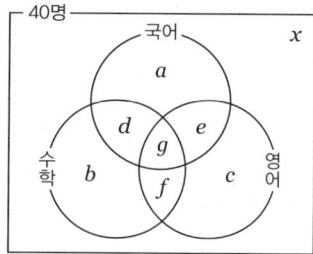

- 3과목 모두 좋아하는 학생이 4명이므로 $g=4$(명)이다.
- 국어와 수학을 모두 좋아하는 학생이 10명이므로 d는 10-4=6(명)이다.
- 수학과 영어를 모두 좋아하는 학생이 8명이므로 f는 8-4=4(명)이다.
- 영어와 국어를 모두 좋아하는 학생이 9명이므로 e는 9-4=5(명)이다.
- 국어를 좋아하는 학생은 25명이므로 a는 25-6-5-4=10(명)이다.
- 수학을 좋아하는 학생은 19명이므로 b는 19-6-4-4=5(명)이다.
- 영어를 좋아하는 학생은 13명이므로 c는 13-4-5-4=0(명)이다.

이를 정리하면 다음과 같다.

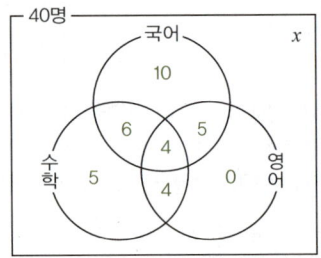

따라서 3과목 모두 싫어하는 학생은 $40-(10+5+0+6+4+5+4)=6$(명)이다.

별해 3과목 모두 싫어하는 학생을 x명이라 하면, $n(A\cup B\cup C)=40-x$이므로
$40-x=n(A\cup B\cup C)=\{n(A)+n(B)+n(C)-n(A\cap B)-n(A\cap C)-n(B\cap C)+n(A\cap B\cap C)\}$
$x=40-(25+19+13-10-8-9+4)$
$\therefore x=6$

15

|정답| ②

|해설| 실제 필요한 개수는 사과가 $112-4=108$(상자), 배가 $70+2=72$(상자)가 된다.
모든 부서에 동일한 수량으로 배분한 것이므로 108과 72의 공약수가 부서의 개수가 될 수 있다. 8은 108의 약수가 아니므로 ②가 정답이 된다.

16

|정답| ④

|해설| A가 자전거로 이동하는 거리는 $6\times 2=12$(km)이고, 속력이 10km/h이므로 A가 자전거를 타는 시간은 다음과 같다.
시간 $=\dfrac{\text{이동거리}}{\text{속력}}=\dfrac{12(\text{km})}{10(\text{km/h})}=1.2(\text{h})=72(\text{분})$
10분에 85kcal를 소모한다고 했으므로, 72분 동안에는 $\dfrac{72}{10}\times 85=612$(kcal)가 소모된다.

17

|정답| ③

|해설| 네 과목의 평균이 89.5점이라고 하였으므로 네 과목의 총점수는 $89.5\times 4=358$(점)이다. 다섯 과목의 평균 점수가 90점 이상이 되기 위해서는 총점수가 $90\times 5=450$(점) 이상이어야 하므로 영어 점수를 x점이라 하면 다음과 같은 식이 성립한다.
$358+x\geq 450 \quad \therefore x\geq 92$
따라서 받아야 할 최소 점수는 92점이다.

18

|정답| ③

|해설| 혼동을 막기 위해 ×는 □, +는 ○으로 바꾸어 생각한다.
먼저 가장 간단한 ㉡부터 확인한다.
㉡ $89\times 13=76 \rightarrow 89\square 13=76$
$89-13=76$이므로 □$=-$이다.
이를 ㉠에 대입한다.
㉠ $(105\times 32)+4=292 \rightarrow (105\square 32)\bigcirc 4=292$
$(105-32)\bigcirc 4=292$
$73\bigcirc 4=292$
$73\times 4=292$이므로 ○$=\times$이다.
□$=-$, ○$=\times$를 ㉢에 대입하면 다음과 같다.
㉢ $(66+12)\times 177=? \rightarrow (66\bigcirc 12)\square 177=?$
$(66\times 12)-177=?$
$\therefore$ '?'$=615$

19

|정답| ②

|해설| 시간$=\dfrac{\text{거리}}{\text{속력}}$이므로 회사와 우체국 사이의 거리를 $x$km라고 하면 식은 다음과 같다.
$\dfrac{x}{5}+\dfrac{x}{6}=1+\dfrac{5}{6} \quad 6x+5x=30+25 \quad x=5$
따라서 회사와 우체국 사이의 거리는 5km이다.

20

|정답| ②

|해설| 10% 소금물의 양을 xg이라 하면 다음과 같은 식이 성립한다.

$x \times \dfrac{10}{100} + 400 \times \dfrac{4}{100} + 19 \times \dfrac{5}{100} = (x+419) \times \dfrac{5.01}{100}$

$10x + 1,600 + 95 = 5.01x + 2,099.19$

$4.99x = 404.19 \qquad x = 81(\text{g})$

따라서 원래 있던 10% 소금물의 양은 81g이다.

21

|정답| ⑤

|해설| 여섯 명의 사원 중 나란히 앉는 두 명의 사원을 하나로 묶어서 생각하면 다섯 명을 원탁에 앉히는 모든 경우의 수를 구하는 것과 같으므로 $4! = 4 \times 3 \times 2 \times 1 = 24$(가지)이다. 이때 나란히 앉는 두 명이 서로 자리를 바꿀 수 있으므로 모든 경우의 수는 $24 \times 2 = 48$(가지)가 된다.

22

|정답| ⑤

|해설| 각 항의 분자의 합은 분모에 6을 곱한 값이 된다.

- $1+3+6+8 = 18 \rightarrow \dfrac{18}{3} = 6$
- $2+5+9+14 = 30 \rightarrow \dfrac{30}{5} = 6$
- $3+7+13+19 = 42 \rightarrow \dfrac{42}{7} = 6$

그러므로 4, 9, 16, ?의 합은 $9 \times 6 = 54$가 된다.
따라서 '?'에 들어갈 숫자는 $54 - 4 - 9 - 16 = 25$이다.

23

|정답| ②

|해설| 분할된 각 칸을 다음과 같이 칭한다.

가	나
다	라

'나+다=가+라'의 규칙임을 알 수 있다. 따라서 '?'에 들어갈 숫자는 $17+13-11 = 19$이다.

24

|정답| ②

|해설|

$58 \xrightarrow{-4} 54 \xrightarrow{-8} 46 \xrightarrow{-12} 34 \xrightarrow{-16} 18 \xrightarrow{-20} (\ ?\ ) \xrightarrow{-24} -26$

따라서 '?'에 들어갈 숫자는 $18-20 = -2$이다.

25

|정답| ①

|해설|

$3 \xrightarrow{\times 2} 6 \xrightarrow{+3} 9 \xrightarrow{-4} 5 \xrightarrow{\times 2} 10 \xrightarrow{+3} 13 \xrightarrow{-4} 9 \xrightarrow{\times 2} (\ ?\ )$

따라서 '?'에 들어갈 숫자는 $9 \times 2 = 18$이다.

26

|정답| ①

|해설|

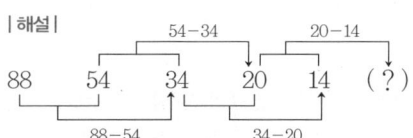

따라서 '?'에 들어갈 숫자는 $20-14 = 6$이다.

27

|정답| ③

|해설| $2 \xrightarrow{+2^2} 6 \xrightarrow{+2^3} 14 \xrightarrow{+2^4} 30 \xrightarrow{+2^5} 62 \xrightarrow{+2^6} (\ ?\ )$

따라서 '?'에 들어갈 숫자는 $62 + 2^6 = 126$이다.

28

| 정답 | ②

| 해설 | 90점 이상이 '우수'이므로 능력과 태도 모두 '우수'인 직원은 2+3+3+4=12(명)이다. 전체 직원 수가 60명이므로 능력과 태도 모두 '우수'인 직원은 경영지원팀 전체의 $\frac{12}{60} \times 100 = 20(\%)$이다.

29

| 정답 | ②

| 해설 | 출발지와 도착지의 물동량 합계를 구하면 다음과 같다.

(단위 : 천 톤)

도착지\출발지	태국	필리핀	인도	인도네시아	합계
태국	0	25	33	30	88
필리핀	12	0	9	22	43
인도	23	15	0	10	48
인도네시아	16	24	6	0	46
합계	51	64	48	62	225

따라서 인도네시아에서 출발하는 물량이 국가별로 절반으로 감소하게 되면 현재의 도착지 국가별 물동량 순위인 '필리핀-인도네시아-태국-인도'는 '인도네시아(62)-필리핀(52)-인도(45)-태국(43)'의 순으로 바뀌게 된다.

| 오답풀이 |

① 출발지에서의 국가별 이동 물량의 순위는 태국(88)-인도(48)-인도네시아(46)-필리핀(43)의 순이다.
③ 인도는 출발 물량과 도착 물량이 모두 48천 톤으로 동일하다.
④ 태국이 가장 많으나 $\frac{88}{225} \times 100 \fallingdotseq 39.1(\%)$이므로 40%를 넘지 않는다.
⑤ 필리핀으로 도착하는 K 제품은 64천 톤이다. 64천 톤의 75%는 48천 톤이고 이 양은 인도로 도착하는 K 제품의 양과 같다.

30

| 정답 | ④

| 해설 | K 백화점은 J 백화점보다 인건비는 적게 들면서 매출액은 더 많다.

| 오답풀이 |

① K 백화점의 매출액은 343,410백만 원이고 매출원가는 181,656백만 원이다. J 백화점의 매출액은 312,650백만 원, 매출원가는 153,740백만 원이므로 둘 다 K 백화점이 높다.
② 매출 총이익=매출액-매출원가
 • K 백화점의 매출 총이익 :
  343,410-181,656=161,754(백만 원)
 • J 백화점의 매출 총이익 :
  312,650-153,740=158,910(백만 원)
③ 직원 1인당 평균 인건비=인건비÷종사자 수
 • K 백화점의 직원 1인당 평균 인건비 :
  26,705÷245≒109(백만 원)
 • J 백화점의 직원 1인당 평균 인건비 :
  28,160÷256≒110(백만 원)
⑤ J 백화점이 직원을 30명 줄이고 인건비를 3,000백만 원 낮추었을 때, 1인당 평균 인건비는 25,160÷226≒111(백만 원)으로 K 백화점보다 2백만 원 더 많아진다.

31

| 정답 | ⑤

| 해설 | 20X0년, 20X1년의 상품군별 매출액을 계산하면 다음과 같다.

(단위 : 억 원)

구분	20X0년	20X1년	20X0년 대비 20X1년 매출액 증감
의류	77×0.25=19.25	94×0.23=21.62	2.37
식품	77×0.22=16.94	94×0.27=25.38	8.44
가전	77×0.24=18.48	94×0.23=21.62	3.14
여행	77×0.26=20.02	94×0.23=21.62	1.6
기타	77×0.03=2.31	94×0.04=3.76	1.45

따라서 20X0년 대비 20X1년 매출액의 변화폭이 가장 큰 것은 식품군이다.

|오답풀이|

①, ③ 20X0년과 20X1년 기타군의 매출액 차이는 1.45억 원, 가전군의 매출액 차이는 3.14억 원이다.

② 20X0년 여행과 의류 매출액의 합은 20.02+19.25=39.27(억 원)이며, 20X1년 여행과 의류 매출액의 합은 21.62+21.62=43.24(억 원)으로 20X1년이 더 크다.

④ 매출액이 세 번째로 크게 변화한 것은 3.14억 원이 증가한 가전군이다.

32

|정답| ④

|해설| (나) 90% 이상의 전기를 생산해내는 OECD 국가 평균의 에너지원은 천연가스, 석탄, 원자력, 수력, 신재생의 다섯 가지인 데 반해, 우리나라는 천연가스, 석탄, 원자력의 세 가지에 의존하고 있음을 알 수 있다.

(라) 46.2-27.2=19(%p)의 차이를 보이는 석탄이 가장 큰 비중 차이가 나는 에너지원이다.

|오답풀이|

(가) 제시된 자료는 각 지역별 해당 지역의 전기 생산량 비중을 의미하는 자료이므로 특정 에너지원을 이용한 전기 생산량이 상대 지역보다 더 많고 적은지를 판단할 수는 없다.

(다) 석탄과 원자력의 비중이 우리나라는 46.2+26.0=72.2(%)에 달하고 있으나, OECD 국가 평균은 27.2+17.8=45(%)로 절반에 미치지 못하고 있음을 알 수 있다.

33

|정답| ③

|해설| A 유원지의 총매출액 중 소인 남자의 비율은 100-(19.2+23.5+17.8+21.4+12.3)=5.8(%)이다.

34

|정답| ②

|해설| D 유원지의 총매출액 중 여학생이 차지하는 비율은 34.4%이다. 이 중 37%가 고등학생이므로 D 유원지의 총매출액 중 여자 고등학생이 차지하는 비율은 $100 \times \frac{34.4}{100} \times \frac{37}{100} ≒ 12.7(\%)$이다.

35

|정답| ④

|해설| 서울특별시에서 유기된 고양이는 10,798마리, 대구광역시에서 유기된 고양이는 2,641마리이므로 $\frac{10,798}{2,641} ≒ 4.1(배)$이다.

|오답풀이|

① 유기된 고양이가 유기된 개보다 많은 지역은 서울특별시와 대구광역시 두 곳이다.

② 유기동물의 수가 두 번째로 적은 지역은 울산광역시이다.

③ 인천광역시 유기동물의 수는 5,314마리이고, 광주광역시와 울산광역시 유기동물의 수의 합은 1,942+3,418=5,360(마리)이므로 인천광역시 유기동물의 수가 더 적다.

⑤ 유기동물의 수가 두 번째로 많은 지역은 인천광역시이고 부산광역시는 세 번째로 많다.

36

|정답| ④

|해설| 공장별 연간 생산비용을 구하면 다음과 같다.

• A 공장
{(250×1,400)+(350×1,300)+(300×1,300)+(75×1,600)}×3=3,945,000(원)

• B 공장
(250+350+300+75)×1,400×3=4,095,000(원)

- C 공장
  $\{(250\times1,400)+(350\times1,200)+(300\times1,200)+(75\times4,000)\}\times3=4,290,000$(원)
- D 공장
  $\{(250\times1,500)+(350\times1,000)+(300\times1,000)+(75\times1,800)\}\times3=3,480,000$(원)
- E 공장
  $\{(250\times1,400)+(350\times1,100)+(300\times1,100)+(75\times1,900)\}\times3=3,622,500$(원)

따라서 D 공장이 선정된다.

37

|정답| ⑤

|해설| 근로자 평균 연령의 변화폭은 $42-38.5=3.5$(년), 근속연수의 변화폭은 $6.5-6=0.5$(년)으로 근로자 평균 연령의 변화폭이 더 크다.

|오답풀이|

① 근로자 평균 연령은 2016년에 0.1년 감소하였지만 대체로 높아지고 있는 추세이다.
② 2020년이 6.5년으로 근로자 평균 근속연수가 가장 길었다.
③ 2013년 대비 2020년의 근로자 평균 연령은 $42-39.6=2.4$(년) 증가하였다.
④ 조사 기간 중 근로자 평균 연령이 감소한 해는 2016년뿐이다.

38

|정답| ②

|해설| 2월 9일과 2월 11일 사이에 완치자는 3명에서 4명으로 1명 늘어났는데 치료 중인 환자 수는 동일하므로 1명의 추가 확진자가 발생했음을 알 수 있다.

|오답풀이|

① 2월 12일에 치료 중인 환자 수는 21명, 누적 완치자 수는 7명이므로 2월 12일까지 총 28명의 환자가 발생했음을 알 수 있다.
⑤ 2월 11일에 치료 중인 환자 수는 24명, 누적 완치자 수는 4명으로 누적 확진자 수는 $24+4=28$(명)이다. 다음날인 2월 12일에는 완치자가 3명 증가하고 치료 중인 환자 수는 3명 감소했으므로 추가로 확진자가 발생하지 않았다.

39

|정답| ②

|해설| 2020년 B 회사와 C 회사의 자금을 비교해 보면 20~24세, 25~29세 두 연령대에서만 C 회사의 자금이 크다.

|오답풀이|

①, ③, ④, ⑤ 제시된 자료는 3개년도에서 A 회사의 자금을 100으로 하여 B, C 회사의 자금을 지수로 나타낸 것이므로, A 회사의 자금에 대해 동일한 시점, 동일한 연령대에 대해서만 B 회사와 C 회사의 자금을 비교할 수 있다.

40

|정답| ①

|해설| 2000~2020년 중 나라 전체 연구비의 전년 대비 증가율이 음수인 연도는 2017년, 2018년으로 2개지만 회사, 연구기관, 대학의 증가율이 모두 음수인 연도는 2018년 1개뿐이다.

|오답풀이|

② 2006년과 2010년의 전년 대비 증가율은 양수이므로 총 연구비는 전년보다 많다.
③ 2012년 대학의 전년 대비 증가율이 양수이지만, 회사의 전년 대비 증가율은 음수이므로 대학의 증가율이 더 높다.
④ 2012년 회사의 전년 대비 증가율은 음수로 전년 대비 연구비가 감소하였고, 제시된 그래프는 조직별 전년 대비 연구비 증가율만 제시하므로 조직별 연구비 대소에 대해서는 판단할 수 없다.
⑤ 2002년과 2013년의 전년 대비 증가율은 똑같이 7%지만, 그 사이의 전년 대비 증가율이 모두 양수이므로, 2001년보다 2012년의 연구비가 더 많다고 추론할 수 있다. 따라서 2002년과 2013년의 전년 대비 증가액은 서로 같지 않다.

3회 기초과학

▶ 문제 223쪽

01	②	02	④	03	②	04	⑤	05	②
06	③	07	①	08	③	09	②	10	④
11	⑤	12	③	13	①	14	④	15	③
16	③	17	④	18	③	19	④	20	⑤
21	②	22	④	23	④	24	②	25	⑤
26	①	27	⑤	28	④	29	②	30	③
31	①	32	④	33	②	34	③	35	①
36	④	37	②	38	②	39	②	40	④

01

| 정답 | ②

| 해설 | 0.5M 농도이므로 1L에는 0.5몰의 염산이 들어가야 한다. 염산의 분자량이 36.5이므로 g수로 바꾸면 18.25g이다. 즉, 농도가 25wt%인 염산에서 x mL를 취했을 때 18.25g의 염산이 들어가야 하므로 다음과 같은 식을 세울 수 있다.

$x \times 1.2 \times 0.25 = 18.25$ ∴ $x ≒ 61$

02

| 정답 | ④

| 해설 | X의 분자식은 AB_2인데 X 1몰에 존재하는 B 원자의 질량은 32g이므로 B 원자의 원자량은 16임을 알 수 있다. A의 원자량과 B의 원자량의 비가 3 : 4이므로 A의 원자량은 12이다. 따라서 X의 분자량은 44이다. X가 220g이라면 X가 5몰 있다는 의미이므로, 이때 A는 5몰, B는 10몰 있다. 따라서 A는 60g, B는 160g이 있다.

| 오답풀이 |
① X 440g은 10몰이다. 따라서 이때 A는 10몰이 있으므로 120g이 있다.
② X 4몰에는 A 물질 4몰이 있다.
③ A 4몰의 질량은 48g이다. 그리고 B 3몰이 48g이다.
⑤ X 3몰에는 B 6몰이 있다. B 6몰은 96g이다.

03

| 정답 | ②

| 해설 | 방안에 있는 A 물질의 부피가 240L이고, 20℃, 1기압에서 기체인 A 물질 1몰의 부피가 24L이므로 방안에 있는 A 물질은 10몰이다. 10몰의 질량이 100g이므로 A 물질의 몰 질량은 10g/mol이다.

04

| 정답 | ⑤

| 해설 | 전자가 낮은 에너지 준위에서 더 높은 에너지 준위로 이동하는 경우에는 에너지를 흡수하며, 전자가 높은 에너지 준위에서 더 낮은 에너지 준위로 이동하는 경우에는 에너지를 방출한다. 전자 껍질의 준위는 N>M>L>K이다. 따라서 N에서 에너지 준위가 더 낮은 L로 전이할 때 에너지가 방출된다.

05

| 정답 | ②

| 해설 | 물은 수소 결합을 하고 있는데 반해 황화수소는 이온 결합을 하고 있다. 수소 결합을 하는 분자들은 다른 분자들에 비해 인력이 강해 끓는점이 높아진다.

06

| 정답 | ③

| 해설 | 이산화탄소는 선형 대칭구조를 이루며, 분자의 쌍극자 모멘트가 상쇄되어 0이 되는 무극성 분자이다.

07

| 정답 | ①

| 해설 | HCl의 몰농도를 x 라고 할 때 중화 반응에서 다음과 같은 양적 관계가 성립한다.

$nMV = n'M'V'$ (n : 가수, M : 농도, V : 부피)

$1 \times x \times 0.4 = 1 \times 0.2 \times 0.15$

따라서 $x = 0.075$(M)이다.

08

|정답| ③

|해설| 2, 3주기 원소에서 원자 반지름은 같은 족에서는 원자 번호가 커질수록 크다. 그리고 같은 주기에서는 원자 번호가 커질수록 작아진다.

증가↓		1	2	...	13	14	15	16	17	18
	2	Li	Be		B	C	N	O	F	Ne
	3	Na	Mg		Al	Si	P	S	Cl	Ar

→ 작아짐

따라서 원자 반지름의 크기는 Na>Al>N>F 순으로 크다.

09

|정답| ②

|해설| 2, 3주기 원소에서 같은 족에서는 원자 번호가 커질수록 이온화 에너지는 감소한다. 그리고 같은 주기에서는 원자 번호가 커질수록 이온화 에너지는 대체로 증가하는 경향이 있다.

↓감소		1	2	...	13	14	15	16	17	18
	2	Li	Be		B	C	N	O	F	Ne
	3	Na	Mg		Al	Si	P	S	Cl	Ar

→ 대체로 증가

따라서 이온화 에너지는 Ne>O>Si>Na 순으로 크다.

10

|정답| ④

|해설| 최외각 전자의 수는 주기율표에서 원소가 위치한 족을 보면 알 수 있다. 1족은 1개, 2족은 2개, 13족은 3개, 14족은 4개, 15족은 5개, 16족은 6개, 17족은 7개, 18족은 8개이다. 따라서 B는 3개, C는 4개, N은 5개이며 Na는 1개, Cl은 7개이다. 따라서 이들의 최외각 전자의 수의 합은 3+4+5+1+7=20이다.

11

|정답| ⑤

|해설| 어는점 강하도는 몰랄 어는점 내림 상수와 몰랄농도의 곱이며, 몰랄농도는 용질의 몰수÷용매의 질량(kg)이다. 따라서 물의 어는점 강하도를 구하면 다음과 같다.

어는점 강하도 $= 1.86 \times \dfrac{18 \times 1,000}{90 \times 500} = 0.744(℃)$

따라서 물의 어는점은 0℃이므로, 제시된 용액의 어는점은 −0.744℃이다.

12

|정답| ③

|해설| 어떤 물질의 비중이 0.65라면, 이 물질의 밀도는 표준물질(4℃, 1기압의 물) 밀도의 0.65라는 의미이다. 표준물질의 밀도가 999.97kg/m³, 약 1,000kg/m³이므로 어떤 물질의 밀도는 650 kg/m³이다. 즉, 1L의 무게는 0.65kg이다. 따라서 50L의 무게는 약 50×0.65=32.5(kg)이다.

13

|정답| ①

|해설| 평형상수 K는 평형을 이룰 때의 반응물과 생성물의 농도비이며, aA+bB↔cC+dD와 같은 식이 주어질 때 $K = \dfrac{[C]^c[D]^d}{[A]^a[B]^b}$ 이다. 따라서 문제에서 K는 다음과 같이 나타낼 수 있다.

$K = \dfrac{[4]^3[1]^2}{[4]^3[2]^1} = 0.5$

14

|정답| ④

|해설| 물질을 구성하는 원자의 질량을 원자량으로 나눈 값이 다음과 같다.

나트륨 : $\dfrac{230}{23} = 10$, 산소 : $\dfrac{80}{16} = 5$

실험식은 화합물의 구성 원소 비만 나타낸 식이므로 Na_2O 이다. 그리고 분자량이 62이므로 분자식 역시 Na_2O이다.

15

| 정답 | ③

| 해설 | 하버는 철을 촉매로 하여, 질소 기체와 수소 기체를 반응시켜 암모니아(NH_3)를 합성하는 방법을 개발하였다. 암모니아 생성식은 다음과 같다.

$N_2 + 3H_2 \rightarrow 2NH_3$

이러한 암모니아는 식물의 비료로 사용되어 곡물 생산에 필수적이다. 이는 인류의 식량 부족 문제 해결에 큰 도움이 되었다.

16

| 정답 | ③

| 해설 | 핵융합 반응에서는 질량 결손이 일어나고, 질량·에너지 동등성에 따라 감소한 질량은 에너지로 전환된다. 그리고 질량·에너지 동등성은 $E = \triangle mc^2$으로 표현된다. 따라서 빈칸 C에는 '질량·에너지 동등성'이 들어가는 것이 적절하다.

17

| 정답 | ④

| 해설 | 산화제는 다른 물질을 산화시키고 자신은 환원되는 물질이다.

- Mg의 산화수는 0에서 +2로 증가하여, Mg는 산화되었다. Fe의 산화수는 +2에서 0으로 감소하여, $FeCl_2$는 환원되었다. 따라서 산화제는 $FeCl_2$이다.
- C의 산화수는 0에서 +2로 증가하여, C는 산화되었다. Mg의 산화수는 +2에서 0으로 감소하여, MgO는 환원되었다. 따라서 산화제는 MgO이다.
- C의 산화수는 -4에서 +4로 증가하여, CH_4는 산화되었다. O의 산화수는 0에서 -2로 감소하여, O_2는 환원되었다. 따라서 산화제는 O_2이다.

18

| 정답 | ③

| 해설 | 갑이 관측한 을의 속도는 $100 - 80 = 20$km/h이다. 그리고 을이 관측한 병의 속도는 $-5 - (+100) = -105$km/h 이다.

19

| 정답 | ④

| 해설 | 전자는 (-)극에서 (+)극으로 이동한다.

| 오답풀이 |

②, ③ 볼타전지의 (-)극은 반응성이 큰(이온화 경향이 큰) 아연(Zn)이 사용되며, (+)극은 반응성이 작은 구리(Cu)가 사용된다. 따라서 (-)극에서는 산화 반응이 일어나고, (+)극에서는 환원 반응이 일어난다.

20

| 정답 | ⑤

| 해설 | 공의 속력은 증가하고 있다. 따라서 공에 작용하는 알짜힘은 0이 아니다. 한편 공의 속력이 증가하고 있으므로 운동 에너지는 증가하며, 공의 높이는 낮아지고 있으므로 위치 에너지는 감소하고 있다.

21

| 정답 | ②

| 해설 | 강자성체는 외부 자기장을 제거해도 자기화된 상태가 오래 유지된다.

22

| 정답 | ④

| 해설 |

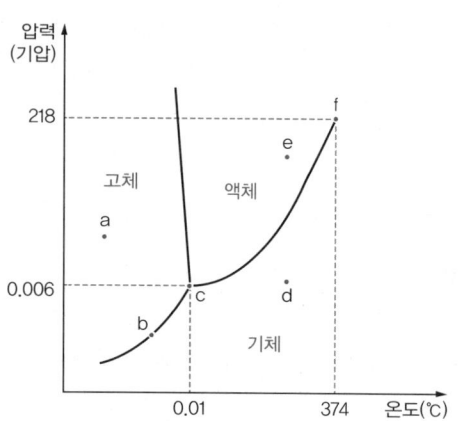

상평형도에서 물의 상태는 위와 같다. 이때 경계에서는 상이 공존한다. c는 삼중점이고, c에서는 세 개의 상이 공존한다. 그리고 임계점 f는 액체와 기체의 상이 구분될 수 있는 최대의 온도-압력 한계로서 이 이상의 온도가 되면 압력을 계속 가해도 액화되지 않는다.
한편 d에서 e가 될 때 기체에서 액체가 되므로 기화가 아닌 액화(응축)가 일어난다.

23

| 정답 | ④

| 해설 | 물은 얼음이 되면 수소 결합에 의해 육각고리 구조를 형성하게 되어 빈 공간이 생긴다. 이 공간으로 인하여 얼음의 부피가 증가한다.

24

| 정답 | ②

| 해설 | ㄱ. A → B 과정에서 기체의 부피는 일정하나 압력이 증가하였다. 따라서 온도가 증가(내부 에너지가 증가)하였으므로 열을 흡수한 것이 된다.
ㄷ. C → D 과정에서 기체의 부피는 일정하나 압력이 감소하였다. 따라서 온도가 감소하였으므로 내부 에너지는 감소하였다.

| 오답풀이 |
ㄴ. B → C 과정에서 기체의 온도는 일정하고 부피는 증가하였다. 따라서 등온 팽창한 것이며, 이는 외부에 일을 한 것이다.
ㄹ. D → A 과정에서 기체의 온도는 일정하고 부피는 감소하였다. 따라서 등온 압축한 것이며, 이는 외부로부터 일을 받은 것이다.

25

| 정답 | ⑤

| 해설 | 등속 운동하는 물체에 운동 방향으로 일정한 힘을 가해 등가속도 직선 운동을 한 경우이다. 이때 가속도 $a = \dfrac{90}{5} = 18(\text{m/s}^2)$이다. 따라서 $v = v_0 + at = 10 + 18t$ 이고, 변위 $s = 10t + 9t^2$이다. 따라서 물체가 5초 동안 움직인 거리는 275m이다.

26

| 정답 | ①

| 해설 | 중력과 부력이 평형을 이루었으므로 다음과 같은 식이 성립한다.
$mg = 0.7 \times V \times \rho \times g$
이때, m은 물체의 질량, g는 중력 가속도, V는 물체의 부피, ρ는 액체의 밀도이다. 그리고 ρ를 단위 변환하면 800kg/m³이다.
따라서 $m = 0.7 \times V \times \rho = 0.7 \times 0.001 \times 800 = 0.56$ (kg)이다.

27

| 정답 | ⑤

| 해설 | 우선 전하와 전하 사이에 인력이 작용하기 위해서는 두 전하의 극이 달라야 하며, 두 전하의 극이 같은 경우에는 척력이 작용한다. 따라서 ①, ③은 제외된다. 그리고 쿨롱의 법칙에 따라 두 전하 사이의 전기력은 두 점 전하 A, B의 전하량의 곱에 비례한다. 따라서 인력이 가장 큰 경우는 ⑤이다.

28

| 정답 | ④

| 해설 | 물체에 작용하는 중력은 50N이다. 그리고 시간에 따라 F의 크기가 변하므로 물체에 작용하는 합력은 0 ~ 4초에는 50N(위쪽 방향), 4 ~ 8초에는 0N, 8 ~ 12초에는 −50N(아래쪽 방향)이 작용한다. 그리고 이때의 가속도는 0 ~ 4초에는 $10m/s^2$, 4 ~ 8초에는 $0m/s^2$, 8 ~ 12초에는 $-10m/s^2$이다. 이로부터 시간에 따른 속도식, 변위식, 변위를 정리하면 다음과 같다.

구분	속도식(m/s)	변위식(m)	변위(m)
0 ~ 4초	$v = 10t$	$s = 5t^2$	80
4 ~ 8초	$v = 40$	$s = 40t$	160
8 ~ 12초	$v = 40 - 10t$	$s = 40t - 5t^2$	80

따라서 물체는 위쪽으로 80+160+80=320(m) 이동하였다.

29

| 정답 | ②

| 해설 | (가) 현대의 원자 모형

(나) 톰슨모형(1897년)

(다) 러더퍼드 모형(1911년)

(라) 보어 모형(1913년)

따라서 원자 모형의 시간 순서는 (나) → (다) → (라) → (가)이다.

30

| 정답 | ③

| 해설 | 솔레노이드 내부에 생기는 자기장의 방향은 오른손 네 손가락이 전류의 방향을 향하도록 감아쥐고 엄지손가락을 뻗었을 때, 엄지손가락이 가리키는 방향이다. 그리고 솔레노이드 외부에 생기는 자기장의 방향은 그 반대이다. 따라서 솔레노이드 내부의 자기장의 방향은 오른쪽, 솔레노이드 외부의 자기장의 방향은 왼쪽이다.

31

| 정답 | ①

| 해설 | 전자 현미경은 전자의 파동성을 이용하여 물체를 확대시켜 볼 수 있는 현미경으로 투과 전자 현미경(TEM)과 주사 전자 현미경(SEM)이 있다.

| 오답풀이 |

② 주사 전자 현미경에 대한 내용이다.

③ 투과 전자 현미경에 대한 내용이다.

④ 투과 전자 현미경의 배율이 더 높다.

⑤ 파장이 짧은 파동을 이용할수록 회절이 잘 일어나지 않아 분해능이 좋다.

32

| 정답 | ④

| 해설 | ㄱ. 연직 방향으로 던져진 물체의 속도 $v = v_0 - gt$이다. 즉 상승하는 공은 1초마다 중력의 영향으로 10m/s씩 속도가 감소한다. 그런데 t초인 시점에서 정지, 즉 속도가 0이므로 (t−2)초일 때 속력은 20m/s이다.

ㄷ. (t−1)초일 때 공의 속도는 +10m/s이고, (t+1)초일 때 공의 속도는 −10m/s로 공의 운동 방향은 반대이고 속력은 같다.

| 오답풀이 |

ㄴ. 연직 방향으로 쏘아올린 물체의 변위 y는 다음과 같이 표현된다.

$$y = v_0 t - \frac{1}{2}gt^2$$

(t−1)초일때, 속도는 10m/s이므로 $v_0 = 10m/s$인 운동으로 본다면 1초 동안 이동한 거리는 5m가 된다. 따라서 t−1초 일 때 공의 지면으로부터 거리는 $(x-5)$m이다.

33

| 정답 | ②

| 해설 | 충돌 전 a의 운동량은 mv이다. 그리고 충돌 후 운동량 또한 mv여야 하므로, 충돌 후 속력은 $\frac{mv}{6m} = \frac{1}{6}v$이다. 따라서 충돌 후 a의 운동량은 $\frac{1}{6}mv$이다. 충격량은

운동량의 변화량이므로 $\frac{5}{6}mv$이다.

따라서 (ㄱ)은 1, (ㄴ)은 $\frac{1}{6}$, (ㄷ)은 $\frac{5}{6}$이며, 빈칸에 들어갈 숫자의 합은 $1+\frac{1}{6}+\frac{5}{6}=2$이다.

34

|정답| ③

|해설| 용수철 저울의 눈금(탄성력)은 실에 작용하는 장력과 같다. (가)에서 10kg 물체의 중력에 해당하는 크기의 장력이 작용하고, (나) 역시 마찬가지이다. 따라서 (가)와 (나)에서 용수철 저울의 눈금은 모두 10N임을 알 수 있으므로 그 합은 20N이다. 이때, (나)에서 장력을 20N으로 착각하지 않도록 주의해야 한다.

35

|정답| ①

|해설| 이온결합물질은 녹는점과 끓는점이 비교적 높아 상온에서 고체이며, 힘을 가하면 같은 전하를 띤 이온들끼리 반발력이 작용하여 비교적 쉽게 부스러진다.

|오답풀이|

ㄴ. 이온결합물질은 액체 상태에서 전기전도성을 지니며 고체 상태에서는 전기전도성이 없다.

ㄷ. 이온결합물질은 녹는점과 끓는점이 비교적 높다.

36

|정답| ④

|해설| ㄱ. a : b가 1 : 3이므로, $150 \times 1 = F \times 3$이 성립한다. 따라서 F는 50N이다.

ㄴ. 철수의 반대편 지레에서 한 일의 양과 철수가 지레에 한 일의 양이 같다. 그리고 ㄱ에 따라 F가 50N임을 알 수 있다. 따라서 $150 \times 0.2 = 50 \times x$가 성립하므로, x는 0.6이다.

|오답풀이|

ㄷ. 철수가 지레에 한 일은 $50 \times 0.6 = 30(J)$이다.

37

|정답| ②

|해설| • 헬륨뿐만 아니라 공기에도 관성이 작용한다는 점에 유의한다. 헬륨보다 질량이 큰 공기에 더 큰 관성력이 작용하여, 상대적으로 적은 관성력을 받는 헬륨은 우측으로 밀리게 된다. → 헬륨풍선 : 우측

• 관성력의 작용으로 사람은 좌측으로 쏠리게 된다. → 사람 : 좌측

38

|정답| ②

|해설| 빛의 파장 $\lambda = \frac{c}{f}$, 그리고 드브로이 파장 $\lambda = \frac{h}{p}$이므로, 다음 식이 성립한다.

$$\frac{c}{f} = \frac{h}{p},\ p = \frac{hf}{c}$$

따라서 광자의 운동량 크기는

$$p = \frac{6.6 \times 10^{-34} \times 3.5 \times 10^{14}}{3 \times 10^8} = 7.7 \times 10^{-28}(kg \cdot m/s)$$

이다.

39

|정답| ②

|해설| (가) : 띠 간격이 없으므로 도체이다.

(나) : 띠 간격이 넓으므로 절연체이다.

(다) : 띠 간격이 좁으므로 반도체이다.

40

|정답| ④

|해설| 갑 : 열역학 제2법칙에 따르면 열은 고온에서 저온으로 흐른다. 이러한 이유로 열기관의 효율은 100%가 될 수 없다. 즉, 열을 모두 일로 변환할 수 없다.

을 : 열역학 제0법칙에 따르면 두 물체가 열적 평형이라면 두 물체의 온도는 같다.

병 : 열역학 제1법칙에 따르면 고립계에서 에너지의 총량은 일정하다.

고시넷 금융권

베스트셀러!!

금융상식
경제상식 경영상식
은행 필기시험

스마트폰에서 검색 **고시넷**

110개 빈출테마 → **O/X 문제로 용어정리** → **필수이론 마스터**

IBK기업은행, KB국민은행, 신한은행, 하나은행, NH농협은행, 수협은행, 새마을금고중앙회, 신협중앙회, BNK부산은행, DGB대구은행, 전북은행 등 은행권 필기시험 대비

최신 S-OIL
생산직
기출유형

실제 시험과
동일한 구성의
모의고사

2025
**고시넷
대기업**

S-OIL 생산직
온라인 필기시험
최신 기출유형 모의고사